ENCOUNTERING CHINA

마이클 샌델, 중국을 만나다

ENCOUNTERING CHINA

ENCOUNTERING CHINA
마이클 샌델, 중국을 만나다

마이클 샌델·폴 담브로시오 엮음

김선욱·강명신·김시천 옮김

와이즈베리
WISEBERRY

한국의 독자들께

어떤 사람들은 철학이란 학자들이 홀로 조용히 앉아 사유하며 수행하는 고독한 추구라고 상상한다. 이런 철학의 이미지는 잘못된 것이다. 이 이미지는 철학이 대화와 분리될 수 없음을 놓치고 있다. 자신의 서재에 조용히 앉아 있는 철학자라고 하더라도 대화 가운데 있다. 과거의 위대한 철학자들과 미래의 독자들과 더불어 대화하며, 철학자는 생각하고 글을 쓰는 가운데 그들의 대답을 예견한다.

어떤 철학적 대화는 사유의 전통 안에서 진행되며, 공통된 추정 사항들에 함축된 의미를 탐구한다. 또 다른 철학적 대화는 문화를 넘나들며 진행되고, 철학적 전통들 사이의 접촉점들과 불일치의 지점들을 탐구한다. 이 책은 두 번째 종류에 해당하는 대화 사례이며,

5

서양과 중국의 철학적 전통들을 넘나들며 함께 사유한 실험물이다.

최근 나는 한국과 중국을 여러 차례 방문하는 특권을 가졌다. 매번 방문할 때마다 철학적 대화를 나눌 기회가 있었다. 대개 대화는 대학과 대중적인 무대에서 청중이 참여하는 가운데 질문이 오가는 강의 형식이었다. 한국과 중국 모두에서 나는 이러한 토론에 참여하려는 학생들과 대중들의 열정에 깊은 인상을 받고 고무되었다. 특히 젊은이들이 큰 윤리적 문제들을 공개적으로 함께 추론하는 데 많이 굶주려 있음을 발견하였다.

나는 서울의 연세대학교 야외 원형극장에서 강의할 때, 돈으로 살 수 있는 것과 없는 것에 대한 생생한 토론에 참여하려고 1만 4천여 명이 모였던 여름날의 저녁을 결코 잊을 수 없다. 또한 도쿄에 있는 TV 스튜디오에서 한국과 중국, 일본 각 나라 출신의 8명, 총 24명의 대학생들과 함께했던 작은 모임을 오랫동안 기억할 것이다. 이때 우리는 이 세 나라를 분리시키는 가장 민감한 몇몇 역사적 주제들에 대해 면밀하고도 생생한 토론 및 과거와 현재의 관계에 대한 도덕적 중요성에 대한 반성을 시도했었다.

나는 이 토론들을 참여 철학engaged philosophy, 즉 우리의 일상생활에 함축된 철학을 의미하는 것으로서 철학의 한 사례로 여긴다. 현재의 윤리적·정치적 딜레마에 대해 토론할 때 종종 문화와 전통들을 규정하는 보다 심층적인 철학적 전제들이 드러난다. 따라서 학생들과 일반 대중과의 대화에 참여하는 것은 학자들과 철학적 전통들에 대한 대화에 참여하는 것만큼 가치 있는 일이다.

이 책은 나의 저술들에 대해 비판적 태도로 참여한 중국 철학 전공 학자들과 나눈 대화에서 탄생한 결과물이다. 우리는 상하이에서 모여 나의 철학적 견해와 유가 및 도가 사상 사이의 공통점과 차이점을 검토하였다. 나는 중국 철학 전공자가 아니므로 배우기를 열망하는 학생으로 이 대화에 접근하였다. 나는 서양의 도덕철학과 정치철학에 나타나는 개인주의의 과도한 점들에 대한 나의 비판이, 가족 및 공동체의 의무를 강조하는 중국의 철학적 전통에 가교를 제공할 수 있을지 궁금했다. 이 책은 동양 철학과 서양 철학에 관한 문제들을 포함해 여러 문제들을 탐구한 우리의 시도를 보여 준다.

나는 한국 문화가 중국의 철학적 전통에서 정보를 얻었다는 인상을 갖고 있다. 물론 이 전통은 한국과 중국에서 서로 다른 방식으로 표현됐지만 말이다. 이 두 나라는 지난 반세기 동안 아마도 서로 다른 이유로 유가 및 도가적 사유방식과의 접촉점을 일정 정도 상실했던 것 같다. 내가 틀릴 수도 있지만, 나는 한국과 중국이 유가 및 도가적인 도덕적 원천에 대한 관심의 부활을 촉발할 수 있는 의미의 원천들에 대한 탐구를 하고 있다고 느낀다. 여하튼 우리들 가운데 서양의 철학적 전통에 깊이 빠져 있는 사람들은 중국의 철학적 전통과 관계를 맺음으로써 많은 것을 배울 수 있다. 나는 이 책이 문화를 넘나드는 대화에 조금이나마 기여할 수 있기를 희망한다. 또한 이러한 상호 배움이라는 프로젝트를 한국의 독자, 동료 학자, 친구 들과 함께 추구할 수 있기를 기대한다.

2018년 미국 매사추세츠, 케임브리지에서
마이클 샌델

중국과 마이클 샌델의 만남

에반 오스노스

2012년 12월 어느 날 밤, 나는 중국 남동 해안에 있는 샤먼廈門 대학 캠퍼스에 있었다. 그날 학생들은 강당 밖에 운집해 있었는데, 강당이 수용할 수 없을 만큼 많은 인원이었다. 나는 강당 문 안쪽에 서서 군중이 점점 늘어나는 것을 유리문 반대편에서 상기된 얼굴로 바라보았다. 안전요원들은 수많은 군중에게 차분히 있어 달라고 호소했다. 그 대학의 총장은 그날 저녁 행사 조직위원들에게 전화를 걸어 학생들이 무질서에 빠지는 일이 없도록 해달라고 당부했다.

그런 열정적인 기대의 대상 -『차이나 데일리』에 따르면 "할리우드 영화배우와 NBA 선수들이 받을 법한" 수준의 인기를 중국에서 갖고 있는 인물 - 은 미네소타 출신의 부드러운 목소리를 가진 마이클 샌델이었다. 자신이 정치철학 교수로 봉직하고 있는 하버드대학교에서 샌델은 "정의"라는 유명한 강좌를 가르치고 있었다. 이 강좌는 서양 사상의 기둥과 같은 존재인 아리스토텔레스, 칸트, 롤스 같은 이들을 학생들에게 소개했다. 샌델은 현실 세상에서 만나는 딜레마 상황에서 도덕적 결정 이론의 틀을 잡았다. 고문은 정당화될 수 있는가? 당신은 자기 자녀를 살리기 위해 약을 훔칠 수도 있는가? 그 강좌는 미국 공공방송 시리즈를 위해 영상으로 만들어져 온라인으로 제공되었다. 그것이 중국에 알려지기 시작하자 중국인 자원봉사자들이 영상에 자막을 달기 위해 나섰고, 2년이 채 지나지 않아 샌델은 놀랄 만한 수준의 인기를 얻었다. 『차이나 뉴스위크』는 그에게 2010년 "가장 영향력 있는 외국인"이라는 이름을 부여했다.

칭화대학의 경제경영대학 학장 첸잉이錢穎一는 내게 "도덕 문제들에 대한 샌델의 접근은 중국의 독자들에게 혁신적일 뿐만 아니라 어떤 중요한 사회적 문제에 대한 일상의 토론에 적실성을 갖기도 한다"고 말했다. 내가 그 캠퍼스를 방문하여 샌델과 중국과의 만남을 직접 체험할 때까지, 자막이 붙은 그의 서구 정치철학 영상강의는 적어도 2천만 뷰 이상을 달성하고 있었다. 중국판 『에스콰이어』는 "이 시대의 스승들"이라는 제목 아래 그를 표지 인물로 실었다.

내가 2005년에서 2013년에 그랬던 것처럼, 21세기 초에 중국에 사는 사람들은 19세기 미국의 대각성에 견줄 만한 철학적·영적 부흥을 목격했다. 1960년대와 1970년대에 일어났던 미오쩌둥毛澤東 주석의 문화혁명은 중국의 전통적 신념 체계를 크게 흔들어 놓았다. 1980년대와 1990년대에 덩샤오핑의 경제혁명이 그것을 재건하지

9

는 못했다. 번영을 추구한 것이 중국의 과거를 박탈당한 문제를 완화하긴 했지만, 국민과 개인의 궁극적인 목적을 정의해 내지는 못했다. 중국 시민들은 미래를 향해 도약하면서, 한때 그 어떤 장벽이든 그것을 넘어서 타락과 도덕적 무관심의 세력들을 쳐낼 것이라는 느낌을 종종 글로 남기곤 했다. 중국인들의 삶 가운데는 사람들이 '정신 공허'라고 이름 불렀던 하나의 구멍이 존재했다. 그리고 무엇인가가 그것을 메울 것이다.

사람들이 자신의 기본적 필요를 충족하면 할수록 더 많은 사람이 오래된 관습들에 도전했다. 의미의 새로운 원천을 찾아 그들은 종교만 추구한 것이 아니라, 이데올로기적으로 일치하지 않고 끊임없이 변화하는 세계에서 자신들의 방향을 정립할 새로운 방식을 위해 철학, 심리학, 문학 또한 추구했다. 초경쟁적이고 시장 주도적 사회에서 개인은 낯선 이에게 어떤 책무를 가졌는가? 진리를 말하는 것이 위험한 상황에서 시민은 어느 정도의 책임감을 가지고 진리를 말해야만 했는가? 사회는 공정성과 기회에 대해 어떻게 정의 내려야 하는가? 이 대답들의 탐구는 사람들을 일깨우고 충격을 주었다. 번영을 향한 추구가 한때 그러했듯이 말이다.

샌델 교수는 브루클라인에서 아내와 두 아들과 함께 비교적 조용하게 살고 있었는데 해외, 특히 동아시아의 특별한 반응들에 대해 알게 되었다. 서울에서 그는 야외 강당에서 1만 4천 명을 대상으로 강의했고, 도쿄에서는 그의 강연에 대한 암표 가격이 5백 달러였다. 그런데 중국에서 그는 거의 종교에 가까운 헌신을 불러일으켰고, 그의 방문은 셀러브리티에 버금가는 수준이었다. 한번은 상하이 공항에서 입국 관리원이 그를 세워 입국 절차를 밟다가 자신이 팬이라고 고백하는 일도 있었다.

샤먼대학의 강당 외부에 군중들은 계속 늘어만 가서, 강연 운영자는 급기야 강당 문을 개방하는 것이 더 안전하겠다는 생각을 하기에 이르렀다. 화재 방지 정책에도 불구하고 그들은 군중을 통로까지 들어오게 하여, 마침내 젊은 남녀들이 강당의 모든 구석을 빈틈없이 채웠다.

샌델 교수가 무대에 올랐다. 그의 등 뒤에는 최근의 저서『돈으로 살 수 없는 것들』(와이즈베리, 2012)의 중국어 제목이 들어 있는 엄청난 크기의 플라스틱 배너가 있었다. 그 책은 현대의 삶에서 지나치게 많은 특징들이 그가 "이익의 도구"라고 부르는 것이 되어 버리지 않았는지를 묻는다. 중국에서는 시계추가 사회주의의 전성기에서 빠르게 그리고 더 멀리 멀어지고 있었고, 이제는 사회의 모든 것, 예컨대 군대 커미션, 유치원 자리, 판사의 판결조차도 가격표를 달고 있는 것처럼 보였다. 샌델 교수의 메시지는 신속히 적실성을 얻었고, 그의 청중들은 몰입했다. "저는 시장 자체를 반대하지는 않습니다"라고 그는 청중들에게 말했다. "제가 주장하는 것은, 최근 수십 년간 우리가 알지도 못하는 사이에 시장 경제를 가진 상태에서 시장 사회로 이동해 버렸다는 것입니다."

샌델 교수는 신문 헤드라인으로 나온 한 이야기를 언급했다. 왕샹쿤은 안후이 지방의 가난한 지역 출신의 17세 고등학생인데, 그는 채팅 방을 통해서 불법으로 자신의 콩팥을 3천5백 달러에 팔았다. 그 돈으로 아이패드와 아이폰을 사서 집으로 돌아왔고 나중에 신부

전증에 걸렸을 때 그의 어머니가 이 거래 사실을 알게 되었다. 외과 의와 8명의 관계자들 - 이들은 자신들이 지불했던 값의 10배를 받고 콩팥을 되팔았다 - 은 체포되었다. "중국에는 1천5백만 명이 장기이식을 필요로 합니다." 샌델 교수는 청중에게 말했다. "그런데 연간 1만 개의 장기만이 입수 가능할 뿐입니다." 그 자리에 있던 청중 가운데 얼마나 많은 사람이 콩팥에 대한 합법적 자유매매 시장을 지지하는지를 샌델 교수는 질문했다.

흰 셔츠를 입고 두툼한 안경을 쓴 피터라는 이름의 한 젊은 중국인이 손을 들고는, 콩팥 거래의 합법화는 암시장을 위축시켜 없애 버릴 것이라는 자유지상주의적 주장을 했다. 많은 다른 사람들은 여기에 반대했고, 샌델 교수는 토론을 이어 나갔다. 만일 한 중국인 아빠가 콩팥을 팔고는 "몇 년 후, 둘째 아이를 학교에 보내야 할 때 어떤 사람이 와서 그의 다른 콩팥 - 혹은 그가 기꺼이 자신의 목숨을 버릴 각오가 되었을 때는 심장까지 - 을 팔 것인지를 물었다고 합시다. 여기에 문제가 있나요?" 피터는 생각을 해 보더니 이렇게 말했다. "그것이 자유롭고 투명하게 또 공개적으로 이루어지는 한에서는 부유한 사람은 생명을 살 수 있고, 그것은 비도덕적이지 않습니다." 동요의 물결이 청중 사이에 퍼져 나갔다. 내 뒤에 있던 한 중년의 남성이 소리쳤다. "안 돼요!"

샌델 교수가 상황을 정리했다. 그는 이렇게 말했다. "시장의 문제는 사실은 우리가 어떻게 함께 살아갈 것인가에 대한 문제입니다. 우리는 모든 것이 매매의 대상이 되는 사회에서 살기를 원하나요?"

다음 날 샌델 교수는 내게 이렇게 말했다. "내가 방문한 여러 나라 가운데 중국은 자유시장의 장악과 도덕적 직관이 가장 깊이 교차하는 곳입니다. 아마도 미국을 제외한다면 말이죠." 그런데 그에게 가장 흥미로웠던 것은 그 대항력 – 두 번째 콩팥을 파는 문제에 대해 청중 사이를 관통했던 동요 – 이었다. "그런데 만일 토론을 통해 그런 직관들을 탐사하고 검증을 하면, 시장 논리가 모든 것으로 확대해 가는 데 도덕적으로 주저하는 것을 감지할 수 있을 겁니다." 그는 말했다. "중국 청중은 일반적으로 암표 매매를 받아들이는 것 같습니다. 음악회나 심지어 공공병원에서 의사 면회권조차도 고가로 되파는 것을 말이죠. 그런데 모든 사람이 자기 가족들과 집에서 만나기 위해 구정 때 고향으로 가는 열차표에 대해 물어보면 대부분의 사람들은 암표 매매에 반대합니다."

중국에는 외국에서 들어온 생각들이 대중적 관심과 학문적 토론의 파도를 불러일으킨 역사가 있다. 제1차 세계대전 이후에 중국은 여러 면에서 닫혀 있었지만, 몇몇 영향력 있는 방문객이 관심을 끌었다. 칭화대학의 문학 및 역사 교수인 왕후이汪暉는 내게 다음의 말을 해 주었다. "1920년대에 아주 소수의 저명한 서구 철학자들이 중국을 방문했는데, 예상하시는 대로 존 듀이와 버트런드 러셀이 있었고요, 인도의 시성 라빈드라나드 타고르도 있었습니다. 량치차오梁啓超와 듀이의 제자였던 후쉬 같은 유명한 중국의 지성인들이 그들을 소개했었지요." 그런 저명한 이들의 소개로 듀이 및 다른 사람들은 일군의 추종자들을 만들어 냈다. 이후에 그런 길은 프로이드와 하버마스도 걸어갔다.

샌델 교수가 처음으로 방문했던 2007년에는 중국의 청중이 서구에서 방문한 학자의 새로운 면모에 더는 매력을 느끼지 않을 때였다. 호기심보다는 더 깊은 관심이 필요했을 것이다. 왕후이는 이렇게 말했다. "샌델이 중국에 왔을 때는 수많은 서구의 학자들이 중국을 이미 방문한 후였지요. 존 롤스와 같은 중요한 학자들과 그의 정의론, 프리드리히 하이에크와 그의 "자생적 질서spontaneous order" 이론은 중국 지성인들에게 아주 영향력이 컸죠. 그래서 샌델의 작업이 지성인들에게 받아들여지는 데는 토론과 교섭의 과정이 있었는데, 이것은 제가 보기에는 아주 긍정적입니다." 탐사를 위한 일련의 대화를 할 수 있는 타이밍이 성숙했다. 샌델 교수를 베이징의 칭화대학에 소개한 완준런万俊人 교수는 중국이 "가슴 터지도록 울고 싶은 마음"을 가지고 있다고 말했다.

샌델 교수는 자신의 이력 대부분을 "우리가 동료 시민으로서 서로에게 가져야 하는 도덕적 책임감"에 대해 숙고하면서 보냈다. 미네소타주, 미네아폴리스 근교에 있는 홉킨스에서 13년간을 산 뒤에 그는 가족을 따라 로스앤젤레스로 이사를 갔는데, 그곳에서 급우들은 서핑을 하러 가느라 수업을 빼먹기도 했다. 이는 그가 미국 중서부에서 형성했던 태도에 어긋나는 일이었다. "남가주에서 형성된 한 사람이 부담을 지지 않는 자아(혹은 무연고적 자아, unencumbered self)가 실제로 작동하는지 바라보고 있었지요"라고 그는 내게 말했다. 그는 일찍이 자유주의 정치학에 관심이 있었고, 브랜다이스대학교로 갔다가, 로드 장학금을 받아 옥스퍼드대학교로 갔다. 그리고 그는 겨울 방학 동안 동료 한 명과 함께 경제학 논문을 함께 쓰기로 계획을 세웠다. "내 친구는 아주 이상한 잠버릇이 있었어요." 샌델 교수는 말했다. "저는 보통 자정 무렵에 잠자리에 들곤 했는데, 그 친구는 늦게까지 깨어 있곤 했어요. 이 때문에 저는 아침마다 철학책들을 읽을 수 있었지요." 학기가 다시 시작할 때까지 그는 칸트, 롤스, 로버트 노직, 그리고 한나 아렌트Hannah Arendt를 읽었고, 철학을 공부하기 위해 경제학을 치워 버렸다.

뒤이은 수년 동안 그는 공적 생활에서의 도덕에 관한 보다 직접적인 대화를 주장했다. 그는 이렇게 말했다. "마틴 루서 킹은 영적·종교적 원천에 분명히 의존했어요. 로버트 케네디가 1968년 대통령 선거에 출마했을 때 그도 자유주의를 도덕적·영적 울림이 있게 표현했지요." 그런데 1980년까지 미국의 자유주의자들은 도덕과 덕성의 언어를 치워 버렸는데, 이는 그것이 "종교 우파가 하는 것" 같아 보였기 때문이었다고 샌델 교수는 말했다. "저는 이런 종류의 가치중립적 정치에는 뭔가가 빠져 있다고 느끼기 시작했습니다. 저는 주류 정치 담론에서 보이는 도덕적 공허가 진공 상태를 만들어내어 종교적 근본주의와 거친 민족주의가 그곳을 메우게 될 것을 우려했습니다. 미국 자유주의는 점차 기술 관료화되었고, 영감을 불러일으키는 능력을 상실했어요."

2010년에 중국에서는 스스로를 '만인의 텔레비전'이라고 부른 자원봉사자 집단이 등장해서 외국 프로그램에 자막을 달기 시작했다. 그들이 시트콤과 경찰 연속물을 끝냈을 때 미국 대학 강좌들에 눈을 돌려 그것들을 온라인에서 입수 가능하게 만들었다. 샌델은 전에 한 차례 중국을 방문해서 적은 수의 철학 학생들에게 강의한 적이 있었는데, 그가 다시 돌아왔을 때는 그의 강의가 온라인에 등장했고, 그는 무슨 일이 일어났음을 알아차렸다. "제 강연이 오후 7시에 시작하는데, 오후 1시 반부터 학생들이 자리를 잡기 시작했다고 사람들이 제게 말해 주었어요"라고 그는 말했다. "강연장에 학생들이 넘쳐났고, 저는 이렇게 고무된 사람들의 무리 속으로 들어갔죠." 샌델 교수는 자신의 저작이 다른 나라에서도 화제를 불러일으킨 것을 보았지만, 중국에서처럼 급작스럽게 이루어진 경우는 결코 없었다. 대화를 나누는 동안 우리는 이 현상을 이해하려고 애썼다. 하버드의 명성은 상처 입지 않았고, 공영방송의 제작이라는 전문가적 작업 덕분에 그의 강의는 다른 강의들보다 더 재미있었다. 그런데 중국 학생들에게 그의 강의 스타일 또한 하나의 계시였다. 그는 학생들에게 자신만의 도덕적 주장을 하게 하고, 그 어떤 단일한 정답도 없는 토론에 열정적으로 참여시켰으며, 중국의 교실에서는 거의 들어보지 못했던 방식으로 복잡하고 결론이 열려 있는 주제에 대해 창의적이고 독립적으로 사고하도록 요청했다. 첸잉이는 학생들이 샌델의 책 『정의란 무엇인가』의 중국어 번역본을 미친 듯이 읽는 모습을 보았다. "이는 부분적으로는 서양 철학이 중국에서는 거의 가르쳐지지 않았던 사실 때문인 듯합니다"라고 첸잉이는 설명했다. "더욱이 『정의란 무엇인가』는 중국 대학생들이 쉽게 접근할 수 있었고, 대안적 학파의 사상을 설명하는 흥미 있는 사례를 많이 담고 있었다."

스타일의 차이를 넘어서 샌델 교수는 도덕 철학에 대한 중국인들의 강렬한 관심에 대해 어떻게 보다 심층적인 설명을 할 수 있을지를 감지했다. "제 저술이 화제를 불러일으킨 사회들을 보면 거대한 윤리적 문제들에 대한 심각한 공적 토론을 야기하는 사건이 - 그 이유가 무엇이건 - 존재하지 않았어요"라고 그는 말했다. 특히 젊은이들은 "공적 담론을 중심으로 일종의 공허감을 느끼고 있으며, 그들은 더 나은 무엇인가를 원합니다. 어떤 점에서 중국은 부담을 지지 않는(무연고적) 자아들의 나라, 개인들이 사회적 결속과 역사로부터 자신의 굴레를 벗고 이전에는 불가능했던 방식으로 자기 이익을 토대로 자신의 결정을 내리는 나라가 되었다. 중국은 공적으로는 사회주의적 이데올로기를 옹호하는 기술 관료들에 의해 지배되지만, 실제로 그들은 무자비한 효율성을 가진 경제와 공학에 신뢰를 두고 있다. 중국 경제체제를 변화시킨 덩샤오핑은 번영이 최우선이었다고 주장했다. "발전이 유일하게 냉혹한 현실입니다"라고 그는 1992년에 말했고, 중국은 상당한 규모로 풍요를 향한 길을 채택했지만, 그 대가 또한 엄청났다. 뒤이은 수십 년 동안 중국은 가짜 의약품, 부실 공사, 만연한 부패 등에서 시장 사회의 위험들에 엄청나게 직면했다.

샌델 교수가 중국에 오기 전까지 중국공산당은 종교의 유지는 허용했지만 교세의 확장은 막았다. 샌델은 중국의 젊은이들에게 유용하고도 도전적이지만 체제 전복적이지 않다고 생각한 어휘, 그리고 불평등과 부패, 공정성에 대해 정치적으로 들리지 않고도 토론할 수 있는 틀을 제공하였다. 그것은 정치적 정당성과 권위에 대해 직접적인 의문을 던지지 않으면서 도덕성에 대해 토론할 수 있는 길이었다. 샌델 교수는 결코 중국 정치가 금기시하는 것, 즉 권력의 분립, 법에 대한 당의 우선성 등에 명시적으로 도전하지 않았다. 그러나

I7

때때로 중국 당국은 그를 막기도 했다. 상하이에 있는 중국 학자들과 저술가들이 샌델 교수가 청중 8백 명을 향해 대중 강연을 하도록 준비하였으나, 강의 전날에 지방 정부가 취소해 버렸다. 샌델 교수는 주최자에게 "그들이 이유를 알려 주었나요?"라고 물었다. 그들은 말했다. "아니요, 그들은 결코 이유를 설명한 적이 없습니다."

때때로 샌델 교수는 중국의 비평가들이 보인 회의주의적 반응과 마주하였다. 어떤 이들은, 시장에 반대하는 샌델 교수의 주장은 이론적으로는 훌륭하지만, 평등에 대한 그의 약하고 투명한 생각들은 중국인들에게 식량 배급표와 빈 식료품가게 선반에 대한 회상을 불러일으켰을 뿐이라고 비판했다. 또 어떤 이들은, 중국에는 돈을 갖는 것이 권력의 남용으로부터 자신을 지키는 유일한 방법이므로, 시장을 제한하는 것은 국가의 손을 강화할 뿐이라고 비판했다. "일부 신자유주의 지식인들은 화가 난 채 그의 견해를 비판했지만, 청중 대부분은 그의 생각을 좋아했어요"라고 칭화대학의 왕후이는 말했다. "정의, 평등, 인간의 삶에 있어서 도덕의 역할 같은 샌델의 주제 모두는 우리 사회에 적실한 것입니다."

샤먼대학 특강이 끝난 뒤, 나는 샌델 교수가 베이징에서 몇몇 대학생 집단과 더 대화를 나누는 것을 보았다. 샌델 교수가 생명의 "스카이박스화" – 미국이 부유한 자들의 세상과 다른 모든 사람의 세상으로 분리되는 것 – 에 대해 묘사할 때 중국의 청중은 훨씬 더 같은 입장이 되어 듣고 있음이 분명했다. 중국의 많은 사람이 30년이 지나 모든 것이 매매의 대상이 된 미래를 다시 생각하기 시작했다.

베이징에서 보내는 마지막 밤에 샌델 교수는 경제여상업대학

University of Business and Economics에서 강의했고, 거기서 그의 〈정의〉 강의를 번역했던 학생 자원봉사자 단체와 만남을 가졌다. 한 젊은 여성이 감정에 북받쳐서 "당신의 강의는 내 영혼을 구원했습니다"라고 말했다. 샌델 교수가 그녀에게 그게 무슨 의미냐고 묻기도 전에 무리들이 그에게로 몰려와 사진을 찍고 사인을 받았다. 나는 뒤로 물러나 그녀에게 나를 소개했다. 그녀의 이름은 쉬예였고, 스물네 살이었다. 그녀는 인적 자원(HR) 분야에서 석사 학위를 받으려고 공부하고 있었을 때 샌델의 저작을 접하게 되었고, 그것이 "제 마음을 열고 모든 것을 의심하게 하는 열쇠"가 되었다고 말했다. "한 달이 지나 전 다른 느낌을 갖기 시작했어요. 그게 1년 전의 일입니다. 그리고 지금은 종종 제 자신에게, 여기에서의 도덕적 딜레마는 무엇인지 질문합니다."

그녀의 부모는 농부였다가, 아빠가 해산물 매매를 하게 되었다. "저는 어머니와 함께 부처님을 찾아가 기도하고, 공양물로 탁자 위에 음식을 조금 두고 옵니다. 과거에 저는 거기에는 아무런 잘못된 것이 없다고 생각했어요. 그러나 1년이 지났을 때 저는 어머니께 물었죠. '왜 이렇게 하죠?'라고요." 그녀의 어머니는 그 모든 질문을 기꺼워하지 않았다. "어머니는 제가 아주 어리석은 질문을 한다고 생각해요. 저는 모든 것에 질문하기 시작했죠. 저는 그것이 그릇되거나 옳다고 말하지 않았어요. 그저 질문했을 뿐이죠."

쉬예는 암표 구매를 그만두었다. 이렇게 말했다. "그 사람이 자기가 정한 값으로 암표를 팔 때, 그것은 저의 선택을 제한합니다. 만일 그가 가격을 정하지 않았다면 저는 보통석이나 일등석을 사려고 결정할 수 있었을 것입니다. 하지만 그는 저의 선택권을 빼앗고 있는 셈이죠. 그것은 공정하지 않아요." 그녀는 자신의 친구들도 자신과 같이 행동하라고 설득하기 시작했다. "저는 아직 어리고, 또 제게는 많은 것을 바꿀 힘이 없지만, 저는 그들의 생각에 영향을 줄 수 있어요"라고 그녀는 말했다.

쉬예는 졸업이 가까웠지만 정치철학을 접하면서 사태가 좀 더 복잡해졌다. "그 강의들을 만나기 전에는 인적 자원 전문가와 인적 자원 매니저가 되어 큰 회사에 취직해 직원으로 일할 것이라고 확신했었어요. 그런데 지금은 혼란에 빠져 있어요. 저는 원래의 꿈을 의심하고 있어요. 저는 좀 더 의미 있는 일을 하고 싶어요." 그녀는 자기 부모에게 감히 말하지 못하고 있었지만, 속으로는 인적 자원 분야에서 직업을 갖지 않기를 바라고 있었다. "저는 1년 정도 갭이어(학업을 1년 쉬면서 새로운 모색을 하는 시간 – 역주)를 신청해 해외를 여행하며 파트타임 일을 하며 세계를 볼 수도 있어요. 저는 사회에 기여하기 위해 제가 할 수 있는 일이 무엇인지를 알아보려고 합니다."

쉬예나 성년을 맞이하는 이들은 자신의 경제력과 개인의 삶에 대한 통제력이 점차 증가하면서 과거처럼 자신이 의문을 제기할 수 있는 대상에 제한을 두지 않는 것 같다. 마이클 샌델이 제안한 것을 포함하여 폭넓은 새로운 사상의 향연을 품에 안는 것은 단순한 호기심 이상이다. 그것은 바로 새로운 도덕적 기초를 찾는 탐구를 대변한다. 중국의 중산층 남성과 여성 들이 무엇을 믿을 것인지에 대한 탐구를 시작했다.

차례

part 1 │ 정의, 조화 그리고 공동체

part 2 │ 시민의 덕과 도덕 교육

part 3 │ 다원주의와 완벽: 샌델과 도가 전통

part 1

정의, 조화
그리고 공동체

리첸양

李晨陽, Chenyang Li

01

조화 없는
공동체?

마이클 샌델에 대한 유가적 비판

지난 몇십 년간 마이클 샌델은 가장 강력한 자유주의 비판자 가운데 하나였다. 특히 그의 저작 『자유주의와 정의의 한계』(1982)는 존 롤스John Rawls의 자유주의에 대한 몇 가지 근본적 결함을 밝히면서 개인과 정의로운 사회의 개념을 적확하게 이해하고 평가하기 위한, 공동체를 기반으로 한 틀의 필요성을 보여 주었다. 유학자Confucians[1]라면 샌델의 자유주의 비판에 대해 상당 부분 동의한다. 그러나 유가적儒家的 관점에서 볼 때 샌델의 공동체주의는 강한 공동체주의적 사회a robust communitarian society로 나아가기에는 너무 얇thin다. 유학자들은 보다 두터운thick 공동체 개념을 주장한다. 그것이 인간의 번영에 결정적이라고 본다. 나는 먼저 두 철학－유학과 샌델의 철학 – 이 공통으로 가지고 있는 한 사례로써 유학자들과 샌델이 일치하는 핵심 지점 한 가지를 논의한 후 두 철학 사이의 중요한 차이점 한 가지를 다루고자 한다. 두 철학이 일치하는 핵심 지점은 정의가 이루어지는 상황을 중요시한다는 점이다. 반면 중요한 차이점은 '조화調和, harmony'와 관련된다. 유학에서는 조화를 공동체 개념의 중심에 놓는 반면, 샌델 식의 공동체 이해에서는 조화에 대한 어떤 논의도 나오지 않는다.[2] 이 글은 유가의 입장에서 샌델의 공동체주의 철학communitarian philosophy[3]을 지지함과 동시에 비판한다. 또한 이 글은 샌델에게 자신의 공동체에 대한 이해에서 조화를 고려해 볼 것을 권하는 우호적 초대장이기도 하다.

정의가 이루어지는 상황에 대한 샌델의 강력한 입론은, 어떤 가치나 가치들이 좋은 사회의 기초가 되는가를 결정하는 데 커다란 영향을 미친다는 것이다. 존 롤스는 사회에서 정의를 우선시하는 그의 신념을 토대로 정의론을 펼친다. 즉 "진리가 사상 체계의 첫 번째 덕인 것처럼 정의는 사회 제도의 첫 번째 덕이다. 어떤 이론이 아무리 유려하고 간명하더라도 참이 아니라면 수정하거나 거부해야 한다. 마찬가지로 법률과 제도도 아무리 효율적이고 정연할지라도 부정의하다면 개혁되거나 폐지되어야만 한다"(Rawls, 1971, p.3). 롤스에게 정의란, 좋은 사회를 위한 여러 가지 덕목이나 가치 가운데 하나가 아니다. 정의는 다른 모든 가치의 척도가 되는 기본 가치the primary value다. 샌델이 논의한 바와 같이, 롤스에게 "정의란 바로 기준the standard으로서, 늘 해결되는 것은 아니라 해도 가치들이 서로 충돌할 때 화해시키거나 선의 개념들이 경쟁할 때 조정하는 기준이다"(Sandel, 1998, p.16). 이런 이해를 바탕으로, 한 사회를 평가하고자 할 때 가장 먼저 던져야 하는 질문은 사회 유형과 상관없이 그 사회가 정의로운가 하는 여부다. 샌델이 지적하듯이 이와 같은 정의에 대한 이해는 정의의 여건의 중요성, 즉 사회가 기능하려면 일정한 메커니즘이 필요한 사회의 배경 조건에 대한 중요성을 충분히 고려하지 못했다. 데이비드 흄David Hume을 따라 롤스는 이들 조건을 두 가지 유형으로 구분한다. 즉, 자원의 상대적 희소성 같은 객관적 조건과, 개별 사람들의 서로 다른 삶의 목적이나 관심과 같은 주관적 조건이다. 롤스는 최소한 암시적으로나마 이러한 조건들이 보편적이며, 따라서 어떤 사회에서든 정의가 우선적 가치가 있다고 본다. 이와 달리 샌델은 정의가 절대적이 아니라 오로지 조건적으로만 – 교전 지역에서 물리적 용기에 견주면서 – 사회 제도의 첫 번째 덕이라고 주장한다(p.31). 정의의 필요성이 줄어들었다면 사회가 어느 정도 개선되었다는 뜻이다. 왜냐하면 "정의라는 덕을 평가할 때, 그 선결요건이 되는 조건이 도덕적으로 줄어든 것을 기준으로 한다면, 적어도 정의에 상응하는 우선성을 갖는 경쟁적 덕, 즉 정의가 필요하지 않는 상황에서 필요한 다른 덕이 구현되고 있음이 틀림없기 때문이다"(p.32).

샌델은 정의의 교정적 측면을 하나의 덕으로 분석한다. 말하자면 정의는 일이 어그러졌을 때 이를 '고치도록', 달리 말하면 최소한 사회 제도가 무너지지 않도록 예방할 것을 요구한다. 그러나 샌델은 정의가 이루어지는 상황은 보편적으로 획득되는 것은 아니라고 말한다. 적어도 사회의 특정 분야에서는 그렇다고 본다. 예를 들어 어느 정도 이상적인 가족 상황, 즉 주로 자연스러운 감정에 지배되는 관계에서는 정의가 이루어지는 상황은 단지 최소한으로만 획득된다. 어느 정도 이상적인 가족에게서 정의는 중심 역할을 하지 못하는데, 그 까닭은 부정의가 만연해서가 아니라 가족 구성원들이 충분한 애정과 돌봄을 나누며 상호작용하기 때문이다. 그런 상황에서는 정의를 일차적 덕으로 보는 것이 적합하지 않다(p.33). 어느 정도 이상적 모습을 취했던 전통 부족사회를 떠올리면 그와 비슷한 상황을 쉽게 상상할 수 있다.

이런 측면에서 샌델의 입론은 유가의 사회 정치철학과 상당 부분 일치한다. 고전 유가Classical Confucian [4] 사상가들은 샌델의 것과 다소 유사한 용어로 자신들의 입장을 표현한다. 그들은 사회의 작동을 규제하거나 촉진하는 두 가지 주요 장치를 알고 있었다. 하나는 '법法'으로서 문자 그대로 '법률laws'을 뜻한다. 이 말은 형법criminal laws을 뜻하는 '형刑'과 밀접하게 관련된다. 다른 하나는 '예禮'로, 통상 영어로 '의례ritual' 또는 '예절ritual propriety'로 번역된다. 그것은 사람들이 서로에 대해 적절한 감각과 정서를 수양하게 하려는 목적을 갖는 사회 규범, 에티켓, 의례 등을 포괄한다. 예를 통한 수양은 사람들을 인仁(영어로 '사람다운 마음가짐human-heartedness' 또는 '인자함benevolence'으로 번역됨) - 타자를 향한 친절을 특성으로 하는 성향 - 을 향하도록 이끈다.[5] 간단한 예를 하나 들어 보자. 만약 당신이 매일 아침마다 일하러 가는 길에 만나는 누군가에게 "안녕하세요?"라고 말하며 미소 짓는데 상대방도 당신과 똑같이 한다면, 당신과 그 사람 둘은 점차 서로에 대해 긍정적인 태도를 발전시켜 서로를 더욱 돌보는 경향을 갖게 될 것이다. 더 나아가 당신은 비슷한 조건에서 그리고 일반적으로 사람들을 대할 때 더 친절해지는 성향을 보일 것이다. 유가의 이상에 따르면, 예를 실천하는 것은 사람들이 동료 인간에 대한 돌봄의 감각과 인자한 마음을 수양하여 사회 안에서 긍정적 관계를 세우고 유지하기 위해서다. 유학의 '법' 관념은 롤스적 의미의 정의와는 같지 않지만, 그것은 사회 조직을 훼손하는 행동을 규제하는 규칙을 정한다는 점에서 일반적 정의의 감수성에 부합한다. 고전 유학 사상가들은 법에 가치가 결핍되어 있다고 여긴 게 아니라 좋은 사회라면 사회가 작동하는 데 일차적 척도로서 '법(또는 형벌)'에 의존해서는 안 된다고 생각했다. 공자는 형법에 의존하여 사회를 운영한다면, 사람들은 어려움을 피할 수는 있겠지만 '수치심(恥)'이라는 도덕적 감각을 기르지는 못할 것이며, 오직 예를 행함으로써만 형벌을 피하는 것은 물론 도덕적 수치심을 기를 수 있다고 주장했다. 사람들은 도덕적 수치심을 통해 나쁜 행동을 하지 않을 수 있다(『논어論語』 2.3).[6] 유학자들은 한 사회가 법이나 형벌에 크게 의존한다면 사회 조직이 이미 훼손되었음을 나타내는 것이라고 보았다.[7] 유학의 고전 『공자가어孔子家語』 ─ 공자 가문에 전해 내려오는 가르침 ─ 의 기록에 따르면, 노魯나라 법무장관(大司寇)[8]으로 봉직하게 된 공자는 왕을 도와 사회 질서를 세웠는데, 사악한 사람들이 없어져 형벌을 적용하지 않아도 되었다.[9] 이 기록이 역사적으로 정확한지와는 상관없이, 보여주고자 하는 핵심은 매우 분명하다. 즉 공자는 정의가 일차적 덕이어야 할 필요가 없는 사회를 추구하였다는 점이다. 정의가 아무리 중요하다 해도, 어떤 사회에서 예나 인이라는 덕이 우세할 때는 정의가 일차적 조치일 필요가 없다. 실제로 유가 사상가들에게는 예와 인을 장려하는 것이 일차적 관심사였다. 그들의 목표는, 정의가 일차적 덕이 될 필요가 없는, 그런 정의의 상황을 갖춘 사회 환경을 만들고자 하는 것이었다.

유가적 관점에서 예와 인은 긍정적 인간관계를 맺게 한다. 이러한 덕목들을 통해 사람들은 강력한 공동체 소속감을 가질 수 있다. 그러한 공동체에서 최고의 덕은 정의보다는 조화로운 관계다. 유학자들이 샌델의 자아와 공동체 개념에서 중요한 결함이 있다고 한 것은 바로 이와 관련된다. 샌델의 공동체관에는 조화가 포함되어 있지 않다는 말이다.

확실히 샌델의 공동체 이해는 롤스와 크게 다르다. 롤스는 공동체에 적극적인 가치를 부여하지만 그것은 옳음the right이라는 가치에 종속되어 있다. 샌델은 롤스의 견해를 다음과 같이 특징적으로 묘사한다. "공동체는 정의가 규정하는 틀 내의 여러 가지 덕목 가운데 하나의 경쟁적인 덕으로 여겨질 뿐, 그 틀 자체와 동등한 가치를 갖는 것으로 여겨지지는 않는다"(Sandel, 1998, p.64). 달리 말해 롤스에게서 공동체주의적 목표들은, 정의의 원칙과 옳음의 개념 확립 이후에 추구될 수 있으며, 그것보다 우선되거나 병행되어서는 안 되는 것이다. 옳음이 좋음the good에 선행한다는 원칙과 짝을 이루는 것이 자아self가 공동체에 선행한다는 견해다. 샌델은 자아에 대한 롤스의 얇은 이해를 이유로 사회에서의 정의를 정합적으로 설명하는 토대를 제공하기에는 매우 부족하다고 주장한다. 정의에 대한 이해를 잘 정초하기 위해서는 자아에 깊이 스민 공동체, 롤스가 묘사한 자아의 경계를 넘어서는 공동체에 대한 이해가 필요하다. 샌델의 주장에 따르면, 공동체란 자신의 고유한 목표를 추구하는 자아를 위한 조건을 제공하거나 사회의 일부 구성원들이 특정한 공통의 목표를 추구하는 동기부여로서 발전 혹은 이용할 수 있는 인자한 감정의 대상을 제공하는 도구적 선을 훨씬 넘어선다. 오히려 공동체는 사람들이 회피할 수 없는 정체성의 일부다. 즉 "공동체는 그들이 동료 시민으로서 **소유**하는 것일 뿐 아니라 그들이 어떤 **존재**인지도 나타낸다. 즉, (자발적 결사체에서) 그들이 선택한 관계가 아니라 그들이 발견하게 되는 소속이며, 그저 하나의 속성이 아니라 자신들의 정체성을 이루는 구성 요소다"(p.150). 이러한 의미에서 동일한 공동체의 시민들은 공동체주의적 감정을 공유하고 공동체주의적 목표를 추구할 뿐만 아니라, 자신들의 정체성이 그들이 속한 공동체를 바탕으로 정립된다는 것을 인식한다. 정체성을 구성하는 공동체라는 강한 개념이 없다면 롤스는 원초적 입장에 서 있는 개인이라는 한쪽과 정의의 원칙이라는 다른 쪽 사이의 틈을 연결시킬 수 없다. 양자를 연결하기 위해 필요한 것이 공동체에 대한 구성적 이해다. 그러므로 샌델은 개인들 각자가 다양한 목표를 추구할 때 공동체가 단지 원초석 단계 이후에 자아에 덧붙여지는 부가물일 수 없다고 주장한다. 공동체에 근거하여 자아를 이해하려면 정의에 대한 어떤 합당한 이해가 선행될 수밖에 없다.[10]

공자는 샌델이 공동체를 일차적 가치로 이해하는 데 주저 없이 지지할 것이다. 유가적 견해에서 볼 때, 개인의 정체성은 부분적으로 사회적 관계를 통해 구성되며, 또한 공동체의 조직 그 자체에 필수적이다 – 이렇게 보면 샌델의 철학에서 공동체가 갖는 중요성 때문에, 샌델이 조화를 기본 덕목으로 포함하지 않은 점이 더욱 두드러져 보인다. 이 점을 예시하기 위해 나는 이제 유학의 조화관과 그것이 공동체와 어떤 밀접한 연관성을 갖는지에 대해 논하고자 한다. 그리고 그에 이어 나는 로널드 드워킨Ronald Dworkin의 '소수집단우대정책affirmative action'의 정당화에 대한 샌델의 반론을 살필 것이다. 드워킨과 롤스와 마찬가지로 조화의 개념 없이는 샌델 또한 소수집단우대정책을 옹호하는 주장을 강력하게 제시할 수 없다는 점을 드러내 보이는 것이 내 목표다.

조화에 대해 널리 퍼져 있는 오해가 있다. 고전 유가 사상가들은 조화가 단지 분쟁이 없다거나 사회 규범을 무차별적으로 따르는 것이라는 생각을 거부했다. 그들은 국 끓이기나 오케스트라 음악에 빗대어 조화관을 발전시켰다. 조화 안에서 각 요소(국의 재료나 합주에 참여하는 악기)는 전체적인 상태를 구성하는데 거기에서 각각은 스스로의 잠재력을 실현하며, 저마다 다른 것들과 함께 하나의 전체를 이루면서도 각자에게서 최선을 산출하는 상태다. 조화 또는 화합harmonization – 한자로 '和'에 해당 – 은 명사형으로, 사태의 종결 상태라기보다 지속적인 생산 과정을 가리키는 동사형으로 이해하는 것이 좋다(이에 대해서는 Li, 2014, p.13을 보라). 유가에서 말하는 조화란 단순한 동의나 일치를 의미하는 대신, 역동적이고 발전적이며 생산적인 과정으로서 균형을 추구하고 창조성과 상호 변화를 통해 차이와 갈등에 균형을 주고 화해를 이루어 주는 것이다.[11] 이러한 유가의 조화 철학은 애초부터 불화不和를 배경으로 발전해 왔다. 춘추전국春

秋戰國 시대의 선진先秦 중국 철학은 대부분 그 시대의 불화라는 문제에 대해 다양하게 응답하고 해결책을 제시하려 했다.

불화는 무질서와 분쟁으로 특징지어진다. 불화에 대한 대안을 찾는다면 지배domination와 조화 가운데 하나가 된다. 지배란 물리적 강제력을 쓰거나 혹은 바람직하지 않은 결과를 가져올 수 있다는 명시적이거나 암묵적인 위협을 통해 어느 한쪽(더 우세한 측)이 다른 쪽(혹은 타자들)을 통제하는 경우를 말한다. 지배의 본질은 권력이다. 지배는 평화와 공존할 수 있고, 그리하여 표면적으로 조화로운 듯 보일 수 있으나 그런 평화 상태는 조화의 모범은 아니다. 지배가 일반적으로 질서를 낳기는 하지만, 그것은 강압적 질서로서 폭력을 사용하거나 혹은 폭력을 쓰겠다는 위협에 근거하기에, 이런 유형의 질서에는 고도의 인적 비용이 수반된다. 고대의 유가 사상가들은 지배를 조화라고 생각하지 않았다. 그 까닭은 지배는 모든 부분에 건설적인 상호 개입을 허락하지 않으며 조화에서 중요한 상호 인정과 보상의 형평성에 대한 적절한 척도를 가지고 있지 않기 때문이다.

불화에 대한 또 다른 대안이 바로 조화다. 고대의 유학자들이 장려하려 한 조화는 상호 인정과 보상 사이의 형평성을 결정적 조건으로 여기는 가운데 관련 집단들이 건설적이고 적극적으로 관여하는 것을 특징으로 한다. 잘 알려져 있듯이 공자는, 군자君子(도덕적으로 고양된 인물)는 원칙 없이 시류를 따르지 않으며[12] 다른 사람들과 똑같아지지 않으면서 조화를 추구한다고[13] 주장한다. 그는 조화에서 가장 중요한 특성 가운데 하나를 확인해 준다. 공자의 조화관이 애초부터 조화를 가장한 지배에 대한 대안에서 발전해 나왔다는 점은 주목할

35

가치가 있다. 고전 문헌 『춘추좌씨전 春秋左氏傳』 소공 昭公 20년 조 條에서 철학자 안자 晏子는 '조화'와 '동화 同化, conformity'를 구분한다.[14] 제 齊나라 경공 景公과 대화하는 중에 경공이 자신의 신하 거 據와의 관계를 자랑하며, 신하 거가 언제나 자신을 따르기만 한다고 말한다. 안자는 그런 유형의 관계는 바로 '똑같아지는 것'이지 조화가 아니라고 지적한다. 안자는 여러 재료를 섞어 국을 끓이는 것과 여러 악기로 합주하는 음악을 예로 들며 경공의 경우와 대조시킨다. 안자가 보기에 경공과 그 신하의 관계는 조화를 이루어야 하는 것이지 똑같아져서는 안 된다. (국을 끓일 때) 일부 재료가 상반되는 맛일 때도 있지만 여러 가지 맛의 재료가 한데 어우러져야 맛있는 국이 만들어지는 것처럼 조화로운 관계는 사람들이 서로에 대해, 사안에 대해 다양한 관점과 견해를 가지고 서로 관여하는 것을 전제로 한다. 이것은 경공과 그 신하의 관계와는 명백히 다르다. 그 신하는 자신의 독자적인 소리를 내지 않고 그저 경공을 따르기만 할 뿐이다. 앞서 언급한 지배에 대한 논의에 비추어 보면, 신하가 언제나 경공과 똑같은 의견을 가졌다는 것은 결코 우연일 수 없다. 경공이 그 신하에 대해 권력을 쥐고 있었기 때문이다. 두려움이건 경공을 기쁘게 하기 위함이건, 아니면 둘 다이건 그 신하는 모든 것에 대해 경공과 생각이 같은 척하면서 그의 의견을 따라야만 했을 것이다. 이는 조화를 가장한 지배의 고전적 사례에 속한다. 역사적으로 조화에 대한 이러한 오해는 유가의 조화관에 나쁜 인상을 주었다. 그러나 이는 고전적 유가 사상가들이 주창하였던 조화가 아니다.

조화와 불화의 차이는 명백한 데 반해 조화와 지배의 차이는 늘 분명한 것은 아니며 또 때로는 고의적으로 모호하게 하는 때도 있다. 지배 세력은 지배가 마치 조화인 듯이 가장하려는 경향이 있다. 2천 년도 훨씬 더 된 과거와 마찬가지로 지배와 조화의 혼동은 오늘날에도 조화의 이상에 대한 가장 큰 도전이다. 칼 포퍼Karl Popper는 그의 영향력 있는 책 『열린 사회와 그 적들』에서 플라톤Plato이 말한 조화로서의 정의관을 주된 비판 대상으로 삼는다. 포퍼가 주장한 바에 따르면, 플라톤의 갈등 없는 조화관은 전체주의로 이끌며 자유와 모순된다(Popper, 1971). 그러나 플라톤이 파악한 조화, 즉 영혼의 세 부분의 조화와 사회에서 세 계급 사람들의 조화를 특징짓는 것은 한 요소가 다른 두 가지를 지배한다는 점에 있다. 그것은 지배를 위한 모델이지, 유학 전통에서 의미하는 조화 모델이 아니다. 주로 조화를 동화와 지배로 간주하려는 경향 때문에 다양한 세계에서 조화를 추구한다고 하면 현대 서양에서는 기껏해야 철딱서니 없는 생각으로 치부되거나 심지어 유해하다고 여겨지기도 한다. 그러나 유학의 조화관은 불화와 구분되어야 하고 지배와도 구분되어야 마땅하다. 유학의 조화관은 강한 공동체관과 역동적이면서도 형평에 맞는 인간관계의 구축에 토대를 둔다. 조화로운 공동체에서 각 개인은 자신의 정체성을 형성하고 발견할 뿐만 아니라 다른 구성원들의 정체성과 선에도 공헌한다. 다른 사람들과 조화를 이루면서 각각의 사람은 동료 공동체 구성원들의 공헌에서 이익을 얻는다. 유학에서 이해하는 공동체란, 롤스의 생각처럼 추구하는 목표가 서로 다른 개인들의 집합에 불과한 것이 아니다. 그리고 공동체는 샌델이 보는 것처럼 전체를 아우르는 특성이라곤 없는 채로, 정체성을 구성하는 사회적 결사체 또한 아니다. 샌델이 말하는 공동체 구성원들은 호의, 자비, 책임감 같은 개인적 특성을 갖추고 있지만 이것들은 하나의 전체로서 공동체를 아우르는 특성은 아니다. 유가가 이해하는 공동체란 사회적 조화로서 그 구성원들이 공동선을 위해 상호 변화를 이룸으로써 실현되는 것이다.

자, 이제부터 하나의 사례로, 소수집단우대정책이라는 문제를 생각해 보자. 소수집단우대정책은 일부 자유주의자들에게는 매우 불편한 문제였다. 자신들의 철학과 도덕적 직관 사이에 존재하는 심각한 모순을 드러내기 때문이다. 한편 개인의 권리를 기본 바탕으로 하는 자유주의 철학은 특정 사회적 목표에 기여할 수 있을 때조차도 개인의 권리를 전가의 보도처럼 활용한다(Dworkin, 1984). 다른 한편으로, 이해 가능한 수준의 강한 도덕적 직관에 따르면 소수집단우대정책을 포함하여 특정 사회적 목표는 개인의 권리를 제한하더라도 반드시 이뤄져야 한다고 생각하는데, 다른 경우에는 개인의 권리가 존중된다. 그러한 도덕적 직관에 부합하기 위해 일부 자유주의자들은 그 모순을 해소하기 위한 다소 창의적인 접근 방식을 취해 왔다. 드워킨은 사회적 공리에 근거하여 소수집단우대정책을 정당화하고자 했다. 이렇게 해서 제시된 그의 어색한 입장은 자신의 권리-기반 반공리주의 철학에 잘 안착하지 못하고 있다. 롤스(1971)는 소수집단우대정책을, 사람들의 천부적 재능은 개인들에 속하는 것이 아니라 '공공재common assets'(p.101)에 속한다는 근거에서 정당화하고자 했다. 롤스의 접근 방식은 개인성에 대한 특정 형이상학을 근거로 옹호될 수 있을 듯하지만, 그럼에도 불구하고 보통 사람들이 상식적으로 납득하기에는 어려워 보인다. 자신의 천부적 재능이 자신의 것이 아니라 공공재라고 받아들일 사람은 매우 적을 것이기 때문이다. 더구나 샌델(1998)이 주장하였듯이, 드워킨이나 롤스가 설득력을 가지려면 순서상 '보다 넓은 개념의 소유 주체'가 필요하다. 즉 공동체에 근거하면서도 공동체를 구성하는 자아에 대한 적절한 이해가 없다면, 그들은 소수집단우대정책에 대한 자신들의 지지를 정당화할 수 없다(p.149). "(특정) 타인들의 성취와 노력에 이런 의미의 참여가 참여자들에게 반성적인 자기 이해를 끌어내는 경우, 우리는 그 다양한 활동 속에서 우리 자신을 볼 때, 일정한 공통점이 있는 개별 주체이기보다는 더 넓은 (그러나 여전히 특정한) 주체의 구성원으로 보게 된다. 또한 "타자"로 보기보다는 공통의 정체성, 즉 가족 혹은 공동체, 계급, 국민, 민족이라는 정체성의 참여자로 보게 될 것이다"(p.143).

샌델의 해결책은, 그가 공동체에 기반을 둔 개인의 정체성을 발견하기 위해 개인의 '반성'에 의존한다는 점에서 주관적이다. 법학전문대학원이나 의학전문대학원에 입학하는 경우를 보자. 약간 높은 점수를 얻은 인종적 다수자 출신 지원자가 사회적 대표를 덜 가지고 있는 인종적 소수자 출신의 지원자로 인해 떨어졌다면, 전자의 '희생'은 후자와 공동의 노력을 한 것이라 할 수 있다. 떨어진 지원자는 다른 사람을 위해 자신이 희생되었다고 느끼는 대신, 자신의 정체성에 대한 적절한 반성을 통해 그 혹은 그녀가 자신이 속해 있는 공동체에 공헌한다고 느낄 수 있다. 그 사람의 '희생'은 그 또는 그녀의 정체성이 결부된 삶의 방식을 실현하는 데 기여한다는 근거에서 정당화된다(p.143).

　유학자들은 샌델의 논점을 지지하겠지만 그럼에도 그것이 부적합하다고 여긴다. 유학자들은 앞에서 보았던 소수집단우대정책의 사례에서 다수 인종 출신의 지원자가 적절한 반성을 통해 그 또는 그녀가 공동 과제에 공헌하고 있으며, 그렇게 함으로써 공동체를 강화하는 데 기여하고, 그 혹은 그녀의 정체성이 풍요로워진다고 깨닫게 된다는 데는 동의한다. 그러나 유가 철학에서는 이런 식으로 공동체를 염두에 둔 이해가 단지 반성을 통해 성취될 수 있는 것은 아니라고 본다. 그 반성이 아무리 진지하고 철저하다고 해도 말이다. 대신에 장기적인 자기 수양을 통해 성취될 수 있다. 자기 수양을 통해 사람들은 자아에 대한 적절한 감각을 발전시키고, 자기 자신의 성공과 번영이 공동체의 발전에 반대되는 것이 아니라 더 조화를 이루는 것이라는 점을 안다. 유학자들은 여기서 더 나아간다. 유가적 견해에서 볼 때 샌델의 해결책은 개인의 인격과 반성에만 초점을 맞추는데, 아리스토텔레스의 구분을 적용해 말하면 그것은 실천적 덕이라기보다는 이론적 덕이다. 이와 달리 유학자들은 사회적 조화에 초점을 맞추며 개인을 넘어, 나아가 이론적·주관적 반성을 넘어 자신들의 해결책을 확장한다.

　유가적 견해에서 볼 때 사회적 조화란 좋은 삶의 본질이다. 더 강하게 말한다면, 사회적 조화 그 자체가 좋은 **삶이다**. 공동체의 동료 시민들(또는 서로 다른 계층과 서로 중첩되는 다양한 공동체들)과 조화를 이룰 때 우리는 자신의 잠재력을 실현하며 번영한다. 타자와 조화를 이루면서 우리는 다른 사람들과 관계를 발전시키고 공동체 안에서 좋은 사람, 좋은 가족 구성원, 좋은 시민이 된다. 만약 약간 더 높은 점수를 얻은 인종적 다수자 출신의 지원자가 사회적 대표를 덜 가지고 있는 인종적 소수자 출신의 지원자를 포함한 타자와의 조화로운 관계를 구성함으로써 공동체 건설에 적극적으로 참여한다면, 그 또는 그녀는 인종 평등의 필요성을 절감하고 사회와 더불어 공동 목표를 함께 공유하며, 그렇게 해서 입시 결과가 사회적 조화에 가치 있는 공헌을 한다고 생각할 것이다. 공동체 안에서 공동선을 실현하기 위해서는 때때로 사람들의 희생이 필요하며, 그 희생은 다시 그 사람 자신의 삶을 가치 있게 해 줄 것이라는 점을 부인하지 않는다. 번영하는 공동체는 마치 아름다운 정원과 같다. 한 종의 식물이 독자적으로 아무리 인상적이라 해도 그것만으로는 아름다운 정원이 될 수 없다. 한 종류의 꽃이 따로따로 아무리 아름다움을 뽐낸다 하더라도 그것만으로는 멋진 부케를 만들 수 없다. 유가적 견해에서 볼 때 한 유형만으로는 그것이 아무리 좋아도 조화를 이룰 수 없다. 안자가 강조하였던 것처럼 "물과 물만을 섞어서는"(맛있는 국을 끓일 수 없다는 것은 말할 필요도 없고) 국 자체를 끓일 수도 없다.[15] 또 다른 고대 철학자 사백史伯도 비슷한 지적을 한다. "하나의 음으로 음악을 만들 수 없고, 하나의 물건으로 다채로움을 낼 수 없고, 과일 하나로 여러 가지 맛을 낼 수 없고, 한 가지만으로는 비교가 불가능하다."[16] 다양성은 조화의 필수 조건이다. 소수집단우대정책의 사례에서, 사회적 조화는 인종적 다양성이 필요하고 또 사회 내의 높은 대우를 받는 영역에서 인종적 대표성이 균형을 이뤄야 한다고 요구한다. 소수 인종에게 지속적으로 불이익을 주는 것은 조화로운 사회와 모순된다.

어떤 이가 특정 법학전문대학원이나 의학전문대학원에 입학할 기회를 잃는다 해도 그의 공동체는 강화되고 더 조화로워진다. 이로 인해 그와 그의 자녀들은 훨씬 삶의 질이 좋아질 것이다. 보다 조화로운 사회는 동료 시민뿐만 아니라 장기적으로 자기 자신에게도 이익이 된다. 유가적 관점에서 볼 때 사회적 조화는 소수집단우대정책 및 그와 유사한 사회 정책에 강력한 정당성을 부여한다. 유가적 접근 방식은, 개인의 정체성을 사회적 관계와 연결시킬 뿐만 아니라 어떤 유의 사회적 관계와 어떤 유의 공동체를 도모해야 하는지에 대해 설명해 준다는 점에서 샌델의 접근법보다 더 나아간다.

조화에 대한 유가적 이해를 잘 보여 주는 최근의 사례가 있다. 싱가포르는 자국의 대통령제를 인종적 대표성을 띠면서 균형을 갖추도록 전국적으로 진지하게 토론을 시작했다. 싱가포르의 다인종 국민은 대략 74퍼센트에 이르는 화교와 13퍼센트의 말레이족, 그리고 나머지는 인도인, 유라시아인 및 기타 인종으로 구성된다. 싱가포르는 오랫동안 사회적 조화를 국가 건설의 중심 목표로 설정해 왔다. 싱가포르에서 다수의 정치 관련 어휘가 그렇듯이, 사회적 조화라는 주제도 역사적·문화적으로 유가 철학과 연관이 있으며 이는 누구나 아는 사실이다. 싱가포르인 대부분은 사회적 조화가 개인적 삶은 물론 국가적으로도 무척 중요하다고 생각한다.

싱가포르에는 의회제도가 있고, 주로 국가 의식의 수장으로 봉직하는 상징적 대통령이 있다. 국회의원 선거에서 선거구는 소선거구와 광역선거구 둘 가운데 하나로 구분된다. 광역선거구에서는 여러 정당 출신의 후보들이 경합한다. 각각의 광역선거구에서 최소한 한 정당의 후보 가운데 한 사람은 소수(비화교계) 인종 출신이어야 한다. 이 제도를 통해 어느 정당의 후보가 선출되든 소수민족이 의회에서 대표될 수 있도록 하려는 것이다. 또한 정당들이 소수민족 성원을 능동적으로 모집하거나 양성하도록 촉구(심지어 강제)하기도 한다. 따라서 이 체제는 정당이 인종적으로 다양하고 포괄적이 되도록 이끈다.[17, 18] 1993년 이래 싱가포르는 직선제 국민투표를 통해 대통령을 선출해 왔다. 그때 이후로 싱가포르는 세 명의 대통령을 선출하였는데, 그 가운데 둘은 화교계, 하나는 인도계다. 최근 조사에 따르면, 싱가포르인들은 일반적으로 대통령이 어느 인종에서든 나올 수 있다고 믿지만 각 인종집단의 대부분은 자기 종족 출신의 대통령을 선호한다.[19] 이런 경향 때문에 소수자 출신 대통령이 선출될 가능성이 감소한다는 우려가 나온다. 국민국가가 보다 민주화되고 시민이 정치 지도자 선출을 맡으면서, 정치 지도자의 온정주의적 간섭은 줄고 시민 각자가 선호하는 사람을 선출하려는 경향은 커지기 때문이다.

최근 헌법위원회는 대통령직에서 모든 인종집단의 대표성이 보장되도록 하는 헌법 수정안을 제시했다. 한 가지 제안된 해결책은, 어떤 한 인종집단이 다섯 번 연속된 임기 동안 대통령직을 차지하지 못했다면, 그다음 대통령 선거에서는 그 특정 인종집단 출신의 후보를 선출하자는 것이다.[20] 만약 그 계획이 실현되면 이는 일정 기간 대통령직에서 가장 큰 인종집단 셋 모두를 대표할 수 있어 싱가포르가 사회적·종교적·문화적 조화를 증진시킬 수 있다는 것이 헌법 수정안 옹호자들의 주장이다. 자유주의자들은 그러한 운동이 시민 개개인의 정치적 혹은 시민적 권리를 훼손할 수 있다고 개탄할지도

01. 조화 없는 공동체?

모르겠다. 이를테면 최근 다섯 번의 임기 동안 대통령이 화교계나 인도계라면 그다음 대통령은 말레이인으로 하는 것이다. 화교계(또는 인도계) 인물은 말레이 출신 대통령이 직을 수행하기 전까지는 더 이상 대통령직에 출마할 수 없게 된다. 게다가 그때까지 그 사람은, 선거 일정 기간 전까지 주요 직책 경험 등 다른 자격도 더 이상 가질 수 없게 되고, 심지어는 대통령 출마 기회가 영영 없을 수도 있다. 이처럼 인종 문제는 큰 차이를 만들어 낼 수도 있다.

그러나 아직까지는 그런 움직임에 큰 관심이 없다.[21] 유가적 관점에서 볼 때 모든 인종적 다수 집단이 대통령직에서 대표가 될 수 있도록 보장해 주는 메커니즘은 조화를 근거로 정당화될 수 있다. 대통령의 주된 역할 가운데 하나는 국민the nation을 대표하는 것이다. 모든 인종집단이 국가의 최고위직으로 뽑혀서 국가를 대표하고 어떤 인종집단도 소외되었다고 느끼지 않을 때, 인종 평등은 강화된다. 개인들은 그 국가가 자신의 것이라는 느낌, 자신이 시민으로서 제대로 대접받는다는 강렬한 느낌, 그리고 국민국가라는 공동체에 깊게 뿌리를 내린 강력한 정체성을 더욱 갖게 될 것이다. 따라서 대통령 선출의 새로운 메커니즘 채택은 싱가포르의 사회적 조화에 이바지하는 것은 물론 강력한 국민 정체성을 형성시키는 데 도움이 될 것이다. 그런 움직임은 유가의 조화 철학이라는 근거 위에서 정당화된다.

유가의 조화 철학은 소수집단우대정책이나 인종차별 없는 대통령제와 같은 민감한 사회 문제를 평가하기에 아주 좋은 관점을 제공하는 것은 물론, 공동체 및 그에 뿌리를 둔 개인 정체성 전반에 대한 강력한 설명을 제시할 수 있다. 이 견해에 따르면, 공동체 안에서 타자들과 조화를 이루는 것은 인간관계 형성에 서로 적극적으로 참여하는 것이며, 공동체 구성원으로서 우리의 정체성을 형성하고 또 새롭게 하는 것이기도 하다. 개인 정체성을 구축하고 공동체를 세우는 과정은 사회적 조화와 좋은 삶을 이루기 위해 의도된 것이다. 그 어느 하나도 다른 것 없이 달성될 수 없다. 조화의 개념이 없다면 공동체주의 철학은 그 틀 안에 커다란 구멍을 남기게 되고, 개인과 사회에 대한 탄탄한 설명으로 적합하지 않게 된다. 샌델의 공동체주의 철학은, 그 논의에 조화를 적절하게 포함시켜야 훨씬 더 강해질 것이다.

바이통동

白彤東, Tongdong Bai

02

개인, 가족, 공동체
그리고 그 너머

샌델의 『정의란 무엇인가』에 대한 유가적 검토

마이클 샌델이 정치철학자로서 잘 알려진 데에는 롤스가 쓴 고전적 저작 『정의론』에 대해 공동체주의로 도전한 것이 계기가 되었다. 샌델은 교육자이자 공공 지식인으로서 철학을 "도시"로 내려오게 해서 애매하고 난해해 보이는 철학 텍스트와 사상이 일상의 성지석 혹은 도덕적 결정에 어떻게 적절히 관련되는지 보여 줌으로써 대학 교육을 받은 사람은 물론 심지어 중국과 전 세계 일반 대중이 이해할 수 있게 했다. 이 글에서 나는 유가적 관념 몇 가지를 논쟁에 도입하여 자유주의와 공동체주의의 몇몇 사상은 물론 몇 가지 공적 문제 모두에 대해 샌델이 시작한 기획을 보다 풍성하게 만들고자 한다.

샌델의 『정의란 무엇인가』 제9장은 개인이 원자론적이고 자율적인가 아니면 근본적으로 사회적인가를 중심 논제로 다룬다. 이와 같이 명백히 추상적인 구별은 많은 실천적 내용을 함축하고 있어서, 자신의 조국 또는 조상들이 다른 사람들에게 잘못을 저질렀을 때 개인은 어느 정도 책임이 있는가와 같은 질문에 서로 다른 답변을 제시한다. 예를 들면 현재 살아 있는 미국인, 호주인, 독일인, 일본인이 각각 링컨 대통령이 폐지하기 이전의 노예제도에 대해, 과거 호주의 토착 민족 학대에 대해, 홀로코스트에 대해, 제2차 세계대전 당시 성노예에 대해 사죄할 의무가 있는지 혹은 자신의 정부에게 사죄하도록 해야 하는지의 문제가 있다. 만약 우리가 인간에 대해 개인주의적 이해를 취한다면, 앞의 문제들에 대한 대답은 어떤 다른 사람이 선택해서 한 행동에 내가 굳이 책임지지 않아도 될 것 같다. 그러나 만약 한 개인이 "어떤 다른 사람"과 깊이 연결되어 있다면 그 개인도 책임을 져야 하는 듯이 보인다.

후자와 같은 개인관에 대해 찬성하는 주장을 펴면서, 샌델은 알래스데어 매킨타이어Alasdair MacIntyre의 내러티브narrative 인간관에 의존한다. "우리 모두는 자신의 환경에 대해 특정한 사회적 정체성의 담지자로 접근한다. 나는 누군가의 아들이거나 딸, 누군가의 조카이거나 삼촌이며, 이 도시 혹은 저 도시의 시민, 이런저런 조합이나 직장의 성원이며, 이 씨족, 저 부족, 이 민족에 소속되어 있다. 이 때문에 나에게 좋은 것은 이런 역할들을 하며 사는 사람에게도 좋은 것이어야 한다. 이와 마찬가지로 나는 내 가족, 내 도시, 내 부족, 내 민족의 과거로부터 여러 가지 빚, 유산, 정당한 기대와 의무까지 상속받는다. 이러한 것들이 내 삶 가운데 주어진 것들과 나의 도덕적 출발점을 구성한다. 이것이 나 자신의 인생에 도덕적 특수성을 부여하는 것의 일부를 이룬다"(MacIntyre, 1981).[1]

그런데 이런 유형의 주장은 인간 존재가 본래부터 사회적**이다**라는 것만 논증할 뿐 우리가 사회적**이어야 한다**고는 말하지 않는다는 문제가 있다. 무엇보다 '본성'이 인간이 본래부터 갖고 있는 어떤 것들 혹은 생물학적으로 어떤 것을 향하는 성향들을 의미한다면, 우리가 본성에서 벗어날 수 있다고 하는 것조차 우리의 본성 안에서이다(혹은 많은 사람이 그렇게 믿는다). 다른 말로 하면, 본성적으로 인간은 본성적이지 않은 것이다. 따라서 문제는 인간이 실로 본성상 사회적 존재라면, 왜 그 사회적 본성을 따라야만 하는가 하는 것이다. 여기에 대답하는 한 가지 방법은 사회적 존재로 남아 있는 것이 바람직하다는 의미에서 좋다는 점을 논증하는 것이다.

이제 앞의 물음에 대해 고대 유가 사상가들이 어떻게 답하는가를 살펴보자. 맹자孟子에 따르면 인간이 동물과 구별되는 것은 우리 인간은 가족 구성원과 친구들, 그리고 정치적 맥락에서 상관이나 부하와 **그에 적합한** 인간관계를 맺는다는 점이다. 이러한 관계가 없다면 우리는 실제로 짐승이나 다를 바 없고 기껏해야 외견상으로만 인간이라 할 수 있다.[2]

맹자가 인간 본성에 대해 말한 것을 많은 사람은 형이상학적 설명으로 간주한다. 그런 식의 설명은 내가 인간 존재에 대해 형이상학적 이해 없이 주장할 경우 그것은 내게 어떤 힘도 가질 수 없다는 문제가 있다. 맹자가 자기가 제안한 규범을 지키지 않는 사람을 "짐승"이라 부름으로써 수치심을 조장하여 자기의 설명을 믿게 만들려고 했다고 말할 사람이 있을지도 모르겠다. 그렇지만 상대가 "무치"한 사람이거나 이런 수치심 유발 전략을 거부하는 사람이라면 그런 식으로 수치심을 조장해 봐야 아무 소용이 없다.

또 다른 고대 유가 사상가인 순자荀子는 (맹자와) 다른 설명을 제시했다. 순자 또한 인간이 동물과 구별되는 것은 적합한 사회적 관계라고 생각했다. 나아가 순자는 이 사회적 관계들이 우리에게 좋으며, 따라서 우리는 자신이 속한 사회적 관계를 유지하려고 노력해야 한다고 주장했다.[3] 우리 인간은 자족적이지 않으며 따라서 살아가려면 노동 분업이 있어야 하기 때문이다. 이것은 인간이 생존을 위해 다른 사람이 필요하다는 것을 의미한다. 특히 다른 동물에게서 우리 자신을 보호하기 위해서는 통합되어야 한다. 통합을 이루기 위해서는 적합한 관계가 유지되어야 한다는 것은 분명하다. 더욱이 우리 모두는 특정한 재화에 대한 욕구가 있다. 그러나 재화의 공급은 제한되어 있는 반면 우리의 욕구는 그렇지 않다. 만약 우리의 욕구가 적절한 사회적 관계를 통해 다스려지지 않는다면 우리는 마침내 서로를 살육하고 결국 인류 전체를 죽음으로 내몰 것이다.

순자의 설명은 한층 더 '자연주의적'이다. 좋은 삶에 대한 인간의 욕망에 호소한다. 좋은 삶에 대한 이와 같은 관념(안전과 기본 욕구의 충족)은 널리 퍼져 있는 것처럼 보인다. 그러나 결코 보편적이지는 않다. 예를 들어 니체주의자는 지배의 가능성이 있는 혼돈의 삶이, 안전하지만 따분한 삶보다는 훨씬 더 바람직하다고 생각할 수 있다. 우리는 이러한 가능성을 부인해서는 안 되겠지만, 니체주의자나 그린 유의 사람들에게 맞는 철학적 답을 추구하는 것은 바보들이나 범하는 잘못일 것이다(그런 것은 아마도 존재할 수 없기 때문에).

니체적인 도전은 차치하고, 이제 이렇게 가정해 보자. 즉, 인간은 사회적 존재이며 우리는 적합한 사회적 관계를 유지해야 한다고 말이다. 그다음 질문은 어떻게 적합한 사회적 관계를 발전시킬 것인가 하는 것이다. 공자는 "가까운 것에서 유비analogy를 찾자"(Lau, 1979, p.15)[4]고 대답한다. 아주 가까이에 있는 매우 중요한 제도가 바로 자신의 가족이다. 이는 왜 유가 사상가들이 가족의 가치에 그토록 주의를 많이 기울이는가에 대한 이유가 된다. 그들이 볼 때 가족은 통상 우리에게 자아의 한계를 초월하게 하는 디딤돌이며, 우리가 도덕적 행위자, 즉 적절한 사회적 관계를 인식하고 유지할 수 있는 인격체로 훈련시켜 주는 터전이다. 가족을 통해 우리는 단지 자기 자신만이 아니라 가족 구성원을 돌보는 법을 배운다. 만약 우리가 이러한 돌봄을 외부로 확장하면 결국 모든 인류, 더 나아가 전 세계를 포용하게 될 것이다. 이러한 돌봄과 동정의 사회적 네트워크 안에서 우리가 조상들의 잘못에 책임을 지는 것은 자연스럽다.[5]

그러나 이와 같이 확장된 돌봄의 네트워크는 복합적인 문제를 낳는다. 만일 이 네트워크 안의 한 집단에 대한 나의 돌봄이 다른 집단에 대한 나의 돌봄과 갈등을 일으키면 어떻게 할 것인가? 샌델은 『정의란 무엇인가』 제9장에서 사례 두 개를 다루는데, 이 중에는 어떤 형제가 (어쩌다가 범인이 된) 형제를 보호해야 할지, 아니면 공익을 위해서 자기 형제를 배신해야 할지, 선택의 기로에 선 이야기가 있다. 이러한 종류의 갈등 또한 유가 사상가들이 초점을 두었던 것이다.『논어』와『맹자』(예를 들어『논어』「자로子路」18,[6]『맹자』「만장 상萬章上」3[7] 과「진심 상盡心上」35[8])에도 몇 가지 유명한 사례들이 나온다. 이 문장들 이 말하는 도덕을 어떻게 이해할 것인가를 두고서 오늘날에도 여전 히 논쟁한다.[9] 이 문장들에서 진행되는 논의를 제대로 이해하기 위 해『맹자』「진심 상」35를 살펴보자. 만약 전설적 통치자인 순舜 임 금의 아버지가 살인을 했다면 그는 어떻게 하겠는가, 라고 한 제자 가 물었다. 맹자는 순이 사법을 담당한 관리가 그의 아버지를 체포 하는 것을 막는 대신 직무를 수행하게 했을 것이라고 대답한다.[10] 이 대답에 대한 질문은, 순 임금이 자식으로서 그의 아버지에게 해야 할 효의 의무를 어떻게 수행하는가, 하는 것이었다. 맹자는 순은 자 신의 왕위를 버리고 아버지를 업고 사람이 살지 않는 곳으로 달아나 (아무런 불평도 하지 않고) 살았을 것이라고 답한다. 우리는 맹자가 제시 하는 해결책이 적합한가를 두고 문제 삼을 수는 있지만, 우리는 그 가 의무들 사이의 갈등을 깨닫고 이를 해결하고자 노력했다는 점은 인정해야 한다.

　우리는 이 사례를 이런 종류의 갈등을 해결하는 명백한 기준으로 간주할 수는 없다. 삶이란 복잡하기 때문에 생애 전체를 통해 우리 를 안내할 수 있는, 이미 만들어진, 보편적으로 적용 가능한, 문제의 소지가 없는 어떤 현장 교범이란 존재하지 않는다.『논어』나『맹자』 에 나오는 여러 가지 설명과 이야기들은, 우리에게 자신의 문제를 다루는 데 힌트나 영감을 주는, 오로지 맥락 의존적인 예화들로만 의도되었을 수 있다. 심지어 타협적인 해결책조차 발견될 수 없는 경구가 존재할 수도 있다. 여하튼 인생이란 (때때로) 엿 같은 것이다.

이러한 돌봄의 네트워크에서 의무들 간에 발생하는 갈등의 또 다른 사례로, 애국심과 인류 전체에 대한 돌봄 사이의 갈등이 있다. 이 또한 『정의란 무엇인가』 제9장에서 논의된다. 순 임금이 자신의 아버지를 돌보는 것과 그의 백성을 돌봐야 하는 의무 사이에서 갈등하는 경우, 유가적 관점에서 우리는 그 둘이 똑같이 중요하므로 그 사이에 의무의 순위를 정할 수 없다고 말할 수 있다. 우리는 기껏해야 타협책을 발견할 수 있을 뿐이다. 그러나 애국심과 인류에 대한 배려 사이에서 갈등하는 경우에는 유가적 관점에서 볼 때 다르다.

유가가 가까운 사람들에 대한 돌봄에서 발전한 보편적인 돌봄을 이상으로 삼는다 할지라도, 이러한 유가의 보편적 돌봄의 또 다른 중요한 특징은 그것이 위계적이라는 점이다. 유가 사상가들은 우리에게서 아주 멀리 있는 사람들보다 우리와 좀 더 가깝게 있는 사람들을 더 돌보는 것이 자연스럽고 정당화할 수 있다고 주장해 왔다. 애국심 대 인류 일반에 대한 돌봄에서 두 가지 의무는 동등하지 않다. 동포에 대한 우리의 돌봄은 외국인에 대한 돌봄보다 우선권을 갖는다. 동시에 후자에 대해 (상대적으로 약한) 동정심을 갖는다. 이렇게 볼 때 유학자들에게는 동족을 우선적으로 돌본다는 것은 정당화가 가능하다. 그러나 이러한 우선성이 최상은 아니며, 우리가 외국인의 이익을 전적으로 무시하거나 심지어 해를 끼치면서까지 동포의 욕구를 만족시킬 수는 없다. 예를 들어 최근 유럽의 난민 위기를 보면, 독일의 총리 앙겔라 메르켈이 난민 위기 기간 중에 한때 행했던 것처럼 국경을 무조건적으로 개방하는 것에 대해 유학자들은 반대할 것이며, 일부 우파 유럽 정치가와 사람들이 주창하였던 것처럼

53

국경을 전적으로 폐쇄하는 것에 대해서도 유학자들은 반대할 것이다. 난민 수용은 난민 수용국 사람들의 안전과 생활수준이 난민의 유입으로 심각할 정도로 해를 입지 않을 때 이루어져야 한다. 물론 실제로 극단적인 난점은 그 '심각할 정도'를 어떻게 규정하는가에 있지만 적어도 유학자들은 이러한 종류의 문제를 다루는 데 합당한 이론적 모델을 제시할 수 있다.

유가에서 돌봄 네트워크의 확장은 공적인 것과 사적인 것 사이의 분명한 경계선이 존재하지 않는다는 또 다른 함의가 있다. 우리가 공적 영역에서 처신하는 방법은 사적 영역에 그 뿌리가 있다. 침실에서의 처신은 공적 영역에서의 처신에 작게나마 일정한 영향을 미친다. 만약 이것이 옳다면, 정부는 가치-중립적이어야 하고 사람들의 침실의 일에 대해서는 상관하지 말아야 한다는 전형적인 자유주의적 입장은 문제가 있어 보인다. 정부는 특정한 가족적 가치 및 도덕을 일반적으로 증진하는 데 필요한 역할을 정당화 가능한 방식으로 수행한다. 이 문제 또한 『정의란 무엇인가』 제9장에서 논의된다. 분명히 하자면, 이는 정부가 모든 종류의 도덕 증진에 관여해야 한다는 뜻은 아니다. 한 집단의 사람들이 도덕으로 생각하는 것이 다른 집단에서는 그렇지 않을 수 있다. 정부가 증진시켜야 하는 것은, 존 롤스의 용어를 차용하여 말한다면, 중첩적 합의an overlapping consensus가 될 수 있는 것이다. 달리 말하자면, 도덕 증진에 대한 정부의 관여는 "얇아야" 하며, 자유주의자들이 주장하듯이 정치적인 것에 제한되어야 한다. 유가적 관념에 따를 때 문제는, 정치적인 것은 도덕적인 것과 명확하게 구분되지 않으며 따라서 정부의 관여로 증진되는 얇은 도덕성이 자유주의 사상가들이 허용하려 하는 것보다 훨씬 "두텁다"는 점이다. 더욱이 이러한 증진은 강제적일 필요가 없다. 그것은 세금 정책, 공적 포상, 가족적 의무를 저버린(극도로 무책임한 아들과 딸과 같은) 사람들에 대한 비난 같은 것으로 나타날 수 있다. 거기에는 견제와 균형, 책임성 같은 메커니즘이 있어야 한다. 그럼에도 불구하고 유학자들은 단적으로 침대에서 일어나는 일을 공적 관심의 바깥에 놔두지는 않다.

지금까지 우리는 샌델이 논의했던 많은 문제가 유학자의 관심사이기도 하다는 점을 보았다. 때때로 서로 다른 자료를 이용하고 때로 서로 다른 주장을 펼치기도 하지만, 샌델과 유학자들 사이에는 많은 점에서 생각이 중첩된다. 분명한 것은 "유학"이 철학 전통으로서 2천 년 이상이나 지속되어 왔으며 또한 상이한 유가 사상가들이 날카롭게 구분되는 관점들을 가졌다는 점이다. 여기서 나의 논의는 대부분 『논어』와 『맹자』를 따른다. 그런데 내가 이들 두 텍스트를 이해한 바에 따르면, 유학과 샌델의 철학 (또는 샌델이 종종 거부하는 이름인 공동체주의) 사이에는 하나의 결정적인 관념에서 근본적인 차이를 드러내는 듯하다.

『자유 민주주의를 넘어서Beyond Liberal Democracy』(2006)에서 다니엘 벨Daniel Bell은 이러한 차이를 잘 서술하고 있다. "서구의 공동체주의자들(데이비드 밀러David Miller나 샌델 같은 저자들)은 공화주의적 경향을 보이는데, 이는 그들이 활동적이고 공공 정신을 지닌 다수의 참여를 선호한다는 의미다. (동)아시아의 공동체주의자들은 보다 가족 지향적이며, 적극적인 정치 참여는 교육받은 소수가 맡아야 한다는 생각을 더 받아들이는 경향이 있다"(p.335). 벨이 뜻하는 아시아의 공동체주의자들이란 유학자이다. 맹자와 같은 유학자들은, 한편으로는 모든 인간이 도덕적으로 우월해질 잠재력이 있다고 믿는데 이러한 평등의 정신은 공동체주의자들도 공유하는 것이다. 그러나 다른 한편으로 유학자들은, 실제로는 그렇게 할 수 있는 사람은 단지 소수에 불과하다고 믿는다. 유학자들은 바로 이 점 때문에 샌델을 포함한 공동체주의자들과 다르다.

그러므로 우리는 우리의 덕을 가족과 공동체에서 시작하여 계속해서 발전시킨다는 생각에 있어서 유학자와 공동체주의자가 의견의 일치를 보인다 하더라도, 유학자들은 오로지 소수만이 진정으로 성공할 수 있으므로 소수만이 정치에 전적으로 참여할 수 있다고 믿는다. 만약 이것이 사실이라면, 보통의 선거권자들에게 지식이나 도덕의 측면에서 부족하다는 점은 공동체주의자들이 주장하는 것처럼 공동체적 노력을 통해 정치적으로 적합한 덕을 증진시키는 방법으로 상쇄될 수 없고, 능력주의적인meritocratic 요소를 정치에 도입해야만 바로잡을 수 있다. 달리 말해 유학자들은 공동체주의 내부의 강한 공화주의를 거부한다. 유학자들은 공동체를 활성화하려는 공동체주의적 노력을 온전히 지지하며, 또한 교육을 포함하는 기본 재화는 물론 정치 참여의 기회 등을 모두에게 제공할 책임이 국가에게 있다고 생각한다. 그러나 유학자들은 이러한 노력에 한계가 있으며 대다수 현대 국가가 기본적으로 낯선 이들로 구성된 대규모 사회이기 때문에, 대중들은 자신들의 정치 참여는 물론 심지어 대표자 선출에서도 의미 있는 정치 참여를 할 수 있는 능력을 결코 고양시킬 수 없다고 주장한다. 이는 유학자들이 민주적 절차를 완전히 거부한다는 것을 의미하는 것은 아니다. 또한 사람들은 1인 1표제를 정부의 지도자와 정책에 대해 자신들의 만족도를 표현하는 효과적인 도구라고 생각할 수 있는데, 유학자들은 일반인들이 이것을 충분히 행사할 수 있는 능력이 있다고 믿는다. 그러나 직접적으로든 혹은 자신이 선출한 대표자를 통해서든 그들은 건전한 정치적 결정을 내릴수 있는 능력은 없다. 상하 양원제 입법부와 관련하여 유학자가 지지하는 구조는, 하원의원은 자신들의 의견을 정부에 표현하기 위해 일반인들이 선출하되, 이와 달리 상원의원은 그들의 능력, 특히 사람들을 돌볼 수 있는 도덕적 능력과 이러한 돌봄을 실현할 수 있는 지적 능력에 근거하여 선출되는 구조다.[11]

　이와 같은 혼합 체제에 대한 유가적 관념에 숨겨진 전제는, 지인들로 구성될 소규모 공동체와 낯선 이들로 구성될 대규모 사회 사이에 근본적인 격차가 있다는 점이다. 사실, 이 논점에 대해 명시적이고 강력하게 주장했던 이가 바로 고대의 유가 비판자였던 소위 법가철학자 한비자韓非子였다.[12] 한비자에 따르면, 낯선 이들로 구성된 대규모 사회에서는 도덕적 가치가 다원적일 수밖에 없으므로, 한 공동체에서 발전해 나올 수 있는 것이 지리적 또는 지적으로 다른 공동체들에게는 적용되지 않을 수 있다. 따라서 그는 가족에게서 덕목을 발전시켜 확장한다는 유가적 관념을 거부하였다. 유학자들을 옹호하자면, 사실 많은 또는 대부분의 가치들이 특정 공동체의 사람들에 의해서만 소중하게 지켜진다 하더라도 여러 공동체를 횡단하는 가치들도 있다고 우리는 주장할 수 있다. 그렇다면 문제는 어떻게 해

　02. 개인, 가족, 공동체 그리고 그 너머

야 이러한 공동체를 횡단하는 가치들을 발견할 수 있는가이다. 이러한 생각을 따라가다 보면 우리는 존 롤스에 대한 샌델의 비판에 대해 오히려 롤스와 같은 자유주의 사상가들을 옹호할 수도 있다.

샌델이 비판한 하나의 표적은 자연 상태에 대한 자유주의적 이해인데, 여기에 따르면 우리 모두는 비사회적인asocial 개인으로 간주된다. 그러나 장-자크 루소Jean-Jacques Rousseau에서 롤스까지 많은 사상가는 자연 상태를 실재에 대한 기술로가 아니라 하나의 가설적 도구로만 받아들였다. 그것이 예컨대 롤스가 개인들을 '무지의 베일the veil of ignorance' 뒤에 둠으로써 개인들을 비사회적 존재로 만든 이유다. 즉, 그것은 개인주의의 형이상학적 관점 때문이 아니라, 그가 이러한 메커니즘을 사용하여 횡단적 공동 가치를 발견하고자 했기 때문이다. 자신이 추구한 공동체의 횡단적 가치를 발견하기 위해서 롤스는 개인이 가진 특수한 공동체적 특징들을 배제할 필요가 있었다. 롤스가 말한 이상적 상태에서 정부는 특정 가치들을 촉진시키는 것이 허용되지만, 이것은 다원주의라는 전제 아래에서 이루어져야만 한다.

유학자라면 롤스가 무지의 베일 속에서 너무나 많은 것을 제거해버렸다고 비판할 수 있다. 예를 들어 우리는 무지의 베일 뒤에 있는 개인들에게 몇 가지 추상적인 사회적 특징들, 즉 사회적 안정에 대한 욕구, 그러한 안정을 유지하기 위해 안정된 가족이 중요하다는 지식과 같은 것들을 추가할 수 있다. 그렇게 본다면, 한쪽의 롤스와 같은 자유주의 사상가들 그리고 다른 쪽의 유학자들("동아시아 공동체주의자들")과 샌델 같은 사상가들("서구의 공동체주의자들") 사이의 차이는 사실 개인주의에 기초한 가치중립적 철학과 특정 가치를 고양시킬 책임이 정부에 있다고 보는 공동체 기반 철학 사이의 차이가 아니다. 오히려 그 차이는 정부가 얼마나 많은 가치를 촉진할 수 있도록 허용해야 하는가에 있다. 이것은 정도의 차이일 뿐 종류가 다른 것은 아니다.

후양용

黃勇, Yong Huang

03

덕으로서의 정의, 덕에 따른 정의 그리고 덕의 정의

마이클 샌델의 정의관에 대한 유가적 수정[1]

마이클 샌델은 『정의란 무엇인가』에서 세 가지 접근 방식으로 정의를 탐구한다. 바로 복지 또는 행복의 최대화로서 공리주의 정의관, 자유와 인간의 존엄을 존중하는 자유-기반 정의관, 덕을 인정하고 영예와 포상을 주는 아리스토텔레스의 정의관이다. 샌델은 이 세가지 접근 방식에 대해 중립적이지 않다. 샌델은 처음 두 가지가 현대 정치철학을 지배하는데 이는 적절하지 않다고 생각하며, 그 자신은 세 번째 접근 방식을 발전시키는 것을 목적으로 삼았다(Sandel, 2011, p.1303). 세 번째 접근 방식에서 두 가지 핵심적 특징은 덕으로서의 정의 justice as a virtue와 덕에 따른 정의 justice according to virtues로 요약할 수 있다.

한편 이 접근 방식에서 정의란 단지 한 집단의 활동을 수월하게 하고 그에 따른 산물을 분배하는 데 국한되지 않는다. 그렇지 않다면 도둑 집단조차 정의롭다고 여겨질 수 있다. 샌델이 그의 초기 저작 가운데 하나에서 "만약 정의의 증진이 반드시 부적격한 도덕적 개선을 함축하지 않을 때, 그것은 어떤 경우에는 정의가 미덕이 아닌 악덕임을 보여 줄 수도 있다"(Sandel, 1982, p.34)라고 주장한 것은 이와 같은 의미에서다. 샌델은 정의가 악덕이 아닌 미덕임을 보장하려면, 우리가 반드시 정의를 품성으로 보는 아리스토텔레스의 목적론적 견해를 채택해야 한다고 주장한다. 이때 아리스토텔레스가 말하는 품성적 특질이란, 고유한 인간적 기능이 고유한 인간의 선을 목표로 수행될 때 그에 부합하는 적절한 뛰어남excellence, 德이다. 이런 의미에서 샌델은 "우리가 인정하든 그렇지 않든, 정의와 권리에 대한 논의들은 좋은 삶에 대한 특정한 관념들에 의지한다"(『정치와 도덕을 말하다』, p.53)[2]고 주장하면서, 마찬가지로 종교적·형이상학적으로 선을 이해할 때 우리의 정의관은 중립을 지켜야 한다고 보는 존 롤스로 대표되는 자유주의적 정의관에 샌델이 반론을 펴는 것도 같은 의미에서다.

다른 한편 샌델은, 아리스토텔레스 정치철학에서 핵심적이라고 주장하는 두 가지 연관된 관념을 강조한다. "(1) 정의란 목적론에 근거한다. 권리를 정의하려면 해당 사회적 행위의 '텔로스telos(목적, 목표 또는 핵심 본질)'를 이해해야 한다. (2) 정의는 영예를 안겨 주는 것이다. 어떤 행위의 텔로스를 추론하거나 주장한다는 것은, 적어도 어느 정도는 그 행위가 어떤 덕에 영예와 포상을 안겨 줄 것인가를 추론하거나 주장하는 것이다"(『정의란 무엇인가』, p.278).[3] 내가 샌델의 의도를 설명하기 전에 먼저 그가 말하는 목적론은 덕으로서 정의관과 관련된 목적론과는 다르다는 것부터 지적하는 것이 중요하다. 후자에서 목적론은 인간의 삶 자체의 목적과 연관되며, 그에 따라 품성을 '덕스럽다' 또는 '악하다vicious' 가운데 어느 하나로 정의할 수 있다. 그러나 전자에서 목적론은 특정한 사회적 관행의 목적과 연관된다. 예를 들어 대학이 교수 직위를 분배할 때, 우리는 대학의 목적을 반드시 알아야 한다. 이는 샌델이 아리스토텔레스 정치철학의 첫 번째 핵심 개념으로 여기는 것인데, 두 번째 개념과 밀접한 관계가 있다. 그 이유는 한 개인이 자원 분배를 받기 위해서 갖추어야 할 덕이 무엇인지 알려 주는 것이 사회적 관행의 목적telos이기 때문이다.[4] 대학에서 교수 직위를 얻으려면 어떤 사람이든 관련 지식과 교육 능력이 출중해야 한다. 이런 의미에서 정의란 (관련된) 덕에 따른 것들을 분배하는 것, 즉 덕스러운 사람을 인정하여 영예를 안겨 주고 찬양하며 포상하지만, 반대로 악덕한 사람은 처벌하는 방식이다.[5]

샌델은 여러 사례를 들어 자신의 논점을 예시하는데, 긍정적 사례와 부정적 사례 두 가지로 요약해 볼 수 있다. 샌델은 긍정적 사례로 상이군인 훈장의 수여를 언급한다. "이 훈장을 받은 사람들은 명예를 누릴 뿐만 아니라 재향군인병원을 이용할 수 있는 특전을 얻는다. (…) 훈장의 의미와 훈장이 기리는 덕이 문제의 핵심이 된다. 그렇다면 이 훈장이 기리는 덕은 무엇일까? 다른 군인 훈장과 달리 상이군인 훈장은 용기가 아닌 희생을 기린다"(『정의란 무엇인가』, pp.29-30). 샌델은 부정적 사례로 2008~2009년 몇몇 파산한 회사들에 대한 미국 정부의 구제 금융을 예로 든다. 특히 구제 금융으로 지원된 돈의 일부를 파산한 기업의 임원들에게 보너스로 지급되었을 때 이 구제 금융에 대한 대중의 분노가 터져 나왔다. 샌델은 이를 두고 다음과 같이 지적한다. "이는 도덕적으로 받아들이기 어려웠다. 보너스는 물론이고 구제 금융 자체도 탐욕스러운 행동을 벌하기는커녕 도리어 포상해 주는 말도 안 되는 조치처럼 느껴졌다"(『정의란 무엇인가』, pp.34-35).[6] 간단히 말해 이런 의미의 정의는 덕스러운 사람은 포상하고 악덕한 사람은 처벌할 것을 요구한다.

나는 이 글의 뒤에서 샌델이 말한 덕으로서의 정의관을 짧게 논한 뒤에 나머지는 덕에 따른 정의관을 논평하는 데 초점을 맞추고자 한다. 두 경우 모두에서 나는 유학의 원전들을 원용하고자 한다. 덕으로서의 정의를 논의할 때 나의 주된 관심은, 개인의 덕으로서 정의와 사회 제도의 덕으로서 정의 사이의 관계다. 이 문제야말로 유학이 공헌할 수 있는 부분이다.

덕으로서의 정의

정의가 하나의 덕이라고 말하는 것은 그다지 문제가 없어 보이며, 내 생각에 유학은 이에 대해 일반적으로 동의한다고 생각한다. 그런데 반드시 살펴봐야 할 문제가 하나 있다. 정의가 덕이라고 말할 때 우리는 당연히 그것이 악덕이 아님을 말한다. 그러나 그것이 미덕이든 악덕이든 정의란 본래부터 인간의 품성이라는 점이다. 정의의 다른 의미들은 이로부터 파생된다. 예를 들어 우리가 어떤 행위가 의롭다고 말할 때, 이는 의로운 품성을 가진 사람에게서 나오는 행위라는 뜻이다. 또 우리가 어떤 사태가 정의롭다고 말할 때, 정의로운 품성을 가진 사람(또는 사람들)에 의해 그 사태가 초래되었다는 뜻이다.[7] 이것은 건강과 유사한데, 건강이 갖는 원래 의미는 인간의 신체와 연관되어 있다. 파생적 의미로 어떤 음식이 건강하고 환경이 건강하고 누군가의 결정이 건강하다고 할 때, 사람의 건강과 관계가 있다는 뜻으로 하는 말이다. 이런 의미에서 정의는 개인적인 덕이다. 그러나 존 롤스의 『정의론』[8]에 크게 고무되어 일어난 현대의 정의에 대한 논쟁은 모두 그런 것만은 아니지만 일차적으로 사회 정의와 관련된다. 주로 제기되는 물음은, 어떤 의미에서, 어느 정도까지 그리고 어떻게 사람이 정의로울 수 있는가 혹은 다른 사람들과 그 또는 그녀가 상호 작용할 때 정의롭게 행동할 수 있는가 또는 사람들 사이에서 정의롭게 처신할 수 있는가가 아니다. 논쟁의 초점은, 어떤 의미에서, 어느 정도까지 그리고 어떻게 한 사회가 그 구성원들 사이의 상호 작용을 규제할 때 정의로운가에 있다. 존 롤스의 유명한 말, "정의란 사회 제도의 첫 번째 덕이다"(Rawls, 1999, p.3)는 이런 의미에서 한 말이다. 여기서 제기되는 물음은 다음과 같다. 이 두 가지 정의의 관념, 즉 개인의 덕으로서의 정의와 사회 제도의 덕으로서의 정의는 만약 관계가 있다면 어떤 관계인가?

마크 레바르Mark Lebar(2014)는 앞의 두 관념을 연결하는 두 가지 방식을 구분한다. "첫째 방식은 (…) 개인적 덕이 논리적으로 선행한다고 보면서 정치 제도의 정의는 개인들의 정의로운 관계를 통해 구성된다고 본다. 이러한 이해를 바탕으로 우리는 덕스러운 사람이 다른 사람과 유지하고자 하는 관계에서 시작한다. (…) 그리고 우리는 어떤 유형의 제도와 공적 규칙이 그러한 관계를 고려하고 유지시켜줄지를 묻는다." 이와 대조적으로 "두 번째 방식은 (…) 논리적 우선성을, 국가를 구성하는 제도와 관습이 가진 구조의 정의에 두는 것이다(국가는 사회적·제도적·정치적 정의의 속성에서 일차적 담지자로서 정(치)체다). 여기서 중요한 점은 우리가 정의로운 사회가 어떤 모습이어야 하는가에 대한 모종의 생각을 갖고 있다는 사실이다. (…) 그렇다면 정의로운 개인이 갖는 의무들은 사회를 구성하는 성원으로서의 책무와 이유에서 파생된다." 첫 번째 방식의 대표자가 아리스토텔레스다.[9] 존 롤스는 두 번째 방식을 대표한다. 그러나 내가 보기엔 둘 다 문제가 있다.

　사회 제도의 정의는 개인들의 정의에서 파생한다고 보는 아리스텔레스의 모델은 바로, 사람들을 덕스럽게, 그리고 이 특수한 경우에는 정의롭게 만드는 정부의 중요한 기능을 강조한다. 나는 이 중요한 논점을 나중에 다시 살필 것이다. 그런데 그런 모델은 오로지 사회 안의 모든 사람이 정의롭게 행동할 때만 사회 정의가 실현된다고 가정한다. 더 나아가 이 모델은 분배를 통해서든 아니면 교정 rectification을 통해서든 정의로운 모든 것이 정부가 아닌 개인에 의해서 이루어진다고 가정한다. 첫째 가정은 명백하게 비현실적인데, 단 한 사람이라도 부정의한 사람이 있다면, 사회는 정의로울 수 없기 때문이다. 둘째 가정은 고대의 소규모 도시국가에서는 어느 정도 가능성이 있다 해도 현대의 대규모 국민국가에서는 확실히 불가능하다. 예컨대 메인주의 한 농부는 샌프란시스코의 노숙자가 그의 생산물을 가질 자격이 있는지 여부와 그 정도를 알 수 없다. 그런 대규모 사회에서 자원 분배는 국가를 통해 이루어져야만 한다. 개별 구성원이 정의롭다는 것만으로는 충분하지 않다. 국가에 의해 이루어지는 분배와 교정이 정의로울 수 있다.

이것은 정확히 사회 제도의 덕으로서 정의를 강조하는 둘째 모델의 역량에 달린 듯이 보인다. 문제는 그것이 어떻게 개인적 품성과 연관되느냐다. 왜냐하면 롤스의 정의의 원칙은 원초적 상태에서 사람들에게 선택되기 때문에 사람들은 자신이 덕스럽거나 정의로운 품성을 반영하거나 표현한다고 말할 수 있으며, 이런 의미에서 사회 제도에 대한 그의 정의 또한 개인들의 정의에서 파생된다고 말할 수 있다. 그러나 이런 해석은 확실히 불가능하다. 그가 묘사하는 것처럼 롤스의 원초적 입장에 있는 당사자들은 일차적으로 자기 이익 중심적이거나 다른 사람의 이익에 전혀 관심이 없으므로 일반적으로 덕스럽다거나 또는 특히 정의롭다고 주장할 수 없기 때문이다.[10] 이 점을 이해하는 적절한 방식은 롤스가 사회 제도의 정의의 원칙을 결정하는 절차로 원초적 입장을 이용한다는 점이다. 롤스의 견해에서 보면 사회 제도를 위해 이렇게 독립적으로 결정된 정의의 원칙이 정의의 원칙에 부합한다는 점을 우리가 안다 할지라도 만약 사회 속의 개인들이 그러한 원칙을 받아들이지 않는다면 사회는 안정될 수 없다. 그래서 아주 어린 시절부터 개인들이 정의감을 함양하는 것 to cultivate a sense of justice이 중요해진다. 이와 관련하여 롤스(1999)는 다음과 같이 주장한 바 있다. "제도들이 정의롭다면 (…) 그 제도들에 참여하는 사람들도 그에 상응하는 정의감과 욕구를 습득해서 그 제도들을 그 상태로 유지하는 역할을 할 것이다. 그러나 롤스의 정의의 원칙들이 사실상 사회 제도의 정의를 위한 정의의 원칙들이라고 하더라도, 인간 본성을 전혀 고려하지 않은 채 도출한 정의의 원칙을 사용하는 것 자체가 문제다. 개별 인간이 갖추어야 하는 덕이 무엇이든지, 그것들은 좋은 사람이 되기 위한 특성이다. 그러나 인간 본성에 대한 개념이 없으면 어떤 특성이 있어야 좋은 인간이 되는지도 알 수가 없으므로 인간 본성 개념에 대한 어떠한 관점도 정의의 원칙을 선택해야 하는 초기 상태의 계약 당사자들로부터 확연히 배제되어 있다. 아직 철저히 사유해 본 적이 없는 방식의 정의의 가능성을 제한시켜 버릴 수 있다"는 레바르(2014)의 불평은 이런 뜻이다.

개인의 덕으로서 정의와 사회 제도의 덕으로서 정의를 연결하는 두 가지 방식 가운데 어느 하나도 유망해 보이지 않다는 점을 고려하며, 레바르는 "우리는 아직까지 사회 제도적 정의와 일치할 수 있는 개인적 덕으로서의 정의를 이해하지 못한다"(p.272)라며 탄식한다. 그러나 내 생각에 우리가 좀 더 낙관적으로 이 문제를 볼 이유가 있다. 여기서 내가 염두에 둔 것은 마이클 슬로트Michael Slote의 접근 방식이다. 슬로트는 아리스토텔레스주의자인 대다수 현대 덕윤리학자들과 달리 감정주의적 덕윤리학자다. 그렇긴 하지만, 내가 보기에는, 감정주의자가 아니어도 여기서 논의 중인 쟁점에 대한 슬로트의 관점에는 동의할 수가 있다. 슬로트의 덕 윤리에 대한 최신 논의를 보면 유덕한 사람은 공감을 잘하는 사람이며 이때 공감 능력은 일종의 덕으로 여겨진다. 이 연관성을 설명하면서 슬로트는 이렇게 말한다. "기성 사회의 법, 제도, 관습은 그 사회의 행위와 같다." 마치 개인의 행위가 행위자 자신의 품성을 반영하거나 표현하는 것처럼 사회의 행위들은 그 행위를 하는 사회 집단의 품성을 반영하거나 표현한다. "그래서 공감적인 돌봄이라는 감정 윤리a sentimentalist ethics는 제도와 법은 물론 사회적 관습과 관행이 마치 그러한 것들을 만들고 유지하는 책임이 있는 사람들 측에서는 공감적인 돌봄이라는 동기를 반영하는 것처럼 보인다고 말할 수 있다"(Slote, 2009, p.125). 슬로트의 접근 방식은, 사회 제도의 덕으로서 정의가 개인적 덕으로서 정의에서 파생되는 것으로 본다는 의미에서 아리스토텔레스적 접근 방식과 유사하다. 그러나 아리스토텔레스적 모델에서 사회 제도의 덕으로서 정의는 정의로운 개인들을 함양하는 것을 목표로 삼는다. 슬로트의 모델에서는 사회 제도의 덕으로서 정의가 개인 간의 거래나 상호 작용을 정의롭게 보장한다.

유학자들은 사회 제도의 정의는 그 지도자들의 유덕한 품성을 반영한다는 슬로트의 견해를 일반적으로 받아들인다. 유학자들이 말하는 '내성외왕內聖外王'(학식과 덕행을 모두 지닌 사람을 이르는 말)의 이념은 정확하게 이 같은 생각을 표현한다. 즉 정치 제도로서 외왕은 도덕적 덕으로서의 내성의 단순한 현현물顯現物에 지나지 않는다. 예를 들어 맹자는 "천하天下를 다스리는 근본은 나라[國]에 있고 나라를 다스리는 근본은 가정[家]에 있고 가정을 다스리는 근본은 제 자신[身]에게 있다"(『맹자』 「이루 상離婁上」 5)[11]고 주장했다. 유학의 사서四書 가운데 하나인 『대학大學』은 더 깊이 나아간다. "제 자신을 함양하려는 자는 먼저 제 마음을 바로잡는 것이 필요하다. 제 마음을 바로잡고자 하는 자는 제 뜻을 성실하게 하는 것이 필요하다. 제 뜻을 성실하게 하려면 제 지식을 확장할 필요가 있다. 제 지식을 확장하려면 사물을 탐구할 필요가 있다"(『예기禮記』「대학大學」편 42.1).[12] 이 『대학』의 문장은, 다스리는 사람들이 선할 때만 정부는 일반적으로 선하며 특히 정의롭다는 점을 분명하게 밝힌다. 다른 곳에서 맹자는 다음과 같이 말한다. "옛날 선왕들에게는 백성이 고통을 겪는 것을 차마 보지 못하는 마음이 있기에 백성이 고통을 겪는 것을 차마 보지 못하는 정부를 가질 수 있었다. 백성들이 고통을 겪는 것을 차마 보지 못하는 마음으로 백성들이 고통을 겪는 것을 차마 보지 못하는 정부를 만든다면 천하를 다스리는 것이 야자를 굴리기보다 쉬울 것이다"(『맹자』「공손추 상公孫丑上」6).[13] 여기서 맹자는 유덕한 지도자가 다스릴 때 정부가 유덕하다는 점을 강조한다.

그러나 한 측면에서 유학자들은 슬로트보다 더 많은 것을 요구한다. 입법자의 공감적 동기를 반영하거나 표현해야만 법이 정의롭다고 한 슬로트도, "법을 공표하는 사람들의 적절한 공감적 동기를 반영하거나 표현하지 못했더라도 법이 정의로울 수 있다"(Slote, 2009, p.126)고 본다. 그는 다음과 같은 예시를 든다. "자국의 선이나 동포의 복지에 전혀 무관심할 정도로 도덕적으로 부패한 국회의원도 자신들의 탐욕이나 이기심을 어떤 식으로든 드러내지 않는 법을 통과시킬 수 있다. 예컨대 전국적으로 붉은색 신호등에서 우회전을 허용하는 법이 그러하다. 이 법은 정의롭거나 적어도 부정의하지는 않다"(p.126). 슬로트의 이런 양보에 문제가 있다는 것은 사회의 정의로운 법과 개인의 정의로운 행위 사이의 유비를 생각하면 알 수가 있는데, 이 유비는 슬로트 자신도 활용하는 것이다. 슬로트가 염두에 둔 것은 덕과는 무관하거나 심지어 악덕한 입법자들이 발의한 법안이라도 그들의 악덕을 전혀 반영하지 않는 그러면서도 유덕한 입법자들이 발의한 법안으로서 자신들의 덕을 잘 반영하거나 표현하는 법과 일치하는 법이다. 이는 유덕한 사람의 행동과 다를 바 없는 악덕한 사람의 행동과 유사하다. 우리는 악덕한 사람의 그런 행동이 유덕하다고 여겨질 수 없음을 잘 안다. 그것은 단지 덕과 일치한 것일 뿐이다. 그러나 아리스토텔레스는 다음과 같이 지적한다. "덕(탁월성)에 따라 생겨난 것(행위)들은 설령 그것들이 어떤 성질을 가졌다고 하더라도 정의롭거나 절제 있게 행해진 것이 아니며, 행위자 또한 어떤 상태에서 그것들을 행해야만 정의롭거나 절제 있게 행해지는 것이다. 즉 그는 우선 알면서, 또 다음으로 합리적 선택에 의거해서 행위하되 그 행위 자체 때문에 선택해야 하며, 셋째로 확고하고도 결코 흔들리지 않는 상태에서 행위해야 하는 것이다"(『니코마코스 윤리학』, 1105a).[14] 그리고 아리스토텔레스는 한 걸음 더 나아가 이렇게도 지적한다. "그러므로 행해진 것들이 정의롭거나 절제 있다고 이야기되는 것은 그것들이 정의로운 사람들이나 절제 있는 사람이 행했을 법한 그런 종류의 행위들일 때다. 정의로운 사람이나 절제 있는 사람은 이런 일들을 (단순히) 행하는 사람이 아니고, 마치 정의로운 사람들이나 절제 있는 사람들이 행하는 바로 그런 방식으로 이런 일들을 행하는 사람이다"(1105b). 바로 이와 같은 이유 때문에 유학자들은 늘 사람은 오로지 바른 일을 행해야 할 뿐만 아니라 바른 마음으로 행해야 한다는 점을 강조한다. 이처럼 맹자는 성왕聖王 순을 찬양하면서 "그는 어질고 의로운 것을 행한 것이 아니라 자신의 어질고 의로운 마음에서 그것들을 행했을 뿐이다"(『맹자』「이루 하離婁下」4b19)[15]라고 말했다.

그렇다면 정의로운 사람이 발의한 법안과 부정의한 사람이 발의한 법안이 같다면 양자 사이에 무슨 실제적인 차이가 있는지에 대한 물음을 제기할 수 있다. 유가적 관점에서 이 물음에 답해 보면, 법은 결코 완전할 수 없어 미비한 점이 있기 마련이다. 법은 그냥 법일 뿐이라고 보면 우리는 법을 조문으로만 취급해 명백하게 부정의하지만 법에는 어긋나지는 않는, 그런 일을 할 수 있다. 이와 달리 우리가 법을 입법자의 덕을 표현하고 반영한 것이라고 보면, 우리는 그 법의 정신을 강조하게 되어, 비록 법이 허용하거나 우리가 행하도록 요구받는 어떤 명백히 부정의한 일들을 하지 않게 될 것이다. 슬로트 자신이 든 사례, 즉 붉은색 신호등일 때 운전자가 우회전하도록 허용하는 법을 예로 들어 보자. 만약 우리가 그 법을 조문 그대로 다룬다면 운전자는 언제나 붉은색 신호등일 때 우회전할 것이다. 심지어 교통이 혼잡하여 우회전하면 교차로를 막아 버리거나 반대 방향에서 불법으로 좌회전하는 차량을 보았을 때조차 그럴 수 있다. 그러나 만약 우리가 법을 입법자의 유덕한 품성에서 나왔다고 생각하면, 그런 행동은 유덕한 사람들이 우리에게 의도한 행동이 아님을 알고서 교차로를 막으면서까지 우회전하거나 반대 방향의 좌회전 차량을 보고서도 우회전하는 행동을 하지 않을 것이다. 다른 사례로 우리는 롤스의 차등의 원칙을 살펴볼 수 있다. 이 원칙이 공정하다고, 즉 입법자나 정치철학자의 덕과 일치하지만 유덕한 입법자나 정치철학자가 제정한 것이 아니라고 가정해 보자. 이 원칙의 의미는 이렇게 된다. 만일 내가 예외적인 재능의 소유자인데 내가 다른 사람보다 돈을 덜 번다면, 내가 내 재능을 최대한 발휘해서 못 사는 사람들에게 최선의 혜택을 주려고 하지 않을 것이다. 그리고 역으로 내가 못 사는 사람이면 재능 있는 자들이 재능을 최대한 발휘해서 나에게 혜택을 주지 않는다면, 나는 그들이 돈을 더 벌도록 내버려 두지 않을 것이다.[16]

그러나 우리가 이 원칙을 입법자의 정의로운 품성에 일치할 뿐만 아니라 실제로도 정의롭다고 여긴다면, 즉 입법자의 정의의 덕을 반영하고 표현하는 것으로 여긴다면, 내가 예외적으로 뛰어난 재능을 가진 사람일 경우 나는 이 원칙의 의도가 내 재능을 온전히 발휘해서 가장 효율적인 방식으로 가장 못난 사람들에게 이익이 되게 해야 한다는 것으로 이해할 것이다.

따라서 내가 비록 돈을 더 벌지 않더라도 나는 내가 가진 재능을 최대한 발휘할 것이다. 물론 그렇더라도 못 사는 사람을 대신해서 이와 똑같은 이야기를 하기는 쉽지 않다.[17]

덕에 따른 정의 혹은 덕의 정의

이제 샌델의 신아리스토텔레스주의적 정의관의 두 번째 특징을 살펴볼 텐데, 나는 이것을 덕에 따른 정의justice according to virtues 라 부르고자 한다. 국민들에게 자원을 배분하는 기준은 의미 있는 업적, 탁월성 또는 덕으로, 인정해 주고 영예롭게 해 주며 보상도 해 주어야 하는 것들이기 때문이다. 이런 정의관은 공직 특히 정치적 직위나 명예를 분배할 때는 가장 적합해 보이지만, 경제적 이득을 분배할 때에는 그다지 적합해 보이지 않는다. 예를 들어 오늘날 경제적 이익은 대부분 화폐의 형태로 분배된다. 분배할 때 고려해야 하는 덕이 무엇인지 결정하는 데 도움이 될 목적을 갖는 물건들 또는 악기 플루트와 달리, 화폐의 목적이 무엇(물건을 사는 것?)인가 그리고 화폐가 인정하고 영예를 주며 포상하려는 것이 어떤 덕(투자 기법 또는 흥정하는 능력?)인지 묻는 것은 적어도 이상해 보인다. 이것은 사회 제도로 제공되는 여러 유형의 서비스에 대해서도 참이다. 예를 들어 우리는 아주 수월하게 병원의 목적은 의료를 제공하는 것이며 따라서 이 목적에 헌신할 수 있는 사람들에게 다른 누구보다 더 의사라는 지위를 부여해야 한다고 말할 수 있다. 그러나 병원이 제공하는 의료는 어떻게 분배해야 하는지 그리고 환자가 그러한 의료적 도움을 받으려면 어떤 덕을 갖추어야 하는지를 묻는 것은 이상해 보인다. 우리가 부와 건강(의료)을 분배할 때 사람들이 사회에 끼친 기여를 기준으로 해야 한다고 말한다면 – 이것은 아리스토텔레스의 정의관으로 보이는데 – 이런 생각도 롤스의 자연적/사회적 우연 개념에 의해서 개연성이 없어졌다. 롤스는 자연적인 우연과 사회적 우연에 따라서 사회에 기여하는 정도가 달라지기 때문에, 기여를 기준으로 사람들에게 자원을 분배해선 안 된다고 생각한다.

샌델은 또한 덕에 따른 정의가 분배되어야 할 어떤 것에도 적용 가능한 분배의 일반 원칙이라고 주장하는 듯하다.[18] 그럼에도 그는 어떤 때는 이 원칙이 명예와 정치적 공직의 분배에 제한하는 듯한데, 바로 그의 덕에 따른 정의가 가장 타당하게 적용될 수 있는 영역이다. 샌델이 이렇게 더 제한적이고 더 그럴듯한 견해를 주장한다는 최소한 두 가지 실마리가 있다. 우리가 찾을 수 있는 첫 번째 실마리는 그가 아리스토텔레스와 현대 정치철학자들을 대조할 때다. "오늘날 분배의 정의에 관한 토론은 주로 소득이나 부의 기회의 분배에 초점이 맞추어져 있다. 반면 아리스토텔레스에게 분배의 정의는 대개 돈이 아니라 공직과 영예의 분배와 관련된 문제였다"(『정의란 무엇인가』, p.286).[19] 샌델이 그의 덕에 따른 분배적 정의를 말할 때 주로 염두에 둔 것은 공직과 영예라고 생각하는 것은 타당해 보인다. 두 번째 실마리를 우리는, 분배의 정의에서 최소한 부분적 토대로서 그가 자격의 관념을 옹호한다는 데서 찾을 수 있다. 잘 알려진 바와 같이 존 롤스는 자격에 근거한 분배의 정의에 강력하게 반론을 편 바 있다. 그는 본질적으로 누구라도 타고난 사회적 우연에 따라 자격이 주어진다고는 볼 수 없다고 주장했다. 샌델은 롤스의 정의론 가운데 이 부분을 가장 우호적인 방식으로 논의하였다(p.153-166). 심지어 샌델이 자격의 관념을 옹호하고자 할 때 최소한 부분적으로나마 그는 롤스의 주장이 도덕적으로 매력적이라고까지 주장하면서 이렇게 말한다. "성공은 덕에 씌워 주는 왕관이라거나 부자들은 가난한 사람보다 부자가 될 자격이 있다는, 능력주의 사회에서 흔히 들을 수 있는 우쭐대며 자만하는 태도를 약화시키기 때문이다"(p.265). 그는 또한 롤스의 주장이 "불온하다"고 주장하는데 그 이유는 "정의를 자격 논쟁으로부터 단호하게 분리하기란 정치적·철학적으로 불가능한 일일지도 모르기"(p.266) 때문이다. 샌델이 그런 주장을 할 때 드는 예들로는 "일자리와 기회"(p.265) 및 "학교, 대학, 전문직, 공직

기관 등"(p.266)과 같은 사회 기관들에 있는 직책들이 포함된다. 실제로 전체 논의가 대학 입학 정책을 다루다가 끝난다.[20]

나는 샌델의 정의관 가운데 내가 보기에 가장 타당해 보이는 부분에 초점을 맞추고자 한다. 공직 특히 정치적 공직의 분배는, 공직의 목적을 전제로 할 때, 공직이 인정하고 보상하고 영예롭게 여기는 덕을 기준으로 해야 한다.

유가는 이 가장 타당한 부분에 대해서까지 심각한 의구심을 가질수 있다. 유가의 이러한 의구심을 해명하는 최선의 방식은, 샌델이 발전시킨 관점을 포함하는 아리스토텔레스의 정의관과 일치하면서 동시에 그의 정의관의 구성 요소가 되는 유가적 정의관의 한 측면을 집중적으로 조명해 보는 것이다. 나는 그것을 "덕의 정의justice of virtues"[21]라고 부르고자 한다. 아주 직설적으로 말해서 샌델의 덕에 따른 정의가 덕에 따라 특정한 것을 분해하는 것과 관련된 정의라면, 유가에서 덕의 정의는 덕 자체의 분배에 대한 정의다. 다르게 말하면 샌델의 덕에 따른 정의가 정치적 공직을 분배되어야 할 것으로 본다면, 유가에서 덕의 정의는 덕을 분배하는 데 이용할 수 있는 수단으로 본다. 덕이 흔히 누군가가 마음대로 처분할 수 있는 것으로, 즉 정의롭게든 부정의하게든 분배할 수 있는 것으로 여겨지지 않는다는 점에서 덕의 분배를 말하는 것은 이상하게 들릴 수 있다. 나는이 점을 설명해 보고자 한다.

어느 사회이든 유덕한 사람들이 있고 또 덕을 갖추지 못했거나분명히 악덕한 사람들이 있기 마련이다. 달리 말해 모든 사람이 똑같이 덕을 갖춘 것은 아니다. 그런 사태와 관련해서 우리에게 어떤 정의가 필요한지를 논하기 전에 우리는 먼저 덕의 본성과 더불어 악덕의 본성을 이해해야 한다. 유가는 덕을 바라볼 때 건강 모델을 이용하는데, 내 생각에 아리스토텔레스나 적어도 몇몇 현대의 아리스토텔레스주의자들에게서도 이와 같은 것을 찾을 수 있다. 건강 모델에 따르면, 유덕한 사람은 건강한 사람에 비유할 수 있고, 악덕한 사람은 어떤 신체적 고통을 겪는 사람에 비유할 수 있다. 예를 들어 맹자는 모든 사람이 연민, 부끄러움, 겸손, 시비是非를 가리는 마음과 같은 네 가지 도덕적 싹과 같은 사단四端을 갖춘 것을 사람이 사지四肢를 갖고 있는 것에 비유한다(『맹자』 「공손추 상公孫丑上」 2a6).[22] 명대明代의 가장 영향력 있는 신新유학자 왕양명王陽明은, 덕이 없거나 또는 분명 악덕한 사람은 질곡에 빠질 위험이 있는 사람과 같다고 말한다. 후자가 만약 죽지는 않더라도 신체적으로 크게 다칠 수 있는 것처럼, 전자는 내적으로 다칠 수 있다(『왕양명전집王陽明全集』, 1992, 2:80). 둘 사이에 아무런 차이가 없다면, 유가의 생각에서 볼 때 사람의 내적 안녕의 건강, 즉 덕의 건강은 사람의 외적 안녕, 즉 신체적 건강보다 훨씬 중요하다. 따라서 이 두 가지가 충돌할 때 사람은 외적인 것보다 내적인 것을 돌보아야 마땅하다. 맹자가 유명하게도 '작은 몸〔小體〕', 즉 물리적 신체와 '큰 몸〔大體〕', 즉 도덕심을 구분하고, 소소한 문제일 뿐인 작은 몸을 기르면서 중요한 문제인 큰 몸은 소홀히 하는 사람들을 비난하는 것은 이런 의미에서다. "사람의 몸에는 가치와 중요성에서 다른 부분들이 있다. 덜 가치 있고 중요한 부분 때문에 더 가치 있고 중요한 부분에 해를 끼쳐서는 안 된다. 더 가치 있고 중요한 부분을 기르는 사람은 대인大人이고, 덜 가치 있고 중요

03. 덕으로서의 정의, 덕에 따른 정의 그리고 덕의 정의

한 부분을 기르는 자는 소인小人이다. (…) 자신의 손가락만을 돌보고 어깨와 등은 상하게 하는 것이 잘못임을 깨닫지 못하는 사람은 착각에 빠져 있는 사람일 뿐이다"(『맹자』「고자 상告子上」6a14).[23]

내가 말했듯이 그런 견해는, 신체의 건강을 영혼의 건강에 종종 비유했던 아리스토텔레스에게도 낯설지 않다. 예를 들어 아리스토텔레스는 단지 의사의 말을 듣기만 한다고 환자의 신체가 건강해지는 것이 아니듯이 철학자의 말을 듣기만 한다고 사람의 영혼이 건강해지는 것은 아니라고 논하였다.[24] 『니코마코스 윤리학』에서 정의를 논할 때 아리스토텔레스는 정의롭게 행동하는 정의로운 사람을 건강하게 길을 가는 건강한 사람에 견주었다(1129a). 아리스토텔레스가 자신의 외적 안녕만을 사랑하는, 즉 저속하게 자기를 사랑하는 사람과 자신의 덕을 사랑하는 진정으로 자기를 사랑하는 사람을 대조시킬 때(1169a), 그 또한 사람의 외적 건장함보다 내적 건강이 중요하다고 보는 유가적 견해에 동의할 것이다.

이런 식으로 이해하면, 유덕한 사람과 악덕한 사람이 있을 때 우리에게 요구되는 정의는 유덕한 사람들을 포상하고 악덕한 사람들을 징벌하는 것이 아니다. 또 우리가 건강한 사람과 아픈 사람을 모두 발견했을 때 우리에게 요구되는 정의가 전자는 포상하고 후자는 벌주는 것이 아니라 후자가 자신들의 악덕을 제거하여 후자의 병을 치료해relieve 주어야 하는 것처럼, 악덕한 사람들이 자신의 악덕을 제거하여 유덕한 사람이 되도록 돕는 것이다. 사람의 건강은 스스로 통제할 수 없지만 인간의 품성은 통제할 수 있다는 점을 고려할 때 사람의 신체 건강에 품성의 덕을 유비한 것은 적절하지 않다고 말할 수도 있겠다. 그러나 이것이 전적으로 맞다고 말할 수도 없다. 인간의 건강도 충분히 통제될 수 있기 때문이다. 즉 규칙적인 운동, 금연, 건강한 음식물 섭취, 충분한 수면 등을 통해 조절할 수 있다. 반면 인간의 품성이라고 해서 전적으로 통제할 수 있는 것도 아니다.

유가 특히 신유가는 우리가 왜 자신의 품성을 통제할 수 없는지를 매우 훌륭하게 설명해 준다. 다시 왕양명을 예로 들어 보자. 왕양명의 견해에서 보면, 두 가지 요소 때문에 사람들은 덕을 갖추지 못하거나 스스로 통제할 수 없는 악덕을 갖는다. 첫째는 사람이 태어나면서 갖는 물리적/정신적 질료, 이른바 기氣 또는 기질氣質 때문이다. 왕양명의 견해에 따르면, "인간의 타고난 도덕적 인식[良知]은 본래 스스로 밝다. 타고난 기질이 좋지 않은 사람은 찌꺼기가 많고 가려진 것이 두터워, 본래 밝은 타고난 도덕적 인식을 밝히기가 어렵다. 기질이 훌륭한 사람은 찌꺼기가 적고 가려진 것이 적어 타고난 도덕적 인식에 이르게 하는 공부를 조금만 해도, 곧 완전히 밝게 된다. 약간의 찌꺼기도 끓고 있는 물 위에 떠다니는 눈과 같이 사라질 것이니 어찌 가려짐이 있을 수 있겠는가!"(『전습록傳習錄』「답육원정서答陸原靜書」)[25] 오늘날의 철학자들 특히 서양 철학 전통에서 훈련받은 철학자들은 왕양명의 형이상학적인 기氣에 대한 언급을 이해할 수 없다고 생각하지만 우리(현대 중국학자들) 대부분은 여전히 그가 밝히고자 했던 주요 논점에는 동의할 것이다. 즉 사람이 타고난 재능에서 선천적 불평등이 있는 것처럼 사람이 타고난 도덕적 자질에서도 선천적 불평등이 있다. 적어도 고귀한 품성을 타고난 사람들과 본성상 수치심에 복종할 줄 모르는 사람들을 대조하는 것을 보면 아리스토텔레스도 이와 비슷한 견해를 주장한다고 볼 수 있다(1179b). 인간은 본성적으로 선하다는 견해에 대해 아리스토텔레스는 이렇게 대답한다. "본성에 의해서 그렇게 되는 것은 우리의 노력에 달린 것이 아니라 어떤 신적인 원인으로 말미암은 것이며, 진정으로 운이 좋은 사람에게만 귀속된다는 것은 분명하다"(1179b). 또한 "부족한 본성을 가진 of inferior nature"(1180a) 사람들에게는 벌과 징계를 부과해야 한다고 말하는 것을 보아도 그러하다.

둘째로 왕양명은 고대의 격언을 인용하면서 사람의 도덕적 품성에 대한 환경적 영향력의 중요성을 강조한다. "쑥이 삼밭에서 자라면 붙들어 주지 않아도 곧게 자라고, 흰모래는 진흙에 있으면 물들이지 않아도 저절로 더러워진다 蓬生麻中, 不扶自直; 白沙在泥, 不染而黑"("왕양명전집』 별록 「남감향약南贛鄉約」).[26] 그다음에 왕양명은 습관이 좋은지 나쁜지는 오랫동안 길들여진 버릇의 결과이며, 이것이 사람들의 도덕적 자질에 영향을 미친다고 말한다. "옛날 가족을 버리고 이웃을 배신하며 가는 곳마다 포악한 일을 했던 사람들은, 타고난 본성이 남과 달라서 그렇게 비난받았던 것이 아니다. 적절한 정치적 다스림과 도덕적 수양이 없었기 때문이다"("왕양명전집』 별록 「남감향약南贛鄉約」).[27] 여기에는 어린 시절 가족들 사이에서 도덕 교육의 결여, 좋은 행동에 대한 동기부여의 결여, 그리고 타인들의 분노에 찬 저주 때문에 악으로 더 깊이 빠져듦이 포함된다. 그러므로 왕양명은 정부와 부모, 이웃이 모두 점차로 악에 빠져드는 사람들을 비난해야 한다고 주장한다. 만약 사람이 타고난 도덕적 자질이 선천적으로 불평등하다는 왕양명의 견해가 어느 정도 논쟁의 여지가 있다고 보더라도 사람의 도덕 발달에 대한 환경의 영향력에 대한 그의 견해에 대해서는 분명 반론이 없을 것이다. 예를 들어 존 롤스는 사람들의 선천적 능력과 재능은 자연적·사회적 우연에 종속될 뿐만 아니라 도덕적 덕 또한 전적으로 자신에게 달려 있다고 할 수 없다고 주장한 바 있다. "우리로 하여금 능력을 계발할 수 있게 하는 노력을 기울이게 만드는 탁월한 성격을 가질 자격이 우리 자신에게 있다고 하는 것도 문제가 있다. 왜냐하면 그런 성격 역시 어린 시절의 가족 및 사회적 여건이 운 좋았기 때문에 우리의 노력의 대가라고 주장할 수 없기 때문이다."(Rawls, 1999, p.89).

그런데 품성의 덕을 신체적 건강에 비유한 것은 어떤 점에서는 적절치 않다. 한편으로 사람의 신체가 불치병에 걸린다면, 당시 의학 지식으로는 충분한 도움을 주지 못할 것이다. 비슷하게 정의가 사람들에게 동등한 신체적 건강을 분배하라 요구한다면 우리는 그렇게 할 수 없다. 이와 대조적으로 유가는, 어떤 사람이 어떤 이유로 악덕한 사람이 되었다 할지라도 이 사람은 여전히 유덕한 사람이 될 수 있다고 생각한다. 달리 말해 덕의 평등한 분배는 늘 가능하며, 그것이 곧 유가가 모든 사람이 성인이 될 수 있다고 하는 까닭이기도 하다. 다른 한편 신체적 건강과 덕은 서로 유사하지만 플루트와 화폐 같은 물질적 재화와는 다르다는 점은 참이다. 그전에 갖고 있던 것보다 더 좋은 플루트나 더 많은 돈을 소유한다는 것은 다른 사람이 더 나쁜 플루트를 갖고 더 적은 돈을 갖게 되는 것을 의미한다. 왜냐하면 그런 것들은 아무리 풍부하다 해도 공급에 한계가 있기 때문이다. 이와 대조적으로 더 건강하고 더 덕을 갖춘다고 해서 다른

03. 덕으로서의 정의, 덕에 따른 정의 그리고 덕의 정의

누군가가 그만큼 건강하지 않거나 덕을 갖추지 못하게 된다는 것을 의미하지는 않는다. 왜냐하면 건강과 덕은 무한하게 공급할 수 있기 때문이다. 누군가가 더 건강하거나 더 덕스럽다면 다른 사람이 더 건강해지고 덕스러워지는 데에도 좋다고 주장할 수도 있겠다. 그런데 건강과 덕 사이에는 또 하나의 불일치가 있다. 만약 어떤 질병이 널리 유행하는데 그에 대한 치료약이 부족하다면, 어떤 사람이 그 치료약을 얻어 건강해질 수 있지만, 누군가는 그 치료약을 얻지 못해 건강해지지 못할 수도 있다는 점을 의미한다. 그러나 이런 치료약 공급 부족에 대한 비유가 무덕하거나 악덕한 사람들을 덕 있게 하는 데도 쉽게 적용될 수 있는지는 모르겠다.

덕은 분배될 수 있는가?

사람들에게 덕을 정의롭게 또는 평등하게 분배한다는 생각이 처음처럼 그렇게 불합리해 보이지는 않는다. 문제는 덕을 어떻게 분배하는지에 있다. 유가는 두 가지 방안을 제시한다. 첫째는 자기 수양의 필요성이다. 유가는 악덕하게 되는 것이 결코 사람의 잘못만은 아니기에 개인들은 적어도 부분적으로만 자신이 악덕하게 된 데에 책임이 있다고 본다. 더욱이 사람은 스스로 노력만 한다면 덕을 갖출 수 있다. 사실이 그러할진대, 선천적 조건과 사회적 조건에서 열악한 사람들은 그 조건들이 더 좋은 사람들보다 훨씬 더 많은 노력을 해야 한다. 둘째로 정의는 개인 행위자든 정치 지도자든 우리에게 유덕한 사람은 포상하고 악덕한 사람은 처벌하는 대신 악덕한 사람들을 도움으로써 그들이 자신의 악덕을 극복하고 더는 악덕하지 않게 한다. 또 덕이 있게 함으로써 덕이 모든 사람에게 평등하고 정의롭게 분배될 수 있게 할 것을 요구한다. 첫 번째 방안이 도덕적 자기 수양이고, 둘째 방안은 도덕 교육이다.[28] 나는 둘째 측면에 집중하고자 하는데 그 까닭은 부정의가 있을 때, 즉 덕의 분배가 불평등할 때 정의가 우리에게 무엇을 요구하는가가 바로 우리의 관심이기 때문이다.

내가 여러 곳에서 논의했듯이(Huang(2010)을 보라) 유가의 독특한 특징은 유덕자가 된다는 것이 단지 굶주리고, 춥고, 아프거나 신체적으로 고통을 겪는 사람을 돕는 데 있지 않다는 점이다. 거기에는 또한 다른 사람을 유덕자로 만드는 일을 목적으로 한다는 것이 포함된다. 이른바 유가의 황금률을 생각해 보자. 서구 전통에서 흔히 이해되는 황금률에 따르면, 사람은 자신이 원하지 않는 것을 남에게 행해서는 안 된다. 그러나 황금률을 따르고 싶어 하는 사람은 다른 사람이 황금률을 따르게 해야 한다는 요구를 받지 않는다. 예를 들어 황금률은 다른 사람의 도움을 원하는 개인에게 필요할 때 다른 사람을 도우라고 하지만, 개인에게 황금률을 따르기 위해 다른 사람에게 필요할 경우 다른 사람을 도우라고 하지는 않는다. 황금률이 개인에게 요구하는 것은 불공정하게 대우받기를 원하지 않는다면 다른 사람을 불공정하게 대우하지 말라는 것이지, 그 개인에게 황금률을 따르기 위해 다른 사람에게 다른 사람을 불공정하게 대우하지 말라고 요구하지는 않는다. 그러나 유가에서 말하는 황금률은 그 이상을 이야기한다. 유가의 황금률은 단지 우리가 남에게 받고 싶은 것을 다른 사람에게 행하는 것만을 말하지 않는다. 공자는 "무릇 인이란 자기가 서고 싶으면 남을 세워 주고, 자기가 이루고 싶으면 남을 이루게 해 주는 것이다"(『논어』「옹야雍也」6.30)[29]라고 말한다.

여기서 '세우다'로 번역한 '입立'의 의미는 스스로를 '세우다establish' 또는 '실현하다realize'로 옮기기에 충분한데, 공자에 따르면 이 말은 사람의 외적 안녕보다는 내적 품성과 관련되어 있다. 공자가 자기 인생의 몇 가지 중요한 단계를 서술하는데, 나이 서른이 되었을 때 스스로를 세웠다三十而立(『논어』「위정爲政」2.4)[30]고 하며 이 말을 언급한다. 의심할 것 없이 이 말은 자신의 인격이 성숙해 감을 말한다. 또 '이루다'라고 번역한 '달達'에 대해 공자는 이렇게 정의한다. "달했다는 것은 품성이 곧고 의를 좋아하며, 다른 사람의 말을 세심하게 살피고, 다른 사람의 표정을 자세하게 관찰하며, 다른 사람에 대해 자신을 낮추는 마음가짐이다"(『논어』「안연」12.20).[31] 이 모두가 분명하게 보여 주는 것은, '달'이 일차적으로 사람의 내적 안녕, 도덕적 자질과 관련된다는 점이다. 그래서 유가에서 말하는 황금률은 본질적으로 내가 유덕한 사람이 되고자 하면 다른 사람들이 유덕해질 수 있게 도와야 한다. 마찬가지로 이는 내가 악덕한 사람이 되지 않으려면 다른 사람들이 악덕해지지 않게 함을 뜻한다.

여기서 매우 재미있는 것은 공자가 '달'의 의미를 설명하면서 '올곧다'는 뜻의 '직直'이라는 말을 쓴 점이다. '달'한 사람은 또한 다른 사람이 '달'하도록 돕는데, '달'한 사람의 본질적인 특징 가운데 하나가 '곧다'는 점이다. 우리가 '직'을 이렇게 이해하면, 이와 관련해 『논어』에서 '직'이 나오는 두 개의 어려운 문장을 이해하는 데 유용하다. 첫 번째 문장은 『논어』「헌문憲問」편의 34장이다. 원한을 은혜로 갚으라는 것은 도가의 『노자老子』(49장, 63장)[32]가 권하는 생각인데, 이에 대해 어찌 생각하는지 질문을 받은 공자는 이렇게 대답했다. "그렇다면 은혜는 무엇으로 갚겠는가? 원한은 곧음(直)으로 갚고, 은혜는 은혜로 갚아야 한다"(『논어』「헌문」14.34).[33] 이 문제에 대해서는 노자뿐만 아니라 예수도 악인에 대해 우리가 가져야 할 태도라고 권했는데 이에 대해 공자가 동의하지 않으리라는 것은 확실하다. 하지만 공자가 "곧음으로 원한을 갚는다"라고 한 말의 정확한 의미는 학자들 사이에서 의견이 제각각이다. 어떤 학자들은 '직'을 가치를 의미하는 '치値'로 이해하여 공자가 말하려는 뜻이, 원한을 갚되 당신이 받은 만큼 등가의 해를 주는 나쁜 행동으로 갚아야 한다는 의미라고 주장한다.[34] 그러나 대부분 학자는 공자의 가르침이 지나친 도덕적 부담 때문에 딱 중간적 입장으로, 원한을 원한으로 갚는 지나친 허용적 입장과 원한을 은혜로 갚는 너무 부담스러운 입장의 중간이라 해석한다. 여기서 중간적 입장이란, 원한을 갚을 때 그 순간 느끼는 감정에 솔직하게 따르는 것을 말한다.[35]

　나는 이미 다른 글(Huang, 2013, pp.38-39)에서 이런 해석들 모두에 대해 반론한 바 있다. 내가 보기에 공자가 곧음으로 원한을 갚는다고 한 말의 뜻은, 내게 부당하게 해를 끼친 그 사람, 즉 비뚤어진 사람을 곧은 사람이 되게끔 도우라는 뜻이다. 이를 잘 이해하는 한 가지 방법은 공자가 곧음과 비뚤어짐(枉)을 어떻게 대조하는지 이해하면 된다. 공자는 "곧은 사람을 뽑아 비뚤어진 사람 위에 두면 비뚤어진 사람을 곧게 할 수 있다"(『논어』「안연」12.22)[36]고 말한다. 『논어』

의 같은 문장에서 그의 제자 자하子夏는 공자가 한 말의 뜻을 예를 들어 설명하면서, 순 임금과 탕 임금이 각각 곧은 사람인 고요皐陶와 이윤伊尹을 등용하자 어질지 못한 사람들이 사라졌듯이 본래 어질지 못한 사람들이 고요와 이윤에 의해 곧게 되었다고 풀이한다. 이와 똑같은 마음으로 공자는 위衛나라의 곧은 신하였던 사어史魚를 칭송했다. 사어는 죽을 때가 되자 그의 아들에게 자신의 군주 위나라 영공靈公에게 간언하여 현신賢臣인 거백옥蘧伯玉을 등용하고 불초한 사람인 미자하彌子瑕를 물리치게 하지 못했다고 말했다. 그래서 그를 장사 지낼 때 빈소도 차리지 않고 창문 밑에 두었다. 조문하러 온 위 영공이 그 까닭을 물으니 사어의 아들은 자신의 아버지가 한 말을 들려주었다. 이를 들은 영공은 부끄럽고 당황해하며 사어의 조언을 받아들여, 거백옥을 등용하고 미자하를 내쳤다고 한다. 이것이 중국 역사에서 유명한 "시신이 되어서조차 간언한〔屍諫〕" 이야기다. 사어는 "스스로를 곧게〔直己〕" 했을 뿐만 아니라 "다른 사람, 즉 위 영공까지 곧게〔直人〕" 한 사람으로 여겨졌다. 분명 곧음이 갖는 이 두 가지 뜻을 마음에 품고서 공자는 외쳤을 것이다. "진실로 곧도다, 사어여!"(『논어』「위영공」 15.7).[37] 여기서 우리는 곧음의 독특한 특징을 알 수 있다. 즉 곧음의 덕을 갖춘 사람은 스스로를 곧게 할 뿐만 아니라 다른 사람도 곧게 하는 사람이다.

『논어』「양화陽貨」 17.8에서 공자는 곧음을 좋아하면서 배우기를 좋아하지 않는다면, 그 폐해는 사람들과 폭언하며 싸우게 된다고 말한다. 이에 대해 송대宋代의 형병刑柄은 "비뚤어진 사람을 바르게 하는 것을 곧음이라 한다"[38]고 지적하였다. 바로 이것이 곧음의 특징인데, 공자의 추종자였던 맹자가 이를 극적으로 밝혀 준다. "스스로 곧지 않은 사람은 다른 사람을 곧게 할 수 없다"(『맹자』「등문공 상滕文公上」3a1)[39]고 말할 때, 맹자는 곧은 사람은 곧지 못한 사람을 곧게 만들 수 있다(『맹자』「등문공 상」3a4)[40]는 점을 강조한다. 바름〔正〕과 곧음〔直〕에 관련된 진술은 『춘추좌씨전』에도 나온다. "비뚤어진 것을 바르게 하는 것을 곧음이라 한다"(『춘추좌씨전』, 양공襄公 7년 조).[41]

이런 의미의 곧음은 또한 『논어』에서 논란이 많은 다른 문장을 더 잘 이해하게 해 주는데, 거기서도 '직' 자가 나온다. 이 문장은 공자와 섭공葉公의 대화를 기록한다. 섭공이 자랑스러워하며 공자에게 말한다. "우리 마을에 '곧은 사람〔直躬〕'이 있는데 아버지가 양을 훔치면 관가에 고발합니다." 그런데 공자는 이를 칭찬하지 않고 이렇게 대답한다. "우리 마을의 곧은 사람은 이와 다릅니다. 아버지는 아들의 잘못을 숨겨 주고, 아들은 아버지의 잘못을 숨겨 줍니다. 곧음은 그 안에 있습니다"(『논어』「자로子路」13.18).[42] 이 문장은 『논어』의 주석사에서 내내 해석자들 사이의 논란거리다. 최근 몇십 년간에도 중국의 학자들 사이에서 실로 증오의 초점이자 논쟁이 끊이지 않았던 문장이다. 논쟁 당사자 모두 이 문장을 효와 사회 정의의 딜레마를 보여 주는 것으로 이해하였는데, 한쪽에서는 공자를 옹호하면서 효를 사회 정의보다 앞세웠다면 다른 한쪽은 효보다 사회 정의를 내세우지 않았다고 공자를 비판하였다. 나는 이미 다른 글에서 양측이 모두 틀렸다고 주장한 바 있다.[43] 이 문장을 이해하는 핵심은 바로 '직'에 있는데, 우리가 앞서 논의했듯이 비뚤어진 것을 바르게 한다는 뜻이다. 이 문장에서 누군가의 아버지가 이웃의 양을 훔쳤다는

03. 덕으로서의 정의, 덕에 따른 정의 그리고 덕의 정의

사실은 그가 곧지 못하다는 것을 가리킨다. 곧은 아들이라면 그의 곧지 못한 아버지를 곧게 해야 마땅하다. 아버지의 도둑질을 아들이 숨겨 준 일이 어떤 뜻에서 아버지를 곧게 하는 데 도움이 되는지는 의문인데, 공자는 그저 곧음은 아들이 숨겨 준 데에 있지, 숨겨 준 일 자체가 곧음이라고는 하지 않았기 때문이다. "제 부모를 모실 때는 부드럽게 간해야 하는데" 부모가 부도덕한 짓을 했을 때도 소리는 낮게 하고 얼굴 표정은 적절해야 하며 목소리는 부드러워야 한다 (『논어』「이인里人」4.18)⁴⁴고 했을 때 공자는 우리에게 실마리를 제공해 준다. 이 문장은 몇 가지 측면에서 중대한 의미가 있다. 첫째 부모가 부도덕한 행동을 했을 때 자녀는 단지 가만히 있거나 부모의 행동을 따라 하지 않는 선에서 그쳐서는 안 된다. 그와 달리 자녀들은 부모에게 간하거나 또는 이미 늦어 버렸다면 부모가 상황을 바로잡게 설득해야 한다. 그래서 만약 아버지가 양을 훔쳤다면 곧은 아들은 아버지에게 바로잡게 간해야 마땅하다. 이는 공자가 이 문장에서 사회 정의를 무시하면서까지 효를 주창하지는 않았다는 점을 보여 준다. 둘째로 여기서 부모의 나쁜 행동에 대해 간하는 것은 부모를 "모시는" 방식으로 보인다. 다르게 말하면 간하는 것은 효성스러운 자녀가 해야 할 중요한 일이다. 효도한다는 것이 단지 부모에 대한 순종을 의미하지는 않는다. 예를 들어 공자의 제자 중 한 명인 자공子貢이, 부모에게 순종하는 것이 효이고, 마찬가지로 신하가 왕에게 복종하는 것이 충성인가에 대해 확인받고자 했을 때다. 공자는 이렇게 답한다. "생각이 얕구나! 네가 아직 식견이 부족하다. 옛날 만승萬乘의 큰 나라의 훌륭한 왕에게 과감하게 간하는 신하가 일곱 사람만 있으면, 그 왕은 잘못을 범하지 않을 것이다. 천승 千乘의 중간 규모의 나라에 간하는 신하가 다섯 사람만 있으면 위태롭지 않을 것이며, 백승 百乘의 작은 나라에 간하는 신하가 셋이 있으면 벼슬자리가 끊어지지 않을 것이며, 아버지에게 간하는 자식이 있으면 그는 무례한 일을 저지르지 않을 것이며, 선비에게 간하는 친구가 있으면 불의한 일을 하지 않을 것이다. 그렇다면 자식으로서 부모에게 순종만 한다고 해서 어찌 효라 할 것이며, 신하로서 군주의 명령을 따르기만 한다고 해서 어찌 충성스럽다고 하겠느냐? 효성스럽고 충성스럽다는 것은 좋아서 할 일을 잘 살피는 데 있다고 할 수 있다"(『공자가어』「삼서三恕」 9.57, 거의 비슷한 문장이 『순자荀子』「자도子道」 3에도 나온다).[45] 이것은 공자가 효를 무시하면서 사회 정의를 내세우지는 않았다는 점을 보여 준다. 앞의 두 가지 논점을 결합하면 공자에게는 효와 사회 정의 사이의 딜레마가 없었음을 가리킨다. 셋째로, 간하는 일이 성공하려면 간할 때 부드럽게 해야 한다. 그 이유는 부모가 부도덕한 일을 하려 하거나 이미 했다면 그 부모는 유덕하지 않다는 뜻이기 때문이다. 그럴 때 부모를 완고하게 꾸짖는다고 부모가 나쁜 행동을 깨달아 자신들의 악덕을 극복하도록 하는 데 도움이 되지 않기 때문이다. 만약 당신의 아버지가 양을 훔쳤는데 당신이 아버지를 공권력에 고발한다면, 당신의 아버지는 당신을 미쳤다고 할 것이며 따라서 당신이 간하는 말을 듣지 않으려 할 것이다. 그래서 우리가 논의했던 문장에서 공자가 효성스러운 아들은 아버지가 양을 훔친 것을 숨겨주어야 한다고 말한 것은 아버지의 악덕을 바로잡는 일이 바로 정확히 '곧음'의 의미로서 곧지 못한 사람을 곧게 만드는 일인 까닭이다. 이 일을 좀 더 효과적으로 이루어질 수 있게 환경을 만들려는 것이다.

지금까지 내가 논한 것은, 마치 건강한 사람은 포상하고 아픈 사람은 벌하는 것이 아니라 아픈 사람은 도와서 병을 이겨 내고 건강해지도록 도와야 하는 것과 마찬가지다. 유덕한 사람은 포상하고 악덕한 사람은 벌하는 것이 아니라 악덕한 사람들이 자신의 악덕을 극복하여 유덕한 사람이 되도록 돕는 것이 바로 유가가 말하는 덕의 정의다. 이는 곧 덕을 평등하게 분배하는 정의다. 그렇다고 덕의 정의가 우리가 나쁜 행동에 관대하거나 나쁜 행동을 용서하라는 뜻이 아니라는 점은 분명하다.[46] 유가는 악덕한 사람들이 자신의 악덕을 극복할 수 있게 돕는 데도 여전히 악덕하다면, 그들이 덕을 갖추지 못했다고 탓하기보다 자신을 반성하면서, 악덕한 사람을 돕고자 했던 우리의 노력이 과연 적절했는지 또 어떻게 해야 우리가 그들을 더 잘 도울 수 있는지 알려고 애써야 한다고 한다.[47] 그러나 유가는 악덕한 사람들을 계속 악덕하게 방치해서도 안 된다고 주장한다. 왜냐하면 다른 사람들은 건강한데 아픈 사람들을 아픈 채로 방치하는 것이 불공정하듯이, 다른 사람들은 덕이 있는데 덕을 결여한 사람들을 그대로 방치하는 것 또한 불공정하고 부정의하기 때문이다.

유가와 아리스토텔레스주의자는 어떻게 다른가

내가 지금까지 덕의 정의라는 명칭으로 말하는 것은, 개인이든 정부든 정의의 덕을 갖춘 도덕 주체는 사람들의 덕을 함양하려는 목표를 가져야 한다는 뜻이다. 그러나 이것이 샌델이 말하는 아리스토텔레스적인 덕에 따르는 정의와 크게 다른 것 같지는 않다. 샌델은 "아리스토텔레스에게 정치의 목적은 어떤 목적에 중립적인 권리의 틀을 정하는 게 아니라, 좋은 시민을 양성하고 좋은 자질을 배양하는 것이다"(『정의란 무엇인가』, p.287)라고 지지하면서 아리스토텔레스를 인용한다. "이름에 걸맞은 진정한 폴리스(자유와 자치를 이상으로 하는 고대 그리스의 도시국가 – 역주)는 선을 장려하는 목적에 충실해야 한다. 그렇지 않으면 정치 결사체는 단지 협력체로 전락하고, (…) 그 계약은 폴리스의 구성원들을 선하고 공정하게 만드는 것과 같이, 마땅히 그래야 하는 삶의 규칙이다"(p.287).[48] 이런 의미에서 나는 샌델 또한 유가가 말하는 덕의 정의를 수용할 것이라 확신한다. 또한 나는 약간 미묘하긴 해도, 이러한 덕의 정의에 대한 유가적 개념과 샌델의 아리스토텔레스적인 덕에 따르는 정의 사이에는 중요한 차이점이 있다고 생각하는데, 이 차이점 때문에 유가는 샌델의 이론에 심각한 의구심을 갖는다.

첫째로, 유가와 아리스토텔레스의 생각은 유덕한 사람들에게 정치적 공직을 맡게 해야 한다는 것인데, 그렇게 해야 하는 이유는 전혀 다르다. 샌델은 유덕한 사람들을 인정하고, 포상하고, 영예롭게 할 것을 강조한다. 이 점은 샌델이 최고의 플루트 연주자에게 최고의 플루트를 배분한다는 아리스토텔레스의 비유를 드는 것에서 가장 분명하게 드러난다. 우리는 최고의 플루트는 최고의 플루트 연주자에게 주어져야 한다는 아리스토텔레스에게 동의할 수 있다. "그러나 왜 그래야 하는가?"라고 물은 뒤에 샌델은 이렇게 답한다. "최고의 플루트를 최고의 연주자에게 주어야 하는 가장 분명한 이유는 그래야 최고의 음악이 나올 수 있고, 그것이 음악을 듣는 우리에게도 좋기 때문이다. **이것은 공리주의적 이유에 해당한다. 하지만 아리스토텔레스의 이유는 다르다.** 그런 배분 방식은 잘 연주되어야 한다는 플루트의 존재 이유에 맞아떨어지기 때문이다. 플루트의 목적은 뛰어난 음악을 만드는 것이다. 따라서 이 목적을 가장 잘 실현할 수 있는 사람에게 최고의 플루트가 돌아가야 한다"(『정의란 무엇인가』, 번역서 pp.280-281; 강조는 필자).[49] 샌델이 최고의 플루트를 최고의 연주자에게 주어야 하는 공리주의적 이유와 아리스토텔레스적 이유를 구분한다. 이에 비추어 볼 때 가장 영향력 있는 공직은 최고의 유덕자에게 주어져야 한다는 것을 함축한다는 의미에서, 나는 유가라면 공리주의적 이유를 채택할 것이라고 생각한다.[50] 유덕한 사람들에게 공직을 맡겨야 하는 이유는 포상하고 영예롭게 하고 인정하기 위해서가 아니다. 단지 유덕한 사람들이 그런 공직을 맡음으로써 다른 사람들이 덕을 갖게 하는 역할을 더 잘 수행할 수 있기 때문이다. 어쨌든 유덕한 사람들은 그들이 인정받고, 포상 받고, 영예를 얻으려고 유덕한 것이 아니다. 아리스토텔레스에게조차 그런 것들은 외적인 것으로 오로지 저속하게 자기를 사랑하는 사람들이 추구하는 것이다. 진정으로 자기를 사랑하는 사람들이 관심을 갖는 것은 자신들의 덕이며, 이 덕은 자신들의 내적 안녕에 속하기 때문에 그런 외적인 것들은 필요하다면 기꺼이 희생할 수도 있다.

둘째로, 유가가 샌델을 비롯한 아리스텔레스주의자들에게 동의하지 않을 또 다른 측면은 공직에 있는 사람들이 국민을 덕이 있게 하려고 일하는 방식이다. 아리스토텔레스는 논증이 작동하지 않을 것이라고 주장한다. 대부분 사람은 "수치심이 아니라 두려움에 설복당하게 되어 있으며, 나쁜 것을 삼가는 것도 수치심이 아니라 벌에 대한 두려움 때문이다"(『니코마코스 윤리학』, 1179b). 따라서 정치 지도자는 법을 제정하여 사람들을 유덕하게 만드는 자신들의 직무를 완수해야 한다. 아리스토텔레스는 다음과 같이 지적한다. "그런데 어린 시절부터 덕(탁월성)을 향한 올바른 지도를 받는다는 것은, 그러한 올바른 법률에 의해 길러지지 않고서는 어려운 일이다. 절제 있고 강인하게 사는 것은 대다수 사람(다중)에게, 특히 젊은이들에게 즐거운 일이 아니기 때문에 그들의 교육과 그들이 해야 할 일은 법에 의해 규정되어야만 한다. (…) 대다수 사람(다중)은 말에 따르기보다 강제에 따르고, 고귀한 것에 설복되기보다 벌에 설복되기 때문이다"(1179b). 샌델이 다음과 같이 넋두리하는 것을 보면 아리스토텔레스에게 동의하는 것처럼 보인다. "도덕을 법으로 규정한다는 생각은 자유 사회 시민들이 보기에, 자칫 편협하고 강압적인 정책을 초래할 수 있는 경익할 만한 발상이다." 그러고 나서 샌델은 곧바로 이렇게 말한다. "하지만 정의로운 사회는 무엇이 덕이며 좋은 삶인가에 대한 견해를 분명히 해야 한다라는 생각은 이데올로기 스펙트럼상의 다양한 정치 운동 및 주장에 영감을 불어넣었다"(『정의란 무엇인가』, p.42). 다른 곳에서 샌델은 이렇게 묻는다. "정의로운 사회라면 시민에게 덕을 장려해야 할까, 아니면 법이 덕을 둘러싼 서로 다른 견해 사이에서 중립을 지켜야 할까?"(p.27). 이 물음은 시민의 덕은 법에 의해 그리고 오직 법에 의해서만 증진될 수 있다는 점을 함축한다.

03. 덕으로서의 정의, 덕에 따른 정의 그리고 덕의 정의

우리가 이미 본 바와 같이, 유가는 정부의 중요한 기능은 사람들에게 덕을 함양하는 것이라는 아리스토텔레스주의자들에게 동의할 것이다. 또 그들은 그러한 일이 순전히 논증에 의해서만 이루어질 수는 없다는 점에 대해서도 아리스토텔레스주의자들에게 동의할 것이다. 그러나 유가는 형벌 법규punitive laws를 입법하고 적용함으로써 사람들을 덕이 있게 만든다는 생각 자체는 이해할 수 없다. 이와 관련하여 『논어』에 기록된 공자의 유명한 말이 있다. "공 선생님이 일러 주었다. '만약 백성을 정치적 규제와 형벌 법규로 이끌고자 한다면 백성들은 교묘히 빠져나가면서 어떤 수치심도 느끼지 못할 것이다. 만약 백성을 덕으로 이끌고 예로 다스린다면 백성은 수치심을 느끼고 법규를 따르게 될 것이다'"(『논어』 「위정」 2.3).[5] 이 문장의 전반부는 아리스토텔레스가 말한 것과 직접적으로 반대되는데, 나는 공자가 옳다고 본다. 형벌 법규가 아무리 가혹하더라도 실로 사람들의 부도덕한 행위를 멈출 수 없으며, 악덕한 사람을 덕이 있게 만들 수도 없다. 왜냐하면 아리스토텔레스도 인정하듯이, 그들이 "나쁜 것을 삼가는 것도 수치심이 아니라 벌에 대한 두려움에서 그러는 것"(『니코마코스 윤리학』, 1179b)이기 때문이다. 그래서 자신들의 나쁜 행위가 적발되어 처벌되지 않으리라 확신할 때는 나쁜 행위를 자제하지 않을 것이다. 또한 그들은 자신들이 정말로 하고 싶은 행위를 자제하려 할 때나 또는 정말로 하고 싶지 않은 것을 하고자 애쓸 때에 언제나 내적으로 심한 갈등을 겪을 것이다. 확실히 이런 것들은 덕을 갖추는 데 도움이 되지 않는다. 문장의 후반부는 백성들을 덕이 있게 만들려고 제안하는 대안으로서 예의범절rules of propriety과 덕을 말한다. 예의범절은 형벌 법규와는 다르다. 예의범절을 어겼을 때는 처벌을 받지는 않으나 멸시당해 수치심을 느끼게 된다. 덕을 통해 공자가 말하고자 한 것은 정치 지도자의 모범적인 유덕한 행위다.[52]

여기서 유가와 아리스토텔레스주의의 세 번째 차이점이 드러난다. 양측 모두 정부는 사람들을 덕이 있게 만드는 기능을 수행해야 하고 정치적 공직을 맡은 사람은 덕을 갖추어야 한다고 주장하지만, 정치적 공직자가 갖춰야 하는 덕에 대해서는 견해가 다르다. 우리가 이미 보았듯이, 아리스토텔레스는 사람들의 나쁜 행위를 자제시킬 수 있는 형벌 법규를 제정하는 입법자의 중요성을 강조한다. 그러한 법이 사람들의 나쁜 행위를 자제시킬 수 없고, 또한 사람들을 덕이 있게 만들 수 없다고 가정해 보자. 문제는 어떤 유형의 사람들이 입법자가 될 자격이 있는가, 즉 그런 정치적 공직으로 인정하고, 포상하고 영예롭게 되기 위해 사람들이 갖추어야 하는 덕은 어떤 유형인가 하는 것이다. 재미있게도 아리스토텔레스는 의사의 비유를 들어 말한다.

여러분의 자녀가 병에 걸렸다고 가정해 보자. 부모인 여러분은 자녀의 소소한 부분까지 많은 것을 잘 안다. 의사는 여러분의 자녀를 전에는 본 적이 없다. 여러분은 스스로 여러분의 자녀를 치료하려 할 것인가, 아니면 의사에게 갈 것인가? 물론 의사에게 갈 것이다. 그런데 왜 그렇게 하는가? 그 까닭은 의사가 "보편적인 것이 무엇인지를 아는 사람, 무엇이 모든 경우에 적용되는지, 혹은 특정 유형에 적용되는지를 아는 사람"(1180b)이기 때문이다. 누구나 의사가 되어 질병을 치료할 수 있는 것은 의사 자신이 건강하거나 환자가 걸린

병에 걸리지 않아서가 아니라 그 질병을 치료하는 데 필요한 지식과 기술을 갖추었기 때문이다. 이와 비슷하게 아리스토텔레스는 자녀를 덕이 있게 만드는 것도 입법자가 할 일이지 부모가 할 일은 아니라고 주장한다. 입법자가 그런 기능을 수행할 수 있는 까닭은, 그들이 지닌 권위에 더하여 그들이 입법자로서 법을 제정할 때 그들의 목표에 효과적으로 도달할 수 있는 지식과 전문적 소양을 갖추었다는 단순한 사실 때문이지, 입법자들이 사람들에게 갖추게끔 목표로 하는 덕들을 갖추었기 때문은 아니다. 입법자가 아닌 다른 많은 사람 중에도 그런 덕을 갖춘 사람들이 있기 때문이다. 아리스토텔레스의 비유를 조금 더 밀고 나가 보자. 제정된 법이 사람들을 훈육하여 실제로 갖추도록 목표하는 덕을 입법자들이 갖추었는지는 문제가 되지 않는다. 의사가 환자의 질병을 치료할 수 있는 것은 의사가 그 병에 걸리지 않아서가 아니라 지식과 기술을 갖추었기 때문이다. 그런 지식과 기술이 없다면 의사가 아무리 건강하다 해도 환자의 질병을 치료할 수 없다. 의사가 그 병에 걸렸다고 해도 그런 지식과 기술을 갖추었다면 충분히 환자를 치료할 수 있다. 마찬가지로 정부가 사람들에게 갖추도록 요구하는 덕을 개인이 갖추지 않았더라도, 그 사람이 사람들을 유덕하게 하는 법을 만들 수 있는 훌륭한 지식과 기술을 가지고 있다면, 충분히 입법자가 될 자격이 있다.

공자에게는 정부가 제정한 법이 아니라 정치적 공직을 맡은 사람들이 자신들의 행위를 통해 보여 주는 모범적인 덕이 사람들을 덕이 있게 만드는 것이다. 그래서 정치 지도자는 그들이 사람들에게 갖추도록 목표하는 정확히 같은 덕들을 갖추어야만 한다. 이런 측면에서 공자가 한 말들을 우리는 『논어』의 곳곳에서 찾아볼 수 있다. 예를 들어 공자는 이렇게 말한다. "만약 군주가 스스로를 바르게 한다면 백성을 다스리는 데 무슨 어려움이 있겠는가? 만약 군주가 스스로를 바르게 하지 못한다면 어떻게 백성을 바르게 할 수 있겠는가?"(『논어』 「자로」 13.13).[53] 이 문장에서 '다스리다'에 해당하는 말은 '정政'으로서 '바르게 하다'는 뜻의 '정正'과 통용되는 글자다. 다른 문장에서 계강자季康子가 다스리는 일에 대해 묻자 공자는 "다스리는 것(政)은 곧 바로잡는 것(正)입니다. 군주인 당신이 바르다면, 누가 감히 바르게 되지 않을 수 있겠습니까?"(『논어』 「안연」 12.17).[54] 계강자가 도적 떼가 창궐할까 근심하자 공자는 그에게 이렇게 조언한다. "만약 당신 스스로 백성들에게서 물건을 빼앗기를 원치 않는다면, 당신이 상을 준다 해도 누구도 도둑질하지 않을 것입니다"(『논어』 「안연」 12.18).[55] 더 나아가 계강자가 무도無道한 사람을 죽여도 괜찮은지를 묻자 공자는 이렇게 대답한다.

"백성을 다스리면서 왜 사람 죽이는 일이 필요합니까? 만약 당신이 신해지고자 한다면 당신의 백성들도 선해질 것입니다. 군자의 본성은 바람과 같고 소인의 본성은 풀과 같습니다. 바람이 불면 풀은 눕는 법입니다"(『논어』 「안연」 12.19).[56] 공자가 보기에는 만약 군주가 "바르다면, 명령을 내리지 않아도 백성들이 모두 복종할 것"(『논어』 「자로」 13.6)[57]이며, "군주가 덕으로 다스리는 것은 비유하자면 북극성이 제자리에 가만히 있으면 뭇 별들이 그 주변을 도는 것과 같다"(『논어』 「위정」 2.1).[58] 『공자가어』에는 지금까지 말한 논점을 가장 분명하게 보여 주는 문장이 기록되어 있다.

03. 덕으로서의 정의, 덕에 따른 정의 그리고 덕의 정의

윗사람이 제 부모를 공경하면 아랫사람은 더욱 효도할 것이며, 윗사람이 나이든 형제를 존중하면 아랫사람은 더욱 우애 있게 될 것이며, 윗사람이 즐겁게 베풀면 아랫사람은 더욱 관대해질 것이며, 윗사람이 현명한 사람을 가까이 하면 아랫사람은 더욱 가려서 친구를 사귈 것이며, 윗사람이 덕을 좋아하면 아랫사람은 더욱 도덕적인 흠을 숨기지 않을 것이며, 윗사람이 재물을 탐하는 것을 싫어하면 아랫사람은 더욱 이익을 다투는 것을 부끄러워할 것이며, 윗사람이 공손하면 아랫사람은 더욱 무례하게 구는 것을 부끄럽게 여길 것이다. 이 일곱 가지 가르침은 백성을 다스리는 근본이다. (…) 윗사람은 아랫사람의 모범이다. 모범이 바를 때 누가 바르지 않게 되겠는가?(『공자가어』「왕언해王言解」 3.20).[59]

요약하자면, 공자가 생각하기에 정치 지도자가 갖추어야 하는 덕은 그들의 백성들이 갖추기를 원하는 덕과 정확하게 일치한다. 만약 백성들이 정직해지기를 원한다면, 정치 지도자가 먼저 정직의 덕을 갖추어야 한다. 만약 정치 지도자가 백성들이 인자해지기를 원한다면, 정치 지도자가 먼저 인의 덕을 갖추어야 한다. 만약 백성들이 정의로워지기를 원한다면, 정치 지도자가 먼저 정의의 덕을 갖추어야 한다.[60] 대조적으로 샌델과 아리스토텔레스주의에서는 백성들이 갖추도록 정치 지도자가 영예롭게 하고 인정하고 또 포상하려는 덕은 백성들을 덕이 있게 (정직하게, 선하게, 정의롭게 등등) 만드는 법들을 입법하고 운영하고 심판하는 덕 또는 기술과 능력이다. 샌델은 종종 그러한 덕을 "시민적 덕"(『정의란 무엇인가』, p.194)이라 부르는데, 내 생각에 샌델이 이에 대해 더 정확하게 묘사한 표현은 "영혼을 다스리는 기술로서 국가통치술statecraft as soulcraft"(1996, p.326)에 해당한다. 사람들을 덕 있게 하는 역할을 맡은 정치 지도자로서 영혼을 다스리는 기술만 갖추면 충분하다고 보는 아리스토텔레스의 견해를 옹호하면서 이런 예를 든다. 예컨대 자동차 회사의 경영자가 자동차의 일부를 제작하거나 또는 여러 부품들을 조립하여 하나의 차로 만드는 지식이나 기술을 가질 필요가 없는 것처럼, 이상적인 것은 아니라 해도 정치 지도자도 꼭 유덕자여야 할 필요는 없다고 말할 수 있다. 정치 지도자는 사람에 따라 다른 일을 하도록 가장 효과적인 방식으로 관리하는 데 필요한 지식과 기술, 능력을 갖추면 충분하다.[61] 그런 식으로 아리스토텔레스의 입장을 옹호하는 것은 도덕 교육과 도덕과 무관한 일에 대한 관리와 훈련이 갖는 중대한 차이를 제대로 보지 못한 것이다. 만약 누군가 내게 농구하는 법을 가르친다면 나는 그가 내게 농구를 잘 가르칠 수 있는지에 신경 쓸 뿐이지, 그 사람이 농구를 잘할 수 있는가는 내 관심사가 아니다. 그러나 누군가 내게 정직하고, 인자하고, 또는 정의로우라고 가르치는데, 그 사람이 정직하지 않고, 성질이 고약하고, 부정의하다면 나는 정직, 인자함, 정의와 같은 덕목을 내가 갖추어야 할 것이라 여기지는 않을 것 같다.

이제 교정적 정의와 관련해 샌델이 말하는 아리스토텔레스적 견해와 공자의 견해를 비교해 보자. 한 사회가 정의로운 사회가 되고

자 할 때, 그 사회에 유덕한 사람과 악덕한 사람들이 다 있다면 해야 할 일은 무엇인가? 나는 이 문제에 대해 유가적 관점에서 보는 덕의 정의라는 독특한 개념을 발전시켜 접근해 보고자 한다. 덕을 건강에, 악덕을 질병에 비유하면서 나는 어떤 사람들이 다른 사람들보다 더 많은 덕을 갖춘 것은 부정의하며, 정의로운 사회라면 이런 덕들을 재분배하여 모두가 평등하게 그리고 최대한 덕스럽게 되도록 해야 마땅하다고 주장하련다. 재미있게도 우리가 덕의 정의라는 유가적 개념을 다른 관점에서 보면 교정적 정의로 간주할 수 있음을 알 수 있다. 덕이 없거나 매우 악한 사람은 신체적 결함을 가진 사람들처럼 결함, 즉 도덕적 결함이 있는 사람들로 간주된다. 그런 사람들에게 덕을 분배하는 것, 즉 그들을 덕이 있게 만드는 것은 본질적으로 그들을 교정하는 것이다. 바로 공자와 아리스토텔레스를 대비할 수 있는 네 번째이자 마지막 지점이다.

아리스토텔레스는 부정의를 불평등으로 보고, 교정적 정의란 본래의 비례적 평등을 회복하는 것을 목표로 한다. A와 B 사이에 본래 비례적 평등이 있다고 가정해 보자. 만약 A가 B에게서 무언가를 훔쳤다면 A는 B가 잃은 것을 획득한 것이고, 따라서 결과적으로 불평등하게 된다. 교정적 정의란 A가 B에게 그것을 돌려줌으로써 본래의 평등을 회복할 것을 요구한다. 비슷하게 "어떤 사람은 때리고 다른 사람은 맞은 경우, 혹은 어떤 사람은 죽이고 다른 사람은 살해된 경우라면, 그 당한 것과 가한 것은 동등하지 않게 나뉜다. 재판관은 이익을 삭감함으로써 손해와 동등하게 만들기 위해 노력하는 것이다"(『니코마코스 윤리학』, 1132a). 그리하여 평등이 회복된다. 분명히 아리스토텔레스는 오늘날 교정을 통한 응보적 정의론이라 부르는 입장을 견지하는데, 이 이론은 공리주의 이론과 대조된다.[62]

응보적 정의론이 부정의한 행동으로 어긋난 본래의 평등을 회복하려는 점에서 과거지향적이라면, 공리주의 이론은 미래의 부정의한 행동이 초래할 일을 미연에 방지하려 하기 때문에 미래지향적이다. 공리주의적 목표를 실현하기 위해 본래의 평등을 회복하는 것은 충분하지 않고 때로는 필요하지도 않으며, 필요한 것은 부당거래로 이익을 본 당사자, 부도덕한 사람, 범죄자에게 얻을 것 이상을 포기하게 함으로써 다시는 같은 행위를 하지 못하게 하는 것이다.

잘 알려진 바와 같이 각각의 강점을 가진 이 두 이론은 각각의 약점 또한 있다. 응보론은 같은 사람에 의해서든 다른 사람에 의해서든 미래의 부정의한 행위를 예방하는 기능을 수행하기에는 적합하지 않은데, 공리주의 이론의 강점이 바로 거기에 있다. 그러나 공리주의 이론에는 몇 가지 난점이 있다. 즉 부정의한 행위자에게 부당하게 얻은 이익을 포기하도록 함은 물론, 얻은 것보다 더 많은 것을 포기하도록 하는 것은 왜인가? 또 이에 더해 그 행위자를 하나의 수단처럼 이용해 미래의 그 사람과 다른 사람들이 똑같은 행위를 하지 못하게 하려 한다는 것이다. 이러한 난점은 어떻게 정당화될 수 있는가? 이런 맥락에서 우리는 유가에서 덕의 정의가 갖는 의의를 알 수 있다. 교정적 이론의 하나로서 유가적 관점은 응보적이거나 공리주의적이지 않고 회복적, 갱생적, 치료적이다.[63] 유가적 관점의 가장 독특한 특징은 교정을 목표로 하면서도, 부정의한 행동의 결과를 교정하는 것을 목표로 하는 다른 두 친숙한 이론들과 달리, 부정의한

03. 덕으로서의 정의, 덕에 따른 정의 그리고 덕의 정의

행위의 원천이 되는 부도덕한 행위자를 교정하는 것을 목표로 한다는 점이다. 이러한 유가의 교정적 정의는 응보적 정의나 공리주의적 정의보다 우월하다. 부도덕한 행위자가 교정될 때, 즉 그 사람의 질병이 치료되고 내적 건강이 회복될 때, 그 사람은 다시는 같은 부도덕한 행위를 하지 않을 것이며 마찬가지로 같은 부도덕한 행위를 할 수 있는 다른 사람들에게 도덕적 모범이 될 것이다. 이처럼 공리주의적 목표는 공리주의적 수단을 사용하지 않고 실현된다. 다른 한편 부도덕한 행위자의 질병이 치료될 때, 즉 그들의 도덕적 건강이 회복되거나 갱생되어서 도덕적 행위자가 될 때, 그들은 자연스럽게 자신들이 부당하게 얻은 이익을 포기하고 그들에게 당한 사람들에게 돌려주고자 할 것이다. 그렇게 되면 당한 사람들의 손해도 회복될 수 있다. 예컨대 자신들의 부도덕한 행위 때문에 당한 사람의 신체 일부가 상했거나 생명이 위태로워졌다면, 그들은 적절하게 보상하려 하고 또 부도덕한 행위에 대해 뉘우침, 죄책감, 후회의 감정을 느낄 것이다. 이렇게 해서 응보적 목표가 응보적 수단을 쓰지 않고도 실현된다.

나는 이 글에서 지금까지 샌델의 신아리스토텔레스주의적 정의론에 대한 유가적 관점, 그 가운데 덕으로서의 정의와 덕에 따른 정의를 중심으로 조명해 보았다. 현대의 정의 담론에 유가가 기여할 수 있는 점들을 보여 주기 위해 나는 대부분 유가와 아리스토텔레스주의의 차이점을 집중적으로 조명했다. 그러나 여전히 일부 학자들, 특히 타이완과 홍콩의 유학자들은 아마도 가장 영향력 있는 현대 유학자인 머우쭝싼牟宗三에게 깊이 영향 받았기에 칸트의 도덕철학의 틀 안에서 유가를 더 잘 해석할 수 있다고 생각한다. 하지만 나를 포함해서 더 많은 학자들은 유가가 아리스토텔레스와 더 친화적이라고 생각한다. 그 둘의 차이는 내가 이 글에서 제안한 것처럼 크지 않을 수도 있다. 그리고 아리스토텔레스주의, 특히 샌델의 입장은 내가 제시한 공자의 견해와 일관될 수도 있다.[64] 그러나 다른 확신이 들지 않는 한, 나는 유가의 편에 설 것이고 그 이유는 이 글에 쓴 그대로다.

part 2

시민의 덕과
도덕 교육

주후이링

朱慧玲, Zhu Huiling

04

시민의 덕에 관한
샌델의 관점

마이클 샌델의 정치 이론은 중국에서 인기 있는 주제가 되었다. 1990년대부터 21세기 초까지 현대 정치철학을 연구하는 중국의 학자들은 샌델이 롤스의 정의론을 비판하는 부분에 집중했다. 특히 샌델의 구성적 자아관, 옳음에 대한 좋음의 우선성, 중립성에 대한 비판에 주목했다. 자유주의와 공동체주의 사이의 논쟁도 연구했다. 최근에는 『민주주의의 불만 』, 『정치와 도덕을 말하다』, 『돈으로 살수 없는 것들』, 특히 『정의란 무엇인가』가 출간되면서 샌델의 정치 칠힉이 중국에서 하계뿐 아니라 공공 영역에서도 큰 인기를 끌었다. 사람들은 정의가 구체적으로 무엇을 의미하는지, 우리가 추구하는 정의란 무엇인지, 일상생활에서 도덕적 딜레마를 생각하는 방법은 무엇인지, 그리고 시장市場 방식의 추론이 미치는 해악, 더 일반적으로 말해 시장 기반 사회에 고유한 도덕적 결함이 무엇인지를 사유하기 시작했다. 한마디로, 샌델의 정치철학은 학자들이나 일반 대중에게 정치 이론의 도움으로 일상의 도덕적 물음을 생각할 수 있게 영감을 주었다. 중국인들이 샌델의 정의론에 관심을 크게 갖게 된 연유는 중국 사회에 공공철학이 공허하고 불만족스럽기 때문이다. 급성장하는 시장 경제 속에서 중국이 빠르게 발전하면서, 중국 사람들에게 정치 이론과 도덕적 담론은 시장 기반 추론이 야기하는 많은 문제를 해결하기 위해 필요하다. 샌델의 정치철학은, 이러한 필요가 충족될 수 있다는 사실과 함께, 대중들이 이러한 문제를 더 깊이 그리고 더 효율적으로 인식하고 토론할 수 있게 해 줄 수 있다는 사실을 보여 주었다.

그러나 중국의 대다수 학자들은 아직도 공동체주의라는 꼬리표에 집착한다. 그들은 샌델이 공동체주의자이고 또 공동체주의의 대표적인 학자 가운데 한 사람으로서, 존 롤스의 정의론에 대한 대응(그리고 부분적으로는 그것에 대한 반론)으로 공동체적 가치들을 잘 정식화한 윤리-정치 이론을 제시했다고 여긴다. 샌델이 공동체의 가치를 강조하긴 하지만, 더 중요한 것은 그가 현대에 시민적 공화주의의 전통을 되살리려 한다는 사실이다. 나는 몇 편의 논문을 통해서[1] 그의 정치철학이 공동체주의가 아니라 공화주의에 속한다고 보는 것이 적절하다고 논증한 바 있다.

우선 하나의 근거로, 샌델이 이해하는 공동선은 공동체주의에서 말하는 것과 다르다. 샌델은 한 집단 내에서 공유하는 가치로는 그들의 공동선을 제대로 인식하거나 지속시키지 못할 수 있다고 주장한다. 더욱이, 공동체의 공동선에 대한 개념은 그 공동체에 우연히 우세하게 된 가치에 달려 있긴 하지만, 그보다 더 중요한 것은 공적 숙의熟議에 좌우된다. 공동선에 관한 숙의가 공동체 안에 또는 그 공동체가 공유하는 전통 안에 필연적으로 체화體化되어 있는 것은 아니기 때문이다. 그러기에 샌델의 견해에 따르면, 공동선 관념이 공동체의 전통과 긴장 관계에 놓일 수도 있다. 공동선은 특정 공동체에 우연히 퍼져 있는 공적 가치를 수용하지 못할 수가 있다. 역으로, 공동선은 해당 공동체의 가치와 공동선에 대해서 비판적인 관점을 제공할 수 있고, 그렇게 함으로써 공동체주의적 접근에 내재한 다수결주의의 위험을 피할 수 있다. 공동선을 이해하는 샌델의 방식과 숙의를 강조함으로써 샌델의 사상은 공동체주의보다는 공화주의 이론에 더 부합한다.

또 다른 근거로, 그는 공화주의자로서 정치와 도덕을 통합할 것을 주창한다. 정치에서 도덕을 분리하는 것은 잘못된 방향일 뿐 아니라 엄연히 가능하지도 않은 것이라고 생각한다. 옳음은 좋음에 우선할 수도 없고 우선해서도 안 되며, 정부의 중립성은 바람직하지도 가능하지도 않다. 샌델이 볼 때, 현대의 시민들이 일상생활에 불만족과 공허함과 고독을 느끼는 것은 이 때문이다(Sandel, 1998, p.4). 이와 반대로, 샌델은 우리가 정치와 도덕의 관계를 재설정해야 하고, 정지는 도덕적으로 정당화되어야 하며, 정부는 좋은 삶의 길을 주창할 책임이 있다고 생각한다. 한편, 정치와 시민들은 공동선과 시민의 덕에 대해서 관심을 더 가져야 하고, 시민들은 공공의 사안public affairs에 참여해야 한다. 그의 정치철학에서 시민의 참여는 개인의 권리를 보호하는 도구적 수단이 아니라, 인간 본성의 본질적인 부분에 속하고 시민이 되는 데 필수적이다. 시민들은 공동선에 대해서 숙의해야 하고, 공동선과 살아갈 만한 가치가 있는 삶을 어떻게 실현할지에 대해서도 숙고해야 한다. 따라서 샌델이 생각하는 자유는, 행위를 수행하거나 삼가는 능력이 아니라 공무에 대한 참여를 지칭한다. 행위를 수행하거나 삼가는 능력은 궁극적으로 한 개인의 자의적이고 불합리한 욕망에 기초한다. 자유는 자치이고, 이를 위해 필요한 자원은 시민의 참여와 공동선, 좋은 삶에 관한 시민의 숙의다.

이상과 같은 샌델의 공동선과 자유에 대한 관념 및 시민의 참여와 공적인 숙의, 정부의 중립성에 대한 반대를 그가 강조한 것을 근거로, 나는 샌델의 정치 이론을 공화주의 관점에서 이해하는 것이 적절하다고 본다. 또 시민공화주의의 강한 버전을 옹호하는 공화주의자로서 궁극적으로는 현대 정치철학에서 자유주의를 시민공화주의로 교체하는 것을 목표로 추구하는 철학자로 샌델을 읽는 것이 적절하다고 본다.

샌델의 공화주의 이론에서 시민의 덕이 갖는 중요성

공화주의자로서 샌델은 자신의 정치철학에서 시민의 덕에 많은 관심을 쏟았다. 『민주주의의 불만』에서부터 『정의란 무엇인가』에 이르기까지 일관되게 시민의 덕에 대한 중요성을 강조했으며 다른 종류의 정의론을 제안했다. 구체적으로 그의 정의론은 공리주의나 자유주의를 기반으로 한 정의론에 반대하는 것으로, 덕을 기반으로 한 정의론이다(Sandel, 2009, p.260). 사실상 샌델의 정치 이론에서 시민의 덕은 공동선, 자유, 시민의 참여와 같은 시민공화주의의 다른 핵심 사상과 결합되는 필수 요소이며, 그런 핵심 사상들을 하나의 체계로 만들어 주는 요소이기도 하다.

첫째, 시민의 덕은 공동선에 필수적이다. 공동선을 추구한다는 것은 시민공화주의의 전형적인 특성 가운데 하나다. 위에서 말했듯이 샌델이 공동선을 강조하지만 그의 공동선 개념은 공동체주의자들이 옹호하는, 공동체에서 공유하는 가치에 기초한 공동선과는 다르다. 이슐트 호노한Iseult Honohan(2002, pp.150-152)이 분석한 바에 따르면, 공동선이란 무엇인가에 대해서 네 가지 서로 다른 이해 방식이 있다. 처음 세 가지는 (1) 한 사회적 집단의 집단적 선corporate good인데, 이것은 하나의 목적을 지향하는, 유기체 또는 집단 전체에 획일적인 선이다(예를 들어 루소의 일반의지). (2) 모든 개인들의 선의 총합이다. (3) 개개인의 선들을 위한 조건들의 조합이다. 세 번째 이해 방식은 로크에서 롤스까지 자유주의자들이 이해하는 공동선이다. 도구적 공화주의자들〔예컨대 퀜틴 스키너Quentin Skinner (1985)〕도 이런 공동선 개념을 옹호하는데, 이들은 정치 참여와 시민의 덕이 다양한 개인적 선을 실현하는 데 필수적인 전제 조건이라고 생각하기 때문이다(Honohan, 2002, p.152). 호노한은 바로 이런 의미의 공동선이 시민의 덕에 대한 도구적인 설명을 수반한다고 주장한다. 그러나 샌델은 위에 언급한 세 가지 공동선 관념을 옹호하지 않는다.

시민공화주의자로서 샌델은 공동선에 대한 도구적 해석에 반대하며, 공동체주의자들이 주창해 온 것처럼 "공유된 가치" 모델로 직접 번역해선 결코 안 된다고 생각한다. 더욱이, 샌델은 공동선을 일반 의지와 같은 획일적인 집단적 선으로 이해해서는 안 된다고 생각한다. 대신 그는 호노한이 기술한 네 번째 의미의 공동선을 주창하는데, 이것은 상호 주관적이며 실천적인 것이다. 샌델이나 공화주의의 전통에 따르면, 모든 시민은 상호 의존적이며 서로가 서로에게 연결되어 있다. 바로 이 때문에 샌델은 우리는 모두 구성적 자아, 즉 서로에게 결속되어 이야기하는 존재라고 생각한다. 이런 방식으로 이해한다면 공동선의 형성은 공유된 가치에 의존하지만, 그것의 실현은 좋은 삶을 추구하는 시민들에게 달려 있다. 우선 한 가지 이유는, 이런 형태의 공동선은 하나의 "획일적인" 선, 즉 우연히 공동체에 만연하게 된 가치를 기반으로 한 선 개념으로 이전되지 않도록 시민들 편에서 숙의해야 할 필요가 있다. 이것이 함축하는 것은 공동선의 실현은 구성원의 참여에 의존한다는 점이다. 그렇기 때문에 시민의 덕이 공동선을 성취하는 데 중요하다. 다시 말하면, 적극적인 참여가 사회적 실천을 뒷받침하기 때문에 시민의 덕은 공동선의 유지에 필수 조건이다. 또한 그것은 시민들에게 공동선을 숙의하고 실현하는 데 필요한 노하우를 갖게 한다. 시민의 덕은 공동선을 도모하는 방식으로 행동할 것을 강조한다. 시민의 덕을 갖춘 시민은 공동선에 더 관심을 기울일 것이고 자신의 개인적 이익보다 공동선을 우선시하는 방식으로 의식적으로 행동할 것이다. 또한 시민의 덕은 시민에게 정의와 좋은 삶의 본질을 숙고하게 돕고, 나아가 사법 체계와 같은 사회 제도를 좀 더 돌아볼 수 있게 돕는다. 샌델의 말대로, "정치가 잘 돌아갈 때 우리는 공동의 선을 알 수 있다. (…) 그것을 우리는 혼자서는 알 수 없다"(Sandel, 1982, p.183).

둘째, 어떤 의미에서 자유는 일종의 시민의 덕이다. 사람들은 흔히 자유와 시민의 덕이 상충한다고 생각하는데, 그들 생각에 자유는 개인의 자유와 권리를 말하는 것이고 시민의 덕은 책임이나 사회적 책무를 나타내기 때문이다. 그러나 샌델이 지지하는 공화주의에 따르면, 이 두 가지가 서로 긴장 관계에 있는 개념이 아니다. 왜냐하면 샌델은 자유주의자들에게 퍼져 있는 소극적 자유와 적극적 자유의 고전적 구분, 즉 불간섭과 자아-완성 사이의 긴장을 피하는, 자유에 대한 다른 이해를 갖고 있기 때문이다. 대신에, 샌델은 자치에 대한 상호 참여 그 자체가 자유의 본질이며, 자유는 오직 자치와 시민 참여 안에서만 존재한다고 주장한다. 샌델은, "자유주의자들과 달리 공화주의자들이 생각하는 자유는 형성적 정치formative politics, 다시 말해 시민들에게 자치에 필요한 자질과 특성을 계발하는 형태의 정치가 필요하다"고 했다(2005, p.10). 샌델은 자유주의적 자유관에 반대하면서, 그 개념에는 자치를 지탱하기 위한 시민적 자원이 결여되어 있다고 비판했다. 퀜틴 스키너와 필립 페팃Philip Pettit 같은 공화주의자들과 달리, 샌델은 자치가 단지 도구적 가치가 아니라 본질적 가치라고 생각한다. 다시 말해, 자치는 그것이 개인의 권리를 보호하기 때문에 가치 있는 것이 아니라 의미 있는 시민권의 필요조건이다. 따라서 샌델은 자유를 불간섭이나 비지배로서가 아니라 자치를 가리키는 것으로 이해한다. 그는 이렇게 말한다. "나는 내가 자신의 운명을 통제하는 정치적 공동체의 구성원인 한에서, 그리고 자신의 공적인 업무를 지배하는 결정에 참여하는 자인 한에서 나는 자유롭다. (…) 공화주의자에게 자유 개념은 자치 및 자치를 지탱하는 시민의 덕, 이 두 가지와 내적으로 연관된 것이다"(Sandel, 1998, pp.25-27).

자유를 자치로 이해하면, 자유가 시민의 덕과 긴밀한 관계라는 점을 이해할 수 있다. 시민의 덕 개념 자체가 자치에 대한 개념을 수반하고, 자치는 시민의 덕이 지배적인 곳에서만 가능하기 때문이다. 다른 말로, 자유는 시민의 덕을 요구한다. 자유는 개인의 노력만으로 성취할 수 없고, 교육하고 계발해야 하는 덕이기 때문이다. 전체 공동체는 자치를 증진하는 데 중요한 역할을 한다. 따라서 자치와 자유를 원하는 시민이라면, 애초에 자치를 가능하게 하는 것이 바로 시민의 의무라는 점을 반드시 인식해야만 한다.

샌델은 아리스토텔레스와 한나 아렌트를 따라서 정치적 참여를 중심으로 자유를 정의하고, 참여를 자유의 내재적 부분이라고 생각한다. 시민의 참여를 통해 자유를 실현시키기 위해서는 공동선이 고정된 것이어선 안 된다. 만약 고정되어 있다면, 그래서 시민들이 어떤 특정한 목표나 공동선에 맞는 행위를 강요받는다면, 시민들은 자유롭지 않다. 따라서 샌델의 자유관은 공동선에 대해서 더 잘 숙의하고 공적 사안들에 더욱더 참여할 수 있도록 시민들이 충분한 시민적 덕을 갖추기를 요구한다.

셋째, 시민의 덕은 시민 참여를 지탱한다. 시민 참여는 샌델의 공화주의에 본질적인 부분으로, 그것은 공동선에 대한 숙의, 공적 사안에 대한 숙의, 그리고 마지막으로 자치의 실현에 대한 것이다. 더 나아가 시민 참여는 그 자체로 일종의 시민의 덕이다. 샌델의 공화주의는 시민들이 공무에 참여할 것을 요구한다. 그것은 개인의 권리를 보호하는 것만이 아니라 모든 시민에게 일종의 정치적 책무 또는 시민적 의무를 요구하는 것이다. 공화주의에서 시민의 덕은 정치 참여를 포함하는데, 왜냐하면 공화주의 전통 안에서 덕은 도덕적인 것을 가리킬 뿐만 아니라 능력을 포함하기 때문이다. 어떤 일을 잘하려면 최소한 그걸 할 수 있는 능력이 있어야 한다. 어떤 사람이 훌륭한 음악가라고 말하려면, 그가 한 개 이상의 악기를 연주할 능력이 있어야 하고 좋은 음악을 연주할 능력이 있어야 한다. 따라서 샌델이 말한 대로, 시민이 시민의 덕을 가졌다는 말은 그 시민이 공동선에 관심이 있다는 칭찬이기도 하지만, 그가 공공의 사안에 적극적으로 참여하거나 정치적인 책무를 적극적으로 떠맡고 있다는 사실을 의미한다. 더 중요한 것은, 시민이 훌륭하다는 말의 뜻은 그가 시민으로서 참여할 때에 좋은 능력을 보여 준다는 점이다. 시민의 덕이라는 말은 공동선에 관한 숙의에서 능력이 있다는 것을 의미하고, 개인의 이익보다 공동선을 우선시한다는 것을 의미한다. 그러므로 시민의 참여는 공동선을 지탱하기 위해서 시민의 덕을 요구한다. 샌델은 정체polity, 정부 그리고 사회 전체가 정치 참여를 지탱하기 위해서 시민의 덕을 계발해야 한다고 생각한다. 그렇기에 그는 시민들이 효과적으로 공무에 참여할 수 있게 시민의 덕을 갖추도록 시민교육의 가치와 실천을 권장한다.

무엇보다 시민의 덕은 샌델의 시민공화주의에서 가장 중요한 요소다. 그것은 공동선의 형성과 관련되어 있고 자유와 불가분의 관계를 맺으며 시민의 참여를 지탱한다. 다른 말로 하면, 시민의 덕은 시민공화주의의 중심 사상들을 모아 조합함으로써 하나의 체계를 만든다.

그러나 샌델은 이처럼 시민의 덕에 많은 관심을 기울이고 이것이 시민공화주의에 필수적이라고 믿지만, 이 개념은 몇 가지 반대에 직면한다. 구체적으로 시민의 덕 개념 자체와 샌델 같은 공화주의자들이 거기에 부여하는 가치가 도전받고 있다.

시민의 덕 이해하기

시민의 덕 관념에 대한 도전의 하나는 공화주의의 시민의 덕이 억압적이라는 주장이다. 여기서 주목해서 볼 것은 공화주의에서 시민의 덕은 자유주의적인 사상에 나타나는 개념과 다르다는 점이다. 일부 자유주의자 역시 관용, 존중, 이성, 정의감 같은 시민의 덕의 가치를 인정하고 – 심지어 그것을 증진하고 – 있다(Rawls, 1988, p.263). 공화주의에서 시민의 덕은 공동선과 관련이 깊다. 시민의 덕이 갖는 가장 전형적 특성은, 공동선을 인식하고 공동선을 개인적 이익보다 우선시하며 공동선을 증진하는 것이다. 그러나 자유주의에서 시민의 덕은 반드시 이와 같은 방식으로 기능하지 않으며, 심지어 몇몇 자유주의자는 기본적으로 이런 식의 우선순위에 대해서도 반대한다. 루소의 일반의지에서와 같이 공동선은 획일적인 것이 될 수 있다. 만일 시민의 덕이 이런 종류의 공동선을 형성하고 증진하는 것이 되어 버린다면, 그것은 사실상 억압적이고 위험할 뿐만 아니라 심지어 개인의 권리와 이익에도 엄청난 해가 될 수 있을 것이다.

내가 설명한 대로 샌델은 시민의 덕을 강조하지만, 아직 이 도전을 해결하지 못했다. 그가 강조하는 공동선은 루소의 일반의지와 전적으로 다르다고 선언했지만, 다음과 같은 물음들에 대해서는 효과적으로 답변하지 못했다. 다원주의 사회에서 어떻게 공동선을 형성할 수 있는가? 공동선이 단일한 것이 아니고 시민의 덕이 억압적이지 않을 수 있다는 것을 어떤 식으로 보증할 수 있는가? 강압적이지 않은 방식으로 시민 교육을 증진할 수 있는 방법은 무엇인가? 샌델은 프랑스 정치학자 알렉시스 드 토크빌Alexis de Tocqueville의 이론을 루소의 정치 이론보다 선호한다고 언급한 바 있다. 그리고 토크빌의 이론이 루소의 이론이 할 수 없는 방식으로 억압의 위협을 피할 수 있다고 생각한다. 토크빌을 따라서, 샌델은 공휴일과 축제, 군사제도와 종교제도, 학교와 특정 공적 제도를 통해서 시민의 덕을 계발할 수 있다고 믿는다. 지역의 기관과 공동체가 시민들을 한데 모으고 소속감을 양성하는 데 중요한 역할을 할 수 있다(Sandel, 1996, p.347). 그러나 샌델은 여기서 어떻게 하면 우리가 이런 획일성이나 억압의 위험을 피할 수 있는지 깊이 검토하지 않았다. 그런데 이런 획일성이나 억압은 자칫 종교기관이나 학교와 같은 곳에서 아주 특수한 종류의 위험을 야기할 수 있다. 사실 이것은 샌델 혼자 직면한 문제는 아니며 오늘날 시민공화주의의 전통을 되살리려는 현대의 공화주의자들 모두가 직면하고 있는 문제이기도 하다. 이슐트 호노한(2002) 능 넻몇 공화주의지는 공동선을 이익이나 공동의 우려 같은 것으로 규정함으로써 공동선의 획일성을 피할 수 있기를 바란다(p.158). 그러나 내 생각에 공동선을 "공동의 이익" 같은 것으로 이해해선 안 된다. 왜냐하면 공동선은 물질뿐만 아니라 덕도 내포하기 때문이다. 따라서 공동선을 이익으로 등치시키는 것은 오도의 위험이 있다. 그런 식으로 이해하면 공동선이 획일적이거나 억압적인 현상으로 환원될 위험이 불가피해지기 때문이다. 또한, 공동선은 순전히 이익으로 환원될 수 없다. 그러면 공동선의 본질 자체가 변질된다. 샌델과 같은 공화주의자는 이러한 문제에 대해 생각하고 보다 만족스러운 해결책을 제시할 필요가 있다.

시민의 덕은 일반적인 덕과 구분된다. 시민의 덕은 명시적으로 시민이 무엇을 해야만 하는가에 관한 것이다. 이런 의미에서 시민의 덕은 역할과 관련된 개념으로, 이 역할은 시민으로서 공적 영역에서 시민의 덕을 가리킨다. 가족 구성원이나 친구, 이웃 등의 역할을 수행하는 역량으로서 시민의 덕을 말하는 것이 아니다. 공화주의의 전통과 샌델의 정치 이론에서, 시민의 덕은 공동선을 생각할 때, 그리고 행동과 숙의 속에서 사적인 선보다 공동선을 우선할 때 사람들에게서 나타나는 덕이요 성격이다. 현대 세계에서 많은 정치 이론들, 특히 자유주의는 사회를 공적 영역과 사적 영역으로 구분해야 한다고 주장한다. 따라서 자유주의적 사유에서 시민의 덕은 특정 영역으로 제한된다. 샌델 역시 좋은 시민과 좋은 사람, 이 두 가지의 요건에 차이가 있다고 생각한다는 점에서 자유주의자와 다르지 않다. "덕이야말로 본질적인 선이고 인간의 번영을 위해 내재한 부분이라고 보려면 시민의 덕이 덕 전체를 구성한다는 믿음을 가질 필요는 없다"(1998, p.325). 말하자면, 시민의 덕은 사람이 지닐 수 있는 모든 덕을 다 망라하는 종류의 덕이 아니다. 호노한(2002)이 말한 대로,

"그것은 가족의 가치, 충실한 결혼생활, 종교적 신앙, 시간 엄수, 근면성 또는 자족성 등에 대한 설명에 관하여 아무런 할 말이 없다"(p.164). 시민의 덕에 잠재한 억압적인 측면을 피하기 위해 샌델은 일정 정도 시민의 덕을 공적 영역에서 나타나는, 명시적으로 정치적인 덕으로서 정의한다. 그러나 공화주의자가 시민의 덕에 대한 관점을 제시하면서 공적 영역과 사적 영역을 구분하기를 고집한다면 한 가지 딜레마에 직면하게 된다. 우리가 자유주의 사상가들이 하려고 해 왔던 것처럼 정치와 도덕을 날카롭게 구분하지 않아야 한다고 샌델과 그의 공화주의가 주장한다면, 전통적인 자유주의적 구분을 유지하는 것은 불가능한 묘기로 입증될 것이다. 공적 사안에 참여하기 위해 공적 영역으로 들어가야 할 때, 시민들이 실제로 자신의 배경과 도덕적 가치를 유보할 수 있다는 기대는 애초에 불가능하다. 왜냐하면 자신의 배경과 도덕적 가치가 불가피하게 자신의 시민적 가치에 영향을 주기 때문이다. 이런 이유로, 시민의 덕은 개인의 덕에 의해 불가피하게 영향을 받게 되어 있다. 그러니, 나쁜 사람이 좋은 시민이 될 거라고 어떻게 합당하게 기대할 수 있겠는가? 이것이 샌델과 시민공화주의자가 직면한 딜레마다. 그들은 한편으로는 사적 영역에서 시민의 덕을 제한함으로써 그 개념상 잠재적인 억압성을 피하려고 하지만, 그런 프로젝트는 완성 즉시 죽은 것이 될 뿐 아니라 공사의 구분에 대해 반대했던 것과도 일치하지 않는다.

샌델은 시민의 덕이 중요하다고 강조하면서도 시민의 덕이 무엇을 수반해야만 하는지를 구체화하지 않았다. 그는 연대나 충성심이 시민공화주의 이론에서 아주 중요한 시민의 덕이며, 시민의 덕은 시민의 능력, 이를테면 판단 능력, 숙의 능력, 그리고 설득의 능력, 행위의 능력 같은 것을 포함한다고 분명히 주장한다. 또한 내가 보기에 그는 공화주의의 정신에 다양한 종류의 덕이 포함된다고 생각하고 있다. 그런데 그런 그가 시민공화주의가 필요로 하는 덕을 상세하게 구체화하지 않았고, 시민의 덕의 확정적인 목록 같은 것도 제시한 적이 없다. 그의 시민공화주의가 안고 있는 문제들이다. 그는 관용이나 이성 같은 몇 가지 덕을 일정 정도 수용해야 한다. 다른 한편으로 연대와 충의 같은 덕을 강조하여 자유주의 사상가들과 자신의 생각이 다르다는 것을 보여 주어야 한다. 그의 정치 이론은 자유주의에서 널리 받아들이는 일부 가치들과 시민공화주의에서 아주 전형적인 가치들을 조합하려고 한다. 낸시 로젠블럼Nancy Reosenblum은 현대의 시민공화주의를 일종의 "혼합 공화주의"라고 규정했는데, 이것은 현대의 시민공화주의 이론 자체가 다양한 정치 이론에서 취한 핵심 가치나 요소를 많이 조합한 하이브리드 이론임을 가리킨다(Rosenblum, 1998, p.273). 그렇지만 나는 시민의 덕에 대한 샌델의 이론이 여러 다른 이론들을 임의로 혼합했다고는 생각하지 않는다. 샌델은 자신의 주요 관심사와 주장을 기반으로, 현대 정치철학에서 시민공화주의를 재생하려고 진정성 있는 노력을 하고 있다. 그러나 샌델 자신은 시민의 덕이 자유주의에서 우세한 가치에 직면해야 하고 시민의 덕을 구체화함과 동시에 공화주의의 특징을 보존해야 한다는 점을 보여 주는 이런 식의 조합을 부인하지는 않는다.

이에 더해서, 연대와 충성심과 관련하여 또 다른 해결되지 않은 문제가 있다. 무엇에 대한 충성심인가? 다시 말해, 한편으로는 개인의 권리를 주장하고 또 국가나 사회의 억압을 피하려 하면서, 시민들은 무엇에 대해서 (그리고 어느 정도로) 자신의 연대와 충성심을 보여야 하는가? 샌델의 주장대로, 우리는 여러 가지 서로 다른 공동체에 소속해 있고, 다른 종류의 정체성들을 가지고 있다면, 각기 다른 공동체에 대한 서로 다른 책무들이 서로 경쟁한다면 어떻게 해야 하는가? 우리를 사람으로 구성해 주는 여타의 정체성에 맞서지 않은 채, 어떻게 하나의 특정 공동체에 충성할 수 있단 말인가? 이런 문제들이 아직은 미해결 상태다.

천라이

陳來, Chen Lai

05

유가적 관점에서 본
샌델의 『민주주의의 불만』[1]

마이클 샌델은 저서 『민주주의의 불만』에서, 미국의 정치사에 대해 다각적으로 반성한다. 이 글에서 나는 샌델이 제기한 논의 가운데 몇 가지를 유가적 관점에서 토론하고자 한다.

정부의 도덕적 중립성

샌델은 "가족에서 이웃, 국민에 이르기까지 우리를 둘러싼 공동체의 도덕적 기반이 무너져 가고 있다"(1996, p.3)라고 한다. 샌델에 따르면 이런 상황은 지금 이 시대를 지배하는 자유주의 정치 이론 때문인데, 특히 이 이론이 정부의 도덕적 중립을 말해서다. 자유주의 정치 이론의 '중심 관념'은, 자국의 시민들이 신봉하는 도덕적·종교적 견해에 대해 중립을 지켜야 한다는 것이다(p.4). 중요한 것은 그러한 중립성이 역사적으로 미국 정치 체제의 특징이라기보다 최근 반세기 동안 발전해 온 것에 지나지 않는다는 점이다(p.5). 이와 달리 건국 이래로 미국의 중요한 입장을 차지해 온 것은 공화주의 전통이었다고 한다.

자유주의는 정부의 중립성을 주창하면서, 도덕적 신념이 공적 삶에서 표현되어서는 안 된다는 입장을 견지한다. 정부가 도덕적으로 지도하려 해서도 안 되고, 성품이나 시민의 덕을 함양하는 데 관심을 가져서도 안 된다. 자유주의가 정부에 요구하는 것은 오직 개인의 권리 보장인데, 이는 전체의 이익을 위해 희생될 수 없기 때문이다(p.10). 샌델은 자유주의에 반대하는 대신 공화주의 이론을 선호한다. 그 중심에 바로 자치self-governance에 대한 관심이 있다. 공화주의는 공동선과 관련하여 시민들 사이의 협의negotiation의 중요성을 강조하면서, 공동체의 운명을 만들어 가고자 노력한다. 더욱이 공화주의는 시민들에게 특정의 성품 또는 시민의 덕, 소속감과 집단에 대한 관심을 가지라고 요구한다. 그렇게 해서 시민과 공동체 사이의 유대를 강조한다(p.5). 따라서 공화주의적 자아관은, 고립되고 개별적이며 연결이 없는 부담을 지지 않는(무연고적) 자아가 아니다. 그 대신 공화주의적 자아는 연대의 의무를 포함한 개인적 의무를 강조한다(p.15). 샌델이 보기에 의무에 대한 자유주의의 입장은 너무 협소하다. 여기서 샌델이 반론을 제기하는 좋은 사례가 존 롤스다. 롤스에게 의무란, 우리가 인간이기 때문에 다른 사람들에게 지게 되는

'자연적 의무_natural duty'이거나, 또는 명시적이거나 암묵적인 동의에서 생겨나는 것이다. 자유주의적 견해에서, "보통의 시민_the average citizen은 부정의를 행하지 말아야 하는 보편적이고 자연적인 의무 외에는 자신의 동료 시민에 대해 그 어떤 특수한 의무도 없다"(p.14). 여기서 시민들은 서로에 대해 의무를 지지 않을 뿐만 아니라 그들의 공동체에 대해서도 의무를 지지 않는다. 이런 유형의 자유주의는 시민적 책임과 충성심의 근거를 설명하기 어렵다. 샌델이 보기에, 우리는 있는 그대로의 (우리의 구체성으로부터 유의미하게 추상화될 수 없는) 특수한 개인들이다. 우리가 도덕적 책임을 갖는 어떤 공동체에 연결되어 있다는 것, 즉 우리의 가족, 도시, 국가와 국민을 향해 충성심을 느낀다는 것은 극히 중요하며, 자유주의를 통해서는 설명될 수 없다. 우리는 "특정의 가족이나 도시, 국민이나 민족의 구성원"(p.14)이며, 그렇기에 우리가 살고 있는 공동체에 대해 연대의 의무를 갖는다 – 이러한 도덕적 책임은 우리가 개개인이기 이전에 공동체의 구성원이기 때문에 결정된다. 그러므로 우리가 공동체의 성원이기에 비롯되는 도덕적 의무는 우리가 소유할 수 있는 어떠한 "자연적 의무"를 훨씬 능가한다. 샌델이 생각하기에, 자유주의적 자아관은 너무 얇아서, 현대의 복지국가가 시민들에게 요구하는 시민의 책임조차도 지지할 수 없다.

공화주의는 좋은 사회에 대한 관념을 우선시하고 공동선의 정치를 증진하고자 한다. 공화주의는 자치라는 공동선에 필요한 자질과 덕목의 함양을 주창하는데, 여기에는 소속감, 충성, 헌신 같은 것들이 포함된다. 이것들 모두 자치를 실현하는 데 매우 중요하다. 공화

125 05. 유가적 관점에서 본 샌델의 『민주주의의 불만』

주의는 이러한 도덕적 덕목에 초점을 맞추면서도 그것들이 사적이거나 개인적인 문제라고 보지 않는다(p.25). 예를 들어 초등학생들에게 국기에 대한 맹세를 복창하도록 요구한 것이 종교의 자유를 훼손하는가에 대한 연방대법원의 1940년 판결문[2]에서 연방대법관 펠릭스 프랭크퍼터Felix Frankfurter는 다음과 같이 썼다. "자유로운 사회의 궁극적 토대는 사람들을 묶어 주는 결속감이라는 유대다. 그러한 결속감은 한 민족의 전통을 모아 대대로 전해지고, 그렇게 함으로써 한 문명을 구성하는 귀중한 공동생활이 영속되도록 기여하는 정신과 영혼의 모든 행위자들을 통해 길러진다"(Sandel, 1996, p.53). 유학자인 나는 샌델이 자유주의의 도덕적 중립성을 비판한 것은 물론 공동체에 대한 공화주의적 관심을 주창한 것에 동의한다. 의심할 바 없이 유학의 입장은 공화주의에서 덕을 권장하는 것과 유사하다.

시민의 덕

공화주의는 정부가 "자치에 필요한 성품을 함양시켜야"(Sandel, 1996, p.125) 하는가 그리고 도덕성이 공적인 삶에서 목소리를 내야 하는가의 여부에 대해 긍정적으로 답한다. 샌델은 미국의 정치사 전반을 통해 공화주의의 여러 요소들을 추적한다. 18세기 이래 미국의 정치 담론에 대해 서술하면서 샌델은, 미국의 정치사 전체를 통해 시민의 덕과 선 관념이 미국 정치사상에서 중요한 역할을 수행해 왔다고 논증한다. 1784년 버지니아 주의회는 항구법Port Bill을 통과시켰는데, 이에 대해 조지 메이슨George Mason은 "만일 덕이 공화국의 필수불가결한 원리라면 검약성과 강직성, 도덕적 엄격성이 없이는 공화국은 오랫동안 지속될 수 없다"라고 했다. 벤자민 프랭클린Benjamin Franklin은 "오직 덕 있는 사람만이 자유로울 능력이 있다"라고 주장했다(Sandel, 1996, p.126). 공화주의는 오랫동안 시민의 덕이 사라지고 있는 것을 염려해 왔다. 시민의 도덕적 인격성을 개혁하는 것과 공동선에 대한 헌신을 강화하는 것은 공화주의에서 주요한 두 가지 이상이다. 존 애덤스John Adams는 "국민의 인격을 만드는 것이 위대한 정치가가 해야 할 일이다"(Sandel 1996, p.127)라고 했다. 이것은 최소한 형식적으로나마 유가 전통, 즉 고대의 유가 문헌『대학』에서 량치차오의『신민설新民說』까지 공유하는 부분이다. 공화주의적 관점에서 볼 때 미국 혁명은 본래부터 몇 가지 특정 가치에 뿌리를 둔다. 바로 여기서 샌델은 고든 우드Gordon S. Wood를 인용한다. "전체의 더 큰 선을 위해 개인의 이익을 희생시키는 것은 공화주의의 본질을 형성하였고, 미국인들에게 이것은 자신들이 일으킨 혁명의 이상적 목표라고 이해되었다"(Sandel, 1996, p.127). 공화주의자들에게 공공의 이익은 단순한 개인적 이익의 총합이 아니고, 정치의 본질은 단지 경쟁적인 이익 추구가 아니다. 오히려 정치는 개인의 이익을 넘어 "공동체 전체의 선을 추구하는 것"(p.127)이다.

이렇게 해서 우리는 공화주의가 개인의 이익 추구를 핵심 가치로 보는 것에 반대하면서, 그 대신 시민의 덕이 개인적 이해나 이기심을 극복하는 것은 물론 자유를 수호할 수 있다고 본다는 점을 알 수 있다. 공화주의자들이 생각하기에 정부는 덕을 갖춘 사람들이 통제해야 하며 공동선을 목적으로 해야 한다. 여기서 공동선은 개인적

이익의 총합 그 이상을 의미한다. 또한 전통적인 아리스토텔레스의 견해와 같이 정부는 자국 시민들이 도덕적 성품을 갖추도록 도와야 한다. 공화주의의 이러한 측면들은 모두 유가와 공통점이 많다. 그러나 공화주의가 이런 점들에 접근하는 방식은 주로 자치의 개념을 통해서다. "자유는 자치를 요구하고, 자치는 시민의 덕에 의존한다는 생각이 바로 공화주의 이론의 핵심이라 할 수 있다"(p.127).

물론 공화주의 사상가들 각자가 이해하는 덕은 다르다. 예컨대 알렉산더 해밀턴Alexander Hamilton은 애국심이 시민들의 모습을 형성하는 방식에 초점을 두었지만 비이기적 덕목이 과연 자신의 국가에 대한 시민들의 충성심을 고취시킬 수 있을까에 대해서는 회의적이었다. 해밀턴이 시민들에게 함양하라고 했던 성품은 전통적인 시민의 덕이 아니라 오히려 조국에 대한 충성심allegiance이다. 해밀턴은 "시민들이 자신들의 정치적 삶에서 자주 만나는 가운데 국가에 대한 충성심에 익숙해질수록, 충성심이 시민들에게 더 자주 눈에 띄고 교감하여 친숙해질수록 (…) 그 충성심이 공동체에 대한 존경과 애정을 더욱 조장할 것"이라고 말한다(p.133). 그러나 공화주의는 정부가 자국 시민들의 도덕적 인격을 강화시키는 일차적 수단이라 여기지 않는다. 대신 그 역할을 맡아야 하는 것은 교육, 종교 그리고 소규모 공동체라고 본다. 이와 대조적으로 연방주의자들Federalists이 강조한 덕목은 주로 보수적이어서 질서, 준법, 규제와 같은 것들이 포함된다. 연방주의자들은 민주 정부의 질서와 안정성은 종교적·도덕적 신념에 의존한다고 생각했다. 초기 공화주의자들은 농사와 농부를 선호하였는데 농업 노동을 하는 삶이 덕의 토대가 된다고 보았다. 여기서 샌델은 토머스 제퍼슨Thomas Jefferson을 인용한다. "대지를 경작하는 자들은 가장 귀중한 시민들이다. 그들이야말로 가장 활력 있고, 가장 독립적이고, 가장 덕이 있다. 또한 가장 지속적인 유대로 자신의 조국과 결속되어 있고 조국의 자유와 이익과 결합되어 있다"(p.144). 사실상 초기 미국 농업 사회의 자영농이 초기 공화주의의 토대였던 듯하다. 고전적 공화주의의 덕목은 19세기 미국의 자영농 농부들의 그것과 많은 부분에서 비슷하다. 공화주의자들은 이렇게 해서 시민의 덕이 농업 경제에 의존하고 있다는 점과 도시 생활과는 연결되지 않는다는 점을 강조한다. 이와 관련해 공화주의자들은 산업이 시민의 덕과 대립되며 부패와 낭비, 공동선으로부터의 분리에 대한 근원이라 보았다(p.161).

20세기 초가 시작되면서 공화주의는 점차 공공의 삶을 도시 중심으로 이해하기 시작했다. 1914년 세인트루이스시는 야외극 행사를 통해 "도시 주민들에게 공동의 시민의식과 공동의 목적의식을 불어넣고자" 했는데, 그 결과가 성공적이어서 (행사에 참여한 사람들에게) "기록한 시민권, 이웃에 대한 관심과 신뢰, 도시에 대한 긍지 같은 의식들을 갖게 했다"(Sandel, 1996, p.210). 이들 진보적 개혁론자들은 "교양 있고 도덕적이며 사회적 책임감이 강한 시민들을 형성하는 것"(p.209)을 목표로 했다. 시어도어 루스벨트Theodore Roosevelt는 "원대한 민족주의의 정신"(p.218)을 불어넣기 위해 미국 시민의 자기 이해를 확장할 것을 강조했다. 루스벨트가 생각하기에 "우리나라에서 가장 중요한 문제는 올바른 유형의 좋은 시민권을 실현하는 것"(p.218)이었다. 따라서 샌델이 묘사하는 루스벨트는 이런 입장을 견지했다. "민주 정부라면 자국민의 덕에 무관심할 수 없고", 마땅히 "의무에 대한 불굴의 헌신"과 같은 시민의 덕은 물론 "정직, 용기, 상식 같은 덕목"(p.218)을 고취시켜 물질적 이익에 대한 관심을 넘어서게 해야 한다고 강조했다. 민주주의와 시민의 덕을 말하면서 샌델은, 허버트 크롤리Herbert Croly가 가졌던 생각, 즉 "민주주의란 인민의 도덕적·시민적 개선을 최고의 목적으로 삼는 것"으로서, "민주주의의 핵심은 인민의 욕구를 충족시키는 것이 아니라 그들의 인격을 고양하고 인민의 공감대를 넓히고 시민정신을 확대하는 것"이며, "민주주의의 원리는 덕"(p.220)이라는 생각에 주목한다. 그런 견해에서 보면 자유가 덕에 의존할 뿐만 아니라 민주주의 또한 덕을 그 목적으로 삼는다. 이런 식으로 민주주의를 이해하면 쉽게 유가 정치사상에 공명할 수 있다.

로널드 레이건Ronald Wilson Reagan 대통령 재임 시절에 자유시장 경제의 기능을 확장하자는 주장과 더불어 공적인 삶에서 도덕성의 역할을 더욱 강조했다는 점은 주목할 가치가 있다. 그 가운데 후자, 즉 도덕성의 역할을 강조하는 것은 집단적 시민윤리, 공동체적 가치, 가족과 이웃에 대한 정신, 애국정신과 나란히 국가적 시민공동체라는 탈개인주의적 이상을 요청한다. 문화 보수주의자들은 이런 유형의 정책을 지지했으며, 정부는 시민들의 성품에 관심을 가져야 한다고 강조했다. 제리 폴웰Jerry Falwell은 미국을 구원하기 위해 기독교적 도덕을 부활시켜야 한다고 주창했고, 조지 윌George F. Will은 '국가통치술statecraft'을 '영혼을 다스리는 기술soulcraft'이라 부르기도 했다(Sandel, 1996, p.309). 덕을 함양하는 것이 자유로운 정부의 기초라고 논증하면서 윌은 이러한 덕이 "훌륭한 시민의식으로서 그 주된 요소는 공적 목적을 위해 사적 욕구를 희생하고자 하는 의향, 절제, 사회적 공감 같은 것"(p.310)이라 했다. 1984년 재선에서 레이건은 이렇게 선언했다. "우리는 위대한 미국적 가치, 즉 노동의 존엄성, 가족의 따뜻함, 이웃의 힘을 회복하기 시작했다"(p.312). 종교의 힘과 나란히 이들 가치에는 개인의 덕은 물론 미국 사회의 문화적 가치도 포함된다. "가족의 따뜻함"은 시민의 덕이 아니라 가치에 해당한다. 레이건이 나열한 세 가지는 미국 사회의 핵심 가치인데, 우리가 주목해야 할 점은 개인적 가치에서 공동체를 우선시해야 한다는 공화주의의 주창과도 이 가치들이 결을 같이 한다는 사실이다.

샌델이 논의하였듯이 공화주의의 초점은 "자치"와 "공동선"을 핵심으로 하며, 그 토대로 본다. 이런 유형의 덕은 한계를 가질 수밖에 없다. 자치는 정치적 개념이기도 하기 때문이다. 협치에의 참여 같은 덕의 의미 또한 정치적이며 순수하게 도덕적인 것은 아니다. 다른 관점에서 이 문제를 살펴볼 때 우리는 자치의 전통이 미국 전원 시역의 농경 공동체나 도시 근교의 공동체를 모델로 한다는 점에 주목해야 한다. 그렇다면 우리는 이 모델이 도시 생활에도 적합한 모델인가, 라고 물을 수 있다. 또한 우리는 공화주의가 자치의 개념에 근거하지 않는 성품과 덕은 어떻게 보는가, 라고 물을 수 있다. 이에 더해 공화주의가 비록 좋은 시민의 토대가 자치에 있다는 입장을 견지한다 해도, 자치를 핵심 가치로 받아들이지 않는 유형의 공화주의는 정말 불가능한 것일까?

시민의 덕에 대한 심층 논의

샌델의 『민주주의의 불만』 전체에서 중심 용어인 '시민의 덕'은 자주 등장한다. 그러나 샌델의 연구에서 시민의 덕이 오직 공적 도덕만을 배타적으로 가리키는지 아니면 공적·사적인 도덕 모두를 포함하는지는 분명치 않다. 시민의 덕이란 사람들이 '시민' 되기를 통해 생겨나는 덕의 요구조건이지만, 이와 달리 사적 도덕이란 사람들이 '사람답게' 되기를 통해 생겨나는 도덕적 요구조건을 가리킨다.[3] 아리스토텔레스의 『정치학』에서는 좋은 시민의 덕과 좋은 사람의 덕이 구분된다. 훌륭한 시민의 덕은 사람들이 정치 공동체의 한 시민으로서 갖추어야 하는 도덕이다. "완전한 덕인 좋은 시민의 덕이 유일한 하나일 수 없다는 것은 명백하다. 그러나 우리는 좋은 사람이란 완전한 덕인 한 가지 덕을 지닌 자라고 말한다. 그렇다면 좋은 시민은 좋은 사람이 지니는 덕을 반드시 소유할 필요가 없다는 것은 명백하다"(III, IV). 아리스토텔레스는 더 나아가 "시민의 덕과 좋은 사람의 덕은 일치하지 않는다"(III, IV)라고 결론짓는다. 여기서 우리는 좋은 사람이 되기 위해 필요한 교육과 평범한 시민에게 필요한 교육이 같지 않다는 점을 알 수 있다. 좋은 사람의 덕 혹은 유가에서 말하는 도덕적 모범인 군자의 덕은 훌륭한 시민의 덕에 비해 더 고상하고 더 넓다. 반면 시민에게 요구되는 덕은 상대적으로 낮다. 그러므로 샌델이 묘사하는 공화주의의 덕이 아리스토텔레스가 말하는 시민의 덕에 상응하는 것인지 아니면 좋은 사람의 덕에 상응하는 것인지, 또한 정부는 좋은 사람의 덕을 증진해야 할 의무가 있는 것인지 아닌지 따져 보는 것은 중요하다.

근대 서구 사상에서는 사적 도덕과 공적 도덕을 구분한다. 이 점은 제레미 벤담Jeremy Bentham이 사적 윤리와 공적 윤리를 구분하는 것이나 존 스튜어트 밀John Stuart Mill이 『자유론』에서 '사회적인 덕'과 '자기와 관련된 덕들self-regarding virtues'(Mill, 2003, p.148)을 구별하는 데서 알 수 있다. 이 두 사람의 영향을 받은 일본은, 메이지 시대의 20~30년 시기(1888~1908)[4]에 공적 도덕에 대해 집중적으로 토론했다. 근대 중국의 사상가 량치차오는 백일유신百日維新, the Hundred Days Reform(1898)이 있은 이후 일본으로 갔기에 이로부터 영향을 받았다.[5] 량치차오 스스로 공적 도덕과 사적 도덕을 구분하면서, 사적 도덕은 개인의 인격이나 도덕 수양과 관련되는 반면 공적 도덕은 국가와 사회를 이롭게 하는 덕을 가리킨다고 논했다. 달리 말해 공적인 덕(公德)은 공동체를 이롭게 하는 덕이고, 사적인 덕(私德)은 개인의 완성을 위한 덕이다. 량의 출발점은 애국적 민족주의로서, 그는 공적인 덕의 핵심은 공동체의 의무에 대한 개인의 의식적인 이해라고 보았다. 이는 그 시대―중국이 외세의 압박에 저항하고 부강을 원하던 시대―의 요구, 즉 중국 민족의 구원과 밀접하게 관련된다.[6] 비슷한 예들을 공화주의에서도 찾을 수 있다. 예를 들어, 알렉산더 해밀턴은 국가에 대한 충성을 강조했지만 "비이기적인 일반 덕"의 중요성을 간과하였기에, 정치적 삶과 사회적 삶 사이의 지나치게 예리한 분리를 상상한 것처럼 보인다. 이와 대조적으로 폴 보이어Paul Boyer가 "교양 있고 도덕적이며 사회적 책임감이 강한 시민들"에 대해 논한 것은 상대적으로 넓은 포괄성을 갖는다. 실제로 루스벨트,

크롤리, 그리고 윌이 주창하는 덕의 함양에는 정직, 용기, 겸손과 같이 시민의 자치를 넘어서까지 확대되는 측면들을 포함한다. 이렇게 볼 때 만일 공화주의적 덕이 공적인 덕에 제한된다면, 공화주의는 다음과 같은 여러 물음에 답해야 한다. 사적인 덕은 어떻게 인정되고 함양되어야 하는가? 공적인 덕과 사적인 덕의 관계를 우리는 어떻게 이해해야 하는가? 근대 사회의 정부는 사적인 덕의 함양을 후원해야 하는가?

샌델은 『민주주의의 불만』에서 몇몇 자유주의자들은 우리가 특정 의무에 제한될 수 있다는 것을 인정한다는 점을 보여 준다. 하지만 그들은 이런 의무가 오직 사적 삶에만 적용될 뿐 정치적으로는 중요하지 않다고 주장한다. 그러나 이들 의무들이 어떤 명백한 정치적 의미는 갖지 않는다 하더라도 오직 사적 삶에만 관련된다는 법은 없다. 그것들은 사회적 및 문화적 삶에서도 의미를 가질 수 있다. 샌델과 더불어 우리는 이렇게 물을 수 있다. 왜 우리는, 스스로를 시민으로 간주하는 방식과 스스로를 사람으로 간주하는 방식을 분리해서 보아야 하는가? 왜 우리는 시민의 덕을 보다 일반적인 인간의 덕과 분리해서 보아야 하며, 오직 시민의 덕을 함양하는 데만 초점을 맞추어야 하는가? 개인의 덕을 고양시키는 것에 더해 공화주의가 지지하는 다른 가치들에는 무엇이 있는가?

샌델은 어떻게 토머스 팽글Thomas Pangle이 미국의 공화주의가 23가지 시민의 덕을 강조해 왔다고 주장하는지에 대해 논의한다. 23가지 덕목은 벤자민 프랭클린의 13가지 덕을 떠올리게 한다.[7] 이들 덕목은 프로테스탄트 윤리나 청교도적 덕목을 중심으로 하는 것처럼 보인다. 이 때문에 미국의 공화주의가 지난 200년간 주창해 온 덕이 특정 종교를 배경으로 하는 것은 아닌가 하는 물음이 제기된다. 프랭클린의 13가지 덕은 막스 베버Max Weber의 아주 중요한 관심사였는데, 베버는 그것들이 프로테스탄트 윤리를 대표한다고 보았다. 만약 미국의 공화주의적 덕목이 주로 프로테스탄트적 덕목이라면 – 또는 "자본주의 정신"에 속하는 덕들이고 프랭클린과 같은 사람들이 도모했던 근대 사회에서 개인적 성공을 달성하는 데 적합한 것들이며, 따라서 유대-기독교 전통에서 일반적으로 주창하는 좋은 사람의 덕과는 동일시할 수 없다 – 이런 유형의 공화주의적 덕목은 나름의 한계를 갖는 것일까?

『민주주의의 불만』을 통해 우리는 미국의 공화주의가 일차적으로 강조하는 덕목에 고된 노동, 검소함, 충성, 공동체 등이 역사적으로 포함된다는 점을 알게 되었다. 처음 두 가지는 프로테스탄트 노동 윤리와 관련되고, 나머지 둘은 자치 공동체 또는 공동체주의의 덕목이다. 이들 네 가지 덕은 모두 근대 사회에 적합한 덕이라고 말할 수 있지만, 터 윤리의 관점에서 보면 그러한 덕은 개인의 도덕적 완성과 폭넓게 관련된다고는 할 수 없다는 점에서 한계가 있다. 유가의 덕 이론은 상대적으로 더 두텁다. 유가적 관점에서 공화주의가 장려하는 덕은 충분히 두텁다고 보기 어렵다.

공화주의를 중국 사상과 비교해서, 특히 유가의 덕 이론의 관점에서 보면, 우리는 현대 중국의 개인적 삶에서 주로 요구되는 세 부류의 덕목을 찾아볼 수 있다.

인애, 도의,

성실, 신뢰성,

효도, 화목

자강, 근면,

용기, 정직,

신실, 염치,

애국, 준법,

집단이익 지향, 예의,

공적 사안에 참여, 직업에 대한 헌신[8]

　처음 두 그룹의 덕은 "사적인 덕"에 속하며 개인에게는 근본적인 개인 도덕에 해당한다. 고대 유가에서는 도덕적 모범이 되는 군자의 덕목이라 여겼다. 세 번째 그룹은 "공적인 덕"으로 분류할 수 있는데, 개인에게는 기본적인 공적 도덕을 구성한다. 이들과 대조적으로 자유와 평등은 사회적 가치이지 개인의 도덕이 아니다. 비교해서 말하면 유가가 주창하는 덕은 상대적으로 두텁다. 비非유교 국가들에서 개인의 근본적인 도덕은 대부분 흔히 종교적 가르침을 통해 함양되지 정부가 관여하지 않는다. 그러나 중국에서는 2,000여 년 이상이나 유가적 가치가 전통 사회와 문화의 지배적 가치였다. 이러한 가치들은 중국 문명 자체의 전통이다. 유가의 학자-관료는 이러한 문명의 계승자이자 담지자로서 복무하는 도덕 교육자들이었다.[9] 그렇지만 여전히 유학은 분명 종교가 아니다.

『대학』은 다음과 같이 시작된다. "대학의 도道는 밝은 덕을 밝히고, 백성들을 사랑하고, 지극한 선에 머무는 데 있다."[10] 여기서 우리가 알 수 있는 것은, 중국 문화는 언제나 정부를 공동체의 대표로 여기며 백성들을 개명시키는 교육이나 도덕적으로 계발하는 책임을 졌다는 점이다. 여기에는 가치의 형성과 도덕적 성품, 정신적 태도, 문화적 구성 그리고 시민의 예의범절을 고양하는 책임도 포함된다. 이러한 견해는 현대 중국 정부의 정치에 대한 이해에까지 영향을 미치고, 현대 세계에서 오늘날 중국의 독특한 정치적 상황의 주된 부분이기도 하다.

덕과 권리

만약 서구 정치사상의 중심 원리가 개인의 권리와 자유를 우선시하는 데 있다면, 그리고 우리가 공동선의 관념과 연관된 요구들이 기본직인 개인의 자유를 훼손한다고 생각한다면, 유가는 그런 권리의 우선성을 받아들일 수 없다. 유학과 서구의 종교 윤리는 모두 공통의 사회적 선, 사회적 책임, 그리고 공익에 이로운 덕목을 강조한다. 유가는 경제·사회·문화 권리에 대한 국제 조약, 시민적·정치적 권리에 대한 국제 조약의 내용을 받아들일 수 있지만, 그것은 오직 책임과 의무, 공동선이라는 틀과 배경 안에서만 긍정될 수 있을 뿐이다. 유학과 서구 문화에서 시민적·정치적·경제적·사회적 권리들의 순서 정하기는 논리적 수준에서, 그것들을 실현해 갈 때의 순서(이것은 역사적 상황과 긴밀히 연관되어 있다)에서, 그리고 특히 책임과 권리 사이의 근본 관계를 통해서 달라질 수 있다. 여기서 유가의 입장은 확실히 권리에도 개인에도 우선권을 두지 않는다.

권리의 개념을 최고로 구현한 것이 인권이다. 인권은 전 세계적으로 일반적으로 받아들여지는 가치와 이상이 되었다. 그러나 인권 개념의 지위는 문화에 따라 다양한 차이를 보인다. 근대 서구 특히 미국에서 인권은 가장 중요시하는 교육 가운데 하나가 되었다. 그러나 중국은 종교 박해로 망명한 역사적 배경도 없고, 식민 권력으로부터 독립 투쟁을 한 역사도 없으며, 보통 시민과 귀족 계급 사이에 갈등한 역사조차 없다. 고대로부터 특히 유가 전통 안에서 중국은 개인의 권리에 우선권을 두지 않았고 이를 국가에 요구하지도 않았다. 유가는 백성의 안녕을 보장하는 것이 통치자와 정부의 의무라고 주장하지만, 이는 경제적·사회적 권리에 초점이 맞춰져 있다. 몇천 년에 걸쳐 유학 사상은 대부분 학자-관리, 즉 사대부士大夫의 사상이었으며, 사대부는 지식인이자 정부의 구성원들이었다. 이 때문에 유가 사상은 본래부터 늘 사회에 대한 책임, 덕 그리고 공적인 일에 대한 관심을 요구하는 것을 우선시했다. 더욱이 유학의 '민본주의民本主義' 개념에 대한 믿음은 더 나아가 이들 학자-관리들이 '민생民生'에 대한 관심을 높은 수준으로 유지하도록 요구해 왔다. 국가와 백성에 대한 관심을 뜻하는 '우국우민憂國憂民'은 유가 지식인들의 본질적 관심이자 정신적 전통이 되어 왔다. 19세기 중반 이래 외세에 의한 충격과 압력에 직면했을 때 중국 지식인들의 이러한 정신은 더욱 강화되었다. 이 때문에 개발도상국에 살고 유가 전통에 영향 받은 중국의 지식인들은 기꺼운 마음으로 인권의 이념에 동의한다. 그러나 이와 같은 수용과 동의는 그들이 확립한 윤리적 태도, 즉 우국우민과 연관된 사회의식과 책임의 관념을 우선시하는 태도를 능가하지 못한다. 그러므로 인권의 개념은 무조건적인 제일 원칙이 되지 못하며 그 대신 늘 유가 전통이나 중국의 문화적 가치들과 복잡하게 상호작용하며 존재할 뿐이다. 사실상 이 점은 많은 세계의 종교도 그러하며 유가 전통만 예외적인 것은 결코 아니다. 그런 문화 다원주의야말로 현대 세계가 권장하는 세계 윤리와 문명 간 대화의 전제조건이자 배경이며, 우리가 주목하고 존중해 마땅한 것이다.

이상적인 유가 정치는 덕에 근거한다. 특별히 정치적 사안과 덕은 분리될 수 없다는 점을 강조한다. 정치와 도덕 사이의 관계에서 공자의 입장은 정치가 도덕으로부터 분리될 수 없다는 것이며, 따라서 여기서는 정치적 중립이란 있을 수 없다. 정치는 마땅히 윤리적 원리에 토대를 두어야 한다. 윤리 또는 도덕 개념과 분리된 정치는 결코 정치일 수 없다. 정치는 반드시 선악에 대한 가치판단의 맥락 안에서 이해되어야 한다. 현대 정치철학은 도덕으로부터 정치의 독립을 주장한다. 즉 그것은 정치적 입장, 제도와 원리를 사회의 도덕적 문화로부터 분리할 수 있다고 보는 것이고, 정부는 어떠한 도덕적·윤리적 원리도 주창해서는 안 된다는 입장을 견지하는 것이다.[1] 이는 위선에 지나지 않으며, 정치를 무도덕적인 무언가로 변형하는 것은 지극히 위험한 일이다. 또한 징치가 가 사람이 단지 한 표를 행사할 뿐인 선거 게임으로 바뀌어서, 정치가 사회에 대한 헌신, 질서, 윤리, 도덕과는 아무런 연관도 없는 것으로 변질될 수도 있다. 그 결과는 사회 정치적 삶에서 도덕이 부재한 상태가 되는 것이다. 전통적인 도덕적 힘의 지원이 없다면 정치는 사회를 도덕적 혼란 상태의 나락으로 떨어뜨릴 것이다. 정부가 특정 사상 학파나 종교와 반드시 연결될 필요는 없지만 정부가 사회적 삶의 기본 규범, 인간적 덕, 기본 전통 가치를 분명히 긍정하고 후원해야 한다. 이러한 것들이 없으면 우리는 정치적 정당성이 없는 상태에서 살게 되고 정치 자체가 문제가 되기도 할 것이다.

중국 문명은 세계사상 (유의미할 정도로) 오늘날까지 그 연속성을 유지하는 유일한 문명이다. 이에 비추어 볼 때 중국을 서구적 의미에서 하나의 '국민국가nation state'라고 묘사하기보다, '문명국가civilization state'라고 부르는 것이 낫다. 험난했던 지난 한 세기 이후 오늘의 중국은 중국 문명과 그 전통적 가치의 르네상스를 향해 매진하고 있다. 중국 정부는 전통 중국적 가치의 보전과 전통 중국적 덕목의 활성화를 추진하고 있다. 이러한 추진 가운데 몇몇은 미국의 공화주의에 비견될 만하다. 더 나아가 한 문명의 자의식을 표현한다는 점에서 더욱 그러하다. 주창되는 덕목은 시민의 덕과 정치 참여에 한정되지 않고 더욱 포괄적으로 유가적 덕목을 향하며 또한 변화의 시대에 이들 덕목의 실천을 창조적으로 발전시키려 한다. 공화주의는 공동체, 즉 경험적으로는 가족, 지역 공동체, 민족 그리고 국가로 볼 수 있는 공동체에 초점을 맞춘다. 현대 중국의 인구는 수십여 민족 집단을 포함하며, 중국의 정치 공동체의 구성은 제1차 아편전쟁(1840~1842)에 뒤이은 제국주의 압제에 저항하며 발전해 왔다. 이 때문에 현대 중국이 강조하는 공동체는 일차적으로 민족성을 초월하는 정치 공동체 – 즉 정치 국가the political state – 여야만 한다. 물론 찰스 테일러Charles Taylor가 우리에게 말하듯이, 혁명 이후 문화적 정체성cultural identity을 재구성하는 과정에서 '국가'의 이념이 너무 강력하게 부상하면, 이는 '사회'와 동일화가 되는 역할을 경감시켜 결국 사회는 정체성의 재구성에 제 역할을 못 할 수 있다. 이 점은 더 많은 주의가 필요하다. 이는 현대 중국의 정치 문화를 포괄적으로 이해하는 데 모두 중심이 되는 점들이다.

part 3

다원주의와 완벽:

샌델과 도가 전통

로빈 왕

Robin R. Wang

06

젠더, 도덕적 불일치 그리고 자유

중국 맥락에서 본 샌델의 공동선 정치학

임마누엘 칸트Immanuel Kant부터 존 롤스까지 그리고 자유지상주의에서 공리주의까지 정의와 공동선에 관한 철학적 논증들을 씨름해 온 현대 정치철학자 마이클 샌델은 이 논증들이 공론장에서 논의되는 방식을 깊이 고려한 다음, "선택의 자유는 - 심지어 공정한 조건하에서 선택의 자유조차 - 정의로운 사회를 위한 기초로 충분치 않다고 생각한다"는 결론을 내렸다(2009, p.260). 샌델에 따르면, "정의는 올바른 분배 방식에 관한 문제만은 아니다. 그것은 가치를 매기는 올바른 방식에 관한 문제이기도 하다"(p.261).

샌델은 자신이 정의로운 사회의 근원이라고 생각한 관점으로 돌아간다. 이 근원은 인간적 가치에 따라서 조직되고 공동체와 불가피하게 결합되어 있다. 샌델은 이렇게 지적한다. "정의로운 사회는 단지 효용을 극대화하거나 선택의 자유를 확보한다고 해서 이루어지는 것이 아니다. 정의로운 사회를 성취하기 위해서는 좋은 삶이 무엇을 의미하는지 함께 추론할 필요가 있으며, 불가피하게 일어날 수밖에 없는 불일치에 관대한 공공문화를 만들어야 한다"(p.261). 정의론은 좋은 삶에 대한 특정 관념에 기초할 필요가 있다. 왜냐하면 "정의란 덕의 수양과 공동선에 대한 추론을 요하기 때문이다"(p.260). 샌델은 자신의 정의론을 전개하면서 '도덕적 개인주의'라는 관념의 실행 가능성에 도전한다. 그 대신 그는 공동선의 새로운 정치학을 옹호하는데 이는 두 가지 주장을 담고 있다. (1) "정의로운 사회는 강한 공동체 의식이 필요하며, 시민들에게 전체에 대한 관심, 공동선에 대한 헌신을 함양하는 방법을 발견해야 한다"(p.263). (2) "우리가 도덕적으로 불일치하는 사안들에 더욱 열심히 참여하는 것은 상호존중의 기초를 약화하는 게 아니라 강화할 수 있다"(p.268).

샌델은 자신의 이론을 낙태나 배아줄기세포 연구 그리고 동성결혼과 같은 쟁점에 적용해 발전시키면서, 이런 논란의 기저에 있는 도덕적·종교적 신념에 대해 어떤 입장을 취하지 않고서는 그 토론은 해결이 불가능하며 또한 각자의 입장을 공개적으로 토론해야 한다고 주장한다. 샌델은 우리에게 "도덕적·영적 질문을 진지하게 여기는 정치학을 상상하되, 그 질문을 성性이나 낙태 문제에만 적용할 게 아니라 더 광범위한 경제와 시민적civic 문제에도 던져 보라"고 주문한다(p.262).

샌델의 공동선을 추구하는 정치학 구축은 전통적인 중국 사유와 문화에서 발견할 수 있는 중심 주제들과 공명한다. 이 글에서 나는 공동선과 시민의 삶에 대한 샌델의 관점과 한漢나라 유향劉向(기원전 77년)의 『열녀전列女傳』에 대표적으로 나오는 여성의 도덕 수양에 대한 유가적 조장, 그리고 장자莊子[2]에 의한 도가적 다양성 옹호를 잇는 하나의 삼각관계를 만들어 볼 것이다. 또한 나는 그 결과들을 전통 중국의 음양陰陽의 틀 안에서 사유해 보려고 한다. 이 삼각형을 하나의 단일 주제와 잘 엮어 봄으로써 나는 인간의 신체와 인간 사회 그리고 자연세계에 대한 중국적 이해가 정의로운 사회에 대한 샌델의 제안을 지지할 수 있다는 것을 보여 주고자 한다. 다른 말로 하면, 여성의 도덕적 수양에 대한 유향의 유가적 저서와 인간의 다양한 관점을 인정하고 고양하는 장자의 도가 사상 모두가 똑같이 샌델의 노력을 옹호하는 일종의 문화적 증거를 명시하는 데 기여한다는 것이다.

이 글에서 더 중요한 목적이 있다면 그것은 샌델이 제기한 다음 질문에 적절한 답을 하는 것이다. "과연 선을 공개적으로 추론하는 일이 종교전쟁으로 빠지지 않고 가능한가? 좀 더 도덕적으로 개입한 공적 담론은 어떤 모습을 띠며, 우리가 여태까지 익숙했던 정치적 논거와 어떻게 다를까?"(2009, p.243).

도덕적 불일치의 역할을 어떻게 볼 것인가? 도덕적 불일치가 정의로운 사회를 위해 필요한 이유는 무엇일까? 도덕적 불일치에 대한 공적 토론에 왜 개입할 필요가 있는가에 대해 샌델은 충분한 철학적 이유를 제시하지 않았다. 한 가지 가능한 이유는 샌델이 도덕적 불일치를 당연한 것으로 받아들였으리라는 것이다. 공적 참여와 도덕적 불일치는 서구의 자치 개념에 깊이 자리 잡고 있기 때문이다. 그렇지만 이것이 과연 자명한 진리인가? 정의로운 사회를 위한 도덕적 불일치에 대한 공적 참여의 근거 혹은 정당화를 제시하기 위해서 우리가 전통 중국의 사유를 들여다보면 문화적 관점 혹은 접근이 서로 달라서 복잡다단할 수 있다. 개념 수준에서 고대의 텍스트를 들여다보면 도덕적 불일치가 실제로 정당화되기도 하고 격려하는 부분도 있지만, 실천적 수준에서는 사실 그렇지 않은 것을 볼 수 있다. 이것을 인정하는 것이 중요한데, 그 이유는 중국 근대의 도덕적 불일치 그리고 다른 사람과 다를 수 있는 자유와 같은 것들이 실제로 어려워 보이고 또 그 반대쪽으로 종용당하고 있는 것처럼 보이기 때문이다.

사실 나는 샌델의 비전에 동기부여를 받아 이 글을 쓰게 되었고, 사회적 존재의 양태로서 다양성을 지지하는 오래된 중국의 지혜를 다시 한 번 들여다보고 싶다. 그 지혜는 또한 다원성을 고취시키고 귀하게 여기면서 동시에 인간의 경험 범위를 심화시킨다. 나의 전제는 이것이다. 사람은 다를 수 있다는 것, 그리고 사회는 다르기를 원하는 사람들에게 공간을 제공하여야 한다는 것이다. 아마 이것이 샌델의 질문에 답하는 데 또 다른 각도를 제시해 줄 것이다. 샌델의 질문은 이것이다. 어떻게 하면 인간의 자유에 공간을 제시하면서 동시에 공동체의 도덕적 중요성을 인정하는 것이 가능할 수 있는가? 샌델과 전통 중국 사유 사이의 대화는 정의로운 사회라는 비판적이고 중요한 가치를 드러낼 것이다. 미국에서뿐만 아니라 중국에서도 그렇게 될 것이다. 우리 시대의 정치적·사회적 풍토 속에서

그 자리를 찾을 수 있을 것이다: 샌델은 과연 중국 여성을 행복하게
할 수 있을까?

『열녀전』에 나타난 공동선에 대한 여성의 기여

중국적 맥락에서 보면 인간 사회에 내재한 복잡성과 그로부터 생
겨나는 사회적 쟁점 사이의 문제는 하늘 아래 모든 것과 마찬가지로
음과 양을 중심으로 그 둘 사이의 상호작용 내에서 분류할 수 있고
또한 해석될 수 있다. 젠더의 복잡성도 또 하나의 뚜렷한 예시가 될
수 있다. 서구의 학자들은 젠더가 이원론적이며 젠더의 구성이 제도
적인 남성 우위를 반영하는 반면, 전통 중국에서 젠더는 상관적이고
음과 양, 땅과 하늘, 안과 밖을 모델로 하는 상호 의존성과 상보성의
개념 위에서 구성된다. 이런 유형의 젠더 구성은 여성들에게 더 다
양한 범위의 기회를 주는 사회적 공간을 제공한다.

음양 매트릭스matrix에서 가장 중요한 측면은 그것이 상호 관계성,
연결, 상호 영향이라는 일반적인 맥락 안에서 차이들을 위한 광범위
한 스펙트럼을 가졌다는 점이다. 음양은 서로 대립되는 것, 서로 마
주 보는 것, 서로 상극이라고 인식되는 모든 것들에 적용될 수 있다.
음양 매트릭스의 결과로 초기 중국 사유에서는 여성의 배제나 남과
여의 분리는 거의 존재하지 않았다. 남자, 남성, 남성성이 있는 한 여
자, 여성, 여성성이 늘 함께했다. 두 가지가 함께 인간 존재의 완전성
과 인간적 이해의 완전성을 구성했다. 남과 여가 같은 공간에 살면
서 통일된 지평을 형성한다. 젠더의 분리에 대한 초기 저작의 예시

06. 젠더, 도덕적 불일치 그리고 자유

가 『시경詩經』에 나오는 남경여직男耕女織이다. 번역하면 남자는 밭을 갈고 곡식을 심으며 여성은 실을 잣고 직물을 짠다는 뜻이다. 이 모든 활동은 인간 실존의 필수 부분이고 높은 가치를 가지며 이런 식의 젠더화된 노동의 분업은 종속이 아니라 상보성의 관계를 보여 준다. 양잠업은 여성에게 건설적인 경제 역할을 부여하는데, 이 역할로 인해서 여성들은 가족과 국가 안에서 지위가 강화되었다.

『관자管子』의 「심술心術」 편을 보면 또 이렇게 적혀 있다. "옛사람들은 '남자가 한 사람이라도 농사짓기를 포기하면 사람들이 굶는다. 여자가 한 사람이라도 옷 짓는 일을 그만두면 사람들이 추위에 고생할 것이다'라고 했다." 여성의 일은 인간의 삶에서 필요하고 없어서는 안 될 부분으로 간주된다. 이것은 가족의 안녕과 국력에 근본적일 뿐만 아니라, 남성이 어떻게 지배하고 더 효과적인 리더가 될 수 있는지에 대한 훌륭한 통찰 및 메타포를 제공한다. 여성은 우주적인 음의 힘을, 남성은 우주적인 양의 힘을 대변한다. 프랑스의 페미니스트 뤼스 이리가레Luce Irigaray(2012)의 말에 따르면, "모든 것은 여성의 노력으로 태어나는데, 이 노력은 남자, 남성성 그리고 남성과의 상호작용을 기초로 한다"(p.130).[3]

이런 음양 매트릭스는 젠더와 관련된 것까지 포함하여 근대의 사회적 역학을, 전체성과 상호성을 기반으로 한 통찰을 중심으로 더 잘 이해할 수 있도록 새로운 전망을 열어 줄 수 있는데, 이는 아마도 샌델이 전망한 종류의 정의 사회를 건설하는 데 활용될 수 있을 것이다. 이것이 이해되는 방법 혹은 전통 중국에서 제시된 한 가지 방법은 '이야기stories'를 통한 것이다.

흥미롭게도 샌델은 다음과 같은 생각을 한다. "인간은 이야기하는 존재다. 우리의 삶은 서사적 탐색과도 같다. '나는 무엇을 해야 하는 가?'라는 질문에 답하려면 먼저 '나는 어떤 이야기의 일부인가?'에 답할 수 있어야 한다. (…) 삶은 어떤 통합이나 일관성을 염원하는 서사적 탐색을 해 나가는 과정이다. 그 과정에서 갈림길에 마주쳤을 때, 나는 내 삶의 전반에 가장 적합하고 마음이 가는 길을 찾아내려 애쓴다"(『정의란 무엇인가』, pp.326-327).

정의로운 사회를 위한 공동선을 논의하면서 샌델은 시민 교육의 역할을 강하게 주창한다: "공적인 삶에서 보이는 태도와 기질인 '마음의 습관'에 무관심할 수 없다. 좋은 삶에 대한 판단을 순전히 개인의 판단 영역으로 남겨 두지 말고, 시민의 덕을 키울 수 있는 방법을 찾아야 한다"(p.384). 전통 중국 문화는 사회 구성원들의 덕의 수양과 공동선에 대한 중국 문화가 기여한 부분에 많은 주의를 기울여 왔는데, 물론 이것이 시민 교육과 (아주 근접하다 해도) 완전히 같은 것이라고는 할 수 없다. 여기서 다시 한 번 젠더 문제를 예로 들어 보자.

전통 중국 문화에서는 오랫동안 여성의 역할이 남성, 가족 또는 국가의 건강과 안녕을 지탱해 주거나 약화시킬 수도 있다고 보았다. 삶의 모든 측면에서 여성은 그들만의 독특한 방식으로 사회의 공적인 삶에 기여하는 것으로 인정받아 왔다. 유향은 전설로 알려진 시대로부터 한漢 왕조에 이르기까지 여성들의 전기 125편을 모아 『열녀전』을 완성하였다. 이 저작은 중국 문화가 역사 이래로 여성의 이상이라고 여겨 온 것을 들추어 기념하였다. 이것은 여성의 도덕 교육에 바쳐진 현존하는 최초의 중국 서적인데, 이는 앤 뱅크 키니Anne

Behnke Kinney가 말했듯이 "전체 여성을 유가적 틀에 끼워 맞추려"(Kinney, 2014, xxvi) 했던 것이다.

『열녀전』에서 딸, 아내, 어머니로서 여성은 일반적으로 남성과 가족, 국가를 위협하는 어떤 형태의 갈등, 위기 및 위험한 추세에 대응하는 행위자로 묘사된다. 그리고 이 책은 여성의 역할이나 성향이 사회의 복지와 공동선에 폭넓게 영향을 미친다는 것을 보여 주려 한다. 여성들이 도덕적으로 수양을 쌓은 점을 가치 있게 여기고 칭찬하며 개인과 가족과 국가를 형성하는 데 여성이 특별한 위치를 점하고 있다는 것을 인정한다. 『열녀전』이 추구한 목적은 여성을 위한 도덕 교육의 지침 제공, 그들에게 덕의 수양을 격려하기, 그리고 공동선에 대한 기여를 권장하는 데 있었다. 한 왕조에서 이루어진 유향의 이런 획기적인 노력 이후로, 그 이야기들은 중국 역사 전체에 걸쳐 모든 측면에서 여성의 삶에 스며들었다. 그런 이야기들로부터 '열녀烈女'라고 하는 유명하고 지속가능하고 오래가는 전통이 점차 형성된 것이다(Wang, 2006, pp.93-115).

전기가 늘 구성construction 행위뿐만 아니라 재현representation 행위를 통해서도 만들어지는 것처럼, 유향도 실제라고 주장되는 여성의 삶(실제의 경우)을 기술하여 여성들에 대한 규범적인 기준(마땅히 그래야 하는 경우)을 정의하고 구성하였다. 유향은 전기를 7개 범주로 구분하여 정리했다. 그중 여섯 개는 바람직한 덕의 모범이 되는 것들로 "어머니의 자세"「모의전母儀傳」, "성인과 같은 지성"「현명전賢明傳」, "이타적인 지혜"「인지전仁智傳」, "순결한 복종"「정순전貞順傳」, "순수한 올바름"「절의전節義傳」, "설득력"「변통전辯通傳」 등이 그것이다. 마지막 장인 "악덕과 타락" 「얼폐전孽嬖傳」은 여성의 악덕을 경계하기 위한 이야기들이다. 각 범주에는 15~20개의 이야기가 들어 있다. 이 이야기를 더 잘 이해하려면 여성의 교육과 관련되는 세 가지 서로 다른, 문화적으로 의미가 있는 컨텍스트를 구성할 필요가 있는데, 덕(德)과 재능(才)과 아름다움(色)이 그것이다. 덕이란 주로 어머니의 자세(모의), 이타적인 지혜(인지), 순결한 복종(정순)과 순수한 올바름(절의)으로 대표된다. 재능은 성인과 같은 지성(현명)과 설득력(변통)으로 대표된다. 마지막으로 아름다움은 설득력(변통)에 대한 폭넓고도 간략한 설명으로 대표되면서, 이와 동시에 마지막 장에서 경계하기 위한 이야기들에서도 나타난다.

『열녀전』에 담긴 전기들이 묘사하는 것은 아리스토텔레스의 남녀 구분과는 다르게 젠더를 구분한다. 아리스토텔레스는 남녀 구분을 묘사하면서 여성성에 대해 남성성에 의해 자극될 필요가 있는 것으로, 즉 수동성을 능동성으로 자극할 필요가 있는 것으로 보았다 (Bianch, 2014, p.2). 아리스토텔레스는 물질 또는 여성의 신체를 소리 없는 수동성, 즉 남성적인 형식이나 지성에 의해서 활성화를 기다리는 본질로 이해한다. 아리스토텔레스에게 여성은 결핍의 표지이다. 중국의 맥락에서는 여성과 관련하여 그런 의미가 내포되어 있지 않다. 키니가 썼듯이, 『열녀전』이 보여 주는 것은 "여성의 행위가 가족 또는 왕조의 건강과 명성을 지탱하든지 약화하든지 하는 방식인데," 그런데 여성은 자신의 영향력과 함께 젠더에 의해서 구분되는 의무를 포함하는 자신의 도덕적 행위 주체성을 통해서 그렇게 하는 것이다(Kinney, 2014, xxviii).

덧붙여, 『열녀전』은 여성의 권력과 동일시되는 음과 남성의 권력과 동일시되는 양의 교차가 모든 사물과 사건을 산출한다는 믿음을 강화한다. 음의 힘이 너무 커져서 양(궁극적으로는 황제의 정당한 권위)을 지배하게 될 위험이 존재한다. 따라서 여성적 영향력을 축소시켜서 유학의 가치 체계 속으로 맞춰야만 할, 상당한 필요와 명령이 존재한다. 키니(2014)는 이렇게 썼다. "왕조의 흥망성쇠는 적어도 부분적으로는 통치자의 배우자가 미치는 좋은 혹은 파괴적인 영향력에 기인하는데, 통치자의 배우자는 왕조의 안정을 위한 핵심 요소였다. 적절한 여성은 황실을 지탱하지만 부적절한 여성은 무너뜨린다 (xviii).

『열녀전』의 제4편 「절의전」에는 이런 이야기가 나온다. 노魯나라에서 한 여인이 길을 가고 있었다. 노의魯義라 하는 이 부인은 한 팔로 어린아이를 안고, 조금 큰 아이의 손을 잡고 길을 걷고 있었다. 다른 나라의 병사들이 노나라에 쳐들어왔는데 그들이 노의를 뒤쫓아와 붙잡기 직전이었다. 이때 노의는 어린아이를 내려놓은 채 나이가 더 든 아이를 붙잡고 도망쳤다. 나이 어린 아이가 "엄마, 엄마!"라고 울부짖었지만 노의는 계속 도망칠 뿐 뒤를 돌아보지도 않았다. 병사가 어린아이에게 "너의 어머니가 손잡고 가는 아이는 누구냐?"라고 물었다. 아이는 모른다고 대답했다. 이에 병사는 여인에게 멈추라고 소리치면서 멈추지 않으면 활로 쏘겠다고 했다. 그녀는 멈추어 섰고 병사들이 그녀를 가로막고 "붙잡고 있는 아이는 누구의 아이냐?"고 물었다. 노의는 답했다. "내 오라버니의 아이입니다. 당신이 오는 것을 보자 두 아이 모두 지킬 능력이 없어서 한 아이를 내려놓고 다른 아이를 데려갔습니다." 병사들은 노의의 행동에 몹시 의아해하면서 말했다. "엄마는 본래 자기 아이를 가장 아끼는 법이고, 자기 아이에게 무슨 일이 생기면 엄마가 가장 힘들어하는데, 어떻게 너는 자기 아이를 버리고 다른 아이를 데려갈 수 있지?"라고 물었다. 그러자 노의가 대답했다. "제 아이를 사랑하는 것은 사적인 애정(私愛)이고 오라버니의 아이를 돌보는 것은 공적인 의로움(公義)입니다. 나는 사애를 위하여 공의를 저버릴 수가 없습니다. 그렇게 해서 내 아이를 구한다고 할지언정 장차 누구도 나를 받아 주지 않으며, 나는 머물 곳이 없어질 것입니다. 그렇기 때문에 나는 내 아이를 잃는 고통을 견디어 내는 것입니다. 그것이 의를 따르는 길이라면 말이죠. 의가 없다면 나는 살아갈 수 없습니다." 군대의 대장이 이 여성의 말을 듣고 자국의 왕에게 보고하면서 노나라로 침투하는 일을 그만두자고 촉구했다. 그는 이렇게 말했다. "우리는 노나라를 침범해선 안 됩니다. 노나라에서는 여성들도 덕을 지킬 줄 알고 의에 따라 행동할 줄 압니다. 그들은 이기적이지 않고 공의를 지킵니다. 노나라의 여성들이 이렇게 할 수 있다면 그 나라의 지도자들도 분명히 본을 보이고 있을 것임에 틀림없습니다. 우리가 군대를 철수하는 것이 맞는 일입니다." 왕은 이 청을 받아들이고 노의에게 백 필의 옷감을 하사하였다. 그리고 그녀를 의매義妹(의로운 누이)라고 이름을 명하였다. 이 이야기는 어떻게 여성들이 가족의 생명이라는 직접성과 연관하여 자신의 덕을 지키는 행위를 통해 공적 책임을 다하는지를 보여 준다.

이 이야기는 또한 여성의 가치 체계를 표상하면서, 여성이 어떻게 상충하는 가치들을 조정하는지를 보여 준다. 그녀는 감정과 정서,

그리고 의로운 행위 사이를 분명하게 구분한다. 그런데『열녀전』에 수록된 이 이야기와 다른 이야기들은 궁금증을 자아낸다. 이 여성들이 왜 그런 행동을 하는지 합리적 관점에서 질문하게 된다. 그들이 실제로 염두에 두는 것은 무엇인가? 페미니스트 눈으로 보면 가능한 답이 하나 있다. 로빈 딜런Robin S. Dillon(1995)은 자기 존중에 대한 그 어떤 페미니스트 관점도 관계성의 기초 위에 정립되어 있다고 말한다. "왜냐하면 자기 존중에 대한 인정은, 한 개인이 여러 개인들 사이에 있고자 하는 도덕적 공동체 내의 자신의 자리를 인정하는 것, 즉 자신이 다른 사람들과 연결되어 있다는 사실과 어떻게 연결되어 있는지에 대한 이해를 포함하기 때문이다. 보다 협소하게 초점이 맞춰진 자기 사랑에서 자기 존중을 구별해 주는 것은 바로 타인과 관계 속에 있는 자아라는 좀 더 포괄적인 관점이다"(p.300).

이러한 자기 존중에 대한 관념은, 스스로를 인격체로 이해하고 가치 있게 여기는 능력이 타인의 인정과 존중에 달려 있다는 사실을 두드러지게 한다.『열녀전』에 등장하는 여성들이 자존을 획득하는 것은 바로 타인들에 의해서 존중되고 인정받기 때문이며 도덕적 행위자로서 정체성은 그들이 거주하는 공동체와 관련이 깊다. 따라서 딜런은 자기희생과 페미니스트적 자기 존중 개념 사이에 어떤 연관이 있는지 이해하기 쉽게 해 주었다. 그녀는 이렇게 말했다. "자기희생은 그 자체가 당연히 억압적인 것은 아니고, 폄하하는 것도 아니며, 또한 자존과 양립 불가능한 것도 아니다. 왜냐하면 자존적인 방식으로 자기 이익 추구의 포기, 심지어는 자기 자신의 포기도 가능하기 때문이다. 내가 어떤 가치가 있는지를 알기 때문에 내 희생의 크기와 의미 또한 아는 가운데서 말이다"(p.300). 딜런의 통찰을 통해 이런 수많은 이야기에 포함된 수수께끼를 해결할 수 있다. 의도적으로 극단적인 용어로 꾸몄지만, 이 "모범적인 여성들"이 직면한 도덕적 딜레마는 우리에게 어떻게 자기희생이 자존과 자기 가치를 유지하는 데 중요한 조건이 되는지를 엿보게 한다. 딜레마를 해결하기 위해 자신의 사적인 애정을 선호하는 쪽으로 간다면 공의를 저버리는 위험을 무릅써야 할 뿐만 아니라 하나의 완전한 인격체로서 기본적인 정체성마저 잃어버릴 수도 있다. 도덕적 정체성을 상실하는 것은 적어도 이 이야기들 속에서 자부심에 돌이킬 수 없는 상처를 입는 것과 같다. 또한 다른 어떤 상실이 본성적 욕구에 근접한 것이라 할지라도 그보다 훨씬 더 고통스럽다.

이러한 고대 중국의 관점은 샌델의 연대성 책임 또는 구성원으로서 책임 개념을 연상시킨다. 샌델은 이렇게 적었다. "자연적 의무와 달리, 연대성의 책임은 특수하며 보편적이지 않다. 그것은 우리가 빚지고 있는 도덕적 책임을 포함하는데, 이는 합리적 존재 그 자체에 대해서가 아니라 우리가 특정한 이야기를 공유하는 사람들에 대한 것이다"(2009, p.225).

서구에서는 동화 속에 등장하는 많은 여성 주인공, 예를 들면 백설공주나 잠자는 숲속의 미녀 등이 왕자가 그들을 깨우러 오기 전까지는 중요한 존재가 아니며, 그 어떤 도덕적 행위도 결여되어 있다. 신데렐라는 왕자가 유리 구두를 신겨 주어 그녀를 잔인한 환경에서 구출할 때까지는 자신의 고통을 견딜 뿐이다. 그러나 유향의 이야기들에서 많은 노예나 추한 여성들이 다른 방식으로 귀족이 되거나 황녀가 되는데, 이는 그 여성들 자신의 내적인 아름다움 또는 덕에 힘입은 것이다. 그렇다면 이것이 함의하는 바는 그녀들을 위하여 남자가 무엇을 해 줄 필요 없이 여성들 스스로가 자신의 구원자 또는 해방자가 될 수 있다는 점이 아니겠는가. 어떤 여성이라도 자신의 내면을 도덕적으로 인격 수양하면 더 좋은 삶과 명예, 또 지속적인 유산을 가질 수 있다는 사실을 이해함으로써 힘을 기를 수 있다. 여성들은 자기가 수양한 성품과 영향력으로 가치를 인정받고 칭송받을 수 있으며, 자신의 공적에 기초하여 특권적 지위를 누릴 수도 있다. 마오쩌둥毛澤東도 "여성이 하늘의 절반을 쥐고 있다"고 인정하지 않았는가. 따라서 중국의 여성들은 그저 남성에게 종속되어 있지 않다. 더 중요한 사실은 그들 스스로 왕조의 권력과 가족의 권위를 유지하거나 파괴할 수 있는 중요한 힘이 있다는 것을 인식한다는 점이다.

『장자』에서 도덕적 불일치와 인식론적 주장

샌델은 "도덕적 불일치(이견)에도 불구하고 좀 더 적극적으로 공적 참여를 한다면 상호 존중의 기반을 약화시키기는커녕 더욱 굳건하게 할 수 있다. (…) 도덕적 참여 정치는 회피하는 정치보다 시민에게 더 많은 이상을 불어넣을 수 있을 뿐만 아니라, 정의로운 사회 건설에 더 유망한 기반을 제공한다"(『정의란 무엇인가』, p.390)라고 했다. 그렇지만 정의로운 사회에서 도덕적 불일치가 중요한 특성이라는 주장의 타당성을 어떻게 입증할 수 있는가? 다시 말해서 애초에 도덕적 불일치의 발생을 어떻게 설명할 수 있는가? 이것은 인식론의 문제인가 아니면 우리가 그 발생의 기제를 이해하는 문제로 결국 회귀하는, 기본적인 존재론적 문제인가?

존재론적으로 말해서, 상호작용과 다양성만이 발생에 이를 수가 있다고, 발생과 더불어서만 발전이 있을 수 있으며, 또한 발전이 있어 번영에 이를 수가 있다. 음양 매트릭스는 사물 자체의 개별 특성에 의해서, 즉 그 자체의 변함없는 본질에 의해서 이루어지는 것이라기보다는, 상호 관계성의 구조들과 그것들을 추동시키는 역동적 성향에 의해서 구성된다. 뉴턴의 운동의 법칙은 우주가 내재적 질서가 있는 장소임을 보여 주었다. 그 안에서 움직이는 물체의 운동은, 실험실에서 관찰하든지 바깥에서 관찰하든지 또는 우주 먼 곳까지 관찰하든지 간에 예측을 허용하는 계산 가능한 법칙을 따른다. 이 법칙들이 함의하는 바는, 우주가 완벽한 시계와도 같은 안정성과 신뢰성으로 작동한다는 것이다. 시계 작동과 같이 움직이는 우주의 정당성은 "오늘도, 내일도, 또 모레에도 모든 물체는 간단한 일련의 규칙 외 그 어떤 것을 통하지 않고 현재의 사물로부터 전적으로 결정된다는 사상"이다(Laughlin, 2005, p.24). 그런데 정확하고 예측가능하며 질서정연한 시계 모델로는 우주 삼라만상의 발생 문제는 해결할 수 없다: 만물은 어떻게 존재하게 되었을까? 피터 코닝Peter Corning (2002)이 말한 대로, "규칙이나 법칙은 그 어떤 인과적 효능을 갖지 않는다. 그것은 사실상 그 어떤 것도 발생시키지 않는다"(pp.18-30). 시계 은유는 사유와 실제에 합리적인 질서를 부여하는 형이상학적 체계를 암시한다. 자연에 관한 이런 모델은 그 자체의 기계적 체계에 맞아떨어지는 대상만을 받아들이면서, 상호작용의 네트워크 내에 존재하는 다른 방식의 대안적 기능성은 배제해야 한다. 그 결과는 "환원주의라는 방법론적 필요이다"(Schonfeld, 2008, p.168).[4]

전통 중국 사상은 '생生, generation'[5]의 문제에 최대한 주의를 기울였는데, 사실 '생'은 중국 철학에서 중심 개념 중 하나다. 그 전통 안에서 세계와 만물의 발생을 내가 상보적 상호작용의 음양 매트릭스라고 불렀던 것과 같은 시각으로 종종 이해한다. 중국의 전통 사상이 만물의 기원에 주목할 때 사용하는 '생'이라는 용어는 '생명', '출생', '변형'이라는 의미를 동시에 포괄한다.

이러한 것의 근본적인 예 가운데 하나가 『도덕경道德經』 제42장에 나오는데, 여기서는 세계의 기원에 대한 구체적 설명이 '생'으로부터 주어진다:

> 도道는 하나를 낳는다.
> 하나는 둘을 낳는다.
> 둘은 셋을 낳는다.
> 셋이 만물을 낳는다.
> 만물은 음을 등에 지고 양을 끌어안는다.
> (만물은) 기氣의 혼융을 통해 조화로운 상태에 도달한다.[6]

토머스 마이클Thomas Michael(2005)은 "최초의 도에서 세계의 기원적 발생의 순서를 묘사함으로써 우주론의 단계들에 대한 최상의 도가적 비전을 가장 영향력 있게 표현한다"라고 쓰고 있다(p.56). 여기서 도는 근원적인 기氣를 일자一者, the One[7]로 발생시키고, 기는 음과 양 둘로 나뉘며, 순전한 음은 땅으로서 아래에 응축되고 순전한 양은 하늘로서 위에 응축되며 그 중간의 영역을 남겨 놓는데, 거기서 음과 양이 혼합되고 이를 인간이라 부른다. 이렇게 해서 셋이 된다. 이 우주의 내부로부터 도는 모든 만물을 발생시킨다. 세계의 발생과 만물의 존재에 대한 이런 관념은 세계에 대한 모든 도가적 인식 속에 직접적으로 반향을 만들어 내는데, 이는 특히 도덕적 불일치와 관련해서 논의하고자 하는 사람들에게 그렇다. 그리고 장자의 사상은 이에 대한 최고의 예를 제공한다.

　장자는 세계 만물의 실제 존재자들과 그것들에 대한 우리의 인식론적 해석을 예리하게 구분한다. 바로 도덕적 불일치에 대한 그의 사상을 적절히 논의할 수 있는 지점이다. 그에게서 불일치할 수 있는 능력은 존재론적인 현실태와 인식론적인 해석 사이의 간극을 메우기 위한 우리의 노력이 도울 수 있는 바로 그것이다. 일치를 이루지 못하고 자유롭게 논쟁할 수 있기 때문에 우리는 대상이나 상황을 실재의 마땅한 모습이 지닌 내적 매트릭스로 맞추려는 노력을 더 잘 조정할 수 있게 된다. 따라서 이에 관한 불일치는 불가피하다. 그럼에도 불구하고 이러한 불일치가 정직하면서도 개방적인 정신에 따라 공적인 것이라면, 그 불일치는 이상적인 방식으로 사람과 사회 그리고 현실에 대한 우리의 개별적 이해까지도 포함하여 그 폭넓은 다양성을 우리가 평가할 수 있도록 도와준다. 이런 개방성을 장자는 "제물齊物"이라고 부른다. 그것은 모든 만물과 존재가 동등하게 존재하며 그 어느 하나가 다른 하나보다 더 가치 있게 여겨지지 않고 또 지배하지 않는 상태, 각각의 존재와 사물과 사건이 그 자체의 고유한 가치와 장점을 갖는 상태다. 크기나 나이, 지위, 세상의 그 어떤 계급 지위의 자격도 그에게는 무의미하다.

장자의 견해는 이것과 저것, 즉 피시彼是의 구분에 반하는 인식론적 외침에서 출발한다. "저것 아닌 것이 없고, 이것 아닌 것도 없다. 그런데도 사람들은 저것의 관점에서 이것을 보지 못한다. 오직 이것 (즉 자신의 관점)으로만 그것을 안다. 따라서 우리는 이렇게 말할 수 있다. 저것은 이것에서 나오고, 이것은 저것으로부터 생긴다. 이것이 이른바 이것과 저것의 동시발생 이론이다. 그러나 바로 그 때문에 동시발생은 곧 동시파괴이며 그 역도 마찬가지다"(Ziporyn, 2009, p.12).

장자는 다양성의 내적 가치와 고유한 기능을 인정했다. 그는 우리가 공통으로 지닌 고정된 개념적 범주와 가치를 흔들게 될 대안적 관점에 열려 있어야 한다는 점을 잘 설명한다. 그가 이를 좋게 본 이유는 도추道樞 – '도의 축'이라고도 번역할 수 있다 – 즉 '모든 경로의 축'을 지향하는 높은 관점을 취하도록 하기 때문이다. 이런 관점을 획득할 때 사람들은 자유의 정신에 따라 제한 없이, 즉 이것-저것이라는 인식론적 피시의 패러다임 제약에서 벗어나 모든 만물에 대하여 대응할 수 있게 된다. 이러한 도추의 관점을 통해 사람들은 "자명한 비춤(막약이명莫若以明)"을 파악할 수 있다.

장자에 따르면, 각 존재는 보다 넓은 만물의 지평 안에 고유한 자리를 점하며, 모든 관점 또한 각기 지녀야 할 만한 고유한 권리를 갖는다. 장자의 주장이 갖는 힘은 세계 속의 만물이 제각기 갖고 있는 독특성을 올바로 평가하도록 이끈다는 점에 있다. 게다가 인간의 판단과 염려의 상황적 조건을 적시하여 우리가 그것을 깨달음으로써 이루게 한다는 점에 있다. 일단 그것을 알게 되면 우리는 모든 시민을 위한 더 나은 사회적 공간을 창출할 책임을 지고 모든 다른 이들이 지닌 타자성과 우리와의 차이점에 대해 더 섬세하게 이해하게 된다. 왜냐하면 각각의 관점은 그 자신의 상황과 말하는 자에게 특별하기 때문이다. 장자가 흔히 회의주의자로 비난을 받지만, 그럼에도 불구하고 그는 한 사람이 하나의 관점을 가지면서 형성되는 고정된 단일한 진리 개념을 부정하는 점, 그리고 참-거짓을 나누는 이원론적 사고의 한계를 극복해야 한다고 하는 점에서 설득력을 가진다.

다양한 관점을 허용함으로써 인간의 정신은 고양되고 더 높은 지평(도추)에 도달할 수 있다. 장자는 이렇게 썼다. "성인聖人은 우둔하다. 그는 해와 달과 어깨를 나란히 하고, 시간과 공간을 퍼 올려 다함께 뒤섞어, 모든 것을 끈적끈적한 죽처럼 버무림으로써, 낮아짐과 높아짐이 같게 한다. 이렇게 해서 그는 만 가지의 다양한 수확물을 얻으면서도 또한 그 각각에서 완벽하게 숙성된 동일한 순수함을 맛본다"(Ziporyn, 2009, p.12).[8]

이러한 지향성은 하나의 메타적인 관점으로 이어져서, 번영하는 삶을 영위하는 가능한 방식의 무한한 폭을 융통성 있게 그리고 관용을 갖고 인지할 수 있게 한다. 그것은 개방성을 요구하는데, 이로 인해 "이것-저것" 패러다임에 야기되는 맹점을 피할 수 있다.

도에 기초(도추)한 삶의 전망은 개인적이고 일방적인 관점들을 폐기하고 차이와 대안적인 기능들은 물론 심지어 개인적 선호까지 허용하는, 실재를 바라보는 다양한 관점을 제대로 평가하고 또 나아가 축하해 준다. 도의 관점에서 만물을 바라보는 일은 아주 어려운 도전이다. 왜냐하면 그것은 다양한 관점을 인식하는 능력과 함께, 세계의 더 크고 더 파노라마적인 패턴을 볼 수 있는 능력도 요구하기 때문이다. 장자는 이것을 "참사람(진인眞人)"이라는 우주적 비전에 대한 설명 가운데 담으려 한다. 리비아 콘Livia Kohn(2014)은 이것을 이렇게 요약했다. "진인은 관찰하되, 자신의 독특한 관점에서 사물을 보고, 자신의 독특한 관점이 무엇인지를 이해하면서 관찰한다. 그는 증언하되, 초연한 관점에서 실재의 흐름을 지켜보면서 증언한다. 그는 검토하되, 사물들 사이를 바라보고, 그것들 사이에 숨겨진 관련성을 보면서 검토한다. 그는 이해하되, 전체를 아우르는 지식의 완전한 명료함과 밝음으로 자신을 열어놓으며 이해한다(p.45).

샌델의 질문과 중국 철학의 답변

좋은 삶에 대한 관념을 공적 담론 안으로 가져오는 문제에 대한 샌델의 논의 – 정의와 옳음의 개념을 분명히 포함하는 논의 – 는 또 다른 질문을 던지게 한다. 최선의 삶의 방식에 대해 사람들의 의견이 일치하지 않는 다원주의 사회에서 우리는 좋은 삶에 대해 어떻게 논의할 수 있는가? 그의 말로 하자면, "그렇다면 공동체의 중요성을 인정하면서 동시에 인간의 자유를 인정하는 것이 어떻게 가능하단 말일까?"(2009, p.221, 번역서 p.326).

음양 매트릭스는 정의로운 사회에 대한 전통 중국의 사유와 샌델의 개념을 연결시키는 고리로 작동할 수 있기 때문에, 그것에 대해서 다시 한 번 살펴보자. 특별히 이번에는 신체에 대한 일정한 개념화를 허용하는 방식의 관점에서 살펴본다. 이를 통해 샌델의 질문에 대한 대답을 시도해 볼 수 있다.

전통 중국 철학을 눈여겨볼 만한 이유 중 하나는, 존재에 대해 궁극적인 질문을 할 때 종종 인간의 신체를 통하기 때문이다. 심지어 자연세계와 사회세계조차도 유기체적 인간 신체를 중심으로 인식하는 것이 전형적이다. 이러한 사유 방식에서 두드러지는 특징 하나는, 그 어떤 이해도 하늘과 땅 그리고 만물과 동일한 범주적 구조(상류相類)를 공유한다는 가정에 의존한다고 주장한다는 것이다. 인간 신체의 가치는, 서구의 철학에서 논의되어진, 말하자면 모든 사회적 문제의 기초 및 궁극적 원천에서의 그 지위를 중심으로 보는, 인간 복지의 가치와 크게 다르지 않다. 조화로운 정치 질서와 정의로운 사회를 생각하려면, 여전히 조화롭고 건강한 인간 신체에 대한 입장에서 추론할 필요가 있다. 인간의 신체는 보통 단순한 양적인 또는 선형의 기술로 환원될 수 없는 구조적으로나 기능적으로 복잡한 시스템으로 간주된다. 이는 인간 사회와 매우 유사하다. 인간의 신체와 인간의 사회가 당연히 그 어떤 두 부분이 상호 의존하는 복잡한 틀을 이해할 수 있는 인간의 정신 능력에 기초하는 유기적이고 상관적인 전체로서 간주되는 반면 신체에 대한 은유는 아주 원형적이고 일차직이다. 중국의 전통 사유는 신체의 기본적인 운동을 양의 분발과 음의 제한으로 작동된다고 본다.

더 나아가, 전통 중국 사회에서 인간의 사회란 인간 신체와 꼭 마찬가지로 음양의 상호 조화와 작동의 광활한 네트워크로 구성되어 있다고 강조한다. 그러한 네트워크가 사회적 관습의 모든 국면들이 일어나는 구조를 제공한다. 이렇게 이해하면 사회의 공동선과 개인의 자유 사이에 놓인 복잡한 연관과 지속적인 변화를 파악할 수 있다.

어떤 특정 사회가 진보할 때 음과 양의 상호작용이 적용되는 것과 마찬가지로, 공동선과 개인의 자유에 대한 척도들은 그 각각의 구체적인 상호작동과 상호작용, 상호 통합 가운데서 추적해 볼 수 있다(그것들의 부재 또는 실패도 포함한다. 폭정과 독재는 인간의 역사에서 부정할 수 없는 특징이기도 하다). 음과 양의 고유한 상호작동과 마찬가지로 공동선은 개인의 자유 없이 존재할 수 없으며, 개인의 자유는 공동선 없이는 완전하게 표현될 수 없다. 개인의 자유가 원활하게 꽃피울 때 공동선도 꾸준히 상승한다. 중국이나 서구에서 사상가들이 철학의 시초에서부터 상상해 온 이상적 세계에서는 공동선과 개인의 자유는 각각 상호 의존적 연관성을 유지하면서 다른 하나를 자연스럽게 규제한다. 공동선과 개인의 자유는 고립되어 존재하지 않는다. 오히려 그것들은 역동적인 상호작용의 장 안에서 존재한다.

전통 중국 사상은 조화(和)와 관련된 용어들을 엄격히 사용하면서 공동선에 대한 최고의 이해를 구성해 왔다. 조화는 고대에서 현대까지 인간의 삶에서 모든 면에 적용 가능한 중국의 독특한 가치를 가리킨다. 전통 중국 사상에서 조화는 공동선을 직접 지칭하지만, 그것이 똑같음 혹은 획일성(同)을 가리키는 것은 결코 아니다. 예를 들면, 기원전 4세기의 철학 저술인 『국어國語』(Discourses of the States)라는 문헌에서 이에 대한 예시를 많이 볼 수 있다. 「정어鄭語」(Discourse of

Zheng)라는 제목의 장에서, 사백은 다음과 같이 말했다고 기록되어 있다.

> 조화(和)는 만물을 낳지만, 똑같음(同)은 복제로만 이끌 뿐이다. 하나의 사물로 다른 것과 균형을 맞추기 위해서 사용하는 것을 조화(和)라 하고, 조화를 통해서 만물이 함께 나와 번성한다. 그러나 만일 똑같음(同)을 똑같음(同)에 적용하면 만물은 필연적으로 소멸한다. 따라서 고대의 왕은 온갖 다양한 사물을 만들어 내기 위해 흙(土)을 금속(金), 목재(木), 물(水), 불(火)과 섞었다.
> 그들은 다섯 가지 향료를 조화(和)시켜 음식의 맛을 조절하였고, 사지를 강하게 해서 신체를 보호했다. 또한 그들은 육률六律을 조화(和)롭게 해서 귀에 맞추었다. 또한 일곱 가지 장기를 바르게 해서 마음/정신을 돕게 했고, 신체의 여덟 가지 부분의 균형을 맞추어 사람을 완성했으며, 아홉 가지 규칙을 제정하여 순수한 덕을 세웠고, 열 개의 관직을 두어 백성을 다스렸으며 (…) 이렇게 해서 고대의 왕들은 최고 수준의 조화(和)를 달성하였다.[9]

그러나 재상 사백의 말은 여기서 끝나지 않는다. 사백의 이 논의는 중국 전통 선체에서 조화에 대한 논의로는 가장 오래된 기록 중 하나인데, 사백은 이것을 다음과 같이 맛과 소리의 조화로 설명한다. "하나의 소리로는 음악이 되지 않고, 하나의 색깔만으로는 아름다운 무늬를 만들 수 없으며, 하나의 맛으로는 맛있는 음식이 되지 않고, 하나의 사물로는 조화(和)를 이룰 수 없다"(Chenyang Li, 2014, 25). 리첸양은 사백의 사상에 나오는 이질성을 동(同)과 혼동해서는 안 된다고 말한다. 이질성이야말로 조화(和)의 중심 특징이며, 조화는 다양한 것을 혼합하여 화합시키는 고대 왕들의 지혜를 통해서 달성된다고 지적한다(p.25). 고대의 왕들처럼, 훌륭한 요리사와 숙련된 음악가 또는 창의적인 예술가 모두 엄청난 재능 혹은 능력, 즉 섞고 균형을 맞추고 조화를 이루게 함으로써 아주 다른 대립되는 요소들을 하나의 유기체적인 전체로 만들어 내는 능력을 갖고 있다.

실천적 차원에서 보면, 이러한 인식은 (중국에서나 미국에서나 다 같이) 우리 시대의 젠더 이슈를 둘러싸고 이루어지는 현재의 사회적, 개인적 논쟁을 위한 (필수불가결하다고 볼 수도 있을) 공간을 유지하고자 하는 우리의 의지를 고양시켜 줄 것이다. 남성과 여성은 특수한 사회적·문화적 정체성의 담지자로서 각자 자신의 상황에 접근하는데, 부분적으로는 이 정체성으로 인해 우리의 삶이 독특한 특수성을 갖는다. 그러면 거기에는 우리가 반드시 감안해야 되는 젠더가 있는 것이다. 젠더에 대한 고려를 음양 매트릭스에 적용한다는 것은 남성과 여성의 동등한 동반자 관계를 언제나 필연적으로 보장해 주지는 않는 차이를 확인하고 인정하는 것을 말한다. 그 매트릭스가 상보성의 기준 위에서 작동하기를 우리가 의도할 때조차도 말이다. 다른 말로 하면, 상보적인 관계는 평등의 관계를 보장하지 않는다. 따라서 음양의 매트릭스는 쉽게 오용될 수 있으며, 그것은 요소들을 단순히 기계적으로 구분하는 것 이상으로 훨씬 더 복잡한 상태다. 왜냐하면 그것은 하나의 특수한 준거 틀, 즉 상보성이라는 틀을 요구하기 때문이다. 이상적인 관점에서 젠더의 역동성을 음양 매트릭스로 설명하면, 젠더의 다양한 양태 가운데 존재하는 다양성과 창조성을 다룰 수 있을 것이다. 그리고 이는 살아 있는 몸이 균형 속에서 살아간다는 것의 의미가 무엇인지에 대한 이해로 이어질 것이다.

중국 여성은 남성과 따로 혹은 같이, 자신의 공간에 거주할 자연적인 권리를 협상할 자격 이상을 갖추고 있는데, 그런 공간을 확보함으로써 여성은 자기 자신의 독특한 특권적 성격을 갖는 가치 체계를 통해 영향력을 강하게 행사할 수 있다. 그러나 우리가 인정해야만 하는 사실은, 사회 정의를 증진하기 위해서는 논쟁이나 의견 불일치에 참여할 수 있도록 허용하는 자유가 있을 때 혹은 차이의 모든 경계를 넘어서 그들이 일할 수 있도록 하는 자유가 있을 때, 그 어떤 사회적 구조 안에서든 개별 여성들이 (혹은 남성들이) 성공에 이르를 수가 있다는 것이다.

음양의 매트릭스를 중심으로 또 그에 따른 인간의 신체에 대한 이해와 더불어 본다면, 젠더는 남성과 여성의 상호작용과 변형에서 더 변화무쌍하다. 그것은 한 개인에게 남성이기를 허용하고 여성이기를 허용하고 둘 다이기를 허용하고 둘 다 아니기를 허용한다. 이는 음을 단순히 여성과 동일시하고, 양을 단순히 남성과 동일시하는 게 아니라는 말이다. 한 남성은 남성의 음과 양을 가지고 있지만 양쪽에서 여전히 "남성"인 재로 있는 것이고, 마찬가지로 여성도 자기 자신만의 음과 양의 측면을 갖고 있지만 그 두 가지 면에서 여전히 여성으로 남아 있다. 음양의 매트릭스가 젠더 구성의 문제를 이해하는 데 제공할 수 있는 가장 가치 있고 독특한 기여라면, 음양은 늘 역동적이고 늘 흐른다는 것이다. 어떤 누구도 더 이상 "여성"과 "남성"이 의미하는 바에 맞추어 살 필요가 없다. 남편과 아내는 젠더에 대해 주어진 어떤 정적인 기대에 자신을 제한시킬 필요 없이 전체를 이루는 하나의 조화로운 관계에 참여할 수 있다.

젠더를 이해함에 있어 음양 매트릭스는 젠더를 역동적으로 바라볼 수 있는 능력을 구조적으로 갖고 있다는 점에서 중요하다. 이는 유기체적인 전체 안에서는 각각에 의해 행사되는 영향력에 속하는 만큼, 그리고 그것이 기능하는 그 어떤 순간에 변화와 전환을 받아들이는 만큼 역동적이 된다.

음양의 매트릭스는 남성의 필요와 경험의 다양성뿐만 아니라 여성의 필요와 경험의 다양성도 인정한다. 여기에 편견은 없다. 그것은 단일한 솔루션 또는 여성에 대한 하나의 이상을 제시하지 않는다. 물론 전통 유학의 이데올로기는 그런 이상을 촉구할 수는 있는데, 이 이데올로기는 모두에게 적절하며 타당한 것으로 "좋은 아내와 자애로운 어머니(賢妻良母)"에 우선순위를 두는 경향이 있기는 하다. 몇 가지 중요한 면에서, 음양 매트릭스는 한스 가다머Hans-Georg Gadamer의 해석적 지평interpretative horizon 관념과 유사한데, 그는 해석적 지평으로 세계에 대한 생생한 체험과 세계에 대한 반응, 그리고 세계에 대한 추론을 이해할 수 있다고 했다. 이 둘은 모두 생생한 체험을 인식하고 이해하는 데 수반되며 불가피하게 숨겨진 채 그 틀을 형성하는 전제들을 설명하려는 노력을 대표한다.

우리의 삶에 통합시켜야 하는 중요한 요소로서 '독獨'(고독 혹은 외로움 혹은 독창성을 의미하기도 한다)에 주목함으로써 어떻게 '진인'이 되는가를 설명하는 장자에게서 중요한 것을 배운다. 그는 「천하天下」편에서, "그런데 묵자墨子는 홀로 살아서는 노래하지 않고" 그리고 "담담히 혼자만의 개성 속에서 신명과 함께 거한다"라고 말한다. 또한 "나는 세상의 시련을 받아들인다. 사람들은 모두 꽉 채워짐을 선택하는데, 그만이 홀로 비움을 선택한다. (…) 사람들은 모두 행복을 추구하지만 그만이 홀로 그의 불완전한 조건에서 완벽함을 느낀다"라고 하며, 마지막으로 "그만이 홀로 천지의 신령한 작용과 함께 한다"[10]라고 한다.

이 인용문을 보면, 장자는 어떤 남성이나 여성도 관습적인 역할에만 한정되지 않는 자기 이해에 이를 수 있다는 생각을 보여 준다. "신령한社" 나무 이야기[11]에서 장자는 다른 존재들이 그 나무에게 지정한 사회적 지칭으로 어떻게 살아가는지를 묘사하는데, 그러면서도 나무가 주어진 지칭에만 한정된 상태로 자신을 내버려 두지도 않는다는 것을 보여 준다. 그 나무는 자신을 신령한 존재社로 보도록 내버려 둔다. 그리고 그것으로 끝이다. 나무는 그냥 계속 나무로 존재함으로써 행복하다. 그 나무에게 주어진 사회적 지칭은 그 나무가 자신을 바라보는 데에 아무런 중요한 의미가 없으며, 더욱이 그 나무가 실제로 살아가는 데에도 덜 중요하다. 이 이야기는 관습적인 역할에 또는 심지어 구체적인 행위에 제한되지 않는 자기 이해를 주창하는 장자의 전반적인 접근과 전적으로 맥을 같이 한다. 우리가 수용할 만한 태도로서의 '독'은 사회적 역할의 거부 또는 심지어 사회적 가치의 거부를 필연적으로 함의하는 것은 아니다. 오히려 그것들을 비판적으로 성찰할 기회를 제공한다(D'Ambrosio, 2012, 2014).

'독'의 태도는 자신의 관습적인 사회적 역할 바깥에서 그것과 떨어진 채 자신을 바라볼 수 있는 가능성을 제공하며, 일상적인 문화적 제한을 능가 혹은 초월할 수 있는 길을 개인에게 열어 준다. 덜 적극적인 페미니스트들이나 전 세계의 억압받는 사람들에게 이것은 (특히 오늘날의 중국에서) 아주 유용한 태도다. 그렇지만 우리가 『열녀전』에서 봤듯이 자기희생과 같은 수준으로 나아가지는 않는다. 사실 '독'의 태도는 행동의 동기를 제공할 수 있다. 예를 들면, 공적 토론의 장에서 자기 의사를 표현할 권리를 행사하기 위해 일어서도록 동기를 제공한다. 장자에게 '독'은 결코 자기 연민이 아니다. 그런데도 그것은 우리들 각자 혹은 세상 만물들 각각이 단지 존재한다는 사실 자체만으로 형성되는 차이로 인해 어떠한 관습적 역할에도 완벽하게 맞지 않는다는 사실을 알게 함으로써 개인이 평안할 수 있게 한다.

젠더를 중심으로 음양의 역동성을 보는 다른 방법이 있는데 그것은 음은 남성이든 여성이든 각자의 개별적인 자아라는 점이다. 양은 그 개인이 직면해야 하는 사회 구조다. 음인 자아는 양인 사회적 권력 안에서 자유로운 공간을 창조하고 조정해 내야 한다.[12]

건강한 사회 구조라면, 남성 혹은 여성이라는 젠더 동일성의 내적인 매트릭스를 갖는 대신, 성과 젠더가 자유롭게 활동할 공간을 허용하고 각자가 원하는 정체성을 인정해 주어야 한다. 이렇게 함으로써 좌절이 줄어들고 문제가 감소한다. 예를 들어서, 어린 소녀가 인형을 갖고 놀든 트럭을 갖고 놀든 자유롭게 선택할 수 있게 할 때 그

아이는 사회 규범에 제한당하는 기분이나 특정 제한 때문에 좌절감을 느끼지 않을 것이다. 장자의 정신에 비춰 말하면, 우리가 젠더 놀이를 수용할 때, 우리는 놀라운 일에 대해서도 지속적으로 기꺼이 대하거나 또는 충격적인 일도 즐거이 개방적일 수 있는 유연한 정신 상태에 도달할 수 있게 된다. 주요한 요인은 경각심awareness이다. 사람들은 다양한 가능성이나 관점의 다중성, 변화의 지속성, 그리고 상황의 복잡성에 대해 경각심을 갖고 깨어 있어야 한다. 이렇게 해야 적절한 의사결정에 이를 수 있고, 그리하여 어떤 환경에서나 배우고 연습하고 자신을 완벽하게 할 수 있다.

샌델의 저작에 자극을 받은 나는 이 글에서 샌델의 정의로운 사회에 대한 관념에서 분명해진 몇 가지 경로를 따라가면서 몇몇 중국 고전 문헌을 다시 찾아 읽는 여행을 했다. 어쩌면 그를 놀라게 할 수도 있는 로드맵을 따라 한 여행이었다. 이 로드맵은 여성의 덕에 대한 유가의 관념들, 공적 사안에 관한 불일치의 인식론적 가치에 대한 도가의 관념들, 그리고 "생성"과 음양 매트릭스에 대한 좀 더 전통적인 중국적 관념들을 통해 우리를 안내하는 것이었다.

이처럼 음양 매트릭스를 샌델의 사유에 적용하는 논의는 차이에 대한 개방적인 태도의 가치를 인정하게끔 이끈다. 설령 우리가 원하는 것이 단지 도덕적 불일치를 엄밀한 조건에 따라 범주화하는 것일 뿐이더라도 말이다. 샌델이 규정한 대로 개방성은 건강하고 통합적이고 심지어 당위적인 윤리적 자세에 반응하는 것이다. 이 자세는 차이를 즐길 뿐만 아니라 찬사를 주는 것이다. 이것이야말로 정확히 유향과 장자가 우리에게 갖추도록 하려는 자세다.

이런 점에서 볼 때 개방성은 모든 만물의 생성에 대해 그것이 여하한 선규정적 관념들 때문에 세상으로 나오지 못하게 함이 없이 생성의 과정에 참여하는 데 필요한 일종의 존재론적인 요구다. 우리의 눈과 마음, 우리의 감각과 인식을 만물의 생성에 개방한다는 것은 길들일 수 없는 얽힘과, 위험한 연합, 그리고 흐릿한 경계선에 대한 몸의 경험을 받아들이는 것이다. 이런 것들은 개방성 없이는 받아들일 수 없다. 개방성은 우리를 호기심에 찬 아이처럼 만든다. 세상 모든 것에 대해 정직하고 신나게 놀고, 즐거움을 찾게 하는 것이다.

음양 매트릭스는 역동적이고 유동적이며, 그것은 마치 음양의 상호작용과 마찬가지로 공동선과 개인의 자유의 상호작용을 적극 찬성한다. 이런 상호작용은 음과 양 사이의 관계에서나 공동선과 개인의 자유 사이의 관계에서나 마치 포크와 나이프 대신에 두 개의 젓가락을 쓰는 것과 같다. 포크와 나이프는 두 개의 손을 필요로 하지만 두 개의 젓가락은 한 손으로도 움직일 수 있다. 손 하나로 두 개의 젓가락을 조화롭게 움직이는 것이다. 포크와 나이프는 둘 다 음식을 파고들지만 젓가락은 음식을 그대로 둔다. 젓가락은 음식을 입으로 가져올 때 돕는 역할만 하고, 두 짝은 서로 공동으로 작업해야 한다. 젓가락은 의도한 목적지로 음식을 가져가는 한 그것을 올바르게 사용하는 단 한 가지 방법이 존재하는 것은 아니다. 그리고 그 목적을 달성했다는 것은 분명히 두 짝이 언제나 적절한 위치에서 일종의 음악적 운동을 하며 서로 조율하면서 움직였다는 것이다. 밖에서 보면 젓가락 두 개가 똑같아 보이지만, 쓰일 때엔 서로 달리 쓰인다.

하나가 똑바로 있을 때 다른 하나는 검지와 손의 움직임에 따라 움직여야 한다. 그러나 두 개의 젓가락을 바꾸면 역할은 그 반대가 된다. 젓가락 어느 짝이 어느 쪽으로 가는가는 중요하지 않다. 두 개가 함께 조화롭게 작동하면 그만이다. 장자의 행복한 물고기에 대한 이야기로 바꾸어 말하면, 이것은 젓가락의 행복이 아니겠는가?

끝으로, 샌델(또는 그의 견해)은 중국의 여성들을 행복하게 할 것이라고 결론지을 수 있다!

폴 담브로시오
Paul J. D'Ambrosio

07

만족, 진정한 가장
그리고 완벽

샌델의 『완벽에 대한 반론』과 도가 철학

사물을 사물로 보되, 다른 사물에 의해
사물로 취급받지 않도록 하라 物物而不物於物.
－『장자』「산목山木」1 중에서

　　마이클 샌델은 『완벽에 대한 반론』[1] 에서 생명공학과 유전자 조작에 대해 철학적으로 비판한다. 그러한 기술들을 통째로 거부하기보다, 『완벽에 대한 반론』은 이런 실행들이 인간의 강화 the human enhancement라는 목적을 위해 사용될 때 초래할 수 있는 여러 유형의 태도에 대해 독자들에게 반성을 촉구한다. 샌델은 특별히 유전자 혁명이 '앞서가기' 또는 '정복'을 향한 '프로메테우스적 충동

177

Promethean drive'을 조장하는 방식에 관심을 둔다. 샌델은 프로메테우스적 충동이 인간의 재능과 한계를 '선물로 받음giftedness'이라는 점을 인정하지 않게 한다고 본다. 더구나 그는 오늘날 사용되는 기술들이 이미 몇 가지 우리의 도덕적 측면들을 심각할 정도로 손상시켰다고 주장하는데, 특히 겸손, 책임, 연대가 그러하다. 이런 부정적 결과들은 유전적 강화의 이용을 규제하지 않는다면 더욱 확대되고 심화될 것이라고 경고한다.

샌델의 전반적인 관심을 상당히 공유하는 다른 사람들, 예컨대 프랜시스 후쿠야마Francis Fukuyama는 "기술 발전의 속도와 범위를 통제할 수 있는"(Fukuyama, 2002, p.183)[2] 구체적인 규제 제도의 시행을 주창했다. 샌델의 목적은 – 이 부분과 관련해서는 그의 민주주의, 시장, 정의에 대한 작업과 일관되게 – 후쿠야마 같은 사상가들이 직관 수준에서 제안한 논증을 보완하고 충분한 정보를 제공하려는 데 있다. 샌델의 주된 목표는 섬세히 설정되어 있고, 후쿠야마와 관련해서 보면 비교적 온건한 편이다. 샌델의 논의에 따르면 우리 시대에는 과학이 도덕적 이해보다 더 빠르게 움직인다. 그렇기 때문에 사람들은 자신의 반응들을 완전히 설명하지 못하는 윤리적 추론에라도 매달리는 가운데, 자기감정을 섬세히 묘사하는 데 어려움을 겪을 수 있다. 샌델은 – 더 좋은 정보에 기초한 토론의 공간을 창출하려는 목적으로 – 당면한 도덕 문제들을 명료히 하고 우리의 도덕적 직관과 그에 수반되는 도덕적 추론을 적절히 다룬 설명을 제공함으로써 공적 논쟁을 자극하기를 바란다(그리고 이미 많은 경우 그는 성공했다).[3]

샌델은 적절한 철학적 반성을 하는 데 적절한 틀을 제공하려고 다음과 같은 두 유형의 윤리를 제안한다. (1) '선물로 받음의 윤리the ethics of giftedness'는 우리의 소질이나 단점이 우리 자신의 설계, 의지, 야망의 산물이 전혀 아님을 인정하게 한다. 그리고 (2) '규제의 윤리the ethics of restraint'는 우리가 선물로 받음이란 의미를 인정할 때 "우리에게 주어진 선물인 인간의 능력"(『완벽에 대한 반론』, p.45)을 정복하고 지배하려는 충동을 제어할 것을 요구한다. 아주 최근인 2016년 한 인터뷰에서 샌델은 생명공학 기술이 사회 불평등을 해소하는 데 사용될 수 있다는 견해에 답변하면서, 자신의 몇 가지 비판을 예리하게 다듬었다(Heijine and Sandel, 2016). 그가 말하고자 한 핵심은, 생명공학 기술이 사람들을 사회적 세계에 더 적합하게 만드는 것을 목적으로 하는 한에서 좀 더 근본적인 문제들을 등한시하게 한다는 것이다. 사회에 일치하려는 우리의 욕망에 호소함으로써 유전적 강화는 물론 심지어 현대의학조차 은연중에 현실 – 이 현실이야말로 불평등을 양산한 책임이 있는 그 제도와 규범이다 – 의 모습이 적절하다는 점을 재확인한다는 것이다. 중국 철학의 사자성어로 말하면 "본말전도本末倒置", 즉 "문제의 근본과 말단을 뒤바꾸고" 있다는 말이다.

샌델의 철학과 유가 사상 사이의 유사점에 대해서는 이 책 및 그밖의 책에서 이미 논의가 많이 되었다. 판루이핑(范瑞平, 2010), 조지프 챈(陳韜文, 2010), 리쩌허우(李澤厚, 2014)는 유가적 관점에서 특히 『완벽에 대한 반론』에 대해 논평한 바 있다. 하지만 샌델이 『완벽에 대한 반론』에서 제시한 논지의 일부와 보다 최근에 한 그의 인터뷰가 전통 도가적 관점과 공명한다는 놀라운 경향을 학자들은 대체로 놓치고 있다. 물론 전통적으로 이해되는 도가적 추론이 샌델의 추론과는 많이 다르다고 해도 말이다.[4] 이 글의 목적은 중국 전통의 '이단'이라 할 도가가 어떤 식으로 샌델과 대화에 참여할 수 있는지를 해명하려는 것이다. 사실 생명공학과 유전자 조작에서 이룬 과학적 발전이 제기하는 철학적·도덕적 문제들 중 일부에 대해서는 유가적 대응보다 도가적 반성이 샌델의 논의에 훨씬 더 도움이 되는 것 같다.

표면적으로만 보면 샌델의 비판과 도가 사상을 연관 짓는 것이 그럴 듯해 보이지 않는다. 샌델이 인간 공동체의 중요성을 극히 강조하는 철학을 지닌 충실한 도덕주의자라면, 이와 달리 『노자』(또는 『도덕경』)와 『장자』의 도가 철학은 사회 제도에 대해 극히 회의적이고, 확실히 반反인간중심주의적이며 무도덕적amoral이다. 그럼에도 도가 철학은 샌델이 '선물로 받음의 윤리', '규제의 윤리' 그리고 사회 조직의 도덕적 지위에 대한 비판적 고찰에 대한 깊은 숙고를 요청하는 몇 가지 측면들에 대해 공감하는 것으로 보인다.

도가 사상의 세 가지 핵심 개념은 샌델의 논의와 직접 관련되는 것은 물론 그의 논의를 새롭게 조명해 줄 수도 있다. 첫째는 전통적으로 사회적 역할, 덕, 이익에 대한 공리주의적 이해와 연관된 절차적 계산에 대한 거부다. 고대 중국에서 경쟁하는 학파들이 제도화되면서 생겨났다고 받아들여지는 (아마도 이것은 오해인 듯하다) 이러한 계산적 사유 방식은 나중에 '기계적 사유' 혹은 글자 그대로는 '기계적인 마음'이라 할 기심機心, mechanical heart-mind이란 말로 요약된다. 유명한 도가적 이상, 즉 '자발성' 혹은 '스스로 그러함'이라 할 자연自然

과, '억지로 하지 않는 행위' 혹은 '불간섭'이라 할 무위無爲는 이러한 기계적 마음에 대한 원형적 대안들이라 볼 수 있다. 이 두 가지 이상은 우리에게 다른 사람, 사물, 자연과 어떻게 상호작용할지는 물론 그런 상호작용이 양산하는 태도에 대해서도 반성할 것을 요구한다.

둘째로 '만족할 줄 아는 것', '족함을 아는 것' 또는 '만족의 완성 mastering of satisfaction'[5]이라 할 '지족知足'은 기심에 대한 비판의 근거가 되는 주요 부분이면서 또한 그 자체로 대안이기도 하다. 만족할 줄 아는 것, 특히 『노자』에서 보이는 지족은 탐닉에 대한 경고를 뜻한다. 그것은 우리에게 실제로 필요로 하는 것이 무엇인지 생각해 보게 하고, 나아가 지나침은 오직 끊임없이 우리의 기대치를 높이기만 할 뿐임을 깨달아야 한다고 말한다. 기대치가 높아질수록 충족감에서 더 많은 것을 얻고자 하는 욕망으로 초점이 이동된다.

셋째 개념은 『장자』에 나오는 '참사람zhenuine person' 또는 성인sage 이라 할 '진인'에 대한 묘사다.[6] 이 용어에 대한 나의 해석은 전통적 주석과 현대 중국의 주석 모두를 따르는데, 이 진인에 대해 검토하다 보면 도가 철학의 '진정한 가장genuine pretending'(D'Ambrosio, 2012, 2014; Moeller and D'Ambrosio, 2017)이 드러난다. 단순한 가장pretense 과 혼동하면 안 되는 이 개념은, 사람이 사회적 규범과 역할을 수행할 때 그로부터 비판적인 거리를 유지할 줄 아는 능력을 가리킨다. 여러 가지 방식으로 그것은 사회 영역에서 '자발성spontaneity', '억지로 하지 않음' 그리고 '만족할 줄 아는 것'을 실존적으로 적용한 것이라 할 수 있다.

이 글에서 나의 목적은 『노자』와 『장자』의 도가 철학이 강화를 위해 어떻게 유전공학을 이용하는가에 대한 샌델의 반론에 새로운 관점을 줄 수 있음을 증명하려는 것이다. 역설적이게도 도가 철학이 상당한 공헌을 할 수 있는 것은 바로 인간의 중요성에 대한 평가절하와 무도덕주의 때문이다. 나는 그의 책 『완벽에 대한 반론』과 「완벽한 인간The Perfect Human Being」(Heijine and Sandel, 2016) 시리즈의 일부로 진행된 인터뷰에서 샌델이 강화를 목적으로 한 인간의 생명공학에 대한 비판을 개괄하는 데서 시작할 것이다. 그다음에 나는 '기심', '지족' 그리고 도가 철학의 진정한 가장을 논의하고 이 관점에서 대화함으로써, 샌델의 입장은 도가 철학과 같은 편이며 더 나아가 도가 철학을 통해 강화될 수 있음을 주장하고자 한다.

샌델: 선물로 받음의 윤리, 규제 그리고 사회적 직관

샌델은 복제와 유전공학에 대한 자유주의자들의 공통적인 반대 가운데 몇 가지를 거부하면서 『완벽에 대한 반론』을 시작한다. 먼저 "복제는 아이들의 자율성을 침해하기 때문에 나쁘다"라는 "자율성 반대"에 응답하면서, 샌델은 "부모가 미리 유전적 구성을 선택하지 않는다면 아이가 자신의 신체적 특성을 스스로 자유롭게 선택할 수 있다는 그릇된 가정을 함축하고 있다"(p.22)고 논한다. 다음에 샌델은 '공정성'의 관념에 근거한 반대를 다룬다. 어떤 이들은, 일부 사람들만 인간의 능력을 강화시키는 약물과 기술을 이용할 때 그들은 불공정한 이익을 얻는다고 주장할 수 있다. 그러나 이 논리 또한 치명적 결함이 있다. 왜냐하면 유전적으로 남들보다 더 훌륭한 재능을 타고난 이들이 언제나 존재해 왔다는 사실을 무시하고 있기 때문이다. 샌델은 이렇게 쓴다. "공정성의 관점에서 보면 유전적 강화로 인한 차이는 선천적 차이와 마찬가지로 나쁜 것이 아니다"(p.27). 두 유형의 반대 모두를 통해 생각해 보면 곧바로 그 단점들이 드러나는데, 유전적 강화에 대해 우리가 느끼는 도덕적 망설임을 적확하게 설명해 주지 못한다는 점이다.

앞의 두 가지 반대는 모두 잘 생각해서 내린 논지의 결론이라기보다 우리의 불편한 감정에 대해 합리적 토대를 찾아내려 한 절망적 시도의 결과다. 샌델이 그다음에 착수한 일은, 이런 관심사를 도덕적으로 좀 더 비중 있는 것들로 대체함으로써 공적 논쟁을 풍성하게 하는 일이다. 그는 탐구를 통해 강화 행위가 인간의 존엄에 제기하는 위협을 토론하고자 한다. 샌델이 보기에 근본 문제는 이것이다. "(강화의 기술이) 인간의 자유나 번영에서 어떤 측면을 위협하는가?"(p.39).

그러한 위협이 도덕적으로 어떤 힘을 갖는지 알기 위해서는 "유전적 강화를 원하는 사람들에 대한 우리의 도덕적 망설임"(p.22)이 유래하는 원천을 더 깊이 들여다봐야 한다. 그러므로 분석은 (순수하게) 합리적인 것이 아니라 감정적인 불편함에서 시작된다. 사실상 비판적 반성을 위한 구체적 출발점으로서 샌델 철학 대부분이 보이는 양상은, 세속의 일상적 결정에서 사회의 긴급한 현안에 이르기까지 어떤 것에 대해서든 우리가 갖는 감정, 우리가 헌신하며 소중히 여기는 것들, 우리가 부지불식간에 고수하는 모순들을 진지하게 살피는 데서 출발한다는 점이다.[7] 더욱이 이런 요소들을 무시하거나 인

07. 만족, 진정한 가장 그리고 완벽

간이 마치 합리적 계산기에 불과한 듯 그런 요소들을 제쳐두지 않고, 샌델의 철학은 이 감정적 요소들이 도덕 추론에서 결정적 요소라고 주장한다.[8] 달리 말해 유전적 강화에 대한 우리의 '도덕적 망설임' 또는 '불편함'은 철학 논쟁에서 중요한 요소로 받아들여야 한다는 것이다(pp.22-23). 샌델의 목적은 생명공학 기술적 강화에 대한 불안감 이면의 도덕적 문제를 설명하려는 것이다.

샌델의 분석에서 토대로 삼는 주요 틀은 직접적으로 아리스토텔레스적 접근법에 귀속한다고 할 수 있다. 그는 이렇게 썼다. "강화의 윤리에 관한 논쟁은, 적어도 부분적으로는, 해당 스포츠의 궁극적인 목적이나 핵심, 그리고 미덕을 둘러싼 논쟁이다"(p.56). 구체적인 사례로 스포츠를 들 수 있다. 샌델의 논의에 따르면, 스포츠에서 생기는 문제를 고려할 때 우리가 따지는 것은 "해당 스포츠의 핵심과 스포츠에 수반되는 미덕"(p.56)이다. 그래서 스포츠에서 불법적인 운동 능력 강화 약물 사용이 사람들을 당혹하게 하는 이유가 무엇인지 생각할 때, 우선 스포츠의 목적을 판단하는 것이 중요하다. 그것이 사람들의 감정 배후의 근거를 명확하게 해 주며 나아가 문제가 정확하게 무엇인지를 정할 수 있게 한다. 그러나 샌델은 (공개적으로 인정하듯이) 인간 본성이나 인생에 어떤 고정된 하나의 목적이 있다고 주장하지 않는다. 인간과 인생에 대한 그의 이해는 훨씬 역동적이어서 유일한 목적 같은 것은 필요하지도 않다.

유전자 조작이 우리 인간 본성이나 목적을 훼손할 수 있는지 또는 훼손한다면 어느 정도인지 묻지 않고(본성에 대해 정의를 내려야 하는 일련의 질문들), 샌델은 이런 기술들이 인간의 신체, 타자, 사회, 자연과 인간의 관계를 어떻게 변화시킬지를 – 특히 그런 기술들이 조장하기 마련인 태도 변화를 – 탐구한다. 그가 확인시켜 주는 망설임과 그가 내놓은 논증은 인간 본성 자체보다 인간 본성을 다루는 **방식**과 더 많이 관련된다. 이렇게 보면 샌델의 논의는 본성 대 양육 논쟁에서는 거의 침묵하는 가운데 양극단, 즉 생물학적 결정론이나 마르크스주의와 같은 입장과는 이론적으로 양립 가능한 하나의 관점을 제공한다.

샌델이 인간 본성을 정확히 묘사하거나 인생의 목적을 제시하지는 않는다 해도 그가 말하는 "선물임을 인정하기appreciation of giftedness"는 그의 추론의 방향을 이끌어 준다. 배아 유전자 선별과 조작 또는 맞춤아기에 대해 샌델은 다음과 같이 썼다. "자녀를 선물로 인정하는 것은 그들을 설계 대상이나 부모 의지의 결과물 또는 부모의 야망을 이루는 수단으로 여기지 않고 자녀를 있는 그대로 받아들이는 것이다"(p.67). 이런 인정은 훨씬 광범위한 맥락에서도 잘 적용된다. 선수로서 소질에서 창조적 능력까지 인간의 재능은 우리가 선택하는 것이 아니다. 유전자에서 우리의 사회경제적 · 정치적 · 역사적 환경에 이르는 모든 것이 우리 능력의 형태와 발전을 이룬다. "선물임을 인정하기"는 우리 삶의 많은 측면들이 선택과 무관하다는 것을 승인하는 것이다. 우리 자신이나 다른 누군가를 위해 우리가 바람직하다고 보는 특정의 속성, 재능, 능력을 선택하고자 할 때 우리는 정복하려는 태도를 취하게 된다. 이러한 정복욕을 억제하고자 샌델은 "선물로 받음의 윤리"와 더불어 "규제의 윤리"를 강력하게 권고한다.

규제 장려는 생명공학 기술을 통해 자신과 다른 사람들을 통제하려는 충동을 축소하는 방법이다. 그러나 생명공학이 인간의 주체성 human agency을 잠식한다고 보는 자율성에 의거한 반대론과 이 방법을 혼동해서는 안 된다. 우리가 선물로 받았음을 무시하면 결국 인간의 삶과 아마도 자연까지도 차가운 계산기로 취급될 것이다. 그래서 자율성에 근거한 반대론은 "인간 행위를 전적으로 기계적으로 이해하는 것"이 완전히 "인간의 자유 및 도덕적 책임과 상치된다"(p.44)라고 주장한다. 그러나 샌델에게 문제는 좀 더 복잡하다. 그가 우려하는 것은 "인간의 기계화가 아니라 자연과 본성을 정복하려는 충동이다"(p.45). 생명공학 기술을 이용해 우리의 삶을 강화할 때 우리를 부추기는 것은 오만이다. 우리가 자제를 통해 이런 활동을 멈추고 그 대신 우리가 인간 본성의 전적인 주인이 아니라는 점을 받아들인다면, 그로 인해 비로소 유전공학의 문제를 넘어서까지 영향을 미쳐 온 우리의 도덕적 추론이 갖고 있는 비판적 측면의 형태가 속속 드러날 것이다.

샌델은 겸손, 책임, 연대를 "도덕적 지평의 세 가지 중요한 특성"(p.112)이라고 하는데, 이것들은 우리가 자신의 적성을 온전히 통제하지 못하리라는 깨달음을 통해 변화될 것이다. 우리가 선물로 받음의 의미를 간과하게 되면 겸손은 무시되고 우리 자신이나 우리 아이들과 동료와 같은 다른 사람의 삶을 통제하려는 충동과 정복, 오만으로 향하게 될 것이다. 그때가 되면 우리는 아이들에게 적절한 유전자를 선택하는 것이나 큰 경기를 앞두고 조사를 해야 할지 말지 결정하는 것과 같은 수많은 새로운 문제에 책임을 느끼게 될 것이다. 그리고 우리는 이런 의무를 다하지 못했다고 비난받을 수 있다. 샌델은 이를 "도덕적 부담"(p.115)에 수반되는 "책임성의 증폭"이라 부른다. 샌델은 이를 잘 보여 주는 예를 든다. "지금은 농구선수가 리바운드를 놓치면 코치가 그 선수에게 정해진 위치를 벗어난 탓에 그런 실수가 나왔다고 혼낼 수 있다. 그러나 미래에는 선수의 키가 너무 작기 때문이라고 나무랄지도 모른다"(p.114). 마찬가지로 문제는 반대로도 일어난다. 충분히 키가 크지 않다거나, 충분히 매력적이지 않다거나 충분히 멋있다고 느끼지 못하는 아이들은 이런 단점들이 부모 때문이라고 불평할 수 있다. 이런 심리 상태에 사로잡히면 마찬가지로 더 큰 조직에서 연대란 아예 생각조차 할 수 없다.

연대가 결정적인 역할을 하는데, 이것이 샌델을 공동체주의자라고 부르는 일부 근거이기도 하다. 민주주의, 시장, 정의에 관한 그의 작업과 어울리게도, 샌델은 선물로 받았음을 인정하지 않으면 연대에 심각한 손상을 끼치게 될 것이라고 주장한다.

> 만일 우리가 유전공학으로 인해 유전적 제비뽑기의 결과를 무시하고 운 대신 선택에만 중점을 두면, 인간의 능력이 주어진 선물이라는 개념은 점차 설 자리를 잃을 것이다. 또한 우리 자신을 공동의 운명을 공유하는 존재로 여기는 관점도 사라질 것이다. 성공하는 사람들은 순전히 스스로 능력을 성취했고 따라서 성공의 원인이 자신에게만 있다고 생각하는 태도가 더욱 강해질 것이다. 사회 밑바닥의 사람들은 불리한 조건을 갖고 있으므로 보상받을

187
07. 만족, 진정한 가장 그리고 완벽

필요가 있다고 여겨지는 대신에, 단순히 **부적격한** unfit 존재로 여겨지고, 따라서 우생학적 교정이 필요한 존재로 인식될 것이다. 타고난 재능의 우연성을 인정하지 않는다. 능력주의가 더욱 심해져 관대함도 줄어들 것이다. 유전학적 지식이 완벽해질수록 보험 시장에서 드러나는 연대성이 사라지듯이, 완벽한 유전적 통제가 가능해지면 자신의 재능과 운이 갖는 우연성을 진지하게 숙고할 때 발현되는 실제적 연대성도 사라질 것이다(pp.118-119; 강조는 필자).

다르게 말해서 정복하려는 충동이 사회의 도덕적 근간을 이미 뒤흔들어 놓았다는 것이다. 더 나아가 인간의 재능을 부분적으로 우연이라 보는 시각에 대한 평가절하는 도덕적 근간을 더욱 심하게 해체시킬 것이다. 지나침과 정복의 성향에 저항하면서 자제할 때 우리는 유전자 이상으로 인간의 겸손, 책임, 연대를 강화시킬 수 있다.

'선물임을 인정하기'와 '규제의 윤리'가 "지나치게 종교적"이라는 반대가 나올 수 있다고 예견이라도 하듯 샌델은 자신의 논지가 완전히 세속적인 근거에서 수용될 수 있다고 주장한다. 우리는 신이나 어떤 초자연적인 힘에 은혜를 받았다고 느끼지 않으면서 인간의 생명과 자연을 구성하는 여러 가지 우연 요소들을 인정하고 또 고마워할 수 있다. 우리의 능력은 우리가 만든 것이 아니라는 점을 존중하자고, 또 이에 상응하여 우리 능력을 우리가 만들어서도 안 된다는 점을 존중하자는 것은 미지의 세계에 대해 인정할 여지를 남긴다. 샌델은 종종 일상의 경험을 이야기하면서 주목할 만한 사례를 하나든다. "우리는 운동선수나 음악가가 흔히 선물로 받은 재능에 대해 말할 때 그런 재능을 신에게서 받은 것인지 아닌지 여부를 가정하지 않는다. 이때 우리는 그 재능이 전적으로 운동선수 또는 음악가 자신만의 힘으로 얻어진 것은 아니라고, 온전히 그 자신이 행동한 결과물은 아니라고 생각한다. 본인이 그런 재능을 지닌 것에 대해 감사하는 대상이 자연이든 행운이든 또는 신이든, 그 재능은 그의 통제권을 벗어나 주어진 것이다"(p.120). 보통 우리는 우리가 생각하고, 느끼고, 행동하는 방식이나 우리의 자연환경에 대해 모두 아는 척하지 않는다. 우리가 자신과 세계에 대해 더 많이 이해하려 애쓸 때에는 책임감을 갖고 그렇게 해야 한다. 인터넷 포럼 〈빅 씽크Big Think〉[9]에서 샌델은 인간 사회에서 생명공학 기술적 강화의 역할에 대해 우리가 고찰해야 할 몇 가지 근본 문제들을 제시한다. 그는 이렇게 묻는다. "주어진 세계에 대해 인간이 취해야 할 적절한 입장은 어떤 것인가? 우리는 인간과 자연의 관계를 어떻게 이해해야 하는가? 도덕적 반성과 정치적 반성의 관계는 무엇인가? 다른 한편, 도덕적 반성과 생물학의 관계는 무엇인가?(2007b) 우리는 이런 물음들에 대해 종교에 의존하지 않고서도 선물임을 인정하고 규제의 윤리에 도달할 수 있다.[10]

샌델이 생각하는 두 번째 반대는 결과주의자에 대한 것이다. 비용-편익 측면에서 보면 앞에서 행한 고찰이 반드시 설득력 있는 것은 아니다. 샌델의 주장에 직접적으로 반대하는 사람들을 포함하여 유전적 강화의 사용을 주창하는 많은 사람은 결과주의 추론에 의거하여 논증한다. 그러나 샌델은 그들의 논증을 그들 말대로 결과주의적 관점에서 볼 생각이 없다. 그는 더 깊이 보기를 원한다. 특히 샌델이 찾고자 하는 것은 결과주의 추론 이면까지 나아가는 그런 사유 양식이며, 이런 사유 양식이 양산하는 태도다. 가장 중요하지만 간과된 그의 주장 가운데 하나에서 샌델은 다음과 같은 방어 논리를 편다.

> 나는 단지 유전공학으로 인해 치러야 할 사회적 비용이 그 이로움보다 더 크기 때문에 유전공학에 반대하는 것이 아니다. 또 자녀나 자기 자신을 유전적으로 개선하는 사람들이 반드시 정복 욕구에 의해 움직인다고 주장하는 것도 아니다. 그런 동기가 죄악이고 그런 죄악을 상쇄할 만한 더 좋은 결과는 없다고 말하려는 것도 아니다. 내가 말하고 싶은 것은, 강화를 둘러싼 논란에 내재한 도덕적 의미는 자율성이나 권리 같은 익숙한 개념만으로, 또 비용과 이익의 계산만으로 충분히 설명할 수 없다는 것이다. **강화에 대한 나의 우려는 그것이 개인적인 악덕이냐 아니냐의 문제가 아니라, 마음의 습관과 존재 방식에 결부되는 문제라는 데 있다**(pp.122-123; 강조는 필자).

도덕 감정과 도덕 추론 모두와 관련하여 샌델은 유전공학이 일구어 내는 태도 유형에 관심을 갖는다. 샌델이 경고하는 것은, 이런 유형의 태도 혹은 존재 양식은 우리의 생명과 세계를 평가절하해서 보게 하고, 인간의 유전적 운명을 정복하려는 프로메테우스적 충동을 조장하며, 인간 자신은 물론 완벽에 대한 우리의 이해를 틀 지우는 사회적·도덕적 제도를 무반성적으로 받아들이게끔 만든다는 점이다.

아주 최근의 인터뷰에서 샌델은 완벽 또는 강화, 개선 및 '선'에 대한 우리의 이해가 사회 제도를 얄팍하게 받아들임으로써 만들어지는 방식에 대해 치밀하게 논의했다. 달리 말해서 우리는 역할과 규범이 자신과 다른 사람들을 생각하는 방식에 미치는 심층적 효과를 제대로 깨닫지 못한다는 것이다. 그는 "이런 유전적 강화의 목표는 근본적으로 우리를 사회적 역할에 적합하게 만드는 것이다"라고 설명한다. 샌델이 생각하기에 "우리가 역할과 보상의 체계를 공정한 방식으로 설계했는가를 문제 삼고 논쟁하기보다 생명공학 기술을 통해 세계와 우리가 만든 사회적 역할에 스스로를 맞추어 변화시킨다는 것은 충격적이다"(Heijine and Sandel, 2016). 강화 행동으로 형성된 태도에 대한 논증과 유사하게 샌델은 강화가 "경기장을 평준화하는 데" 사용될 수 있다는 주장은 피상적이라며 무시한다. 사실 이런 종류의 추론은 정확히 말해서 오히려 정곡을 찌르는 토론을 하지 못하게 방해할 뿐이다. 샌델은 "내가 생각하기에 생명공학 기술을 불평등이나 불이익 또는 빈곤에 대한 치료제로 보는 것은 매우 위험한 일이다. 그것은 우리가 사회와 경제를 조직하는 방식을 비판적으로 반성하지 못하게 하고, 단지 손해를 보는 사람들을 **부적격자**로 대하게 만들 뿐"(Heijine and Sandel 2016; 강조는 필자)이라고 말한다.

사회적 역할에 자신을 맞추라는 압력은 겨우 최근 몇십 년간 증대되었을 뿐이다. 오늘날의 약물 사용은 이러한 조류를 반영한다고 샌델은 주장한다. "1960년대와 1970년대의 약물과 달리, 리탈린과 애더럴은 그저 흥미를 위해 시도되는 것이 아니라 본격적으로 작정하고 복용되는 약이다. 리탈린과 애더럴 복용에는 세상을 있는 그대로 바라보고 받아들이는 태도가 아니라 모종의 틀을 만들고 거기에 맞춰 자신을 변형하는 태도가 수반된다. 과거 우리는 비의료적 약물 사용을 '기분전환용'이라고 표현했다. 하지만 리탈린 같은 약에는 그런 표현이 적용되지 않는다. 강화 논란을 불러일으키는 스테로이드나 여타 자극제들은 기분전환용이 아니라 성과를 향상시키고 완벽해져야 한다는 경쟁 사회의 요구에 따르기 위한 수단이다"(pp.82-83). 리탈린과 애더럴은 완벽에 대한 열망을 보여 주는 완벽한 사례다. 이 두 가지 약물은 사람을 각성시켜서 현안에 집중하게 하는 데 사용된다. 그것들은 공부와 시험 그리고 어쩌면 철학 논문을 쓰는 능력마저 강화할 수 있다고 여겨진다. 본질적으로, 이 약물들은 사회 제도에 더 잘 순응하고 더 잘 실행하고 더 적합하게 하려고 치르는 대가인 셈이다. 그러나 샌델은 우리가 절반의 아이들에게 처방약을 주기 전에 또는 평균 신장 이하의 모든 아이에게 호르몬제를 처방하기 전에, 먼저 암암리에 조장되는 바로 그 제도를 심사숙고해 보라고 제안한다.

선물로 받았음을 인정하고 규제의 윤리를 유지하며 사회 제도와 역할을 비판적으로 반성하는 일이 실제로 이루어진다면, 이것들이 상호 지지가 되어 인간 강화의 목적을 위해 생명공학 기술을 사용하는 데 많은 사람이 느끼는 망설임에 대해서도 중요한 것을 알려 줄 것이다. 하나의 사회로서 우리가 이 쟁점들을 공적으로 논의함으로써 생명공학적 강화 기술의 규제 방안을 결정해야 한다. 샌델의 도전은 그 자체로도 수용 가능하지만, 중국 철학과 대화의 장에 놓인다면 더 확장되어서 아마 세계적 도전이 될 것이고, 특히 도가의 몇 가지 개념과 겹치는 샌델의 완벽에 대한 반론은 강화될 것이다.

도가: 자발성, 만족 그리고 진정한 가장

고대 도가 문헌인 이른바 『노자』와 『장자』는 원시 유가 사상, 즉 인간, 사회적 역할, 윤리에 대한 유가적 이해를 제도화한 가장 중요한 사상인 『논어』에 대한 응답으로 쓰인 듯하다. 유가는 물론 묵가墨家와 같은 다른 영향력 있는 사상 학파들의 최소한 몇몇 설명들에 가한 전반적인 반론은 '기계적인 마음' 곧 '기심'이란 말에 잘 집약되어 있다. 비록 기심이란 표현이 『노자』에는 나오지 않고 이른바 『장자』의 「외편外篇에 – 학자들이 일반적으로 「내편」에 비해 진짜 장자의 저술일 가능성이 적다고 보는 부분 – 단 한 번 나올 뿐이지만, 이 두 문헌이 대결하고자 했던 특수한 사유 양식들을 정확하고 간결하게 보여 주는 사례에 해당하는 말이 기심이다. 특히 후대의 도가 사상가들은 도가 전통을 특징짓는 자연 또는 무위의 이상과 대조되는 사고 형태를 나타내기 위해 이 말을 사용했다.

'스스로 그러한' 또는 '억지로 함이 없는' 행위가 실제로 가리키는 것은 어떤 특수한 실천이 아니라 다른 사람이나 사물과 상호작용할 때 견지하는 일종의 태도를 말한다.[11] 고전 도가 사상에 따르면, 어떤 상황에서든 미리 만든 계획, 고정된 생각 또는 "기성의 마음(成心)"을 갖지 않고 임하는 것이 최선이다. 사람이 세상에서 가장 효과적으로 움직이는 경우는, "명백한 것에 의거해 판단하고(以明)", "실정에 맞게 따르(因是)"고/거나 "자연적 패턴, 즉 천리天理에 따를(以乎天理)" 때다. '기심'은 도가가 설명하고자 하는 보다 자발적인 태도에 정확히 반대되는 유형을 표상한다. 기심은 지나치게 이윤과 명성에 집착한다. 이윤과 명성을 얻기 위해서 세상 모든 것을 계산하다가 결국 자기 정신에도 계산을 들이대는 지경에 이른다.

넓게 보아 하이데거의 "계산적 사고"에 대한 비판과 비슷하게도, 『장자』의 기심에 대한 비판은, 왜 우리는 기계를 사용하는지 그리고 기계를 사용하는 것이 우리의 생각과 태도에 어떤 영향을 미치는지를 숙고하라고 요구한다(Heidegger, 1966). 사람들이 기계와 계산에 넋을 잃으면 마치 기계처럼 움직이게 된다. 그래서 질적인 면은 전혀 고려하지 않고 양적 목표만을 향해 움직이게 되는데, 『장자』는 이를 두고 시적으로 경고하길, 사람들이 "사물로 취급된다"(물어물物於物, 「천지天地」 20.1)[12]라고 했다. 기심은 이렇게 이익과 명성, 물질적 재화를 위해 지나치게 효용성만을 따지는 것과 연관된다.

『장자』의 '기심'은 한 도가 노인이 『논어』에 묘사된 공자의 제자 가운데 하나인 자공과 나눈 대화에서 다음과 같이 묘사된다. 첫 장면은 나이 든 도가적 인물이 물통을 나르며 밭에 물을 주는 데서 시작한다. 그때 갑자기 자공이 접근해 온다. 그 노인이 얼마 되지 않는 물을 나르느라 엄청난 노동을 하는 것을 보고, 자공은 자랑스러운 듯이 노인에게 같은 양의 노력으로 더 많은 물을 나를 수 있는 장치에 대해 말해 준다. 자공은 뽐내듯이 백 이랑이나 되는 넓은 땅도 단

하루면 물을 줄 수 있다고 설명한다. 그러자 그 노인은 얼굴 표정을 바꿔 화난 기색을 띠고서 비웃듯이 자공의 제안을 거절한다. 그러면서 노인은 기계적인 일은 기계적인 마음으로 이끌 뿐이라고 말한다. 그는 기분 좋게 그 일을 할 수 있고 그렇게 많은 물은 필요치 않다고 주장한다. 물을 더 많이 갖는다는 것은 물을 댈 작물도 많이 가져야 함을 뜻한다. 기계를 사용해서 하는 것이 확실히 이롭고 위신도 세울 수 있지만, 그는 그 어느 것에도 관심이 없다(『장자』「천지」12.11).

중요한 것은 자공의 조언 자체는 문제될 게 없다는 점이다. 노인이 반대하는 초점은, 현안을 깊이 생각하지 않고 오로지 이익만을 좇고 양적 가치만을 갈구하는 그런 특수한 유형의 절차적인 목적론적 사유다. 달리 말해서 그는 자공이 알 수 없는 노인의 실제 욕구 또는 필요와 잠재적 이익, 더욱 중요하게 밭을 돌보는 행위 자체와 분리시켜 버리는 기심을 조소하는 것이다. 사실 자신의 기발한 장치에 대한 자공의 묘사는 이미 그의 기심에 반영되어 있고, 자공은 애초부터 그 노인이 밭을 일구는 일을 우선시하는 까닭은 알려고 하지도 않고 물 펌프가 그 도가적 인물에게 도움이 될 것이라 생각한 것이다. 노인의 반응에서 우리는 노인이 시장에 내다 팔아 얻을 수 있는 잉여 수입을 원하지 않기 때문이든 혹은 필요하지 않기 때문이든 더 많은 작물을 재배할 욕심이 없었다고 결론짓거나 또는 농부가 농사일 하는 것 자체를 즐겼다고 결론짓거나 혹은 둘 다일 수 있다. 분명한 것은 그 도가 노인에게 이윤을 위해 작물을 파는 것은 전혀 다른 활동이라는 점이다. 따라서 자공의 문제점은 그 노인이 당연히 이윤을 위해 사고팔기를 원했을 것이라고 너무 부정확한 가정을 했다는 데 있다. 농사일이 어떤 목적을 위해 단지 수단이 되어 버려 농사일 자체를 즐기지 못하게 될 때 농사일의 목적, 의미 또는 '선'은 극적으로 변질된다. 이로 인해 우리는 냉철하게 계산하는 기심에 대해 비판적 반성을 하게 되는 것이다.[13] 도가는 암묵적으로 우리의 필요를 충족시키기 위해 실제로 무엇이 필요한지 따져볼 것과 더 많은 것을 계속 갈구하는 상황에 빠져들지 말 것을 요구한다(이러한 요구는 사회적 영역에도 적용될 수 있다는 것을 알 수 있다).

초기 도가 경전을 보면 필요와 욕구를 만족시키는 것에 대한 관심에서 기심에 대한 회의적 시각을 미리부터 보여 준다. 만족할 줄 아는 것 혹은 지족이란 말은 『노자』에서 4번, 『장자』에서 1번 사용된다. 『장자』는 "만족할 줄 아는" 사람들, 즉 기심이 없는 사람들(『장자』 28.11)은 이익 추구를 위해 스스로를 피곤하게 하지 않을 것이라 말한다.[14] 『노자』에서 지족은 특히 지지知止, 즉 글자 그대로 '멈출 때를 아는 것'과 연결된다. 지지를 보다 시적으로 번역하면 "그침의 완성"이라 풀 수 있다. 마찬가지로 지족은 '만족의 완성mastering of satisfaction'이라 옮길 수 있다. 두 관념 모두 근본적으로 쉬지 않고 더 많은 것을 달성하려는 영원한 열망을 억누름으로써 사람들이 얻게 되는 '인정하기'를 가리킨다. 이런 의미에서의 만족은 욕망을 만족시키기 위한 소유물 획득으로 측정되지 않는다. 만족할 줄 아는 것 혹은 만족의 정복은 사치의 반대말이 아니라, 자신의 기대치를 자신에게 실제 필요한 것이나 더 나아가 자신의 구체적 상황에 맞춰 볼 줄 아는 것을 말한다. 『노자』 제12장은 사치를 경고하는 것은 물론 "만족의 완성"에 대해 간략하게 묘사한다.

오색五色은 사람의 눈을 멀게 하고,

오음五音은 사람의 귀를 먹게 하고,

오미五味는 사람의 입맛을 상하게 하고,

들판에서 말달리며 사냥하는 것은 사람의 마음을 미치게 하고,

얻기 어려운 재화는 사람의 행동을 방탕하게 만든다.

그러므로 성인은 사람의 배를 만족시키지 귀를 만족시키지 않는다.

이 때문에 성인은 저것을 버리고 이것을 취한다.

여기서 『노자』의 논지는 지나침은 오로지 기대치를 끊임없이 높이기만 할 뿐이라는 것이다. 예를 들어 양념 맛이 강한 음식을 즐기는 사람은 계속해서 더 양념 맛이 강한 음식을 먹으려 해서, 양념 맛이 강한 음식에 대한 내성을 높이게 된다. 시간이 흐르면서 같은 양의 양념으로는 충족되지 않아 결국 양념 맛을 느끼는 수준이 더 높아지게 될 것이다. 그럴 경우 이 사람은 다른 여러 별미에 대해서는 "눈멀게" 될 수 있다. 양념 맛이 있든 없든 어떤 것도 더 이상 맛있게 먹을 수 없는 지경이 된다.[15] 만족스러운 때와 양념을 더 하지 말아야 할 때를 알아야 사람은 훨씬 다양한 선택의 가치를 알게 된다. 반면 욕망을 키우게 되면 자신의 감수성을 떨어뜨리게 될 뿐이다.

성인은 자신의 눈보다 자신의 배를 만족시킬 줄 알기 때문에 이런 상황을 완벽하게 피할 줄 안다고 『노자』는 강조한다. 이 같은 비

유를 통해 위는 쉽게 충족시킬 수 있지만 눈은 방탕하게 되는 경향이 있어서 고삐를 풀어놓으면 끝없이 방탕해진다는 사실을 말한다. 오직 위신과 이익만을 따지는 자공의 기심처럼 눈의 욕망은 결코 완전하게 만족될 수 없다. 그러나 배를 채우려는 열망은 도가적 노인처럼 쉽게 만족될 수 있다고 노자는 지적한다. 더구나 방탕해진 눈의 끊임없는 욕망을 만족시키려 애쓰다 보면 자신의 배를 채우는 것과 같은 더 중요한 것을 쉽사리 소홀히 할 수 있다. 이 때문에 자공이 기계적 고찰을 하다가 도가의 노인이 밭일에서 실제로 집착하는 것이 무엇인지 놓쳤다. 즉, 자공은 질적인 고려를 해야 하는 상황에서 딴 데 정신이 팔렸던 것이다. 여기서 성인이란, 자신의 욕구에 대해서 초연한 "사실상"의 접근을 하면서도 동시에 욕구를 충족시켜서 더는 욕구가 존재하지 않도록, 일시적으로라도 그렇게 되도록 하는 데 목표를 두는, 위에 농사짓는 노인과 같은 사람이다. 일단 도가는 필요한 것을 얻었다면 단지 계속해서 움직일 뿐이다. 성인은 빠르게 달리는 말, 정신을 흥분시키는 사냥, 사치스러운 재화에 마음을 빼앗기지 않는다고 『노자』는 말한다.

『장자』는 『노자』의 성인을 새로운 이름으로, 즉 '참사람'이란 뜻의 '진인'이라 부른다. 『장자』의 진인은 자신의 욕망으로 인해 흔들리지 않는 것은 물론이고 이런 태도를 사회 영역에까지 유지하고 확장해 나간다. 유가의 성인이나 군자가 사회적 역할과 인간관계를 통해서 자아를 계발하고 수양하기를 추구하는데, 이에 대한 직접적인 답변인즉, 진인은 사회적 영향력에 휘둘려 살지 않도록 조심한다.[16] 『노자』의 성인이 욕망을 지녔지만 그것에 사로잡히지 않는 것과 마찬가지로 진인은 사회 규범과 역할 속에 관계를 맺지만 오직 어느 정도까지만 그럴 뿐이다. 『장자』는 사회의 눈으로 자기 자신을 보는 사람을 경고하면서 그런 이상적 인격에 대해 묘사한다.

> 만약 누군가의 이해력이 특정한 일에 효과적이거나 그 행실이 특정한 마을에서만 적용될 듯하고, 그 덕을 특정한 군주만 좋아할 듯하다면, 그는 특정한 나라에서는 성공할 수 있을 것이다. 이런 사람은 그 스스로를 보는 것 또한 이와 같이, 즉 다른 사람이 특정한 일이나 특정한 역할에 적격이라고 보는 것과 똑같이 그렇게 볼 것이다. 그러나 송영자宋榮子는 그런 사람을 비웃었을 것이다. 송영자는 온 세상이 칭찬해도 설득하지 못할 사람이었고 온 세상이 비난해도 속상해하지 않을 사람이었다. 그는 안팎의 구분을 확고히 하고 영예나 치욕의 위치를 구분했다. 그러나 그뿐이었다. 그는 세상일로 근심함이 없었고, 초연한 상태를 유지했는데, 그렇다고 현실에(역자 추가) 확고하게 뿌리를 내린 것은 아니었다(『장자』「소요유逍遙遊」1.3).[17]

『장자』에 따르면 사람은 자신의 경력을 너무 자신해서는 안 된다. 누군가가 어떤 자리에 임명되는 것은 그를 둘러싼 환경으로 인한 지극히 우연에 불과하다. 특정한 지식이나 능력으로 이런저런 직업에서 성공할 수 있다 해도, 자신의 신체적 자질이나 호감도가 사회적 성취에 의미 있는 영향을 미칠 수 있는 한계 안에서일 뿐이다. 그럼에도 사람들은 자신의 역할, 신분, 지위에 사로잡혀 자신만이 유독 위대하다거나 끔찍한 처지에 있다고 생각한다.

바로 그때 『장자』는 진인이 되는 길목의 첫 단계를 대표하는 인물로 송영자를 제시한다. 송영자는 사회적 처지에 휘둘리지 않는 사람으로, 다른 사람이 그를 어떻게 보든 신경 쓰지 않는다. 송영자는 명예나 치욕은 사회 환경이 주로 결정하는 것이라는 점을 깨닫고서, 『노자』의 성인이 자기 욕망을 처리하는 것처럼 자신의 역할과 명성을 다룬다. 알맞은 것을 알고, 외적인 것에 휘둘리지 않도록 스스로를 완벽히 통제하고, 기심으로 계산하지 않음으로써 송영자는 자신의 내적 본성과 외적인 평가를 확고하게 구별할 수 있었다. 『장자』의 여러 곳에서 서술하듯이 "옛날의 진인은 (…) 인간의 것으로 자연을 도우려 하지 않는다"(『장자』 6.1).[18]

앞서 인용한 『장자』는 계속 이어지는데 여기서 우리는 진인이 되는 둘째 단계에 관해 듣게 된다. 길을 걷지 않고 바람을 타고 다니는 능력을 지닌 열자列子가 하나의 예로 제시된다. "길을 걸음"과 "바람을 타고 다님"은 열자가 규범과 관습을 능숙하게 다루는 점을 보여주는 비유로써 열자가 송영자보다 더 진인답다는 점을 말해 준다.

여기서 "길을 걸음"이란 말은 '행行'인데, 앞서 인용한 첫 문장, 즉 "행실은 한 고을에서 쓰일 만하다"고 할 때의 '행실actions'에 해당한다. 여기서 분명한 것은 『장자』가 '행'이란 한자의 여러 의미를 가지고 장난치면서 열자가 외적 평가에 아랑곳하지 않는다고 묘사하고 있다는 점이다. '바람'이란 말은 한자로 '풍風'으로 여기서는 규범과 관습을 의미한다. 열자는 사회적으로 주어지는 우연한 조건에 마음을 빼앗기지 않고 송영자보다 규범이나 관습을 훨씬 더 잘 다루는 인물로 제시되나 여전히 최고의 경지에 있는 것은 아니기에 『장자』는 그가 무언가에, 이른바 바람에 "의존한다(待)"고 비판한다.

이처럼 『장자』에서 진인을 단계적으로 보여 주는데, 유명한 문장 가운데 하나에서 정점에 이른다. "그러므로 지인至人은 자아가 없고, 신인神人은 업적이 없으며, 성인은 이름이 없다."[19] 종교로서 도교 전통, 불가의 주석 그리고 현대 학자들은 이 문장을 글자 그대로, 즉 다소 불가해한 무아적self-less 인물을 주창하는 것으로 받아들여 왔지만, 전체 문장의 맥락과 『장자』의 철학적·역사적 설정에 비추어 읽어 보면, 훨씬 세속적으로 해석할 수 있다. 자아, 업적, 이름이 없다는 것은 실제로는 자신의 자아나 업적이나 이름에 의존하거나 사로잡히거나 동일시될 필요가 없음을 가리킨다.[20]

더욱 중요한 것은 이런 측면들이 부분적으로나마 『장자』가 반대하여 쓰고자 했던 역사상 유가적 배경을 염두에 두고 해석되어야 한다는 점이다. 유가적 자아는, 로저 에임스Roger T. Ames나 헨리 로즈몬트Henry Rosemont Jr.처럼 전적으로는 아니고 뚜웨이밍杜維明이 인정하듯 적어도 크게 한 개인의 역할, 관계 및 그에 따르는 책임의 그물망으로 구성된다. 따라서 업적은 다시 한 사람의 사회적 지위와 연결되어 있는 성공이자 성취다. 그리고 '이름'으로 풀이한 '명名'은 명성이란 뜻이다. 자아, 업적, 이름이 없다는 말은, 따라서 자신의 공적 역할과 사회적 처지에 휘둘리지 않는 진인의 능력을 묘사하는 데 사용된다.

『노자』의 성인이 만족하고 또 자신의 욕망에 사로잡히지 않는 방식과 유사하게 『장자』의 진인은 사회적 규범과 기대치에 동화되지 않는다. 진인은 자신의 역할을 자발적이고 비계산적인 방식으로 처리하여 자신의 역할에 맞게 행동하거나 삼가거나 한다. '기성의 마음'이나 계산적 마음이 없기에 진인은 세상에서 "분명한 것", "확실한 것을 따르며", "자연의 패턴을 따르며" 살아간다. 그들의 행동은 유가적 의미에서 보면 "비인격적이고(不人)", "비인간적인데(不仁)" 왜냐하면 진인은 그때그때 잠정적으로 처신하고, 자아에 대한 고착된 생각을 심으려 하지 않기 때문이다. 『장자』는 유가의 두 핵심 덕목을 빌어다가 이 요점을 제시하며 다음과 같이 말한다. "옛 성인은 인仁이라는 유가의 길을 빌리고, 의義라는 처소에 잠시 머물 뿐이다."[21](『장자』 14.5). 그러나 더욱 중요한 것은 도가적 성인이 잠시 빌려 쓰는 숙소에서 진정성 있게 한다는 점이다.

역설적이게도 진인이 '진'이 되게 하는 까닭은 바로, 고정된 생각이나 자아가 없다는 사실에 있다. 그런 집착이 없어서 생각과 느낌이 완전히, 물론 일시적이지만, 뭐든지 지금 하고 있는 일과 완전히 일치한다. 자신의 자아, 업적, 명성에 사로잡히지 않기 때문에 자신의 참모습who they are과 어떠한 갈등도 없다. 공동체에서의 역할, 타자와의 관계 그리고 도덕규범에 따라 자아를 수양해야 하는 유가적 관점에서 봤을 때, 진인은 가장하는 사람a pretender이다. 진실하다고 여겨지기 위해서 사람은 내적 심리와 외적 행동이 모두 규범과 덕목에 부합해야 한다고 유가는 강하게 주장한다.[22] 왜냐하면 도가적 성인은 다만 역할과 도덕을 "빌려 쓰거나" 또는 "잠시 머물" 뿐이기 때문에 그의 행동은 기만적이라고 여겨지는 것이다. 그러나 도가적 관점에서 보면 유가가 지적하는 그 가장은 어린아이가 할 법한 그런 놀이에 더 가까워 보인다.[23] 『노자』의 성인이 욕망을 갖기는 하지만 그것들에 규정당하지 않듯이 『장자』의 진인은 그것들에 전혀 사로 잡히는 일 없이 역할을 수행할 수 있다. 마치 어린아이처럼 진인은 속이려는 의도나 기만하려는 목적도 없이 아주 천진난만하게 다른 사람처럼 행동할 수 있다. 이렇게 '진정한 가장genuine pretender'이라는 말은 규범, 역할 및 다른 다양한 사회적 기대치에 대해 비판적 거리를 두면서 도가적 성인이 사회에서 처세하는 방식을 묘사하는 데 사용될 수 있다.

샌델과 도가: 본성 인정하기

'기심機心' 또는 '인간 행위를 전적으로 기계론적으로 이해하기'는 도가와 샌델 모두가 문제로 삼지만, 정복에 관련된 충동은 훨씬 더 긴요한 문제다. 샌델은 우리 유전자와 생물학을 통제하려는 충동에 맞서 우리의 재능과 본성 그리고 세계를 선물로 받은 것임을 인정하기를 바란다. 그 목적은 겸손을 일깨워 우리의 능력에 전적으로 책임져야 한다는 압박은 줄이고 연대를 증진시키려는 것이다. 샌델은 이런 논의에 대체로 소극적인데, 그는 이런 겸손의(역자 추가) 태도가 실제로는 어떤 것인가에 대해 더 건설적인 대화를 할 여지를 남기고 있다. 도가 선동은 이런 면에서 꽤나 유용할 수 있다. 『노자』와 『장자』는 '스스로 그러한' 또는 '억지로 함이 없는' 자발적 행위에 대해 많은 묘사를 하기에, 선물로 받았음을 인정하기가 실제로는 어떤 모습이 될 수 있는지에 대한 풍부한 논의를 제공하기 때문이다.

연대를 증진시키는 것은 특히 『장자』에서 "명백한 것에 의거해 판단하고", "실정에 맞게 따르"고/거나 "자연적 패턴, 즉 천리에 따름"이라고 심원하게 규정되는 것처럼 세상의 관계 패턴에 따름으로써 추정되는supposed 인간 주체성의 중요성을 낮추어 보는 방법이다. 이와 같이 자발적으로 행동하는 것은 오만 또는 정복을 향한 프로메테우스적 충동 같은 어떤 유형에 대한 강력한 저항을 함축한다. '스스로 그러한' 도가는 자신의 의지를 세상에 관철하려 하지 않고 대신 자신의 의도와 기성의 것을 융화시키는 방식을 찾는다. 『장자』에서 가장 잘 알려진 문장 가운데 하나인 백정 포정庖丁 이야기는 이를 잘 보여 주는 예시다.

> 백정 포정이 양혜왕을 위해서 소를 잡는데, 손이 닿고 어깨로 기대고 발로 밟고 무릎으로 받치는데, 가죽과 뼈와 살이 분리되었다. 칼질하는 소리와 박자가 모두 음률에 맞았는데, 상림桑林의 무악舞樂과 경수經首의 노래에 부합했다. 이 손으로 쇠뿔을 붙잡고, 어깨에 소를 기대게 하고, 발로 소를 밟고, 한쪽 무릎을 세워 소를 누르니 (처음에는) 획획 하는 소리가 울리며, 칼을 놀리자 쐐쐐 소리가 나는데 모두 음률에 맞지 않음이 없어서 상림의 무악에 부합되었으며, 경수의 박자에 꼭 들어맞았다.
> 양혜왕이 외쳤다. "아! 훌륭하다. 어찌 기술이 그렇게 완벽할 수 있는가?"

포정이 칼을 내려놓고 말했다. "제가 좋아하는 것은 도인데, 기술보다 더 나아간 것입니다. 처음 제가 소를 잡기 시작했을 때는 소가 보이지 않았습니다. 3년이 지나자 온전한 소는 보이지 않습니다. 지금은 제 눈에 의지하지 않고 소 안의 신을 볼 수 있습니다. 제 감각 기관의 지식은 끝나고 정신이 움직여 나갑니다. 소의 몸에 있는 자연의 결을 따라 커다란 구멍 속으로 칼을 밀어 넣고 더 넓은 틈을 따라 칼을 놀립니다. 그저 기성의 것을 있는 그대로 따라갈 뿐입니다. 큰 뼈는 말할 것도 없고, 뼈마디로도 절대 자르지 않았습니다! 능숙한 백정은 1년에 한 번 칼을 바꾸는데 살을 베기 때문이고, 대부분 백정은 매달 칼을 바꾸는데 뼈를 치기 때문입니다. 저는 이미 19년이나 이 칼을 썼고 수천의 소를 잡았지만 제 칼은 오늘 아침에 간 것처럼 날카롭습니다. 관절와 관절 사이에는 공간이 있고 칼끝은 두께가 없습니다. 두께가 없는 것을 넓은 공간으로 밀어 넣으니 칼을 놀리는 데 꽤 여지가 있어 분명 남는 공간이 있게 마련입니다. 이 때문에 제 칼은 19년간이나 무뎌지지 않았습니다. 물론 어려운 부분을 지날 때가 있지만 저는 신경을 곤두세워 주의하면서, 눈으로 보기를 멈추고 천천히 움직여 나갑니다. 가볍게 칼을 놀리다 보면 어느 순간 일이 끝나 소의 고기가 갈려져 흙더미처럼 땅 위에 쌓입니다. 그러면 저는 칼을 붙잡고 우두커니 사방을 둘러보다가 그에 대해 생각하면서 완전히 감탄에 빠집니다.

그러곤 칼을 닦아서 잘 간직해 둡니다."

양혜왕이 대꾸했다. "우와, 내가 포정의 말을 듣고 양생의
도를 배웠다"(『장자』「양생주養生主」).

그의 기술에 대해 묻자 포정이 자신의 칼을 논하는 데 대부분 시
간을 할애한다는 점에 주목할 필요가 있다. 그의 묘사에서 자신의
의지나 주체성agency은 오직 소소한 역할을 할 뿐이다. 소를 해체하
는 일을 하면서 포정은 특수한 목표를 갖고 상황에 접근하지만 그는
칼, 해체할 고기, 그리고 자신의 관계를 조화롭게 유지하면서 작업
을 진행한다. 스스로 인정하듯이, 그는 이미 존재하는 것을 따라서
살기 때문에 "본성의 패턴에 의존할 뿐"이다. 일이 어려워져도 좌절
하지도 않고, 계산에 의지하지도 아니하고, 그저 속도를 늦추어 손
에 쥔 칼이 소의 안에 있는 공간을 따라 움직이게 한다. 요리사 정은
사물과 환경과 자신의 관계를 조율하는 데 숙련되어 있다. 이러한
기술은 자신의 의지를 주장하기를 삼가는 능력에서 나온다. 이것이
혜왕(문혜군)이 일러 주는 교훈이다.

포정의 이야기는 샌델이 두 가지 방식으로 제안한 선물로 받음의
윤리와 관련된다. 첫째로 높은 수준의 기술을 소유하고 있음에도 포
정은 겸손하다. 그는 자만하지도 않고 자신의 능력에 대한 책임감도
느끼지 않는다. 사실 그는 자기가 하는 일이 자신의 기술과는 거의
무관하다고 주장한다. "방법을 좋아함" 또는 "자연을 좋아함"이라고
도 읽을 수 있는 "도를 좋아함臣之所好者道也"은 포정이 완벽한 도살
기술에 이르도록 해 주는 것이다. 둘째로 방법 혹은 자연/본성에 해

당하는 도(道)는 이 맥락에서 샌델이 말하는 선물로 받음과 밀접하게 연결된다. 사물이 저마다의 자질과 재능(德)은 물론 잠재력과 본성을 얻는(得) 것은 바로 말로 표현할 수 없는 "도"의 세계에 의해서다. 게다가 도가 문헌은 도의 신비로운 본성을 존중하기로 유명하다. 그럼에도 도의 본성은 전적으로 세속적인 채로 남아 있다. 예컨대 전수본 『노자』는[24] 첫 장에서 "이름 지을 수 있는 도는 영원한 도가 아니다. (…) 가물가물하고 또 가물가물하니 뭇 신비로움이 나오는 문이다"[25]라고 말한다.

도는 사람이 일체가 되고자 하는 것이지만 결코 온전하게 드러나는 것이 아니다. 언제나 특수하며 맥락에 의존적이다. 포정은 해체할 고기를 자기 칼로 잘 다룬다. 고기의 부위마다 칼날이 다르게 쓰이며 소에 따라 칼을 놀려야 하는 공간도 각각 다른 법이다. 마찬가지로 도축자가 다르면 저미거나 써는 방식도 다를 수 있다. 이런 견지에서 세상에 접근하면 우리는 어떤 의미에서는 신비롭게 여기며 상당한 존경심을 유지할 수 있을 뿐 아니라 세상을 정복하려는 유혹에 지연스럽게 저항할 수 있다. 포정은 자신과 칼 그리고 소 사이의 관계에서 자신의 위치를 찾는 데 관심을 갖는다. "양생養生"의 도라 하는 이런 유형의 태도를 기르는 것은 사람들이 사물, 다른 사람 그리고 자연세계와 상호작용하는 방식에 중대한 영향을 미칠 것이다. 그것은 종교와 무관하게 인간의 자질을 존중하게 돕는다. 이와 같이 도가는 신에게 호소하시 않으면시도 선물로 받음의 윤리가 어떤 모습인지 더 구체적으로 설명해 준다.

샌델과 도가: 규제와 만족

샌델은 우리가 자신의 잠재력과 능력의 주인이 아니라는 사실을 존중할 때 "오만으로 치닫는 위험을 억제할"(『완벽에 대한 반론』, p.113) 것이라고 주장한다. 달리 말해서 인간의 생물학적 발전을 형태 짓고 방향을 설정하려는 유혹에 저항해야 한다. 이런 맥락에서 "만족의 완성mastering satisfaction" 또는 "그침의 완성mastering cessation"이라는 도가적 사상을 이용하면 작지만 우리는 양상을 조금 바꿀 수 있다. 자기 욕망을 억제하는 것은 도가에서 주장하듯이 욕망을 적절히 만족시키는 방법과 멈추어야 할 때를 알아내는 것보다 효과적이지 않다. 만족의 완성과 그침의 완성을 "오만으로 치닫는 위험"이나 "정복하려는 충동"에 적용하는 것은 선물로 받음을 더 잘 인정하고 더 잘 만족시키는 태도를 북돋우는 데 도움이 될 수 있다.

도가에서 도의 신비에 대한 존중과 자기 욕구의 실현은 서로 맞물려 작동하는 듯하다. 사람이 도에서 비롯되는 자신의 본성과 잠재력은 물론 욕망과 충동을 깨달으면 깨달을수록 자신의 성향을 조작하려는 시도가 줄어들 것이다. 조작하려는 마음 대신 좀 더 겸손한 접근 방식을 기를 수 있다. 포정이 자신과 칼과 소와의 관계를 자신의 의지를 관철시키는 공격적인 방식으로 하지 않은 것처럼 도가는 자신의 욕망을 지배하려 들기보다 규제하려 할 것이다.

특정한 역할-기반의 도덕적 요소는 제한하면서 욕망을 재치 있게 다루는 다소 상징적인 사례가 유가 문헌인 『맹자』에 나온다.[26] 여기서 제齊 선왕宣王은 맹자에게 자신이 성적 쾌락을 너무 좋아하다

보니 도덕적 통치를 할 수 없음을 인정한다. 그러나 맹자는 죄스러운 욕망이나 성격상의 결점을 두고 왕을 꾸짖지 않는다. 맹자에게 주된 문제는 제 선왕이 왕이 된다는 것의 의미를 잘못 이해하고 있다는 점이었다. 나라를 잘 다스리기 위해 왕은 모두가 호색하기 마련이며, 이렇게 색을 좋아하는 마음이 사랑, 결혼, 출산의 형태로 실행되어야 제일 좋다는 사실을 인정해야 한다는 것이다(『맹자』 1B12). 한 개인으로서 제 선왕에게 잘못은 없다. 그는 정신 치료를 받을 필요도 없고 성적 충동을 치료하기 위해 약이 필요한 것도 아니다. 맹자는 모든 사람이 같은 욕망을 갖고 태어난다고 논한다. 문제는 이런 욕망이 적절하게 길러지지 않고 비정상적으로 성장할 때 생겨난다. 일단 왕이 자신의 "성도착증"이 건강하지 못한 사회적 관행에 근거해 있다는 것을 깨닫는다면 그는 자신의 생각, 느낌 그리고 행동을 바로잡아 좀 더 적합한 방식으로 다른 사람들과 상호작용하면서 도덕적 통치를 시행할 수 있게 된다는 것이다.

이것이 유가적 이야기이긴 해도 그 속의 몇 가지 요소들은 만족과 그침의 정복에 대한 두가적 사상을 잘 예시한다. 맹자는 왕에게 자신의 욕망을 억누르기보다 올바른 방식으로 자신의 욕망을 해소하라고 제안하면서 만족과 그침으로 욕망을 정복하라고 말하는 것이다. 선왕은 자기 호색을 받아들여 그것을 충족하여야 하고, 그러고는 그저 앞으로 나아가야 한다. 그리하면 그는 호색 때문에 마음이 흐트러지지 않을 것이나. 일단 그기 적합한 방식으로 성생활을 하는 법을 깨닫는다면 선왕은 성적으로 만족하면서 동시에 더 좋은 군주가 될 수 있다. 이것이 바로 정확하게 『노자』가 욕망에 대해 전하고자 하는 메시지다. 『노자』 제33장은 다음과 같이 말한다. "분수에 맞게 만족할 줄 아는 사람은 부유하다"(『노자』 33장: 知足者富).

선물로 받음을 인정하기와 더불어 우리 자신의 생물학을 통제하려는 경향에 대해 이와 같은 태도를 취하는 것은, 이러한 경향이 있음을 인정하고 그것을 억누르기보다 만족시키는 법을 찾아야 한다는 것을 의미한다. 샌델이 프로메테우스적 충동을 억제하는 데 더 관심을 갖는다면, 도가적 접근은 그 충동을 만족시키면서 조정할 수 있는 분출구를 제시하고자 한다.

샌델과 도가: 거리 두기

도가가 사회 제도를 개선하거나 재설계reorganizing하는 데 특별히 열정적이지는 않지만, 『장자』에서 진인 또는 진정한 가장으로 사회 규범, 역할, 기대치를 다루는 방식은 이런 문제들을 비판적으로 반성하는 데 적합한 태도를 보여 준다. 진정한 가장은 하는 일이나 해야 하는 일에 대해 일시적으로만 애착을 가짐으로써 일종의 공간을 만들어 내는데, 샌델의 관심에 비추어 볼 때, 이 공간은 "역할과 보상의 체계를 공정하게 설계했는지 여부를 놓고 우리가 문제를 제기하고 논쟁도 벌일" 수 있는 모델을 제공한다(Heijine and Sandel, 2016).

중국 검색 포털 사이트, 시나닷컴을 통해 중국에서 2천만 이상의 뷰어를 매료시킨 샌델의 유명한 강의 〈정의란 무엇인가〉에서 샌델은 자기 학생들 대부분의 중요한 도덕적 견해에 도발한다. 즉 대안이 될 만한 진정한 도덕적 믿음을 제시하지 않고 학생들 자신이 실제 상황과 쟁점이 될 만한 사례에 근거하여 토론하면서 스스로 도덕적 추론을 통해 비판적으로 반성해 볼 공간을 만들려고 한다. 샌델은 〈정의란 무엇인가〉의 첫 강의를 다음과 같은 경고의 말로 끝낸다.

> 자기 인식을 연습하는 것으로서 철학 읽기에는 몇 가지 위험이 따릅니다. 개인적이면서도 정치적인 그 위험들 (…) 그것들은 철학이 우리가 이미 아는 것이 무엇인지 가르쳐 주고, 또 그것에 맞서도록 우리를 흔들어 깨운다는 사실에서 생겨납니다. 우리로 하여금 익숙한 것을 낯설게 하는 철학은 새로운 정보를 제공하는 것이 아니라 새롭게 바라보는 방식을 소개하고, 그렇게 바라보게 하는 것입니다(2009a).

샌델이 학생들에게 경고한 이런 위험들은 『완벽에 대한 반론』의 핵심이다. "유전적 강화의 일차적 목적은 우리를 사회적 역할에 맞추는"(Heijne and Sandel, 2016) 것이라 생각하면서 유전적 강화에 의구심을 갖는다는 것은 우리의 "역할과 보상의 체계"에 의구심을 갖는 것이다. 그러나 사회 제도를 문제 삼고 논쟁하기 위해서 우리는 그것들뿐만 아니라 우리 자신으로부터도 "한 걸음 물러설" 필요가 있다. 자동적으로 "선"하게 되는 특정 형질을 보는 한, 그리고 샌델이 주장하듯이 우리가 참여한 공동체로부터 방해받는 한, 전적으로 이런 신념들을 문제 삼고 논쟁하기 위해 그것들 또는 우리 자신들과 최소한 일시적으로나마 거리를 둬야 한다.

07. 만족, 진정한 가장 그리고 완벽

『완벽에 대한 반론』에서 사용된 두 가지 사례를 보면, 즉 키가 커지는 것과 머리가 좋아지는 것은 흔히 무반성적으로 "좋다"고 여겨진다. 그러나 체조선수에게 더 작은 신장은 흔히 플러스 요인이고 "너무 똑똑해서 화를 자초하는 것"도 확실히 가능하다.[27] 평균보다 더 작은 신장이나 단순함의 이점을 인정하려면 우리가 보통 생각하는 방식에서 한 걸음 물러설 필요가 있다.[28] 샌델은 자신의 학생과 독자들을 그들의 선에 대한 선입견이 내·외적으로 모두 도전받게 하는 공간으로 탁월하게 이끈다. 도가 철학의 진정한 가장도 이 공간을 확장시켜 준다. 여기서 관습적인 생각은 사라지고 현재 상태를 활발하게 반성하는 여지가 열린다.

"인간 세계에서"라는 제목의 『장자』제4편「인간세人間世」에서 '진정한 가장자'가 "선" 또는 보다 정확하게는 고대 중국에서 "쓸모 있음"에 대한 관습적 개념에 대해 어떻게 생각하는지를 설명한다. 그 이야기는 석石이라 불리는 목수가 그의 제자와 여행하면서 시작된다. 어느 날 그들은 한 마을을 지나다가 사당에 심어진 엄청나게 큰 상수리나무를 보게 된다. 엄청나게 큰 상수리나무를 잘라 배와 관, 도구를 많이 만들 수 있음에도 목수 석은 그 나무를 거들떠도 보지 않고 제자에게 그 나무는 쓸모가 없다고 말한다. 그는 이렇게 말했다. "이 나무는 전혀 쓸모가 없다. 그런데 이 나무는 쓸모가 없기에 천수를 다 누릴 수 있었다"(Ziporyn, 2009, p.30).[29] 그날 밤 나무가 꿈에 나타나 목수 석에게 다음과 같이 말했다.

"당신은 나를 무엇에 비교하려는 것이오? 나를 무늬로 꾸민 나무(文木)에 비교하려는 거요? 아가위나무, 배나무, 귤나무는 (…) 열매가 익으면 사람들이 와서 다 따 가는데 그렇게 치욕을 당하는 것이오. 이렇게 잘난 능력은 자신의 삶을 괴롭게 하는 것이오. 그 때문에 천수를 다 누리지 못하고 도중에 요절해서 죽는 것이오. 이것은 세속의 관습에 두들겨 맞는 꼴이오. 세상 모든 것이 이와 같지 않은 것이 없소. 그래서 나는 오랫동안 쓸 데가 없기를 추구해 왔소. 거의 죽을 뻔했다가 결국 그것을 얻었다오. 그것이 나에게는 가장 큰 쓸모요. 만약 내가 쓸모 있었다면 이처럼 큰 나무가 될 수 있었겠소? 당신이나 나나 모두 사물에 지나지 않는데 둘 가운데 누가 과연 서로를 나누고 평가할 수 있겠소?"(『장자』「인간세」 4.5; Ziporyn, 2009, p.30).

이때 목수 석은 잠에서 깨어 그의 제자에게 꿈 이야기를 들려준다. 제자가 되물었다. "만약 나무가 쓸모없기를 바랐다면 왜 사당 주변에 심어진 걸까요?"(『장자』「인간세」 4.5; Ziporyn, 2009, p.30). 그러자 목수 석은 그의 제자를 꾸짖으며 이렇게 말했다.

쉬잇! 그렇게 말하지 마라. 저 사람들은 스스로 피란하여 거기에 왔을 뿐이다. 사실 저 나무는 자기를 알아주지도 못하는 무리에 둘러싸이는 것을 수치라고 생각한다. 만약 사람들이 사당나무로 삼지 않았다 해도 어찌 쉽사리 베어 버리겠느냐? 저 나무가 가치 있다 여기는 것은 사람들이

가치 있다 여기는 것과 다르다. 그러니 자리에 따라 부름
을 받았는지 안 받았는지, 또 어떤 역할을 하게 될지를 가
지고 판단한다는 것은 우스운 일이 아니겠느냐?(『장자』「인
간세」 4.5; Ziporyn 2009, pp.30 - 31).

송영자처럼 그 나무는 다른 사람의 눈을 통해 자신을 보지 않는
다. 탈 없이 사당의 나무 노릇을 하며 지내지만, 그 역할과 동일시하
지는 않는다.[30] 그러나 더 중요한 것은 흔히 말하는 "좋다"나 "쓸모
있다"는 것에 대해 무어라 단정하지 않는 태도를 견지함으로써 사당
나무라고 불리게 되었다는 사실이다.

열매 맺거나 귀한 목재를 생산하는 가꾸어진 나무는 "세속적 관
습"의 기대치에 부응하며 사는 나무다. 그러므로 그것들은 "타고난
수명"을 누리기도 전에 욕먹고 잘려진다. 진정한 가장의 철학을 취
하였기에 그 나무는 기대치로부터 스스로 비판적인 거리를 둘 수 있
었다. 샌델의 표현을 빌리자면 "마음의 습관과 존재 양식"을 따져볼
수 있게 된 것이다. 그러나 그 목수가 주목하듯이 그 나무의 진짜-
체하기의 철학은 또한 몇 가지 위험을 안고 있다. 사람들이 이 "쓸모
없는" 나무를 쉽게 없앨 수도 있다는 것이다.

우리가 무반성적으로 "스스로를 자신이 맡은 사회적 역할에 맞추
는" 것을 목표로 한다는 샌델의 염려와 마찬가지로 '진정한 가장의
철학'은 관습, 기대치 그리고 흔히 "좋음"으로 여겨지는 것을 보다
깊이 살펴보게 한다.

로저 에임스와 리쩌허우는 서로 독자적으로 중국과 서양 전통의 주류적인 철학적 배경에서 한 가지 기본적인 차이점이 "하나의 세계 이론" 대 "두 세계 이론"의 형이상학적 차이라고 할 수 있다고 강조한다.[31] 서양의 두 세계 이론에 따르면 이 세계로부터 독립된, 즉 플라톤의 이데아의 세계, 기독교의 신의 세계 혹은 아마도 칸트의 본체의 세계와 같은 다른 세계가 존재하는데, 이 세계는 그 다른 세계를 단지 반영하거나 모방할 뿐이다. 반면 중국의 하나의 세계 이론은 그런 가정을 하는 대신 형이상학적 일원론과 완전한 내재론을 선택했다. 이를 기초로 하면 도와 하나님 같은 전반적 철학 문제들 간의 차이에 대한 해석뿐만 아니라 세속적 현상을 이해하는 데도 유용할 수 있다. 예를 들어 영어 단어 "완전한perfect"은 현실의 구체적인 사물을 묘사하는 데는 사용되지 않으며 또한 "더 완전한more perfect or perfecter"이라고 말하지 않듯이 최상급 혹은 비교급의 형태로도 쓰일 수 없다. 이와 달리 중국어에서 영어의 "perfect"에 해당하는 말인 "완메이完美" 혹은 "완산完善"은 훨씬 흔하게 사용된다. 그런데 거기에는 단서가 있다. 중국에서는 오늘날 "이것은 매우 완전하다"라는 뜻으로 "헌완메이很完美" 혹은 "팅완메이挺完美"라 하거나 혹은 "이것이 더 완전하다"라는 뜻으로 "껑완메이更完美" 또는 "삐지아오 하이 완메이比較完美"라는 말을 들을 수 있다. 이 하나의 세계라는 의미에서 도가와 함께 우리는 이 세계를 완전하다고 말할 수 있다. 아무 문제가 없기 때문이 아니라 『노자』와 『장자』기 제안하듯이 우리가 그 문제를 만족시키고 사물을 있는 그대로 인정하기 때문이다. 에임스와 홀Hall(2003)의 과정 어휘론을 빌리면 우리는 "세계가 완전해지

고perfect-ing 있다"고 말할 수 있다.[32]

그러나 이것은 변화의 거부를 함축하지는 않는다. 『노자』와 『장자』는 세계의 지속적인 변화를 찬양한다. 세계를 완전하다고 이해하는 것은 세계의 완벽성을 인정하며 더불어 건강한 (비계산적인) 태도로 변화에 참여하는 것을 의미한다. 『장자』는 특히 사물의 존재 양식을 인정하는 것과 변화를 동시에 향유하는 것을 강조한다.

> 어느 날 자여子輿가 갑자기 병이 났다. (…) 자여가 비틀거리며 우물로 걸어가서 자신의 모습을 비추어 보았다. 자여가 말했다. "아, 조물주가 나를 이렇게 오그라들게 했구나!"
> 자사子祀가 말했다. "자네는 그것이 싫은가?"
> 자여가 말했다. "전혀 그렇지 않네. 내 어찌 싫어할 수 있겠는가? 내 왼팔이 서서히 변해 닭이 되면 나는 그것으로 새벽을 알리겠네. 내 오른팔이 서서히 변해 활이 되면 내 그것으로 새를 잡아 구워 먹겠네. 내 엉덩이가 변해 수레가 되고, 내 정신이 변해 말이 되면 나는 그것을 타고 다닐 것이네"(『장자』「대종사大宗師」; Ziporyn, 2009, p.45).

이것은 여러 면에서 샌델이 말하는 "선물로 받음의 윤리"와 "규제의 윤리"로 권장하는 정신의 유형과 유사하다. 도가와 샌델 모두 우리의 정복욕을 억제하고 사회적 규범, 역할과 "완벽"에 대한 고정된 생각으로부터 철학적으로 거리를 유지하면서 세계와 인간의 삶을 인정하라고 권한다.

물론 결정적인 차이가 있다. 도가에서 우리의 정복욕을 억제하라는 것은 샌델이 묘사하는 것을 넘어서서 사회적·정치적 영역에까지 확장된다. 샌델이 도가의 정적주의적quietistic 경향이 갖는 폭넓은 함축에 동의할지는 미지수다. 마찬가지로 어느 정도 종교적 의미를 띠는 샌델의 "선물로 받음"의 개념이 도에 대한 도가적 인정을 잘 이해시켜 주지는 못한다. 하지만 이러한 차이는 물론 다른 여러 가지 것들에도 불구하고 양자 사이에 실질적인 연결점을 찾는 것은 얼마든지 가능하다.[33] 그리고 그렇게 하는 것은 오늘날 가장 긴박한 철학적 문제들과 도덕적 논점 가운데 일부나마 협동하여 접근하는 데에 생산적인 참여가 될 수 있다.

생명공학 기술, 유전적 강화 그리고 초인간주의는 지금 일어나고 있는 일로, 시간이 갈수록 좀 더 전면에 부상할 것이다. 샌델이 제기하는 도덕적 논점 중 몇 가지는 부분적으로 곧 일어날 일에 대한 염려다. 우리에게 남겨진 유일한 입장은, 이런 기술 발전에 앞서서이든 아니면 동시적으로든 이 논제들을 공적 논쟁의 장으로 끌고 오는 것이다. 그러나 논쟁이 국가, 종교, 문화의 경계를 넘어 논쟁하고자 한다면, 거기에 비서구적 관점을 포함시킬 필요가 있다. 단순한 비교의 차원에서가 아니라 서로 다른 전통을 가지고 각자의 관점으로 공헌할 수 있는, 그런 협동을 통해서 말이다. 후쿠야마의 제안을 따라 만약 우리가 새로운 생명공학 기술을 통제하기 위해 국제적인 규제 협정과 제도를 세우고자 한다면 특히 이런 유의 접근 방식이 필요하다. 유가가 철학 담론을 (특히 현대적 쟁점에서) 자주 지배하는 것

07. 만족, 진정한 가장 그리고 완벽

이 사실이지만, 생명공학 기술에 대한 이 목전의, 그리고 불가피하게 지구적인 논쟁의 미래 향방을 형성하는 데에는 특별히 도가 철학에 대해 서구가 갖는 관심의 가치가 헤아릴 수 없이 크다.

part 4

자아관:
샌델과 유가 전통

로저 에임스
Roger T. Ames

08

유가 윤리에서
'자아'의 이론화

헤겔G. W. F. Hegel이 『철학강요 I Encyclopaedia Logic』[1] 서문에서 한 유명한 말에 따르면, 철학적 탐구에서 가장 어려운 문제는 어디에서 시작해야 하는가이다. 마이클 샌델도 이 문제를 피하지 못했다. 『자유주의와 정의의 한계』와 같은 초기 저작에서부터 샌델은 칸트에서 롤스에 이르기까지 의무론적 개인관의 출발점이었던 뿌리 뽑혀진 deracinated 자아 개념에 대해 상당히 비판적이었다. 샌델(1982)은 롤스의 의무론적 자아에 대해 다음과 같이 기술했다.

> 우리는 이러한 개인주의의 위치를 확인하여 그것이 배제한 좋음에 대한 관념들을 확인할 수 있다. 이는 롤스적인

자아가 소유의 주체임과 동시에 선행적으로 개별화된 주체로서, 그 주체가 갖고 있는 이익과 늘 일정한 거리를 유지하는 주체라는 사실을 기억해 보는 것이다. 이 거리 때문에 야기되는 하나의 결과는 자아를 경험 범위의 바깥에 두고, 어떠한 경험으로부터도 영향을 받지 않게 하면서, 그 자아의 정체성을 영원히 고정시키는 것이다(p.62).

샌델은 그처럼 빈혈 상태에 있는 개인의 정체성에서 시작하고 그것을 포용하는 데서 생겨나는 한계와 결과에 대해서 분명히 밝혔다.

그런데 이처럼 철저하게 독립적인 자아는 구성적 의미에서의 소유와 연결된 '좋음(또는 나쁨)'에 대한 그 어떠한 관념도 배제한다. 그것은 우리의 정체성 자체와 결부해 생기는 가치와 정서 너머로까지 어떤 애착(또는 강박)이 미칠 수 있는 가능성을 배제한다. 좋든 나쁘든, 참여자들의 이익뿐만 아니라 정체성이 걸려 있는 공적 생활의 가능성도 배제한다. 또한 공동의 목적과 목표가 우리에게 좀 더 광범위한 자기 이해를 갖도록 영감을 줄 수도 있고 또 그렇게 함으로써 구성적 의미에서의 공동체, 즉 공동으로 기대하는 대상뿐 아니라 주체도 기술해 내는 공동체를 규정할 수 있는 가능성도 배제한다(p.62).

샌델(1982)은 그 대안으로 "내內주관적 intrasubjective" 자아관[2]

은 아니더라도 롤스의 입장을 함축적으로 배제하는 "상호주관적
intersubjective"자아관을 묘사한다.

> 다른 한편으로, 목적한 바에 따라서 내주관적 관념은 도
> 덕적 주체를 적절하게 기술하기 위해서 단일한 개별 인간
> 안에 있는 다수의 자아일 수 있다. 우리가 서로 상충하는
> 정체성 때문에 내면적으로 숙고하는 상황을 설명할 때,
> 또는 자기 인식이 막혀 있는 상황에서 내성introspection을
> 하는 순간, 또는 종교를 개종하기 전에 고수했던 이단적
> 믿음에 대한 책임을 우리가 면해줄 때와 같은 경우가 그
> 렇다(p.63).

샌델은 이 같은 내주관적 자아 개념을 의무론적 자아 개념보다
잠재적으로 더 생산적이라고 보았지만, 그는 이 개념이 너무 느슨해
서 충분히 굳건한 의미에서의 선택, 통일성, 정체성 같은 것을 상실
할 수 있는 위험성이 존재한다고 지속적으로 우려했다. 수년에 걸쳐
서 샌델은 충분히 강한 의미에서의 개인의 통일성과 자율성을 유지
하면서도 동시에 공동체적으로 구성되는 정체성을 허용하는 적절
한 내주관적 자아관을 구성하려고 시도하면서 아리스토텔레스와
헤겔, 그리고 최근 들어서는 유대 전통의 철학자들의 사상에까지 폭
넓게 호소하고 있다.

샌델의 도전: 내주관적 자아의 이론화

이 프로젝트에서 샌델은 여러 방식으로 우리 시대의 철학적 문제를 풀고자 했다. 거의 한 세기 전에 살았던 존 듀이John Dewey는 『구舊개인주의와 신新 개인주의Individualism Old and New』(1962)에서 이 시대의 독특한 개인성(미국의 에머슨적인 영혼을 실현할 수 있는 진정한 가능성과 약속)이 승자와 패자로 이루어진 제로섬zero-sum 문화를 산출하는 자기 이익 중심적이고 경쟁적인 개인주의 이데올로기로 쇠퇴하는 것을 씁쓸해했다. "우리 전통의 영적인 요인, 즉 동등한 기회와 자유로운 결사, 상호 커뮤니케이션이 흐려지고 축출되어 버렸다. 영적 전통이 예언한 개인성의 발달 대신에 개인주의의 완전한 이상이 왜곡되어 나타난 금전 문화에 대한 순응이 자리 잡았다. 그것은 불평등과 억압의 원천이자 정당화가 되었다"(p.18). 존 듀이는 철학자들에게 자신이 생각한 민주주의 개념과 일관되는 새로운 개인성을 구성하는 도전에 나서라고 (촉구는 아니더라도) 장려했다. 그의 민주주의 개념 안에서는 자아실현과 공동체적 실현이 서로 맞물려 있고 함축되어 있다. "우리가 살고 있는 객관적인 조건에 맞는 새로운 개인성을 구축하는 문제는 우리 시대의 가장 심오한 문제다"(p.32).

이 글에서 내가 존 듀이와 마이클 샌델을 연결하여 논의하는 이유는, 아시아와 유럽에 걸친 우리의 문화적 자산을 총동원해서 적절한 내주관적 자아관을 구성하기 위해서다. 대체로 자유주의적 자아관에서 당연시하는 분리적이고 독자적인, 토대주의적 개인주의foundational individualism에 대한 적절한 대안을 지속적으로 모색하기 위해 공자와 그가 말하는 관계적으로 구성된 자아관을 살펴볼 것이다.

그런데 현재의 문헌에 나오는 공자는 하나의 모습이 아니다. 전부는 아니어도 유가 윤리학자들 중에는 이런 전통을 덕 윤리의 변형태로 범주화하려는 이들이 많다. 그러나 나와 내 공동 연구자들(특히 헨리 로즈몬트Henry Rosemont)은 공자가 독자적인 역할 윤리를 제공한다고 볼 때에만 유가 윤리가 현대의 윤리 담론에 기여한 부분을 잘 평가할 수 있다는 입장이다(Ames 2011; Rosemont 2015; Rosemont and Ames 2016). 특히 "내주관적 자아" 문제에서 우리가 주장하는 것은 유가 윤리를 역할 윤리와 덕 윤리 중에서 어느 쪽으로 봐야 적절한가는 고전 중국 철학의 해석적 맥락에서 전제하는 자아관에 크게 좌우된다는 점이다.[3] 유가 전통을 우리 문화에서 중요하게 보는 관점이 아니라 그 자체로 자기 목소리를 낼 수 있게 하는 것이 목표라면, 우선 유가 윤리의 출발점이 되는 유학적 자아관을 자의식을 가지고 비판적으로 이론화하여 이를 현대적 윤리 담론에 끌어들여야 한다.

책임 있는 비교 연구: "뒤로만 작동하는 기억은 약하다"

서구의 범주에서 유가철학을 이론화하는 문제는 어려운 만큼 오래도록 지속된 이야기다. 최근에는 순쾅로이信廣來(2009)가 문화를 비교하는 방법에 존재하는 이런 비대칭 문제를 기정사실화한 바 있다. "서양 철학의 관점에서 중국 사상에 접근하는 비교 연구를 보면 하나의 조류가 있다. 서양 철학의 토론에서 발견되는 틀이나 개념, 쟁점을 준거로 하는 것이다. 이 조류는 영어로 쓰인 저작뿐만이 아니라 중국에서 출판된 저작에서도 보인다. 역으로 현대 문헌에서 중국 철학의 논의에서 발견되는 틀이나 개념, 쟁점을 준거 삼아 서양 철학 사상에 접근하는 시도는 거의 찾아볼 수가 없다"(p.470).

중국의 윤리학계에서 가장 영향력 있는 학자들 대부분, 예를 들면 평유란馮友蘭이나 궈지융郭齊勇 같은 이들이 일찍부터 이 전통을 두고 원칙에 기반을 둔 해석을 제공한 사례가 있다. 그러나 1958년에 「현대의 도덕철학Modern Moral Philosophy」이라는 논문에서 엘리자베스 앤스콤Elizabeth Anscombe은 법이론적이라는 이유에서 또 도덕심리학을 결여했다는 점에서 의무론과 공리주의를 비판하고 있는데(p.33), 알래스데어 매킨타이어의 『덕을 찾아서After Virtue』(1981)[4]와 같은 저작들과 더불어 서양 윤리 담론에 수정주의적 방향을 촉발하였다. 이때 중국 윤리학에 대한 우리의 해석도 바뀌었다. 즉 서양 규범윤리학에서 앤스콤의 도전으로 촉발된, 원칙에 기초한 윤리학에서 덕 윤리로의 전향은 유가 윤리에 대한 우리의 독서에도 해석 전향이 일어났다는 이야기이기도 하다. 고대의 유가 전통에 대한 가장 적절한 독해로서 덕 윤리를 포섭하게 되었다는 것이다. 달리 말하면, "뒤로만 작동하는 기억은 약하다"라는 화이트 퀸의 시구를 기억해 볼 때, 유가의 윤리학이 서양의 윤리 이론과 새롭게 조우함으로써 "기억되는" 것은 이처럼 잠정적으로 "더 나은" 종류의 기억으로 좋은 예가 될 수 있다.

그렇지만 우리 시대에는 고전적인 그리스 철학의 내러티브에 깊이 뿌리박고 있는 개인주의가 이데올로기까지는 아니더라도 고정적, 상식적으로 전제되어 있다. 즉, 우리의 포스트-마르크시즘, 포스트-집단주의 시대에 개인주의라는 이데올로기는 거기에 도전하는 진지한 대안도 없는 상태에서 인간의 의식을 독점하고 있다. 내가 이 글에서 주장하려는 것은, 우리가 덕 윤리의 언어를 넓게 이해하면, 행위자, 행위, 일반적 덕, 성격적 특질, 자율성, 동기, 이유, 선택, 자유, 원칙, 결과 같은 어휘에도 있는 그대로 다가갈 수 있기 때문에, 토대주의적 개인주의에서 출발점으로 삼는 기준점들을 덕 윤리로도 도입할 수 있다는 점이다.

더불어 내가 주장하는 바는, 그와는 대조적으로 유가 윤리는 경험의 전체성에서 시작하며, 기본적으로 다른 가정을 가진 용어들과 구분들로 이루어진 근본적으로 다른 초점-장focus-field이 거론됨으로써 형성된다는 것이다. 여기서 말하는 근본적으로 다른 가정이란, 인간의 내러티브에서 어떻게 개인의 정체성이 나타나고, 우리를 구성하는 역할과 관계 속에서 어떻게 도덕적 역량이 성취된 기교로 표현되는지에 대한 것이다. 내가 개별적 인간 "존재beings"라고 부르는 것과 관계적으로 구성되는 "인간되기humane becomings"를 구별하지 않는 것은, 탐구를 시작하기도 전에 오늘날 통용되는 결정적으로 외국 태생의 자아관을 우리의 탐구 속으로 되는 대로 끼워 넣는 것을 의미한다.

유가적 자아의 이론화에서 존재론과 목적론을 폐기한 앵거스 그레이엄의 입장

"고전적 유가철학에서 인간이 개인이 아니라면, 그러면 대체 무엇이란 말인가?" 이것이 우리가 출발점으로 삼아야 할 분명한 조작적 질문일 것 같다. 그런데 정말 그런가? 1990년 앵거스 그레이엄Angus Charles Graham은 다른 문화적 전통에 독특한 개념 구조를 부여하는 소쉬르의 랑그langue와 파롤parole의 구분을 처음으로 반영하였고, 대다수 우리처럼 그 역시도 다른 문화는 생각과 삶 속에서 다른 범주에 호소한다는 점을 인정했다. "다른 문화에 사는 사람들이 다소 다른 범주로 사고한다는 것은 친숙한 생각이고 거의 상식이 되다시피 한 사실이지만, 생산적인 논의의 주제로 끄집어내기에는 매우 어려운 주제다"(p.360).

소쉬르와 마찬가지로 니체(1966)도 특정한 세계관이 인도유럽어족으로 또 그 언어의 체계적인 개념 구조 속에 침전되어 있어서, 그 결과 특정한 철학적 가능성은 장려되는 반면 다른 가능성은 억제된다는 데 설득되었다. "인도어와 그리스어와 독일어로 철학을 한다는 것 사이에서 볼 수 있는 가족 유사성을 쉽게 설명할 수 있다.[5] 언어 사이에 유사성이 있으면 문법에 대한 철학에서도 공통성이 있기 때문에, 즉 유사한 문법적 기능이 무의식적으로 지배하고 유도되기 때문에, 애초부터 비슷한 철학 체계가 발생하고 지속될 수 있다. 마찬가지로 다른 방식으로 세계를 해석할 가능성은 차단되었을 것이다"(p.20).

그레이엄은 니체나 소쉬르처럼 (예컨대 우리가 "인간이란 무엇인가?"라고 물을 때처럼) 우리가 문제를 정식화하는 방식이 이미 특정한 종류의 대답을 장려한다는 점을 인정하면서, 문화의 문제에서 "다른 범주로 생각하기"와 관련하여 언어가 무엇을 드러내는지를 보고자 했다. 즉, 우리가 묻고 있는 질문으로 돌아가 보면, 중요한 개념적 차이를 (그리고 아마도 다른 인간관을) 가려낼 수 있을 거라고 생각했다. 1990년에 그레이엄은 이렇게 말했다: "모든 철학적인 답변은 질문을 제시함으로써 형성되기 때문에, 우리가 생각할 때 사용되는 범주가 질문하는 언어에서 볼 수 있는 기본적인 단어들에 상응한다고 의심해 볼 수 있다. (…) 중국의 범주와 서양의 범주 사이에서 차이를 추적하기 위해 질문에 쓰이는 단어들을 이용할 수 있을까?"(p.3).

그레이엄(1991)은, 우리가 "존재 그 자체" 그리고 그에 따르는 이원론에 특권을 부여하는 고전적 그리스의 존재론적 가정과, "생성"과 그 과정을 "말하는" 데 필요한 음양의 상호 의존적 범주들에 특권을 부여하는 고전적 중국의 생성론적 우주론을 뒷받침하는 가정 사이의 차이점을 놓친다면, 심각하게 애매한 해석을 할 수 있다고 우리에게 경고한다. "중국의 우주론을 보면 만물은 상호 의존적이고 그것을 설명하는 초월적 원리 같은 것은 없으며 그것들이 도출되는 초월적인 기원도 없다. (…) 이 입장에서 나에게 크게 인상적인 점은, 그 입장이 서양 해석가들의 선입견, 즉 천天이나 도道와 같은 개념은 우리가 갖고 있는 궁극적인 원리가 가진 초월성이 있어야만 한다는 선입견을 드러낸다는 것이다. 도조차도 사람과 상호 의존한다는 생각을 우리가 파악하기란 어려운 일이다"(p.287).

중국의 우주론에 목적론이나 형식적인 원인을 불러들이는 것에 대한 그레이엄의 경고는 과연 고전 유학이 인간과 인간의 경험을 어떻게 이해하는가에 목적을 둔 연구에서 어떤 의미가 있을까? 샌델(1982)은 우리의 상식에 너무나 만연되어 있는 관념론과 목적론의 비중을 강조했다. "인간의 본성에 대해 말하는 것은 종종 시간과 장소에 따라 불변하는 보편적인 인간 본성이라는 개념과 연관된 고전적인 목적론적 관념을 시사하는 것으로 보인다"(p.50).[6] 그레이엄 (1991)이 맹자의 자아관에 서양 세계의 목적론적 가정을 부과하는 것이야말로 우리가 "인간 본성"에 대한 맹자의 글을 읽을 때 생기는 문제라는 의견을 피력했던 것이 바로 이런 점이다. "성性을 본성nature으로 번역하는 것은 그것을 어떤 초월적인 기원으로 오해하게 한다. 그렇게 되면 맹자의 사상에도 뭔가 초월적인 목적이 있는 것처럼 되는 것이다"(p.287).

이와는 대조적으로 우리는 유가 전통에서 변화하는 개인의 정체성이 내러티브 전개의 맥락 안에서 어떻게 비슷한 속도로 발생하는지(즉 개인과 내러티브는 서로 마주하고 있으며, 사태의 중간에서 프로세스를 상호 함축하고 있다)를 인간의 "되어짐becoming"이라는 생성적이고 개방적인 관점으로 기록할 필요가 있다. 특정 자아도 또 종으로서의 인간도 하나의 별개의 시작이나 어떤 최종 목적은 없다. 그레이엄 (1991)은 이렇게 말한다. "성이란 그것의 기원이나 목적이 아니라 특정한 방향의 자발적인 발달을 중심으로 이해된다. (…) 성成은 사물의 발달 완성 같은 것인데, 사람에게는 그것에 해당하는 것이 성誠이며 품격(혹은 통합integrity)을 의미한다. 이것은 무슨 목적의 실현이라기보다 상호 의존적인 (맥락적인) 생성적 통합을 이루는 것을 말한다"(p.288). 그레이엄은 여기서 닫힘과 드러남 사이에 근본적인 대조를 예리하게 인지하고 있었다. 이는 한편으로는 목적론적으로 추동된 실체적인 인간 "존재"의 가능태와 현실태, 그리고 다른 한편으로는 내러티브를 통해 형성되는 인간적으로 "되어감"의 지속적인 등장 (즉 조상이 자손 속에서 계속 살아 있다고 하는 하나의 연속적 과정) 사이의 대조를 말한다.

올바르게 질문하기

헤겔보다도 오래전에 아리스토텔레스도 어디에서 시작해야 하는 가를 고민했다. 『옥스퍼드 아리스토텔레스 전집Oxford Complete Works of Aristotle』 가운데 번역된 표준판 아리스토텔레스 전집Corpus Aristotelicum의 첫 번째 책이 바로 『범주론Categories』이다. 그리고 이 『범주론』에 처음 나오는 중요한 질문이 "인간이란 무엇인가?"라는 존재론적 질문이다.

술어들에 대한 몇 가지 정식화에서, 아리스토텔레스는 주어(주체) 가 "시장에 있는 사람"이라는 구체적인 예를 들어가며 "주어"에 대해 빠짐없이 기술하기 위해서 물어야 할 질문들을 나열한다. 그는 주어 (주체)의 본질 또는 실체(그리스 말로 ousia, 라틴어로 substantia) - 그 사람은 무엇'이다' - 를 이 사람의 다양한 우연적 속성에 대비되는 것 으로 확인하면서 존재론적 불균형 개념을 도입함으로써 시작한다. "대략적인 생각을 풀어 보면, 실체의 예로 사람이나 말을 들 수 있다. 양에 대해서는 네 개의 발과 다섯 개의 발, 질에 대해서는 '희다', '문법에 맞다'라는 것이 있고, 관계에 대해서는 두 배, 절반, '더 크다'라는 것이 있고, 장소와 관련해서는 리세움이나 시장이 있을 것이고, 시간과 관련해서는 어제, 작년과 같은 것이 있고, 자세에 대해서는 누워 있다거나 앉아 있다가 있고, 상태에 대해서는 신발을 신고 있다거나 갑옷을 입고 있다가 있고, 능동에 대해서는 자고 있다거나 태우고 있다거나 하는 것이 있고, 수동에 대해서는 베었다거나 화상을 입었다거나 하는 것이 있다"(Aristotle, 1984, pp.1a25-2b4). 아리스토텔레스는 우리에게 본질적인 술어를 제공해 주는 것은 바로 "무엇이냐"라는 질문의 우선성이라고 본다. 주체에 "대해서" 말하는 것은 그 사람이 무엇인가라는, 아래에 있는 모종의 실체를 확인시켜 주는 것이다. 나머지 이차적 조건들과 그 조건들을 알려 주는 질문(즉 양과 질, 관계, 장소, 시간, 자세, 상태, 능동, 수동과 같은 것)은 모두 주체 없이는 존재할 수가 없는 우연적이고 조건적인 술어들로서, 주체의 속성들에 대해 완전한 설명을 제공해 준다. 눈여겨볼 점은 아리스토텔레스의 질문에는 "어떻게"라든지, "왜"가 들어 있지 않다는 점이다. 그는 완전한 묘사를 한 후에 하는 질문은 설명과는 별도로 물을 수 있다고 가정했다. 우리가 앞으로 살펴보겠지만, 이 가정은 중국의 과정 우주론에서는 성립할 수 없다.

완전한 묘사를 위한 아리스토텔레스의 전략과 그의 범주들에 대해 그 전략이 드러내는 것을 살펴본 다음, 그레이엄(1990)은 이렇게 말한다: "아리스토텔레스의 절차는 하나의 사물을 다른 것들로부터 분리시키는 것이다. 심지어 타동사(베다, 태우다)조차도 목적어 없이 취급하고, 비교급 형용사(절반이다, 더 크다)도 두 가지를 연관시키지 않고 다른 하나를 기준 삼아 말할 뿐이다"(p.380). 아리스토텔레스의 존재론은 격리된 개별적 주체에 특권을 부여한다. 이 이론에 대해 상식적으로 생각할 수 있는 필연적 결과 중 하나는, 독립적으로 존립하여 우리와 "마주하는" 개별 사물들과 대상들_{objects}로 밀집해 있는 세계를 경험하는 것이다. 이러한 실체 존재론의 두 번째 필연적 결과는 외적 관계들에 대한 이론을 가정한다는 것이다. 이러한 다양한 대상들은 각기 자기의 본질적 완결성을 갖고 있으며, 개별적 사물로서 일차적이다. 그리고 이들을 연결 짓는 모든 관계는 이들이 부차적으로 맺는 이차적인 우연적 관계다. 그레이엄은 아리스토텔레스의 답변을 이루는 질문 형식에 대해서, 그리고 이 실체 존재론이 단순 정위 개념 및 분리적 개별성을 받아들임으로써 그 함축에 따라 사건으로서 자아 개념이 배제되는 방식을 고찰했다. "아리스토텔레스의 사유는 명사-중심적이다. 그는 그가 사람으로 규정한 실체와 더불어 시작하며, '존재_{to be}'를 나타내는 동사를 제외한 다른 동사를 도입하기 전에 '그는 언제 시장에 있었는가?' 그리고 '그는 어제 어디에 있었는가?'라는 질문은 할 수 있지만, '어디에서 왔는가?' 또는 '어디로 가는가?'라는 질문은 할 수 없었다"(p.391).

내구성적 관계 이론

그레이엄(1990)은 이러한 개별적이고 실체적인 개별 존재에 관한 일상적인 이해가 세계는 사물들("사건"이라고 하는 게 나을 수 있다)이 상호 의존적인 관계로 규정되는 고전적 중국의 과정 우주론과 뚜렷한 대조를 이룬다고 생각했다. 따라서 그는 그것들을 기술하기 위해서 본연적·구성적 관계에 관한 이론이 필요하다고 생각했다. "이와 반대로 중국의 사유에서는 사물이 독립적으로 현상하는 것이 아니라 상호 의존적으로 현상한다. (…) 그리고 그것들을 서로 분리시키는 질문은 그것들을 연관시키는 질문에 우선하지 않는다"(p.391).

그레이엄에게 역동적이고 동명사적인 개념으로서 인간은 자발적으로 지속적으로 발달하는 과정을 가리키며, 잘 북돋아 주고 방해하지 않을 때 자신의 잠재성을 실현하는 존재다. 그런데 초기 중국 우주론에 대한 그레이엄의 이해를 보면, 사물에 대해서 단지 개별적이고 독립적인 것을 이어 주는 외적 관계가 아니라 사물을 구성하는 내적 관계 이론을 가정하기 때문에, 그가 해석한 "그 자체의 잠재성"은 개별적 자아에게 내재된 어떤 내적 성질이나 능력으로서 이미 장전되어 있다기보다는 잠재적으로 개별주의적이며 창발적이고 또한 계보적이다. 그레이엄(1991)은 중국 우주론에서 말하는 관계들의 성격을 명료하게 하면서, 바로 이 구분을 도입했다. "여기서 '관계들'이라고 할 때에 관계란 의심할 여지없이 중국의 사유에서 필수불가결한 개념이다. 이 개념을 통해 서구인들이 받는 일반적인 인상은 사물들의 성질들과 연관되기보다는 사물들 간의 관계와 더 연관이 되는데, 그런 연관성은 사물들 간의 추상적 관계보다는 구체적인 유형과 관련된 것이다(pp.288-289).

피터 허쇼크Peter Hershock(2006)는 우리가 세계를 바라볼 때 세계가 이미 기존하는 개별적 사물들로 구성되어 있다가 그것들 사이의 외적인 관계로 진입한다고 보는 우리의 끈질긴 습관 중 문제를 진단하면서, 더 명료하고 논란의 여지가 없는 내구성적 관계에 대한 설명을 제공한다. "결국 자율적인 주체들과 대상들은 추상의 인위적 결과물일 뿐이다. (…) 우리가 가리키는 '사물들'은 (그게 산이든 인간이든 아니면 역사 같은 복잡한 현상이든 간에) 이미 상대적으로 지속적인 가치와 적실성('사물들')의 지평을 형성한 체험 결과일 뿐이다. 상식으로 주장되는 것처럼 그것들은 자연적으로 발생하는 실재 또는 [사물]이 아니다. 사실은 우리가 우리 자신과 독립적으로 존재하는 **대상들**이라고 생각하는 것이 실제로는 관계의 습관적인 유형들의 함수일 뿐이다"(p.140). 허쇼크는 우리가 문화적으로 구속되어 있는 기본적인 전제, 즉 사물들이 일차적이라는 전제에 대해 지적인 치료약을 제공한다. 우리로 하여금 "관계란 이미 존재하는 행위자들에 우연적으로 주어진 이차적 실체라는 기만을 꿰뚫어" 보게 함으로써 말이다. 내적 관계 이론은 우리에게 다른 상식을 요구한다. "그것은 존재론적인 게슈탈트 전환gestalt shift에 해당한다. 이전에는 독립적인 혹은 의존적인 행위자가 일차적 현실이고 그들 사이의 관계는 이차적이라고 봤다면, 이후에는 관계성을 일차적 (또는 궁극적) 실재로 바라보고 모든 개별적 행위자는 그 관계들로부터 (관습적으로) 추상된 혹은 파생된 것으로 본다"(p.147).

다른 질문 제기하기: 어디로부터 그리고 어디로?

고전적 중국 우주론에서 세계는 개별적 사물들의 스펙트럼으로서보다는 상호 침투적 "사건들"을 중심으로 볼 때 더 잘 묘사될 수 있다. 그런 세계에서는 "어디로부터"와 "어디로"라는 것, 즉 **시간 경과에 따른 사건**을 검토하는 것이 일차적 질문이 되는 한편, "어디에"와 "언제"는 **시간과 장소의 어느 지점**으로서, 사실은 우리의 경험에서 지속적이고 사건으로 다가오는 것으로부터의 습관적인 추상이며 심지어 왜곡일 뿐이다. 자아의 정체성에 필수적인 이행성과 연접성을 모두 포함한 채로, 자아를 내러티브적이고 과정적이며 발생적으로 이해한다면, 유가적 자아는 병 속에 든 유리구슬이나 서랍 속에 든 숟가락보다는 역사적 사건에 가깝다.

예를 들어 시민전쟁 같은 역사적 사건에 대해 물어볼 때, 시민전쟁이란 "무엇인가"라고 묻기보다는 "어떻게 그것이 발발하였는가"라든지, "그 결과는 무엇인가?"라고 묻는다. 즉, 사건이 "어디로부터" 와서 "어디로" 가는지에 대한 내러티브를 묻는다. 그리고 사건을 적절하게 기술하려면 그것을 설명해 주는 "왜" 그리고 "어떻게"라는 질문이 당장 중요해진다. 사실, 사건의 경우 "무엇"인가란 질문은 가장 만족스럽지 못한 답변을 얻게 된다. 왜냐하면 제임스의 관점에서 봤을 때, 그 질문은 사건에 선행하는 모든 역사와 그것에 뒤따르는 모든 역사를 함축하는, 그 자체로 전체적이고 구체적인 시공간적인 사건을 멈춰 서게 하고 제한시키기 때문이다.

명사보다는 동사로서 더 인간의 "되어감"을 이해했던 그레이엄 (1990)은 우리에게 홀로그래피 같은 세계를 제시한다. 이 세계에서는 근본적으로 상황 속에 존재하는 자아는 자신의 지속적인 이야기의 시간성과 유동적인 공간성에서 벗어날 수 없다.

반대로 행동에서 출발하면 지속이나 방향은 이미 동사 속에 깃들어 있다; 행동은 **어디**in 만큼이나 어디**로부터**from도 중요하고, 행위가 일어난 장소가 중요한 만큼 사물들이나

자아**에게로**to, 그것**으로부터**from, 그리고 그 **안에**in도 중요하
다. 〔강조는 추가된 것임〕 (…) 이러한 비대칭을 중국의 언어와
사고방식에서 보이는 동사 중심성과 연관 지어 볼 수 있
다. (…) 중국의 사상가들이 특별히 관심 갖는 것이 '우연
히 일어난'〔遇〕 상황과 '때맞춰'(동사로 쓰인 時) 일어난 행위
라는 것을 우리는 알아차리게 된다. 질문의 형식에서부터
나타나는 범주 구분은 장소와 시간 사이가 아니라, 사람
이 나아가고 돌아오는 가운데 서 있는 길〔道〕과 사람이 길
위에서 만나는 시간〔時〕 사이에 존재하는 것으로 보인다
(p.391).[7]

이 과정에서 우주론과 시간, 공간은 개별화된 사물의 구별된 순간
과 단순한 장소로서 분석될 수 있는 분리된 차원이 아니라, 항상 독
특한 인간 경험의 끝없는 흐름 안에 존재하는 분리할 수 없는 "측면
들"이다. 그리고 이 세계의 사건을 기술할 때 시공간 용어들이 필요
해지는데, 이 용어들은 같은 사건을 서로 다르지만 서로 함축하는
방식으로 이야기하는 가운데 나오는 "측면적인" 용어들이다.[8] 이렇
듯, 자아와 공간과 시간은 하나로 전개되는 사건, 즉 인간 경험이라
는 독특한 양자quantum를 바라보는 다양한 관점 중 세 가지 관점을
일컫는다.

그레이엄은 중국 사상가들이 "시간들"이 펼쳐지면서 "우연히" 마
주하는 것에 관심이 있다는 점을 지적한다. 우리는 거기에 하나의
보충적인 조건을 추가하고자 한다. 이 조건이란, 인간의 인생 여정

에서 그 추정적 우연성에는 두 가지 중요한 전제가 있다는 것이다. 첫째, 삶을 통해서 "우리의 길을 더 넓히고 확장하는(弘道)" 우리의 능력에는 숙고적 결단이 수반되어야만 한다는 것, 둘째, 우리끼리 공유하는 이 길을 조화로우면서도 완전히 우리의 것으로 하는(中和) 데에는 우리가 시기적절하게 활동들을 해내리라는 기대가 있어야 한다는 것이다.[9] 이러한 유가적 자아를 위한 길 만들기는 숙고하면서, 그리고 음악적인 모습으로 살아가는 것이다.

그레이엄은 이른바 "인간 본성"에 대한 "내러티브적" 이해를 우리에게 제시한다. 이에 따르면 자아와 세계는 하나의 역동적 관계, 즉 대위법적 관계 속에서 공진화한다. 분명히 자아 정체성은 그것이 태어난 출발 지점인 가족과 공동체 및 주변의 관계들에 기초하는데, 이것들은 자아를 양육하고 상실이나 상해로부터 보호하기 위해 필요하다. 그러나 자아 정체성의 출현은 일생에 걸쳐서 교육받고 성장하고 극에 달하는 가운데, 이 관계들이 돈독한 결속을 성취하는 과정에서만 가능하다. 사실상 자아의 잠재성은 결코 주어지는 것이 아니고, 늘 상호적인 사건들 속에서 대위법적으로 발생하며, 이 사건들을 다 더한 것이 우리의 삶을 구성한다.

즉, 인간이 될 "잠재성"으로 중요한 초기 조건들이 분명히 있지만, 그 조건들은 관념론적인 "시작"이나 목적론적인 "목적"이 아니다. 말인즉, 그 조건들은 맥락이나 가족 관계를 다 배제한 자아의 "내부"에 타고난 것이 아니고, 미리 예정된 어떤 목적의 불가피한 실현 같은 것도 아니다. 우선, 이 자연적 우주론에서는 맥락에서 내쫓긴 자아 같은 것이 없다. 자아들은 그들의 피부 안에 존재하는 것이 아니고 자아들의 연합들 안에서만 존재한다. 그리고 서로 그물처럼 짜인 내러티브들-속의-내러티브들 안에서 자아들이 지속적인 사건적 관계들로 구성되기 때문에, 자아의 "잠재성"과 자아가 성취하는 정체성은 그들의 삶에서 구체적이고 우연적인 상호 관계와 보조를 맞추어 발생한다. 따라서 잠재성의 의미를 최대한 끌어내자면 다음과 같다. 잠재성은 주어진 일련의 조건들로 완전히 선행하는 것이 아니라 전망적인 것이고, 지속적으로 끊임없이 변화하는 여건 속에서 나아가는 것이다. 또한, 일반적이거나 보편적인 것이 아니라 언제나 구체적인 관계적 자아로서 인생 역정의 모든 순간에 독특한 그 무엇이다. 또한 누군가의 잠재성은 고유하고, 그 사람을 규정하는 자질로만 있는 것이 아니라 특정 내러티브가 펼쳐지고 난 다음에라야 알려질 수 있는 것이다.

인간 *존재* 또는 인간되기?

인간 "존재"란 무엇인가? 이것은 플라톤의 『파이돈』과 아리스토텔레스의 『영혼론De Anima』 둘 다에 나오는 그리스 철학의 영원한 물음이다. 그리고 피타고라스 시대 이후로 이 물음에 대해 가장 지속적으로 나오는 답변은 존재론적 답변이다. 인간 "존재"란 영구적이고 이미 만들어져 있으며 자기 충족적인 영혼이다. 또한 "너 자신을 알라"고 하는 소크라테스의 대표적인 권고도 이 영혼을 알라는 뜻이다. 우리 각자는 하나의 자아이며, 잉태 이후부터 온전히 자아로서 존재한다.

사람은 각자의 역할 속에서 어떻게 그리고 어떤 길(道)을 통해서 완전한 인간됨(仁)을 이루는가? 이것은 사서, 즉 『대학』, 『논어』, 『맹자』, 그리고 『중용中庸』에서 상세하게 다룬 영구적인 질문이다. 공자 시대 이후로 그 답변은 언제나 도덕적이고 미적이고 또 궁극적으로 종교적인 것이었다. 자아들(반드시 복수로 존재함)은 돈독하고 본래적인 관계들을 가꿈으로써 인간이 **된다**.

이 관계는 우리의 초기 조건을 구성하며 또한 가족과 공동체와 그리고 우주 안에서 삶의 내러티브 – 그것이 어디에서 와서 어디로 가는지 – 의 궤적을 잡아 주는 것이다.[10] "자신을 수양하라"(수신修身)는 격언은 유가 경전에 나오는 가장 대표적인 훈계다. 수양은 자아의 최고 상태(인仁)에 도달하려는 유학의 프로젝트에서 토대가 되는 것이다. 그것은 가족과 공동체와 우주적인 역할들과 우리가 살아가는 관계를 통해서 행동할 때 그 행동들을 근면성실하게 수양하는 것이다. 이러한 유가적 전통 속에서 "나"는 인간이 되기 위해 다른 사람들이 필요하다는 의미에서 돌이킬 수 없는 "우리"가 된다. 즉, 오직 한 자아만 존재한다면 그것은 어떠한 자아도 존재하지 않는다는 말이다.[11] 행동에서 완벽하게 되는 것(仁)은 우리가 행하는 일이며, 그것도 우리가 함께 행하지 않으면 아무것도 이루어지지 않는다.

여기서 관건은, 우리에게 가장 기본적이고 중요한 다음과 같은 철학적 질문에 대한 답변이다. 완전한 인간이 된다는 것의 의미를 우리는 어떻게 이해해야 하는가? 우리는 인간 "존재"의 탄생, 삶과 성장을 어떻게 설명할 것인가? (신생아는 이미 만들어진 어른이라는) 반복적 인과 관계로, (신생아는 이미 존재하는 이상을 목표로 나아가는 단순히 예비 상태에 있다는) 목적론적으로, 또는 숙고하는 자아의 행위 현상학을 통해 맥락적이며 내러티브적으로 이야기하는 "인간되기"를 통해서 설명할 것인가? 우리는 인간 "존재"의 의미를 어떻게 정의하는가? 자신의 삶을 살아가는 관계와 역할의 외부에 자아를 위치시키는 본연적이며 분리 가능한 원인들에 대한 사변적 가정을 중심으로 설명할 것인가, 아니면 그 대신에, 자아가 불가피하게 놓여 있는 초기의 탄생 조건과 맥락에 따라 인간이 "되어감"으로써 자신의 삶을 펼쳐놓는 가운데 결과적이며 숙고에 바탕을 둔 행위의 총집합을 점검함으로써 설명할 것인가?

위에서 이미 살펴본 대로, 지금의 우리 세계에서는 토대주의적 "개인주의"가 이데올로기가 되어 버려, 그 어떤 강력한 대안도 존재하지 않는다. 우리가 질문해야만 하는 것은 어찌 보면 당연시되는 **개별적** 인간 "존재"에 대한 지극히 상식적인 가정이 과연 유가적 프로젝트에도 맞아떨어지는지 여부다. 유가적 프로젝트는 자연적인 과정 우주론 내에 자리 잡고 발전한 것으로, 과정 우주론은 자아의 성장을 이해하는 맥락에 기여한다.

유가적 프로젝트: 관계적 탁월성을 성취한 자아

유가적 프로젝트에 이론적으로 중요한 함의가 있지만 여기서 주목해야 할 짐은 그 프로젝트가 현실의 인간 경험에 대한 비교적 단도직입적인 설명에서 진행된다는 것이다. 이것은 존재론적인 가정이나 초자연적인 사변에 호소하는 대신 매일의 일상을 좀 더 매혹적으로 만듦으로써 지금 여기에서 입수 가능한 개인의 가치를 강화하는 가능성에 초점을 맞춘다는 점에서 실용주의적인 자연주의다. 자신의 손자 손녀에 대한 할머니의 사랑은 한편으로는 아주 일상적이지만, 동시에 그것은 아주 특별하다.

일상적인 인간 경험(가족과 공동체 내 역할에서의 자기 수양, 가족 제사, 타인에 대한 존중, 우정, 수치심, 교육, 공동체, 인간 중심적 종교성에 대한 수양된 감각 등)의 가장 기본적이고도 지속적인 측면들을 둘러싼 통찰을 발전시키면서 공자는 자신의 통찰이 계속해서 유의미함을 입증해 왔다. 이런 영구적 쟁점에 중점을 둔 것 외에도, 공자의 말 속에 분명히 있고 또 살아 있는 전통 속에서 그의 가르침을 더욱 탄력적이게 하는 또 하나의 유가적 특성은 바로 그의 가르침에 구멍이 많아서 적용 가능성이 높다는 점이다. 그는 당대 문화적 유산에 대한 완전한 소유권을 추구했다는 점, 과거의 지혜를 역사적 순간에 적용하려고 했던 점, 후대에 그 같은 방식을 권한다는 점에서 기여한 바가 크다.[12]

『논어』에서 전하는 공자의 자아 모델은 모든 사람이 살아가면서 따라야 하는 일반적 공식을 제시하고자 한 것이 아니다. 그 대신 문헌이 우리에게 상기시키는 것은 하나의 특별한 자아에 대한 내러티브다. 그가 타인과의 관계에서 어떻게 자신의 인간성을 수양했는지, 어떻게 충만한 삶으로써 주변 사람들에게 칭송을 받게 되었는지에 대한 이야기다. 사실 『논어』를 읽으면서 우리가 마주하는 것은, 그가 최선을 다해서 주어진 역할을 수행하는 동안 일생에 걸쳐서 자신의 길을 추구한, 관계적으로 구성된 공자다. 가족을 보살피는 가족 구성원으로서, 엄격한 스승이자 멘토로서, 철저하면서도 부패하지 않은 학자 겸 공직자로서, 공동체의 구성원이자 참여하는 이웃으로서, 언제나 비판적인 정치적 상담자로서, 자기 조상에 감사하는 후손으로서, 특별한 문화적 유산의 열정적 상속인으로서, 강가에서 행복한 하루를 보내고 집으로 돌아오는 길에 노래를 부르는, 그런 흥겨움에 빠진 아이들 또는 남자들 가운데 하나로서 말이다(『논어』 11.26).[13] 그는 가르칠 때 원리보다는 역사적 모범을, 이론보다는 유비를, 명령보다는 훈계를 선호했다. 그의 통찰에 깃든 힘과 가치는 (내가 앞으로 보여 주려고 노력하겠지만) 이런 사상들이 더 직관적으로 설득력이 있고 우리를 포함한 그의 후속 세대의 조건들에 쉽게 적용 가능하다는 사실에 있다.

사실, 유학을 경험주의보다도 더 경험적이게 하는 것은, 즉 유학을 **급진적** 경험주의로 만드는 것은 바로, 특수한 것의 독특함을 존중함에 있어서 탁월하다는 사실 때문이다. – 이 사례에서는 모범적 삶을 살았던 공자라는 한 사람의 특수한 내러티브가 있다. 유학은 보편적 원리를 개진하거나 엄밀한 정체성 개념에 기초한 자연적 종의 분류학을 제시하기보다는 성공적인 삶의 **특수한** 역사적 사례들, 즉 공자 자신이 좋은 사례가 되는, 내러티브 속에서 자주 나오는 구체적 사건들에서 언제나 잠정적으로 도출되는 일반화를 이용한 유비를 통해 논의를 진행한다. 그 전통에 등장하는 하나의 모범으로서 공자는 "기업" 같은 존재다. 후속 세대가 계속해서 이 모범을 존경하면서 각자의 삶을 살고 있기 때문이다.

유가적 역할 윤리와 내러티브적 자아 이해

유가적 역할 윤리는 생생한 관계성(살아 있는 역할과 관계)의 우선성에서 시작한다. 간단히 말하면, 연합된 삶associated living이 생생한 사실이라고 가정한다. 이 주장은, 어느 누구도 혼자서 무엇을 하지는 않는다는 것이다. 모든 물리적인 혹은 의식적인 활동은 협력적이며 상관적이다. 그러나 연합은 단지 기술記述적이지만 역할은 규범적이다. 한 자아의 구체적인 역할들(딸, 할아버지, 스승, 이웃, 상점 주인, 연인 등)은 단지 그 특정한 역할 속에서 명백한 규범적인 틀을 가지고 있는, 분명한 규정을 가진 종류의 연합인 것이다. 이를테면, 나는 좋은 딸인가, 나는 좋은 선생인가 하는 식으로 말이다.

역할 윤리는 이런 전통을 적절하게 동명사적으로 그리고 전체론적으로, 영역에 초점을 맞춘다. 이러한 독법은 개인이 개별적 실체로서 그들의 내러티브에서 미루어 짐작되는 이차적 추상물이라기보다는 구체적인 실존물이라는 가정, 그리고 개인이 다른 존재와의 일차적이고 중요한 관계를 포함해서 자신을 둘러싼 맥락적인 환경과는 독립적으로 정확하게 기술하고 분석하고 평가할 수 있다는 가정에 반대한다. 역할 윤리는 어떤 의미 있는 도덕적·정치적 의미에서 상호작용하는 다른 사람들과의 관계를 떠나서는 자아를 이해할 수 없다는 가정, 그리고 사실상 자아는 다른 사람과의 구체적인 상호작용 속에서 그가 하는 행동을 이끄는 구체적인 역할을 중심으로 가장 잘 기술되고 평가될 수 있다는 가정에서 출발한다. 간단히 말하면, 도덕적인 것이란 우리가 다른 사람들과 함께하는 그 역할과 관계 속에서 성장과 번영에 기여하는 행동이며, 비도덕적인 것은 그 반대다.

행위자와 행위와 포괄적인 미덕, 인격적인 특성, 자율성, 동기부여, 이유, 선택, 자유, 원칙, 결과 등에 호소하는 덕 윤리는 개별적인 인간 존재를 출발점으로 설정한다. 그와 반대로 유가적인 역할 윤리는 자아에 대한 좀 더 전체론적holistic이고 사건 중심적이고 "내러티브"적인 이해에 기반한다. 데이비드 윙黄百銳은 다음과 같이 말한다. "『논어』는 공자를 중심으로 한 하나의 집단을 보여 준다. 이 집단에 속한 구성원은 각기 나름대로의 장단점을 갖고 도덕적 수양에 몰두한다. 이들이 직접 도덕적 수양을 이론화하거나 철학적 정당화를 제시하지는 않지만, 그들끼리의 상호 관계들은 나중에 중국 철학의 전통에서 공자 후계자들이 그 도덕적 수양을 이론화하고 정당화하는 데에 필요한 기반과 영감을 제공한다"(2014, p.175). 만약 이게 사실이라면, 유가적 역할 윤리는 하나의 대안적 "윤리 이론"이라기보다는, 도덕적 삶에 대한 좀 더 광범위하고 독특한 하나의 비전으로서, 우리가 『논어』나 유학의 초기 문헌에서 보는 인간 경험을 비교적 직설적으로 설명하고 또 그 설명 안에서 정당성을 추구한다. 내가 주장하려는 것은, 역할 윤리의 규범성은 온전한 삶을 열망하는 온전한 자아에서 나온다는 것이다. 나는 이 주장을 통해 유가적 역할 윤리의 범위를 나의 동료, 데이비드 윙이나 캐린 라이Karyn Lai, 그리고 스티브 앵글Steve Angle의 비판과 논평에 응답하는 방식으로 제시하려고 한다. 이들은 유가적 역할 윤리의 일정한 측면에 대해서는 늘 환영의 말을 하면서도, 언제나 명료한 설명을 요구해 왔다. 이들과 함께 나는 충분히 정합적인 설명을 제공할 수 있는 언어를 계속해서 모색하고 있다.

고전적 유가 경전에서 "역할 윤리"에 대응하는 용어는 무엇인가?

헨리 로즈몬트와 나는 유가적 입장을 정식화하는 연구를 해 왔다.[14] 우리가 출발점으로 삼은 것은, 『논어』에 처음 등장하고 또 그 이후로도 논의가 전개된, 아주 핵심적인 철학적 용어인 인仁 개념에 수반되는 완고한 모호성이다.[15] 인이란 "무엇"인지에 대한 확실한 대답은 제시되지 않는다. 일련의 익숙하고도 유용한 구분들이 우리가 쓰는 영어에서는 문법과 어조로 일부나마 구별이 되는데, 인이 나오는 백 개 이상의 사례에서는 계속 생략되고 있다. 이 구분들이 있어야 명료성과 정확성이 높아지는데, 이것들은 통일성을 이룬 구체적인 경험에서 하나 이상의 자아의 특성을 추상화하고 분리해 내는 기능을 한다. 즉, 외부 세계로부터 내적 자아를, 행동으로부터 행위자를, 타인으로부터 자아를, 그리고 자아들의 장에서부터 단일한 자아를, 목적으로부터 수단을, 신체로부터 정신을, 전체의 자아로부터 그 자아의 한 성격을, 모범이 되는 삶으로부터 덕의 성격적 특질을, 그들이 보여 주는 행동으로부터 심리적 성향을, 일반적이고도 특징적인 습관으로부터 특정한 덕의 행위를, 구체적인 내러티브로부터 거기서 도출한 추상적인 개념 자체를, 개별 사례들에서 만들어진 고차원적인 일반화에서 특정 사례 등을 말이다.

자아의 연속적인 경험들을 분절화하는 이러한 중첩적인 언어학적 구분들은 전부는 아니라도 대부분 이해가 된다. 왜냐하면 우리가 자아들을 개인으로서 서로서로 분리하고, 다시 그들을 그들이 하는 일로부터 분리하기를 좋아하기 때문이다. 우리가 앞서 본 대로, 이런 식의 사유 습관은 우리의 철학적 내러티브의 존재론에 깊은 뿌리를 두고 있다. 그런 식으로 자아와 그 행동을 분리하는 것은 아주 오래되고 무비판적인 가정이다. 이를 옹호하는 사람들은 유학이 중국적 특성을 지닌 덕 윤리를 제공한다고 – 그리스어의 "덕$_{aret\bar{e}}$"에 상응하는 초기 유가의 용어가 중국어 德(덕)이며, 따라서 초기 유가의 윤리적 저술들에 나오는 핵심적인 윤리 용어들이 덕에 연관되는 용어로 옮길 수 있다고 – 주장한다.

　　그렇지만 우리가 인에 대해 살펴보았듯이, 『논어』는 개인으로서 인격의 구분이나 인격과 행동 사이의 구분을 삼가는 것으로 보인다. 누구도 홀로 인을 이룰 수 없고, 일반적이고 모방 가능한 특정 행위를 한다고 인을 이룰 수도 없다. 인의 중요성은 사람마다, 상황마다 달라질 뿐 아니라 어떤 상황에서 권고되는 것과 정반대의 내용이 다른 상황에서는 인으로 권고되는 사례도 있다.

　　예를 들어서, 데이비드 윙이 제시한 사례를 보면, 안회顔回가 물었던[16] "인이 무엇인가"를 중궁仲弓,[17] 사마우司馬牛,[18] 번지樊遲,[19] 자공[20]이 질문했을 때 스승이 한 대답들을 비교해 볼 수 있다. 대답들은 아주 달랐다. 공자는 안회와 나른 제자들을 아주 다르게 보고 있었고, 따라서 그의 대답은 그가 인식한 차이를 반영했다. 또 다른 경우에, 공자는 염구冉有와 자로[21]에게서 "무언가를 배우면 그대로 행동해야 하는 것인가요?"라는 같은 질문을 받았는데, 염구에게는 "그렇다"고 답하고 자로에게는 "아니다"라고 답했다. 이번에는 왜 두 제자들에게 이처럼 분명히 모순되는 답을 하느냐는 질문에, 공자는 자신의 대답이 질문자의 습관으로 입증된 역량에 적합한 답을 했다고 말했다. "염구는 조심스러운 사람이라서 그를 그러라고 독려한 것이다. 그러나 자로는 두 사람분의 기운을 갖고 있어서 고삐를 죄려고 그러지 말라고 했던 것이다." 인은 상황에 따라 또 사람에 따라 특화된 것으로 보이며, 우리가 살고 있는 역할 가운데 행하는 행동에 있어서의 기교를 지칭하는 것 같다. 사실 나는 전체론적이고 구체적이고 규범적이고 내러티브적인 의미에서 고전적인 유가의 역할 윤리를 가리키는 것은 바로 인 개념이라고 주장한다.

만일 『논어』와 다른 고전적인 유가 문헌을 읽기 위한 대안적인 해석적 맥락을 제공하는 것으로 우리가 초기 중국의 우주론을 따른다면, 즉 실체가 아니라 생생한 관계성에 최고의 우선성을 두는 대안적 우주론을 따른다면, 이처럼 관계의 우선성에서 시작할 때 귀결되는 경험의 근본적인 통일성이 개인으로서 자아와 자아의 행동에 대한 상식적인 구분들 때문에 손상되는 만큼, 과연 이 구분들이 적실한가를 문제시해야 한다. 다른 말로 하자면, 유가철학의 모든 윤리적 담론의 내러티브적인 토대는 연합된 행위의 구체적이고 지속적인 일화들로부터 행위자와 행위 사이의 그런 구분이 항상 사후적으로 만들어지는 추상물에 불과함을 보여 준다. 지금까지 "개인들" 및 그들의 "덕스러운 행위" 또는 "개념들"과 그들의 "내러티브의 원천과 적용" 등과 같이 우리가 구분하려고 한 것은, 실제로는 동일한 경험의 불가분리적이며 비분석적인 측면들이다.

유가의 역할 윤리와 도덕적 기교

캐린 라이의 「인: 모범적 삶_Ren: An Exemplary Life_」(2014)이라는 논문에서 이와 유사한 주장을 볼 수 있다. 그녀는 인이란 도덕적으로 모범적인 삶을 사는 사람들, 즉 다른 사람의 복지를 고려하여 관계 속에서 성장을 고양하는 방식으로 사는 사람들의 삶 속에서 식별할 수 있는, 확장되고 항상 상황에 맞는 행동의 특성으로 이해되어야 한다고 주장한다. 그 사람들은 처음에는 가족 관계 속에서, 그리고 그 후로는 다른 공동체로 확대된 관계 속에서 역할 수행과 처신을 통해서 일생 동안 행동의 자질을 계발하고 표현한다. 라이는 그 기저에 깔려 있는 전체론holism을 고집한다. 이는 자아들이 자신의 행위 속에서 드러내는 서로 다르고 다양한 능력들에 통일성을 부여한다. 그녀는 바로 이러한 유기적이고 상황적이고 역동적인 인에 대한 독법을 뚜웨이밍 식외 보다 분석적이고 이론적이고 추상적인 이해에 견주었는데, 뚜웨이밍에게 인은 "보다 고차적인 개념"이고 "내적인 도녁"이다. 라이(2014)의 주장에 따르면, 분절적인 구분을 동원하는 뚜웨이밍의 이런 환원주의적인 인에 대한 기술은 라이가 비환원적으로 구체적이며 그래서 언제나 잘사는 삶의 구체적인 특성으로 여기는 것을 개별화하고 이론화하고 심리화하는 경향이 있다.

라이가 이해하는 인이 요구하는 것은 모범적인 삶을 평가하는 기준으로, 특정한 원칙들에 대한 호소, 선의 산출 정도에 대한 계산, 일반적인 덕의 수양과 같이 행위에 대한 추상적이고 환원주의적인 기준을 들추지 말고 보다 전체론적이고 포괄적인 미적 기준에 대한 호소다. 예를 들어 우리가 모범이 되는 스승들을 생각할 때도, 정직이나 용기와 같은 뭔가 핏기 없는 성격적 자질을 떠올리기보다는, 그들의 삶의 특장들 가운데 어떤 대표적인 특정 상황이나 구체적인 사건을 기억하는 경향이 더욱 강하다. "우리가 진실로 사랑하는 늙은 앵거스, 그는 절제된 인간이었지"라는 말보다는 "앵거스가 …했을 때를 기억해?"라는 말이 더욱 친숙하다.

유가의 역할 윤리에서 역할의 평가

스티브 앵글(2014)은 공정하고도 관대하게 그러나 비판적으로 로즈몬트와 내가 제시한 논변을 평가한 적이 있다. 우리는 유가적 역할 윤리가 기존 서구의 도덕 이론으로 분해될 수 없는 충분히 독특한 것이라고 논변했다. 앵글이 추정하듯이 우리가 도덕 이론과 유가적 역할 윤리의 차이를 강조하는 것은, 유가적 윤리와 서구의 윤리 이론 사이의 비교를 지속적으로 왜곡하는 심각한 비대칭성 때문이다. 우리가 계속 주장하듯이, 최근 서구의 윤리 이론과 유가적 역할 윤리가 만난 것이 마치 결정적 순간처럼 받아들여서는 안 된다는 것이다. 비록 앵글이 유가 텍스트에 대한 독법에서 해석적 맥락을 존중해야 한다는 우리의 기본 전제에 대해 이차 문헌에서 도전하기는 했지만, 그 자신은 궁극적으로 우리와 같은 입장으로 『논어』에서의 도덕 이론에 대한 그 자신의 논의를 우리와 유사한 주의사항으로 결론 내린다. 앵글(2014)은 자기 입장을 옹호하면서, "텍스트란 복잡한 사회적·개념적·역사적 맥락을 가지고 있다"는 사실을 망각할 때 "고전 텍스트와 근대적 이론 사이에 의미 있는 비교를 하는 과정에 많은 위험들이"(p.252) 발생할 수 있다고 주장했다.

우리의 프로젝트는 분명 유가 경전을 읽는 독자들에게 해석적 맥락의 이러한 일반적 문제를 인지하도록 상기시키는 것이다. 그런데 좀 더 분명히 하자면, 위에서도 말했듯이, 유가 윤리에서의 자아 개념은 우리들의 가장 친숙한 구분들 일부에 대해 저항한다는 점 또한 분명하다. 이런 이유로, 책임 있는 문화적 비교를 타협해 버린다고 생각하는 이러한 많은 위험들 중에서도 가장 뚜렷한 맹점은, 자아에 대한 대안적인 초점-장 개념과 내적 자아와 외부 세계와의 관계에 대한 홀로그램과 같은 이해를 제대로 평가하지 못하는 것이다.

앵글이 분명히 인정하는 것은, 로즈몬트와 내가 유가적 역할 윤리는 도덕적 삶에 대한 독특한 하나의 관점이라고 할 때 우리가 "유가적 역할 윤리가 서구의 도덕 이론과 비교 불가능하다고 주장하는 건 아니다"라고 한 점이다. 우리가 상술하고자 한 것은, 서로 다른 우주론적 가정이 가진 심오한 깊이가 비교철학에서 비대칭성을 야기한다는 사실이다. 우선은 유가적 역할 윤리를 정초하는 근본적으로 다른 자아 개념이 그렇다. 하지만 이러한 노력이 그 어떤 "서구의 윤리이론과의 생산적이고 서로를 고양하는 대화의 길"을 막아서는 안 된다(Angle, 2014, p.245). 사실 우리가 출간한 저작에서 로즈몬트와 나는 바로 그러한 대화야말로 필요하다고 분명하게 밝힌 바가 있다.[22] 그리고 우리 대학원 학생들이 우리를 넘어서는, 비교철학 연구의 후속 세대로서 유가적 역할 윤리, 여성주의적 돌봄 윤리, 존 듀이의 사회 윤리, 그리고 다른 주류 도덕 이론과의 비교에 대한 생산적인 논의를 학위 논문으로 계속 쓰고 있다.

유가적 역할 윤리에 관한 우리의 입장에 대해 앵글이 표한 가장 실질적인 철학적 우려는 바로 이런 것이다. "『논어』는 개별적인 사람들이 살면서 맡은 역할에 대한 비판적인 평가의 필요성을 명백히 한다. '유가적 역할 윤리'는 그런 평가를 위한 충분히 비판적인 디딤돌을 제공하고 있는가? (…) 만일 우리가 좋은 부모와 나쁜 부모에 대해서 이야기해야 한다면, (…) 문제가 되는 것은 어떤 조건에서 우리가 그러한 좋음을 판단하고 정교하게 할 수 있는가이다"(pp.246-247).

만일 어떤 사람이 규범적으로 정당화할 수 있는 방식으로 특정 역할을 수행하는지 판단하려 한다면, 역할을 잘하는지 여부를 평가하는 기준이 해당 역할에 선행해야 하고, 역할의 외부에 있어야 한다는 것이 앵글의 생각인 것 같다. "좋음"이라는 것은 단지 "좋은 부모"라는 것보다는 고차원적 가치가 있어야 한다. 단지 "나는 좋은 부모다"라고 주장하는 것만으로는 그 사람이 좋은 부모라고 확정할 수는 없다. 그 주장의 진리성을 정당화하려면 그 이상의 정당화가 필요하다. 예를 들어, 앵글은 누엔A. T. Nuyen 버전의 유가적 역할 윤리를 인용하면서, 역할을 잘 수행하는 사람과 그렇지 못한 사람들 사이의 차이를 결정하는 것은 특정 개인에게 주어진 역할과 연관된 의무(그 역할 자체와 독립적으로 존재한다고 볼 수 있는 기준으로서의 의무)를 얼마나 잘 완수했는가에 따른다고 했다(Angle, 2014, p.284n42).[23]

앵글은 만일 이미 존재하는 기준인, 일반적 관점의 상호 의존성과 관계성에 규범적으로 동의한다는 식의 주장을 하려면 친밀성이나 상호성이라는 자질이 특정한 덕의 작용을 하는 "덕 윤리"에 반대되는 "기교virtuosity 윤리"로 귀착되어 버린다고 생각한다. 이런 입장은 사실상 전혀 역할에 의존하지 않는 것이고, 그렇기 때문에 덕 윤리와 생산적인 대화가 가능할 수 있다는 말이다. 하지만 우리의 주장은, 유가적 역할 윤리에서 모든 인간관계는 궁극적으로 역할을 기반으로 한다는 것, 그리고 그 관계 속에서 성장에 기여하는 (번영에 기여하는) 행위가 바로 도덕의 실체라는 것이다. 중심이 되는 락樂(초기 유가 경전에서는 "행복"이라기보다는 "번영"이라고 하는 것이 더 잘 이해됨)은 자주 간과된다. 우리의 주장은 역할 자체의 비환원적인 번영이야말로 그것에 수반되는 모든 복잡한 요소들과 함께 적절한 판단 기준이 된다는 것이다. "좋은" 부모인가는 항상 독특한 상황 속에서 언제나 독특한 그들의 자녀들과 맺는 관계의 특성이 어떠한가에 따라 판단된다. "무엇에 좋다", "무엇을 위해 좋다", "어디에 좋다", "언제 좋다", "어떻게 좋다" 등은 그 어떤 파생적인 특징에 선행한다. 관계들의 망을 최선으로 활용하는 도덕적 기교와 미적인 성취(이 경우에는 부모로서의 역할)는 그 자체로 규범적이다.

다른 말로 하자면, 앵글은 덕들과 역할들을 분리하는 쪽을 옹호하고, 그렇게 분리한 덕들을 고차적 표준으로 취급해서 역할을 평가하고 정당화하는 데 사용할 수 있다고 보는 듯하다. 우리의 주장은 그와 반대로, 기교와 역할은 분리 불가능하다는 것이다. 다시 말해 일차적인 것이 관계와 그 관계의 특질이라면, 추상화된 "대상"(덕 또는 추정적 개인)은 이차적인 것이다. 덕, 가치, 원칙의 내용은 수행되는 역할을 구성하는 구체적인 행동에서 추상화한 것이고, 어느 정도는 그러한 유동적인 추상에 의해 역할 수행이 인도되기도 한다. 더 중요한 것은 역할이 변하면 도덕적 변주의 내용도 더불어 변화한다는 점이다. 역할 윤리가 윤리적 담론에 기여하는 중요한 한 가지는 도덕적 언어가 특수주의적이며, 과정적이고, 예비적이고, 수정주의적이라는 점을 각성시켜 준다는 것이다.

사실, 고대 중국어에서 좋음에 해당하는 말(호好)을 발견법 heuristic 을 사용하여 두 가지로 논변할 수 있다. 하나는 무엇이 "좋은"지 표현할 때 추정적으로 관계가 우선한다는 논변이고, 다른 하나는 우리가 살면서 하는 역할에서 "좋다"는 것이 무엇을 의미하는지를 정의하는 논변이다. 갑골이나 청동제기를 보면 글자 好는 초기에는 어머니와 아이의 특정한 관계를 묘사했지만, 시간이 지나면서 의미가 보다 광범위해져 생산적인 역할을 표현하는 데까지 확장되었고 어머니와 아이의 관계를 지칭하던 본래 의미를 잃어버렸다. 예를 들면, 청동제기에는 용감하고 강한 남성을 뜻하는 말로 호한好漢이라고 적혀 있고, 굉장히 뛰어난 미모의 여성을 뜻하는 호녀好女라는 글자도 적혀 있다. 좋음의 도덕적 내용(이 경우에는 "좋음")은 하나가 아니다. 그것은 진화하고 있으며, 시간이 흘러감에 따라 인간의 내러티브에 나타나는 많은 변화하는 역할과 관계에서 파생된다.

그렇다면 우리는 어떻게 수행된 역할들을 비판적으로 평가할 수 있을까? 물론 인간이 이룬 번영의 일반적인 특성을 대략은 이야기할 수 있지만, 궁극적으로는 특정 역할 수행에서의 성장이, 이를테면 특정 학생과 내가 맺는 복잡한 관계가 일차적인 것이고 이것이 "번영"의 내용이 될 수 있는 것에 필요한 구체성을 부여한다. 예술 작품에 대해 공식을 말할 수 없듯이 좋은 선생은 어떠해야 하는지 공식을 말하는 것은 불가능하다. 우리는 모두 좋은 선생을 만난 적 있으며, 선생과 학생의 관계를 정의하는 일련의 일반적 특징이 그 관계에 대한 정의를 할 수 있다고 가정하지 않는다. 사실 무수한 선생과 학생 관계에는 차이점 또한 무수하다. 선생과 학생 사이에서 수행된 역할 자체는 우리가 일반적인 것들로 환원하는 것에 저항하는 나름의 규범적인 힘이 있다. 좋은 선생이란 논리적으로 규정해서 적용할 수 있는 원리라기보다는 모범으로 작동하는 것이며, 앞서 말한 것처럼 좋은 선생은 일반적 성격적 특질에 호소해서가 아니라 보통 일화들을 통해 적용된다. "나는 이 여학생의 선생입니다"라는 말은 그 자체로 구체적인 사례와 각자 과거 경험을 떠올리게 하는 일종의 규범적 명령이다. 다음에 무엇을 할지 결정할 때 그런 명령은 정의나 용기, 신중함과 같은 추상적 덕의 목록보다도 더 도움이 된다. "그녀가 내 학생이기 때문입니다"라는 말은 나의 행동을 강력하게 정당화한다.

독립적인 기준이 필요하지 않느냐는 앵글의 질문에 답하는 다른 방법은, 유가의 문헌들이 "어떤 이가 수행하는 역할과 관계에서 성취된 예禮"의 두터운 개념에 우선성을 부여한다고 주장하는 것이다. 문헌들을 보면 제도로서 법의 추상적 규칙이나 처벌이 필요하다고 여기지만, 동시에 법에 호소하는 것은 곧 공동체의 실패라고 인정한다.

예를 들면, "스승이 말했다. '사람을 행정적인 경고로 다스리고 형벌로 훈육한다면 처벌은 면하려고 하겠지만 수치심도 없어질 것이다. 그러나 도덕적인 기교로 사람을 이끌고 의식적인 예를 지키도록 훈육한다면 수치심이 생길 것이고 나아가서 스스로를 통제하게 될 것이다'"(『논어』 2.3). 통치자의 역할에서 도덕적 탁월성의 모범과 의식적으로 편성된 가족과 공동체의 관계 속에서 적절한 역할 수행 및 그에 따른 수치심이 비판적 평가를 위한 기초가 된다. 예로 구조화된 역동적인 가족과 공동체는 독특하고도 구체적이다. 추상적인 규칙은 기껏해야 표지판 정도의 구실을 하는 이차적 경고에 지나지 않는다.

듀이와 직접적 경험론에 대한 요청: 경험의 전체성 회복에 대하여

"에우튀프론 문제"는 내가 포기하고 싶은데, 판단의 원리들이 판단 대상에 반드시 선행해야 하고 또 그것과 분리되어야 한다고 고집하는 주장이기 때문이다. 어떤 것은 그 관계의 총체로서 좋다고 평가받기보다 그 자체로 좋은 것이어야 한다. 인간 경험의 모든 복잡성을 적절하게 다룰 수 있는 좋음에 대한 이해를 정식화하기 위해 존 듀이(1998)의 도움을 받고자 한다. 듀이는 인간의 경험이 무엇인지 그리고 그것이 무엇을 의미하는지를 질문하면서, 자신이 말하는 이른바 직접적 경험론에 대한 요청을 소개한다. "직접적 경험론은 사물(어떤 것, 모든 것 그리고 '사물'이라는 일상적이고도 기술적이지 않은nontechnical 용어의 용법)은 경험되는 바로 그것이다. (…) **어떤** 경험을 하든 지 그것은 **결정적인** 경험이 된다. 이 결정성은 유일하며, 적절한 것이 고, 통제의 원칙 혹은 '객관성'이 된다. (…) 만일 당신이 주관적인 것, 객관적인 것. 물질적인 것, 정신적인 것, 우주적인 것, 심리적인 것, 원인, 실체, 목적, 활동, 악, 존재, 성질 (간단히 말해, 여하한 철학 용어들) 같은 것이 무엇을 의미하는지 알고자 한다면 경험을 하고, 그것이 무엇**으로** 경험되는가를 알아보라"(p.115, p.116, p.118).

듀이는 그것들이 어떻게 수행되는지, 그것들을 우리가 무엇**으로** 경험하는지를 살펴봐야만 적절히 규정할 수 있다고 생각했다. 듀이 가 정리한 철학적 범주에 나오는 "주관적", "객관적" 같은 용어 외에 나는 "좋음"을 추가하고 싶다. 듀이에게 이 요청은 더욱 심화되고 정 교화하는 작업이었다. 그의 스승이었던 윌리엄 제임스William James는 이를 "급진적 경험론"이라고 불렀다. "경험론이 급진적이기 위해서 는 직접 경험되지 않은 요소는 어떤 것도 구성물 안으로 받아들이지 않아야 하며, 또한 직접 경험된 요소라면 그 어떤 것도 구성물에서 배제하지 말아야 한다. 그런 철학에서는 경험을 연결하는 관계 자체 도 경험된 관계여야 하며, 경험된 관계는 어떤 것이든지 그 체계 내 의 다른 어떤 것과 마찬가지로 '실재하는' 것으로 설명되어야 한 다"(James, 2000, p.315).

최근 실용주의적으로 철학에 접근하자는 힐러리 퍼트남Hilary Putnam은, '존재하지 않는 곳에서 조망하는view-from-nowhere' 객관주의 를 거부할 뿐만 아니라 경험의 주관적 차원이 세계의 실재 모습에 상향 수렴되어 있다고 추가로 주장하면서, 직접적 경험론의 요청을 더 명료하게 하고 있다. 퍼트남(1990)은 이렇게 주장한다. "우리가 언어 혹은 정신이라고 부르는 것의 요소들이 **우리가 '실재'라고 부르는 것을 깊숙하게 관통하기 때문에, 언어 – 독립적인 어떤 것을 '그려내는 자'로 우리 자신을 재현하고자 하는 프로젝트는 애초부터 치명적인 결함이 있다.** 상대주의와 마찬가지로, 그러나 다른 방식으로, 실재론은 존재하지 않는 곳에서 세계를 보려고 하는 불가능한 시도다"(Putnam, 1990, p.28). 퍼트남은 실재 세계를 인간의 참여로부터 분리시키거나 그것을 "실제로" 존재하는 대로 우리가 경험하는 것을 받아들이지 않는 그 어떤 이해도 인정하지 않는다. "내가 볼 때 실용주의(퍼스의 경우는 아니라도 제임스와 듀이의 경우는 해당됨)의 핵심은, 행위자의 관점을 최우선하는 것이다. 만일 우리가 실천적 활동의 가장 넓은 의미에서 실천적 활동에 개입할 때 어떤 특정한 관점을 채택해야 하고 일정한 '개념 체계'를 사용해야 한다는 것을 안다면, 그것이 실제로 '사물들이 그 자체로 존재하는 방식'은 아니라는 주장을 동시에 개진해서는 안 된다"(Putnam, 1987, p.83).

경험 자체의 실재성을 옹호하는 가운데, 이러한 고전적 실용주의자들과 신실용주의자들은 고전적 인식론("절대자가 스스로 내뿜는 빛을 통해 보는 실재"(Dewey, 1998, p.117))의 기초가 되었던 지식과 실재의 일치라는 우리에게 익숙한 주장이 근본적이고도 끈질긴 실수라고 본다. 간단히 말해, 경험은 경험 그대로이며 모두가 실재다.

"추상화의 위험" 피하기

버나드 윌리엄스Bernard Williams는 "세계를 인도하는", "두터운" 윤리적 개념을 찾는 가운데, 대체 어떤 도덕 이론이 무엇이 옳고, 무엇이 그르며 우리가 무엇을 해야 하는가를 알려 줄 수 있는가라는 물음에 유보적 입장을 취한 것으로 유명하다. 『도덕적 운Moral Luck』의 서문에서 윌리엄스는 이렇게 말한다. "도덕이 무엇인가에 대한 이론 중에서 아주 흥미롭고 정연하고 자족적인 이론은 존재할 수가 없다. 또, 현재 열심인 활동가들의 연구 활동에도 불구하고, 일정 정도 경험적 사실과 함께 도덕 추론의 결정 절차를 내놓을 수 있는 철학적 구조라는 의미에서의 윤리 이론도 존재할 수 없다"(1981, ix-x). 이는 경험 자체가 숙고적인 도덕적 행동의 기초가 된다는 것을 의미한다.

"우리는 일반론적으로 생각하고, 세부적으로 살고 있다"는 말로 종종 인용되는 앨프리드 노스 화이트헤드Alfred North Whitehead도 보다 흐릿하고 잠정적인 실천의 세계는 무시하고 추상적인 이론의 명시적인 분명함에 의지하는, 우리의 끈질긴 불균형이 치르게 될 대가를 우려했다. 그는 철학사를 검토하는 과정에서 에피쿠로스Epicurus, 플라톤, 아리스토텔레스에 대해 지식을 폐쇄하고 끝내는, 즉 더 추가하지 못하게 하고, 더 추가할 것이 없게 하는 "추상화의 위험을 인지하지 못했다"고 비판했다. 화이트헤드(1938)는 위대한 철학자들과 연관시킨 "사상의 역사"에 대해 나음과 같이 말한다. "활기 넘치는 폭로와 위축시키는 폐쇄의 비극적인 혼합이다. 침투성penetration에 대한 감각은 완결된 지식의 확실성 안에서 상실되었다. 이런 교조주의는 학습에 있어서 적그리스도와 같은 것이다. 사물들의 온전하고 구체적인 연결 속에서 사물들의 특성은 그것들을 이어 주는 연결성의 특성에 관여한다. (…) 모든 우정의 사례는 두 친구의 특징적 성격을 드러낸다. 다른 두 사람은 완전하게 규정된 우정을 기준으로 봤을 때는 잘 맞지 않는다"(p.58).

우리가 주목해서 살펴볼 것은 화이트헤드가 여기서 "침투성에 대한 감각"에 대해 전망하며 설명하기 위해 거론한 사례다. 침투성에 대한 감각은 지식의 확실성에 대한 가정 때문에 정지당하고 마땅한 역할을 하지 못하게 된다. 화이트헤드에게 우정은 언제나 독특한 두 사람이 지속적이고 생산적인 관계 패턴을 만들어 내고 결정해 갈 수 있다는 점에서 우리 인생에서 일어나는 창조적 전진이다. 어떠한 지속적 우정에서도 두 사람은 전혀 대체 불가능하다. 화이트헤드의 말을 빌리면, 그 밖의 어떤 사람도 그 관계에서 비추어 보면 "잘 맞지 않는다" 하더라도, 화이트헤드가 보기에 그것은 독특한 그 두 친구와 **그들의 연결성**을 포함해서 우정이라는 과정 자체의 지속적 성질이다. 그리고 추정적인 "개인들"로서의 두 사람과 의무와 같은 고정된 성격에 호소해서 그들의 관계를 평가하는 것은 그러한 살아 있는 실재를 단순화한 추상물일 뿐이다.

사실, 화이트헤드가 말하는 우주론적 수준에서 보면, 개별적 개인과 같은 사물들이 존재한다는 가정 자체가 그가 말하는 "단순 정위의 오류 Fallacy of Simple Location" – 사물들을 단순한 특수자로 분리해 내고 탈맥락화하여 분석하는 것이 우리의 경험 내용을 가장 잘 이해하는 방법이라는 친숙하지만 오류가 있는 가정 – 에 속하는 일차적이고 가장 현저한 사례다. 화이트헤드는 우리의 경험으로부터 추상화한 "대상들"의 세계를 거부한다. 경험과 자연 자체의 근본적 실재성은 환원불가능하게 확장되고 역동적인 사건으로 이해하는 것이 최선이라고 주장한다. 화이트헤드(1979)에게는 자아에 대한 여러 자유주의적 이론화 가운데 가정된 개별적 개인이라는 개념은 철학자의 직업적 변형deformation professionelle의 구체적이고 끈질긴 사례이고, 그가 다른 곳에서 "잘못 놓인 구체성"의 오류라고 불렀던 것의 명백한 사례이기도 하다. 첫 번째 오류와 긴밀히 연관된 이 두 번째 오류는 단순 정위를 가진 것으로 가정한 추상화된 실재물들을, 경험의 진정한 내용을 구성하는 모든 무질서한 전이와 연접과 더불어 역동적이고 확장된 관계를 이루는 장field보다 "더 실제적인" 것으로 간주하는 것이다(p.137).[24]

찰스 하츠혼Charles Hartshorne(1950)은 이러한 화이트헤드의 관심 사항을 더욱 정교하게 다듬었다. 그는 자아가 다른 자아들과의 관계 속에서 맺는 상호적 함축과 침투를 주장함으로써 우리의 명시적인 "내적" 및 "외석" 영역에 관한 상식적인 이해 방식에 문제를 제기했다. (물론 우리의 "전체성"에 대한 감각은 화이트헤드가 말하는 "신God"의 작업을 거쳐야 하겠지만 말이다.) "화이트헤드가 분명하게 밝혔듯이 개인들은 단순히 각자의 바깥에 있는 것이 아니라 서로의 안에도 있다. 그리고 신이 모든 사물을 포섭하는 것은 개인들의 사회적 상대성 또는 상호 내재성에 대한 극단적 혹은 최고의 사례일 뿐이다"(p.443).

소훈탄Sor-hoon Tan(2003) 또한 인간의 행위가 환원불가능하게 사회적이고 유기적이라고 주장하며 존 듀이의 "사후적 오류"를 내러티브들의 연결성으로부터 자아를 추상화할 때 일어나는 자아 정체성의 고립적 재복제에 대한 도전이라고 말한다. "**정체성**에 여전히 사로잡혀 있는 사람들은 듀이의 관점이 '자아 없이 행동하는 자아'의 관점이라고 종종 불평한다. 그들은 듀이가 전통적인 자아 개념에 저항하는 핵심을 놓치고 있다. 듀이에게는 경험의 바깥, 즉 인간의 활동과 경험을 벗어나서는 자아가 있을 수 없다. '자아'와 행위의 구분은 '사실적으로' 존재한다. 통일성은 경험 내의 구분들을 선행한다. 이와 다르게 생각한다면 '사후적 오류'(나중에 반성을 통해서 경험에 도입된 구분을 원래의 경험에 완전히 존재했던 것으로 보는 오류)를 범하는 것이다. (…) 자아는 복잡하게 조직된 유기적·사회적 상호작용들로 인해 드러나는 최종적인 함수다"(p.27).

행위 주체성과 함수적 등가물인 홀로그램적 "초점"

사실, 이러한 내러티브적 이해는 자아를 구분된 존재, 맥락에서 쫓겨난 존재로 분석하지 못하게 한다는 점에서, 유가적 역할 윤리에 우리가 귀속시켰던 종류의 행위 주체성("초점-장"으로서의 행위 주체성 개념이라고 불렸던 것)에 대한 데이비드 웡의 질문에 대한 답변을 시작하게 하는 단서를 제공한다. 『논어』를 하나의 공유된 이야기라고 한 데이비드 웡의 글을 보면 초기 유가의 역할 윤리에 대한 이해가 우리와 많이 일치한다. 더 나아가, 데이비드 웡은 내가 위에서 스티브 앵글에게 응답할 때 호소했던, 도덕적 삶에 대한 공자의 비전 안에 인간 번영을 향한 미적이고 열망적인 기초가 그 중심에 있다는 것을 잘 알고 있는 것 같다. 윙(2014)에 따르면, "완전히 좋은 삶이란 어떤 것인가에 대한 유학적 관념은 현대의 서구 독자에게는 이상하고 낯설게 느껴질 수 있는 미적인 차원을 가지고 있다. (…) 그러한 스타일을 가진 행동은 도덕적 아름다움이 있다고 말할 수 있다. 이 도덕적 아름다움은 자연적인 존중심과 숙고를 통해 나온 우아함과 자발성에 있다"(p.177).

그러나 유가 윤리 독법에 대한 데이비드 윙의 생각은 구별된 개인들이 타인들과의 관계보다 우선하는 것으로 보인다. 그는 자신의 질문을 "만일 내가 나와 연결된 관계들의 총합이라면, 이들 특수한 관계들 각각에 서 있는 실재물은 누구 혹은 무엇인가?"라고 정식화했다. 윙은 두 개의 "실재물"이 그들이 이루는 관계가 있기 전에 우선해서 존재하는 것으로 본다(처음에는 "자아들"이라기보다는 생물학적인 유기체이겠지만). 이 질문에 윙 자신은 "우리는 생물학적 유기체로 몸을 이루어 삶을 시작하며 우리와 같은 종에 속한 타인들과의 관계로 진입함으로써 자아가 된다"(p.192)고 답했다. 이 답변은 그의 초기 저작에서 발전해 가장 최근의 저작에서도 유지되고 있다.

우리는 다르게 답한다. 우리는 원래의 경험에 존재하지 않았던 十분을 도입해서 사후적 오류를 범하지 않으려고 한다. 우리는 관계들의 합이고 또한 그 관계들로부터 구성된다는 주장을 반복할 따름이다. 나는 아들로서의 나, 형제로서의 나, 선생으로서의 나, 캐나다인으로서와 같은 "나" 없이는 "나"가 될 수 없다. 우리는 우리의 내러티브들이다. 그리고 이러한 관계들이 깃들게 되는 선행하는 "실체"를 세움으로써 관계들의 이러한 집중된 그리고 습관적인 초점 혹은 중심을 재복제할 필요가 없다. 윌리엄 제임스(2000)는 그러한 "실체" 사유를 두고, 이름을 사물로 만들어 버리는 "고질적인 속임수"라고 비판하였다. "예를 들면, 오늘 온도계에 기온이 낮게 나온 것을 두고, '기후'라고 불리는 어떤 것으로부터 나온 거라고 생각하는 식이다. 그런데 사실, 기후란 여러 날들에 대해 붙여진 이름일 뿐이다. 그런데 우리는 기후가 날의 **배후에** 놓여 있는 것처럼 취급한다. 우리는 일반적으로 이름을, 그 이름이 붙여진 사실 뒤에 있는 존재물인 것처럼 생각한다. 그러나 사물들의 현상적 속성들은 (…) 사물 내에 있지 않다. 속성들은 오히려 서로 붙어 있고 서로 응집해 있는 것이다. 우리가 접근할 수 없는 실체 개념은 마치 시멘트가 모자이크 조각들을 지탱하는 것처럼 사물을 지탱함으로써 그런 응집을 설명한다고 생각하지만, 그런 실체 개념은 반드시 폐기돼야 한다. 응집 그 자체의 사실성이 실체 개념이 의미하는 전부다. 그 사실 배후에는 아무것도 존재하지 않는다"(p.42).

유가적 역할 윤리에서도, 관계들의 역동적인 내러티브의 사실 배후에는 아무것도 존재하지 않는다. 처음에는 대체로 신체적인 것의 얕고 복잡한 매트릭스로서 삶을 시작해 나중에는 가족 및 공동체의 관계들로 나아간다. 이러한 상황 속의 역할과 관계 속에 살면서 초점과 결속을 달성함으로써 자아 정체성은 점진적으로 늘 독특하고 어느 정도 일관되게 진화해 간다.

웡의 질문에 분명하게 답변하기 위해 일단 앵거스 그레이엄이 내비친 외적 및 내적 관계 이론의 구별을 다시 살펴볼 필요가 있다. 실체 존재론과 이 존재론에 포함된 외적 관계론은 우리가 공유하는

(그러나 문화적으로 구속되어 있는) 상식이 되었고 아직도 그대로다. 이 존재론이 보증하는 것은, 우리가 구별된 유기체로서 "다른 사람들과의 관계 속으로 들어가면서 자아가 된다"고 말할 때 윙이 전제하는 듯 보이는, 구별되고 독립적인 실재물의 우선성과 완결성이다.

유가적인 "내주관적" 자아

내적 관계론은 "사물들"이라고 생각하는 것을 구성하는 유기적인 지속성의 우선성에서 시작한다. 유가적 역할 윤리에 맥락을 부여하는 우주론에서 이러한 생생한 관계성의 우선성을 전제로 할 때, 상황 속에 존재하는 생물학적 관계와 사회적 관계 양쪽 모두는, 어원적으로 같은 양태를 나타내는 용어인 체體와 예禮(이는 각각 "살아가는 몸"과 "상황 속의 삶"을 의미)로 포착될 때, 살아가는 삶의 내러티브들을 구성하는 역동적이고 상호작용하며 상호 관통하는 유형으로서 유기적으로 확산된다.[25] 그런 패턴은 처음에는 아주 약하고 잠정적이어서 우리가 유아를 "생물학적 유기체"라고 표현하고 싶을 정도이지만, 그러나 이것도 그들의 맥락에서부터 추상한 것이다. 그들은 처음부터 내주관적이고, 자신들이 포함된 가족 및 공동체 관계의 장에 둥지를 틀면서 정보를 받는다. 그리고 이러한 패턴이 지속적으로 성장하고 의미가 깊어지면서 점차 뚜렷해지고, 유아는 잘사는 방법을 배워 감에 따라 점점 독특한 면모를 보이게 된다.

그러나 이 점은 분명히 짚고 가자. 자신을 구성하는 관계의 망과 독립적으로 존재하는 "생물학적 유기체"인 유아는 존재하지 않는다.

우리가 주장하는 것은, 세계 속에 태어난 유아는, 생물학적으로든 사회적으로든, 구별된 혹은 이미 완성된 실재물, 하나의 배타적인 생명의 형태로서 자신 스스로 시작한다고 생각할 수 있는 그런 존재물이 아니라는 말이다. 대신에, 신체적·사회적·문화적인 탯줄을 통해서 영양을 끌어오면서 유아는 내러티브들 안에 둥지를 틀고 있는 하나의 내주관적 내러티브로서 사건의 중심으로 태어난다. 유아는 결코 별도로 분리된 존재가 아니라, 확산되어 있으면서도 중심이 있는 현존presencing으로서, 우주 저 멀리까지 확장되는 방사상의 관계들로 이루어진, 신체적이고 사회적이고 문화적인 하나의 매트릭스 또는 장field인 것이다.

물론, 우리가 걷기에서 다리를 구분해야 하는 것처럼, 정신의 활동과 뇌를 빠뜨려서는 안 된다. 신생아에게 문자 그대로 "마음mind을 쓰는" 직접적 가족 구성원들은 이 유기체에게 자기들의 성숙한 문화를 소통하고 나눠 주면서, "마음을 쓰고mindful", "온 마음을 다하는whole-hearted"사람으로 자라나는 이 아이가 자기 정체성을 구성할 수 있도록 일차적 초기 자원이 되어 준다. 만일 유아기라는 현상이 가르쳐 주는 것이 있다면, 그것은 행위 주체성의 독립성은 분명 아니다. 그와 반대로, 우리는 인생 초기를 반추함으로써, "마음"이란 우리가 공유하는 하나의 사회적 현상으로, 상황 속에서 살아가는 유기체들이 서로 소통하면서 애초에 그냥 단순한 연합이던 것을 번영하는 가족과 공동체로 변형시켜 나갈 때 발생한다는 사실을 이해할 수 있다. 유아기가 가르쳐 주는 것은 우리가 생존 자체를 위해서 그리고 궁극적으로는 정체성의 진화적 구성을 위해서, 우리가 맺고 있는 관계들에 의존한다는 점을 제대로 평가하라는 사실이다.

듀이의 도전: 내주관적인 걸작

이 글을 시작하면서 나는 공자의 관계적 자아관과 심미주의로서 그의 역할 윤리가 샌델의 프로젝트에 뭔가 기여할 수 있다고 주장했다. 샌델의 프로젝트는 자유주의적인 사유의 토대가 되는 의무론적 자아의 대안으로, 내주관적 자아에 대한 적절한 관념을 정식화하려는 것이다. 듀이는 우리가 기대하기를 바라면서 내주관적 "개인성"을 목표로 설정했다: 샌델이 설정한 기준과도 통하게, 듀이는 우리 각자에게 독특하면서도 논파가 불가능한 인격적 걸작을 요구한다. 그 걸작이란 "주어진 조건들에 대하여 감수성이 두드러진 예의, 선별, 선택, 반응, 그리고 활용이다"(1962, p.167).

> 개인성individuality은 처음에는 자기 발생적이고 형태도 없다. 그것은 잠세성이고 발달 가능성이다. (…) 개인성은 세계의 영향을 느끼고 그 영향에 반응할 때 보이는, 즉 나름의 선호로 기울어지는 독특한 방식이기 때문에, 그것은 현실적인 여건과의 상호작용을 통해서만 발달하여 모양을 잡고 형태를 갖추어 가는 것이다; 그것은 그 자체로는 전혀 완전한 것이 아닌데, 이는 마치 캔버스와 관계가 없이는 화가의 물감튜브가 완전하지 못한 것과 같다. 예술작품은 진실로 개별적인 사물이다. 그리고 그것은 화가의

독특한 비전과 능력을 매개로 해서 물감과 캔버스가 상호
작용한 결과다. (…) 뭔가 독창적이고 창조적이며, 다른 것
들을 창조하는 바로 그 과정에서 형성된 것이다(1962,
pp.168-169).

헨리 로즈몬트
Henry Rosemont Jr.

09

도덕적 행위자가 없는
도덕

이 책에 함께 실린 글에서 내 친구이자 공동 연구자인 로저 에임 스는 역할 윤리의 연원인 고대 중국의 형이상학적 맥락 안에 역할 윤리 사상을 위치시켰다. 여기서 나는 그 개념을 중국적 맥락에서 꺼내어 우리의 맥락에 정확히 놓아 보려고 한다. 가능하면 유가적 비전을 유지한 상태에서 이 개념을 정교화해서, 우리 사회에 영향을 끼치는 많은 문제를 해결하는 데 기여할 수 있다는 것을 보여 주고 자 한다.

마이클 샌델은 어떤 철학자보다 이 문제를 명료하게 분석한다 (Sandel, 1984, 2005, 2009, 2012). 오늘날 미국의 안타까운 현실에 대 해 내가 크게 우려하는 문제가 샌델의 문제의식과 겹친다: 도덕적 가치의 침식, 거의 모든 것의 상품화, 사회 참여의 감소, 시민의식의 상실, 정부에 대한 불신과 같은 문제들이다(Sandel, 2012). 마이클 샌델은 좋음이 옳음보다 우선해야 한다고 주장하기 위해 도덕철학과 정치철학에 지배적인 서구의 패러다임과 선을 그었다(Sandel, 1984, pp.174-179). 이 점에서 우리가 일치하는데 아마 공자도 그럴 것이다. 샌델이 지배적인 서구 철학과 단절된 모습을 극명하게 보여 주는 주장으로는, 개인이 완전하게 자유롭지 않다는 것, 그가 자라난 사회에 도덕의 부담을 진다는 것인데, 사실 이 부분은 롤스에 대해 샌델이 비판한 요지이기도 하다(Sandel, 1984, p.159). 그는 탁월한 연구를 통해서, 잠에 빠진 기억상실증 환자들에게는 정의로운 사회의 창조 같은 과제를 맡길 수 없다는 것을 보여 주었다: 그는 이렇게 말했다. "나는 (여러 연고encumbrances 때문에) 정의가 요구하거나 심지어 허용하는 것 이상으로 누군가에게 빚을 지고 있는데, 이것은 이전에 했던 계약 때문이 아니라 여러 가지 관계나 소명 때문이다. 이 관계들을 다 합한 것이 내 자아를 **부분적으로 규정한다**. (…) 자신을 규정할 인간관계를 만들 수 없는 사람을 상상해 보면, 이상적으로 자유롭고 합리적인 행위자가 아니라 성격이나 도덕적 깊이가 전혀 없는 자아가 떠오른다"(2005, p.167; 강조는 필자).

불행하게도 방금 언급한 그 관계들을 넘어서는 자아에 대해 샌델은 더 이상 규정하지 않았다(Sandel, 1984, p.174). 만일 그랬다면 그는 이런 관계와 별도로 자아를 실제로 규정할 것이 별로 없다는 것을 알았을 것이다. 이 점은 내가 최근 길게 논증한 바가 있고(Rosemont, 2015, pp.33-75), 뇌에 관한 지식이 축적됨에 따라 뇌신경

과학자들도 빈번하게 이야기하는 사실이다. 어쨌든 로저와 내가 볼 때, **어떤** 종류이든 간에 근본주의적인 개인주의는 자본주의 시장 경제 안에서 지속적으로 일어나는 이데올로기적인 장난질을 정당화하고 있다. 이 장난질은, 샌델이 다른 곳에서 정당하게 비판한 대로 성인끼리 동의만 되면 식인食人마저 정당화할 수 있는 자유지상주의적인 자기-소유 개념을 옹호하는 철학자들 사이에서도 항상 일어나고 있다(Sandel, 2009, p.74). 그렇기 때문에, 토대주의적 개인주의가 인간성에 대한 패러다임으로 남게 되는 한, 샌델이 최근 저서에서 말했던 개탄스러운 상업주의나 다른 문제를 해결할 길이 없다(2012, pp.8-19). 적어도 샌델은 우리가 어떻게 해 볼 수 있는가를 제안함으로써 일종의 표지판 정도는 제공했다고 할 수 있다. 그런데 아주 어려운 상황에서도 합리적인 논증이 효과적일 수 있다는 그의 주장은 이와는 별개의 문제다(2005, p.20).

로저와 나는 샌델이 했던 작업에서 진일보해서, 우선 부담을 지지 않는(무연고적) 자아 개념뿐만 아니라, 우리가 하나의 허구라고 믿는 – 악성일 뿐만 아니라 억압적인 것이 되어 버린 – 자아의 존재 자체를 문제 삼고 싶다. 왜냐하면 이것이 미국 사회에서 보이는 엄청난 부와 기회의 불평등을 정당화하는 데 사용되고 있기 때문이다(Rosemont, 2015, pp.57-76). 그래서 우리는 주관성이나 객관성, 선택, 자유, 성격 특징, 자기의식, 덕 등 개인주의적인 도덕 및 정치 담론에서 (샌델을 포함해서) 으레 사용하는 용어는 전혀 사용하지 않으면서도 인간이란 무엇인가라는 문제에 대해 하나의 대안을 제시하고, 도덕 및 정치 문제들을 논의하고자 한다.

우리가 사람을 개인적인 자아가 아니라 완전히 서로 연결된 역할을 담지한 자아로 그려 보면 우리의 동료를 다르게 대할 수도 있지 않을까? 공동체의 상실이나 이를 회복하는 방법에만 몰두하지 말고, 우리 모두가 현재 당면한 과제인 문제를 제대로 해결하기 위해 필요한 자아를 만들어 내는 데 가족 제도가 최선이라는 사실을 밀고 나가면 어떨까?

이런 관심사들이 내가 이 글을 통해서 이야기하고 싶은 것이다. 이 글 전체를 통틀어 샌델에게 가장 진지하게 아첨하고자 하는데, 다른 게 아니라 샌델을 모방하는 일이다. 여기서 나는 내가 생각하는 공공철학을 시도할 것이다. 현대의 문제점에 초점을 맞추고 사례를 많이 들면서도 규범성으로부터 위축되지 않도록, 샌델이 하던 일을 모방해 보려고 한다. 여러 가지 면에서 우리의 의견이 일치하지 않을까 봐 좀 염려되긴 하지만 내 생각에 샌델은 모범적인 철학자이며, 그래서 이 책에서 그와 대화한다는 것이 기쁘다.

더 큰 문제

모든 사회에는 지배적인 이데올로기가 있는데, 그 안에는 가치 서열이 있고 인간이란 무엇인가에 관한 견해, 도덕, 자원의 생산/분배 방식을 정당화하는 근거, 사람들이 상호 관계하는 방식에 대한 정당화 근거 같은 것들이 들어 있다. 사회에 많은 종류의 이데올로기가 있더라도, 경제가 원활하게 돌아가고 정부가 행정을 잘하고 문화적인 공간에서 사람들끼리 잘 지낸다면 자기가 소속된 사회에 자부심을 느낄 수 있다. 예를 들어, 노예제 사회에 소속해서 자부심을 가지려면 그 사회의 이데올로기에 이런 믿음, 즉 사람들 중 일부는 다른 사람들에 비해서 자연적으로 열등하다는 믿음이 있어야 하고, 그 믿음이 만연되어 깊숙하게 뿌리내리고 있어야 한다. 그런 사회가 아니라면, 재화의 분배에 나타나는 심한 불평등 사태는 일단 바람직하지 않은 것이기 때문에 반드시 합리화할 수 있어야 한다. 어떤 경우에는 (중세의 귀족 사회처럼) 타고난 권리로 많이 가진 자가 있다고 합리화하거나, 또는 (산업자본주의에서 기업가들처럼) 능력주의로 합리화를 해야 한다. 거의 모든 사회에서 변화에 대해서는 관성적으로 저항하고, 지배적 이데올로기에 대해서는 근본적 도전을 하지 않는 상황을 놓고 볼 때, 변화가 아무리 절실하더라도, 기능 장애를 일으키는 생산력 그리고/또는 사회 관습의 측면에서 유의미한 변화가 일어날 수 있을지 의심스럽다.

미국은 수십 년 전에 이미 후기 산업사회로 진입했다. 국제화되고, 고도로 기술화된 사회에서 다인종이 섞여 살고, 자원은 이미 오염 또는 고갈되었거나 그에 근접한 상황이며, 70억 이상의 인구와 지구를 공유하는데, 지구상의 많은 사람이 우리를 미워하거나 두려워하고(또는 미워하면서 두려워하고), 또 개중에는 우리를 파괴시킬 수 있는 능력을 가진 사람들도 있다. 사실 미국의 지배적인 이데올로기로서 자본주의는 인구가 아직 적고 이민도 대규모로 일어날 때, 광산업이나 임업이 광범위하게 일어나고 농업이 확장될 때, 서부 정착이 중요한 쟁점이었을 때와 기본적으로는 똑같은 상황이다. 오염되지 않은 해안과 깨끗한 공기와 신선한 물이 풍부해서 진입이 가능한 대량생산 사회가 되어서도 자본주의 이데올로기는 그대로였다. "극렬 개인주의 rugged individualism"이데올로기는 자조自助와 독립성과 독창성, 그리고 무엇보다도 자신의 이익을 위해 부를 추구할 자유에 초점을 맞추는 가운데, 자본주의 이데올로기와 잘 맞는 것 같다.

소소한 예 하나만 들어 보자. 19세기와 20세기 초에 미국 정부는 기업에 보조금을 주는 등, 갖은 방식으로 이윤 활동을 권장했다. 그 이유는 기업이 자원을 사람들이 필요로 하고 원하는 제품으로 바꾸고, 그 과정에서 많은 사람에게 일자리를 제공해서다. 오늘날의 기업도 여전히 이윤 극대화를 기준으로 평가도 받고 칭찬도 받는다. 비록 기업이 오늘날 우리 사회가 당면한 많은 문제에 상당하리만큼 책임이 있지만 말이다. 탈세를 하고, 가능할 때마다 구조조정을 하며, 인건비가 덜 드는 곳으로 아웃소싱을 하고, 불법은 아니고 돈이 훨씬 덜 들기만 한다면 깨끗하게 하기보다 환경을 오염시키고, 부를 해외로 빼돌리며, 입법자들에게 돈을 써서 오직 기업체에만 유리한 법규를 많이 입안하게 설득함으로써 민주주의를 전복시켜도, 기업을 비난하기는 어렵다. 이 모든 활동이 기껏해야 도덕적으로 문제의 소지가 있을 뿐, 주주들의 이익을 극대화하는 데에는 아주 좋기 때문이다.

이런 활동을 했다고 기업을 비난하기보다 칭찬하는 일이 개인에게도 똑같이 적용된다. 부를 추구하고, 자기 이익을 극대화하며, 꼭 내야 하는 게 아니면 한 푼의 세금도 더 내려고 하지 않고, 공기를 오염시키는 화석연료를 계속 사용하면서 현저히 저렴해질 때까지 태양 전지판을 구입하지 않는 것이다. 만일 당신에게 돈이 엄청나게 많아, 말도 안 될 만큼 돈을 내서 당신을 가만히 내버려 두고 또 당신의 세금도 깎아 주겠다는 후보를 의회 의원으로 선출되게 돕는 것도 괜찮다. 기업들이 서로 경쟁하는 게 옳다면, 개인들도 마찬가지다. 학교 입학, 일자리, 배우자, 좋은 주택, 명성 등을 위해서 말이다.

이처럼 경쟁과 개인주의(극렬 개인주의보다 덜한 것이라도), 이렇게 두 가지를 중심으로 돌아가는 자본주의를 이제 더 이상은 밀고 나갈 수 없다. 기능 장애가 심각해졌기 때문이다(도덕적으로는 물론 형이상학적으로도 의심스럽다). 수없이 많고 또 심화되는 단점들 가운데, 사회가 경쟁을 중심으로 한 이 이데올로기에 근거를 제공하는 것은 그 정의定義 상, 소수의 승자와 다수의 패자를 생산하고, 승자의 수가 더 줄어들고 더 강력해짐에 따라 패자의 수가 갈수록 더 늘어나는 현상을 보증하는 것이다. 지구상에 자원이 풍부해서 – 특히 미국의 경우에 – 이렇게 단순한 논리적인 사실을 백년 이상이나 무시해도 괜찮았다. 대신에, 생산만 늘리면 패자의 수가 현저하게 줄어들 거라고 믿었고, 부의 분배의 형평성을 늘리자는 이야기는 꺼내지도 않았다. 그러나 많았던 자원은 고갈되고, 푸른 산악의 수도 형편없이 줄었으며, 수많은 평야의 생산량도 감소했다. 이윤은 증가시키면서 남은 자원을 소모하는 일에 점점 더 큰 비용이 들어가고 있다. 그리고 만일 이런 방식으로 생산해야만 마실 물을 확보할 수 있다면 미래에는 더 많은 사람이 갈증으로 죽어 가리란 예상도 가능할 정도다(몇몇 지역에서는 *가까운* 미래에 그렇게 될 것이다). 적어도 내가 보기에 분명한 것은, 물이 점점 희소해질수록, 공동으로 보존해야 하고 분배도 형평성 있게 해야만 한다. 그러나 내가 다른 사람을 자기 이익에 따라 행동하는 경쟁자로만 본다면, 비록 "사람 좋으면 꼴찌 한다"는 혐오스런 경구대로 살고 있다고 자랑하지는 않더라도, 내가 내 형제자매를 지키는 자라고 믿는 것은 불합리한 생각이 된다.

오늘날의 현실에 직면하기 위해서 대안이 될 만한 이데올로기가 있는가?

가치와 가치 서열

사람은 누구나 사람의 여러 자질과 행동(물질적인 것도 포함해서)에도 가치를 부여한다. 그 수와 종류가 다양해서 일관되게 집합으로 묶을 수도 없을 정도다. "늙은 개에게는 트릭을 새로 가르칠 수가 없다"라는 말과 "너무 늙었다고 배우지 못할 일이란 결코 없다"는 말을 한 번에 하면 일관성이 없다. 그러나 이 비일관성이 유효한 것은 하나의 상황에서 위의 두 진술을 동시에 개진했을 때뿐이다. 각각의 진술이 완전히 적절한 상황이 있다고 우리는 생각한다. 당신의 조부가 프랭클린 델라노 루스벨트는 미국 역사상 최악이고 가장 위험한 대통령이라고 여태까지 믿고 있고 가족 모임이 있을 때마다 그 불평을 일삼았다면, 뉴딜의 바람직한 효과에 대해서 지적하는 것은 시간 낭비라고 봐야 할 것이다. 그렇지만, 조부가 은퇴하면서 바이올린을 배우고 싶다고 했다면, 가족들이 돈을 모아 바이올린을 사고 바이올린 선생을 구할 것이다. 이 예가 보여 주는 교훈은, 위에 인용한 노인의 배움에 대한 두 가지 격언 모두가 보편적 원칙이 될 수 없다는 사실과, 두 가지 모두 경우에 따라 각각 근거로 삼을 수 있다는 사실이다. 다른 말로 하면, 타인의 특정 자질과 행동은 서로 다른 상황과 시간에서 칭찬을 받을 수도 비난을 받을 수도 있다고 믿는 경향이 있다. 도덕이란 보편적인 것도 아니요, 상대적인 것도 아니다. 도덕은 다원적, 단연코 다원적이다. 보편적인 원칙은 소수만 있으면 되고, 특수주의적인 적절성의 정도에 머무는 것이 다수이다.

이것은 오늘날의 세계가 우리에게 요구하는 것을 시사한다. 세계는 우리에게 사람을 경쟁자가 아니라 협력자로 볼 것을; 분리된 자율적 존재가 아니라 상호 의존적이고 상호 관계가 있는 존재로 볼 것을; 자조自助적이고 고립된 존재가 아니라 타인의 후원자요 수혜자로 볼 것을; (우리가 선택한 대로 행동할) 자유로운 존재가 아니라 (우리의 책임을 이행해야 할) 연고적 존재로 볼 것을 요구한다. 우리는 이 요구에 따라서 가치들의 서열도 다시 정해야 한다. 그래서 인구는 많고 자원은 감소한 이 세계에서 "최고의 인간이 이긴다"는 생각은 "게임에서 이기고 지는 것은 중요하지 않고, 게임을 어떻게 하는가가 중요하다"는 생각으로 바뀌어야 한다. 아이들이 "집은 각자에게 성이다"라는 생각을 배우는 것보다 더 중요한 것은, "그 누구도 섬이 아니다"라는 것을 느끼고 이 생각의 진리를 알아가는 것이다. 특히 기독교 신앙을 가진 부모라면, "신은 스스로 돕는 자를 돕는다"라고 가르치는 것보다는 "네 이웃을 네 몸과 같이 사랑하라"는 규칙을 이야기하는 데에 시간을 더 들여야만 한다.

이 진술들을 함께 모아 놓으면 서로 일관되지 않지만, 각각의 진술이 나름대로 "진리"라는 점은 누구나 인정하리라 생각한다. 즉, 우리 가운데 대다수는 "자유가 있는 달콤한 땅"에 살고 있지만 우리에

09. 도덕적 행위자가 없는 도덕

게는 협력의 가치도 낯설지 않다는 데 동의할 것이다. 이것이 강력하게 시사하는 점은, 서로 다른 문화권에 산다고 해서 그 사람들의 가치 체계가 완전히 다를 것이라는 생각을 그만두어야만 새로운 (혹은 아주 오래된) 윤리적 지향을 개발하는 것이 덜 어렵다는 사실이다. 더 좋은 (그리고 더 정확한) 생각은, 문화권이 같든 다르든 사람들의 가치 서열이 서로 다를 수 있는데, 다른 가치 서열을 갖고 있더라도 그 가치들이 각기 어떤 점에서는 타당하다는 점을 누구나 인정할 수 있다는 것이다. 이러한 지향은 하나의 문화권 내부에서나 서로 다른 문화권 사이의 대화를 위한 길닦이 역할을 하는데, 그 대화의 근거가 가치들의 장점이 될 수도 있지만, 사회의 실질적 요구를 가장 잘 반영하는 가치 서열이 어느 것인지, 그리고 그 가치 서열 안에서 다른 가치들이 어떤 위치에 있는가가 될 수도 있다. 그런 대화가 없다면 생각 없는 상대주의에 빠져서 끝없는 논쟁으로 치닫거나 "단 하나의 진정한 도덕"이라는 기관총으로 강력하게 무장한 집단이 가치 서열을 정해 버리는 지경에 이를 것이다.

미국의 자본주의를 지탱하는 이데올로기 속에서 사회적으로 기능 장애를 보이는 것들이 더 있다. 그 이데올로기가 기초를 둔 도덕적 개인주의가 강조하는 가치들은 자유, 선택, 합리성, 개인의 책임, 자율성, 독립, 경쟁력, 자기 이익, 자조, 그리고 성공이고, 우리는 이것들이 모두 아주 좋은 것이라고 믿게 되었다. 어떤 면에서는 사실 좋은 것들인데 이 중 몇 가지에 대해서는 아래에서 논의하겠지만, 그 이데올로기가 단지 경쟁만 강조하는 것을 넘어 낭비에도 높은 점수를 주거나 적어도 아주 관대하고, 모두에게 부를 추구하라고 독려

하며 독립과 자유를 최고의 가치로 여긴다. 그리고 사람들에게 다른 사람의 권리를 무시함으로써 그 사람의 권리를 완전히 존중해도 좋다고 한다. 즉, 당신은 나에게 말할 권리가 있지만 그렇다고 내가 당신의 말을 듣도록 할 권리는 당신에게 없다는 식이다(Sandel, 2009, p.268). 그런 식의 가치 서열은 자본주의의 경제적·정치적·법적인 체계를 정당화하고 있지만, 더 이상 미국의 새로운 현실과 보조를 맞추지 못하고 있고, 그것을 지속시키느라 정부와 기업에서는 더 많은 프로파간다가 필요해졌다. 인간이란 무엇인가에 대해 다른 비전을 사유하지 않고는, 2018년의 세계에 맞게 가치 서열을 제대로 재조정하기도 어렵게 되었다. 정말로 우리는 마음 깊이 자기 이익을 추구하는, 경쟁적인 존재인가? 정말로 우리가 자율적인 개별 자아인가? 우리의 가치 서열을 재조정할 때 달리 어떤 방법으로 인간을 바라볼 수 있을까?

권리를 지닌 개인들

개인주의적 입장을 옹호할 때 우리들 각자가 개별적인 자아라고 말할 수 있으려면, 그 벌거벗은 자아상에 살을 잘 붙여야만 도덕적으로, 그리고 정치적으로 튼튼한 자아상이 될 수 있을 것이다. 우리 모두는 사회적 존재이고 타인들과 상호 관계하면서 크게 영향을 받는 존재라는 사실은 모든 면에서 늘 인정받지만, 도덕적·정치적 수준에서는(그리고 형이상학적 수준에서는) 실제로 중요성이 있다고 여겨질 때가 거의 없다. 샌델은 이 점에서 예외적이다(1984, p.173). 가장 토대주의적 개인주의자들에게는 우리의 사회적 자아가 그다지 큰 가치가 없다. 왜냐하면 우리의 구체적 여건들은 – 즉 부모가 누구이고, 모국어가 무엇이며, 어느 나라 시민인지 등등은 – 대개 우연적이기 때문이다. 결과적으로, 이런 설명에서 인간이 제일의 가치인 존엄, 온전성 integrity, 자아로서 가치를 인정받으려면 – 그리고 모두에게 존중받으려면 – 목적을 가지고 행동하는 능력이 있어야 하고, 자기-인식 능력은 물론 자기-지배 능력도 있어야만 한다. 즉 자율성을 가져야만 한다. 그리고 물론, 자율적이기 위해서는 본능이나 정념에 좌우되지 말아야 할 뿐만 아니라 자유롭고 합리적이어야 한다.

이렇게 도덕적으로, 정치적으로, 형이상학적으로 자유롭고 합리적이고 자율적인 개인으로서의 자아 개념이 서구의 거의 모든 근현대 도덕철학과 정치철학의 기초가 되었음이 분명하다. 홉스, 로크, 칸트로부터 마르크스와 벤담과 밀을 거쳐서 롤스와 롤스의 옹호자와 비판가들을 거쳐, 마이클 샌델을 포함해서 오늘날까지 이어지고 있다.[1] 우리는 의무와 책임을 충족할 자유 없이는 의무와 책임에 대해 이야기할 수 없다. 우리에게 의무를 다하게 추동하는 것이 본능일 뿐이라면 타인에게 존중받을 수도 없다(사랑을 나눌 책무나 소변을 볼 의무 같은 말은 거의 무의미하다). 우리에겐 의무를 다하는 것 외에 달리 선택할 가능성이 있어야지, 그러지 않고서는 자율적일 수가 없다.

개별적 자아 개념과 연관해서 높은 가치가 주어진 자유, 합리성, 자율성 등의 자질을 모든 개인이 갖추고 있다면, 그리고 우리가 이런 가치들만 늘 존중해야 한다면, 다른 세세한 점은 차치하더라도, 성적인 지향이나 나이, 인종, 종교, 피부색 같은 요소는 우리가 타인과 도덕적·정치적으로 관계를 맺을 때 아무런 역할도 하지 못할 것이다. 이런 자질이 우리 각자에게 우연적이라는 것만이 아니고 무관하다는 뜻도 있다. 이 개념에 따르면, 우리는 전 인류에게 언제나 적용 가능한 도덕 원칙과 정치 원리를 찾아야 할 것으로 보인다. 그렇지 않으면 세계 평화, 즉 집단적 갈등이나 인종차별, 성차별, 동성애 공포증, 민족중심주의 등이 없는 그런 평화에 대한 희망은 결코 실현될 수 없을 것이다.

이것은 인상적인 비전이고, 그 안에 서열을 매긴 가치들도 아주 권장할 만하다. 자유와 자율에 높은 가치를 매기지 않을 사람이 어디 있겠는가? 그러나 이러한 개인주의적 설명은 여러 면에서 결함이 있다. 첫째, 그것은 인간성에 대한 고도로 추상화된 해석으로, 우리 일상생활과는 거의 관계가 없다. 더 중요한 점은, 우리가 모든 사람에게 존엄성과 존중을 받아야만 하는 이유가 개인에게 그러한 자질이 있기 때문이라고 한다는 점이다. 그러나 모든 개인적 자아에 주어져야 하는 존엄과 존중은 무연고적 자아상에 근거한다. 그러므로 우리기 샌델의 주장, 즉 그가 모든 연구에서 제시하는 대로─개별적 자아는 자신이 양육 받은 사회를 반영하는 가치와 선호에 의해 연고 지워져 있다는 사실을 수용한다면, 모든 사람의 존엄과 존중을 받을 자격이 있다고 주장하기 위한, 새로운 근거가 필요해진다. 그것이 과연 무엇일까? 이 질문이 또 문제가 되는 경우는 특정한 사람들이 연고를 둔 사회가 다른 사람에게 위협으로 인식되는 경우다. 너무나 많은 미국인처럼 나 역시 러시아의 모든 것을 불신한다면, 내가 왜 블라디미르 푸틴에게 존엄과 존중을 부여해야만 하는가?

우리는 약 2세기 동안 자본주의의 우산 밑에서, 간섭받지 않는 개인이라는, 이 이데올로기에 의지해서 살아왔다. 그리고 그 덕분에 그동안은 수천만 사람들의 삶을 효과적으로 개선했지만, 그것은 수많은 참상의 원인이 되기도 했다. 다 열거할 수는 없지만, 노예제도를 포함해서 미국 원주민에 대한 학살, 식민지화, 노동력 착취, 인도의 보팔과 군사적으로는 드레스덴이나 히로시마와 미라이와 팔루자에 있었던 대규모 학살 등이 그 예다. 자본주의의 이익은 적지 않은 대가를 치렀던 것이다. 그리고 이런 참상들은 러시아인들에게 우리를 싫어하고 불신할 수밖에 없게 하는 엄청난 이유를 제공했고, 따라서 그들 역시 우리 미국의 연고적 자아들에게 존엄과 존중을 부여하지 않으려고 한다.

마이클 샌델은 왜 그의 자아들이 무연고적 자아들 못지않은 존엄과 존중을 받을 자격이 있는지 아직 설명하지 않았다. 하려고 했다면 샌델이 설명했을 것이고 그가 아니어도 다른 철학자가 할 수 있을 것이다. 그러나 누군가가 그것을 옹호하는 논증을 제시하기 전까지는, 로저와 나는 두 가지 옵션을 다 거부하더라도 용서받을 수 있다고 생각한다. 우리 두 사람에게 문제는 개별적 자아의 연고성이 있고 없고가 아니라, 더 근본적으로 개별적 자아 개념 자체다. 존 스튜어트 밀(2000)이 말했듯이, "사회를 재건할 필요가 있을 때는 낡은 청사진 위에서 시도해 봐도 소용이 없다"(p.57). 이제 이 문제를 검토할 차례다.

역할을 담지한 자아들

오늘날 자본주의 이데올로기는 도덕을 위한 새로운 가치 서열을 찾는 일을 방해한다. 그 핵심 요인은 자유롭고 자율적인 자아상의 대안이 얼굴 없는 전체주의적인 공산주의자 또는 파시스트뿐이라는 믿음이다. 그런데 이 입장은 마땅히 신빙성이 떨어졌으며 인간이란 무엇인가라는 문제의 유일한 답도 아니다. 내가 제시하려는 답은 역할을 담지한 자아라는 개념이다. 로저 에임스와 나는 이 개념을 공자의 『논어』에서 도출하였다(Ames and Rosemont, 1998). 에임스는 공자의 전반적인 비전을 훌륭하게 파악해 냈다.

> 공자 및 그 이후에 뒤이은 수세대의 중국인들에게 인간의 기본적인 단위는, 고독하게 분리된 개인 혹은 이와 마찬가지로 추상적이고 일반적인 개념의 가족이 아니라, **이** 특수한 가족에 속한 **이** 특수한 개인이다. 사실, 공자의 사상 속에는 우리가 **실제로** 어떤 존재인지를 알려 주는 자리와 같은, 그리고 일단 가족과 지역사회 속 관계들의 특수한 층들을 벗겨 내면 남게 되는 어떤 핵심적 인간 **존재**에 대한 준거 같은 것은 없다. (…) 그래서 삶의 목표는, 우리를 독특한 존재로 만들어 주는 그런 역할과 관계 속에서 최적화된 방식으로 적절히 처신함으로써, 자신을 위해서 그리고 타인을 위해서 조화와 향유를 달성하는 것이다 (Ames, 2011, p.122).

09. 도덕적 행위자가 없는 도덕

우리에게는 한편에 보편적(추상적) 개인들이 있고, 다른 한편에는 특수주의적인(구체적인) 자아들이 있다. 유학자들은 우리의 사회성을 강조함으로써 더불어 우리의 관계도 강조한다. 에임스가 강조한 대로, 하나의 추상적 개인이 아닌 나는, **특수한** 한 사람의 아들이고, 남편이고, 아버지이며, 할아버지, 선생, 학생, 동료, 이웃, 친구이고 또 그 이상이다. 이 모든 역할 속에서 나는 나와 이런저런 관계를 맺고 있는, 아주 구체적인 사람들, 즉 내가 상호 관계하는 그 타인들에 의해서 나라는 사람에 대한 거의 대부분이 규정된다. 그들 역시 추상적이고 자율적인 개인들이 아니다. 또한 우리가 으레 말하는 대로 우리는 역할을 "하는" 것이 아니라, 역할을 "살고" 있다. 그리고 이 모든 역할을 다 규정하고 그것들 속에서의 상호 관계까지 규정해 낸다면, 공자가 보기에, 우리는 철저히 개별화되긴 하지만 아무것도 남기지 않기 때문에 자율적인 개별 자아 같은 것은 따로 없다. 그런 식으로 내가 살고 있는 역할들을 다 더한다면, 나이가 들면서 내 역할도 변할 것이고, 결과적으로 나는 문자 그대로 아주 다른 사람이 된다는 결론이 도출된다. 나는 결혼해서 변했고 아버지가 되고 할아버지가 되면서 또 변했다. 딸들과 상호 관계하는 방식도, 그들이 어린아이일 때와 십 대일 때가 달랐고 딸들이 성인이 된 지금 또 달라졌다. 이혼을 하거나 아내와 사별하게 된다면 나는 또 변할 것이다. 이 모든 면에서 나만 달라지는 것은 아니다. 나와 관계가 있는 사람들이 나를 인식하는 방식도 달라진다. 우리가 서로를 변화시키기 때문에 그들도 계속해서 변하고 있는 것이다. 딸들이 자기 자식을 갖게 되니, 딸들과 (내 아내는) 나를 더 이상 아버지가 아니라 할아버지로 바라본다. 이뿐만이 아니다. 오래 소중하게 교제해 온 친구들이 죽거나 하면, 나는 또 아주 달라지고 위축될 것이다.

그렇지만 이런 관점에서 개인 상호 간의 행동을 기술하는 것은 우리가 **실제로** 그런 존재라고, 우리가 그런 존재성을 가졌다고 생각하고 느끼도록 배운 자아, 우리 인생의 우여곡절에도 변하지 않는 자아인 **본질적** 자아에 어긋난다. 유가적 관점에서는, 그런 본질적 자아를 추구하는 것은 불가능을 좇는 일이다. 왜냐하면 타인들 사이에서 우리가 사는 역할들을 통해 우리가 **구성되기** 때문이다. 우리의 "실제 존재"는 언제 어떤 상황에서 누구와 함께하는가의 함수다. 우리를 둘러싼 타인들도 마찬가지다. 우리 각자는 독특하고도 늘 변화하는 정체성을 가지고 있다. 이 점에서 공자의 말이 여전히 의심스럽고 독특한 당신을 만들어 주는 **본질적** 자아가 있다고 정말로 믿는다면, 다른 어떤 사람들도, 또 그들과 맺는 관계를 전혀 언급하지 말고 그 본질적인 자아에 대해 기술해 보기 바란다(Rosemont, 2015, pp.40-56).

초기 유학에서 인간 존재를 바라보는 관점은 추상적인 자율적 개인이라는 개념과 판이하다. 추상적인 자율적 개인이란, 오늘날 서구의 철학적·법적·정치적 사상에서 도덕 분석과 정치 이론에서 중심이 되는 개인 개념으로, 합리적이고 자유로우며 거의 자기 이익을 추구하는 개인이다. 예를 들어 우리가 친구나 이웃, 연인이 되기 위해서는 친구나 이웃 또는 연인이 있어야 한다. 추상적 개인들을 생각할 때는 우정이나 사랑의 결속을 느끼기도 어렵고 심지어는 상상하기도 어렵지만, 내 아내와 아이들과 친구들과 함께 있을 때는 쉽

09. 도덕적 행위자가 없는 도덕

다. 유가적 관점에서는, 내가 최대한 완전한 인간 존재로 되어 가는 과정에서 만난 그들이 우연한 존재들이 아니라 근본적인 존재들이다. 내 인생은 내가 나 아닌 다른 이들의 삶의 의미에 기여하는 한에서 의미가 있고, 그들의 인생도 내 삶의 의미에 기여하기에 의미가 있다. 사실상 그들이 나에게 자아를 부여하고 계속적으로 그렇게 하고 있다. 내가 선생의 역할을 사는 한, 학생들이 내 인생에 **필요한** 존재들이지, 우연한 존재들이 아니다. 이 점에서 볼 때, 우리가 또 주목해야만 하는 점은, 유학이 근본적으로는 종교적이지만, 그 전통 안에서는 고립된 사제나 여사제, 은자와 여성은자와 은둔가가 없다. 길은 그 길을 가는 과정에 만들어지나, 결코 그 누구도 혼자 그 길을 갈 수는 없다(Rosemont, 2002, pp.82-90).

우리가 살았던 최초의 역할, 그리고 언제나 가장 근본적인 역할, 우리 삶을 통해서 우리를 상당히 규정하는 역할은 아이로서 역할이다. 에임스와 나는 효孝를 "filial piety(자식 된 도리로서의 존경)"가 아니라 "family reverence(가족에 대한 존중)"라고 번역하였는데, 이것은 사고와 감정에 대한 유학의 가르침에서 가장 탁월한 경지의 하나다. 부모에게 충의를 다하여야 하고, 돌아가신 후에도 우리의 책임은 끝나지 않는다. "살아 계실 때는 예에 따라 섬기고, 돌아가시면 예에 따라 장사를 지내고, 예에 따라 제사를 지낸다"(『논어』「위정」2.5).[2] 따라서 유학의 도덕 인식론은 쉽게 기술할 수 있다: 모든 것은 집에서 시작된다. 모든 사람은 삶을 시작하면서 아들이나 딸의 역할을 한다. 어머니와 아버지에게 복종하면서 충의와 순종을 배운다. 그러나 나는 유가적 비전을 잘 이해하려면 (긍정적 의미의) 순종을 (부정적 의미의)

굴종으로 봐선 안 된다고 믿는다. 그리고 아이가 일찍이 부모에게 순종하는 것을 배우는 최선의 방법은 야단을 친다든지 해서 그것을 강요할 것이 아니라, 부모가 자신의 부모, 즉 아이의 조부모에게 순종하는 모습을 지켜보게 하는 것이다. 유학자들에게 순종의 태도는 – 관대함이나 충의나 동정이나 책임 못지않게 개인 수양에 기본적인 덕목이다. 그리고 이러한 존중의 행동 습관을 계발하는 것은 역할 속에서 상호 관계의 질을 극대화하는 데 다른 어떤 습관을 기르는 것만큼이나 중요하다. 그러므로 당신은 자신이 부모에게 순종하고 있다고 볼 게 아니라, 오히려 누군가를 존경하는 사람들을 존경하고 있다고 봐야 한다. 바로 이 점이 중요하다. 부모와 조부모가 서로 관계를 잘 맺으면 부모와 조부모에 대한 순종이 아이들에게 무척 쉽게 다가올 것이다. 당신이 부모 앞에서 쓸모가 없더라도, 부모는 당신을 아낌없이 사랑으로 대할 것이다. 순종적이 되는 것은 자연스러운 반응이다. (어쨌거나 대체로는 그렇다.) 굴종은 순종과 아주 다른데, 권력 있는 자들 앞에서 몸을 굽혀 굴종해야만 할 때는 그들이 존중이나 사랑을 받을 자격이 있는지 여부와 무관하기 때문이다.

당신 부모가 당신 조부모를 대할 때 굴종적인 태도를 보인다면 당신도 강력한 영향을 받는다. 당신 부모가 그들의 부모에게 순종하면 – 그리고 그들의 부모가 그들 앞에서 순종하면 당신도 순종하게 된다. 당신은 이때 부모가 조부모에게 충실과 순종으로 행동하는 것을 볼 때, 조부모가 부모에게 해 준 모든 것에 대해 부모의 감사 표시이기도 하다는 사실을 알아야 한다. 여러 세대를 거치면서 그렇게 계속 이어 가는 것이다. 행여 부모나 누군가가 잘못된 길에 들어섰을 때, 때로는 충의와 효family reverence, 그리고 감사를 가장 잘 표현하는 길은 순종이 아니라 항의다. 공자도 경우에 따라서는 그런 행위를 의무로 간주했다. 언젠가 공자는 군주를 섬기는 최선의 방법에 대해 질문을 받자 이렇게 말했다. "그의 면전에서 마주할 때 표리부동해서는 안 된다"(『논어』「헌문憲問」14.22).[3] 심지어 더 강한 어조로 말하기도 했다. "마땅히 해야 할 것을 보고서도 하지 않는 것은 용기가 없는 것이다"(『논어』「위정」2.24).[4]

아들과 딸로 시작한 역할 속에서 – 그리고 형제자매로, 놀이동무로, 학동으로 – 우리는 성숙해서 우리 자신이 부모가 되기도 하고 배우자나 연인이 되고 이웃이 되고 직장 동료가 되고 친구가 된다. 이모든 관계는 상호적이고 관계는 태어나면서 시작된다. 현대 세계에 적용 가능성을 생각해 보면, 이러한 상호 관계는 후원자와 수혜자 사이에 위치한다고 보는 게 가장 적절하다. 어렸을 때 우리는 부모의 수혜자로서 역할을 한다. 우리의 후원자로서 부모는 우리에게 사랑과 돌봄과 부양과 안정과 교육 등을 준다. 우리는 부모에게 순종과 사랑과 충의와 관심으로 보답해야 한다. 따라서 역할은 위계를 갖긴 하지만 엘리트주의적인 것은 아니다. 엘리트주의에서는 지위가 좀처럼 변하지 않는다. 후원자는 후원자나 고객으로 남는 경향이 있다. 해군장성이 말단 선원에게 명령을 받는 일이란 결코 없고 귀족이 보통 사람에게 절을 하는 일도 결코 없다.

그러나 가족에서 시작한 유교적인 역할은 전통적이고 위계적이기는 하지만 유동성을 갖는다. 첫째, 역할의 상호성은 모든 상호 관계에서 양방향이다. 후원자인 부모는 우리에게 사랑과 돌봄과 관심을 쏟고 우리는 부모에게 충의와 관심과 사랑과 순종을 바친다. 기본적으로는 아이들이 수혜자이지만 자녀들도 가히 대단한 선물을 부모에게 할 때도 있다. 이는 무관심하고 불순종하는 자녀를 둔 부모가 너무나 잘 아는 사실이다. 자녀는 부모에게 사랑의 위치이고 중심이면서 동시에 양육의 위치이고 중심이기도 하다. 이 모든 관계 속에 진정한 상호성이 놓여 있다. 지금 내가 하는 말은 준대로 갚는다는 것이 아니라 사랑을 주고받는 통합적 관계라는 뜻이다.

둘째, 나이가 들면서 우리 각자는 수혜자에서 후원자로 되었다가 다시 수혜자로 돌아온다. 언제 어떤 조건에서 누구와 상호 관계를 맺는지 살펴보면, 같은 사람일 수도 있고 다른 사람일 수도 있다. 나는 내 어머니의 아들이고 내 딸의 아버지다. 어릴 때 나는 부모의 후원자이기보다 훨씬 더 수혜자 쪽이었지만, 부모가 늙어서 운신이 어려울 때는 내가 후원자가 되었으며, 나와 내 아이들의 관계도 이와 같다. 나는 좋은 선생이 되려고 노력했고 또 동시에 학생들에게 많이 배우기도 했다. 내가 몇몇 학생들을 변화시키기도 했을 테지만, 그들도 나를 변화시켰다는 것을 나 안다. 우리는 친구들이 도움을 원할 때 후원자가 되지만, 또 우리가 도움을 필요로 할 때는 수혜자가 된다. 다양한 역할이 모여서 우리를 독특한 자아로 규정한다. 함께하는 삶 속에서 이 관계들을 만드는 방식을 통해서 우리는 존엄과 만족과 삶의 의미를 성취할 뿐 아니라 우리의 창조적인 충동을 구체적으로 표현한다.

역할상의 상호 관계를 적절하게 수행하면 관계들이 서로를 강화시킨다. 이상적인 유교 사회는 기본적으로 가족과 지역사회 중심이고 관습과 전통과 의례는 우리가 속한 수많은 관계와 그에 수반되는 책임 사이에서 구속력을 갖는다. 이 점을 잘 이해하려면 'ritual propriety'라고 번역되는 '예禮'를 종교적인 분위기로만 혹은 관혼상제와 같이 생애의 중요한 단계에 치르는 의식으로만 봐서도 안 된다. 환영의 인사와 음식 나누기, 아픈 이 돌보기, 작별 고하기 같은 마음을 주고받는 단순한 관습이자 정성을 가리킨다고 봐야 한다. 유교 사회에서 완전히 사회적이기 위해서는 다른 사람들과의 만남에서 언제나 정중하고도 예의가 있어야 한다. 그리고 모든 만남을 은혜와 기쁨으로 해야 한다. 우리 모두는 "감사합니다"라는 말을 하라고 배웠다. 이 말은 작은 의식으로 누군가에게 선물을 받거나 친절을 입었을 때 그렇게 한다. 그러나 유가적 관점에서 보면, 이 말을 하는 것 역시 선물을 주는 것이고 작은 친절을 베푸는 것이며 아주 작지만 모종의 차이를 만들어 냈다는 신호를 보내는 것이다.

조부모에게 항의가 적절할 때는 부모가 항의하는 모습을 보여 주면 청년도 그 교훈을 배울 것이다. 중국에서 법정이나 가족 항의 같은 것이 제국 시대에 억압된 것은 순종에 대한 기대와 그에 따른 보상이 커졌기 때문이다. 그것이 아주 오래전부터 중국 사회에 갖고 있는 우리의 고정관념이다. 이 때문에 많은 서구인은 유가를 왠지 모르게 반동적으로 성차별적이고, 엘리트주의적이며 또 억지스럽게 형식적인 행동 지침 같은 것이라는 편견을 가졌다. 그러나 다른 것들과 마찬가지로 지금 말하는 예에서도, 존경과 항의의 행위 사이에서 합리적인 균형을 아주 인간적으로 교육하고 유지하는 것이 불가능하란 법은 없다. 현대의 성정을 원래의 유가적 비전과 잘 엮어 낸다면 가능한 일이다.

감사는 효에서 필수 요소다. 그리고 이것은 항의와 더불어 존경과 순종과 충의를 적절하게 키우는 데도 효과적이다. 감사의 마음을 교육하는 것은 (보통 의례의 도움을 받아) 개인 수양에서 중요한 요소다. 감사의 마음이 동기부여해서 생긴 존경은 굴종으로 격하되지 않는다. 감사라는 개념은 단순히 빚을 갚을 책임이라고 규정해선 안 된다. 사랑이 있는 가정에서 세대를 걸쳐서 역할을 담지한 자아로 길러진다면, 우리는 부모가 하는 일이 우리를 위한 것이지 부모만을 위한 게 아니고 또 우리를 위해 많은 일을 한다는 사실을 일찍 깨닫게 된다. 또 하나 깨닫게 되는 것은 우리가 그들에게 연결되어 있고, 그들을 통해 조부모와 연결되어 있으며, 계보를 따라 조부모의 부모, 조부모와도 연결되어 있다는 사실이다. 우리가 우리 부모를 돌볼 기회가 되었을 때 우리가 이미 이러한 인식을 갖고 있다면 기쁨으로 하게 될 것이다.

그러나 관습과 전통과 의례를 따라 상호 관계를 함으로써 그저 "그 동작들을 하게" 되는 것은 아니다. 책임을 다해야만 되겠다는 감정을 느끼도록 길러졌기 때문에 책임을 이행하는 것도 아니다. 만약 그렇다면 우리는 인간성을 계속해서 발전시킬 수 없다. 그 대신 우리는 그런 책임을 우리 자신의 것으로 만들어야만 하고 필요한 경우에는 그것을 수정해야 한다. 공자도 우리의 책임 중 많은 것들이 선택된 것도 선택될 수도 없는 것이라고 했다는 사실을 기억할 필요가 있다. 공자는 윤리학에서 자유라는 개념을 사용하기 위해서는 기술적記述的인 용어가 아니라 우리의 가치 서열에서 일종의 성취 같은 가치여야 한다고 주장했다. 그래서 스스로 책임을 다하고 싶어지고 (후원자로서) 남을 돕고 싶어지고 (수혜자로서) 타인의 도움을 받더라도 즐거이 받게 될 때만 우리가 진정 자유로워졌다고 생각할 수 있는 것이다. 이런 생각은 개인주의적인 도덕 이론에서는 전혀 통상적이지가 않기 때문에 예를 들어 설명하는 것이 좋겠다.

어린 시절에 어느 날 할머니가 당신에게 특별한 친절을 베풀었다. 당신은 할머니에게 그림을 그려 드리고, 마음에 진 빚을 갚기로 했다. 그래서 물감을 가져다가 그림을 그렸다. 전부터 할머니와 만나면서 알게 된 대로 할머니가 그 그림을 아주 좋아하실 거라고 기대했기 때문에 그림을 그리는 일이 훨씬 즐거웠다. 물론 완성된 그림을 할머니는 보고 또 보면서 무척 좋아하셨다. 모든 게 잘되어서 기분도 좋았다. 그런데 이튿날 아침 친구들이 같이 놀려고 당신을 불러내려고 할 때, 마침 할머니가 관절염 때문에 많이 아프다고 했다. 이 상황에서 당신은 할머니의 어깨와 목을 기꺼이 주물러 드릴 것인가? 이제 유가적으로 착한 어린이로서 당신은 다른 것을 다 그만두고 그녀를 주물러 드릴 것이다. 이때 당신에게 억지스러움이 좀 있을 수 있고 놀지 못해서 조금 분하기도 하고 낙담할 수도 있다. 그러나 적절한 역할 모델들인 사랑하는 가족들과 지내면서 지속적으로 자기 수양을 하다 보면, 당신은 친구들과 나가 노는 것보다 할머니의 아픔을 덜어 드리는 것에서 더 많은 즐거움을 찾는 경지에 이르게 된다. 그 후로는 그렇게 하는 것을 더 좋아하기 시작하면서 더 완전한 인간 존재가 될 것이다. 그렇다면 내가 읽은 공자에 따르면, 인간종의 완전한 구성원이 되기 위해 우리는 바로 가족과 가족 내의 역할을 통해서 초보적인 실습을 한다. 사랑하고 사랑받기를 배우고 믿고 믿을 만하기를 배우는 곳도, 수혜자로서 순종적이고 충의가 있고 감사하게 되고 후원자로서 북돋아 주고 돌봐 주고 격려해 주는 것을 배우는 곳도, 역할 행동을 온화하게 할 때와 단호하게 할 때를 분별하는 것을 배우는 곳도, 다른 사람을 있는 그대로 받아들이거나 다른 사람을 변화하도록 격려하기를 배우는 곳도 가족이라는 맥락에서다. 무엇보다도 우리가 다른 사람과 만나면서 그를 기쁘게 하는 데서 즐거움을 느끼는 것을 처음 배우게 되는 것도, 어떻게 해야 다른 이가 기뻐하는지 잘 알게 되는 것도 가족을 통해서다. 모든 것을 품어 주는 가족의 신뢰 속에서 우리의 상호 관계가 갖는 순전한 신체성과 친밀함은 이러한 감정이 발달하고 성숙하는 데 크게 기여한다.

우리에게 형제자매가 생기고 사랑하는 형제자매와의 관계, 그에 수반되는 감정을 경험하면서 형제자매를 돌보는 사람이 되는 것도 한결 쉽게 다가올 것이다. 우리가 주물러 드렸을 때 할머니가 얼마나 좋아하는지 완벽하게 알게 되고, 실제로 주물러 드리기를 즐거워하게 되면, 우리는 모든 사람에게 완벽한 의료를 제공하는 정책과 집에서도 어린이나 노인이 요양을 잘 받게 하는 방향으로 입안된 정책을 지지하게 될 것이다.

사실 사람들에게 역할의 책임을 수행할 때 태도나 감정이나 정서를 갖도록 권하는 일이 처음에는 이상하고 역설적으로 보일 수 있다.[5] 그렇지만 실제로 그런 감정을 깃는 것이 매우 중요하고 사실상 필요하다. 가족 간의 수많은 상호 관계에서 계속 주어지는 책임을 적절하게 그리고 일관되게 이행하기를 배우기 위해서 그렇다. 할머

09. 도덕적 행위자가 없는 도덕

니를 주물러 드려야 한다는 것 때문에 기분이 나빠져도 그리 오래가지는 않는다. 할머니를 정말로 사랑하기 때문이다. 그리고 당신에게 감정을 습득하려는 의지만 있다면, 당신이 잘 모르는 타인의 고통을 줄이는 일에 기꺼이 즐거워하는 감정을 갖도록 할머니가 중요한 감정 수련의 토대가 된다. 할머니는 사랑하는 할머니이자 나아가 아주 훌륭한 선생님인 것이다. 공자에 따르면, 분명히 우리에게는 자신의 인간적 자질에 대한 책임이 있다. 그렇기 때문에 부모나 조부모를 위하는 감정이 결여된다면 완전하지 못한 인간이다. 더욱이 공자가 설득하듯이 우리가 행동의 대안들을 꼼꼼하게 숙고해 보고 나서 어떤 행동을 선택할지를 배운다는 설명은 틀렸다. 적절한 역할 모델을 따라서 그냥 그런 행동을 하는 것이고, 자주 할수록 더 잘하게 된다. 상호 관계하는 사람들의 기분이나 태도를 "읽는" 능력은 상호 관계를 최대한 적절하게 하는 데 중요한 능력이다. 이를 공식적인 교육을 통해 배우지는 않는다. 그런데 다른 사람의 감정을 많이 읽을수록 더 잘 읽을 수 있는 게 사실이다. 마찬가지로, 상호 관계 속에서 상대방의 번영에 도움이 될 때 기쁨을 느끼는 것도 합리적으로 결정할 수 있는 게 아니다. 어느 순간 그런 기쁨이 일어나는 것이고 시간이 가면서 자연스럽게 느껴지는 것이다.

　내가 불가능한 것을 이야기하는 게 아니냐고 말할 독자들이 많은 것 같다. 그러나 윌리엄 제임스는 - 스스로는 몰랐겠지만 속까지 유가적인 그는 - 불가능하다고 생각하지 않을 것이다. "우리를 진정 있는 그대로 알려는 사람이 없다면, 알아봐 줌으로써 우리의 눈치를 보고 반응할 준비를 아무도 하지 않는다면, 우리는 대체 어디에 있을 수 있겠는가? 우리 모두는 이렇게 강도 높고 진지하게 서로를 감정으로 인식해야 한다. 이 말이 어리석게 들린다면서, 한 번에 모든 사람을 다 사랑할 수는 없는 게 아니냐고 반문할지도 모르지만, 그런 말을 하는 사람에게 이 말만은 해주고 싶다. 사실상 우정의 능력이나 다른 사람의 삶에서 기쁨을 느끼는 능력이 뛰어난 사람들이 있다. 그리고 그런 사람들은 마음이 그렇게 넓지 않은 사람보다 진리를 더 많이 알고 있다.

상호 관계의 대부분은 아는 사람과의 관계다. 당신이 상대하는 사람들에게 **알맞은** 행동을 할 때, 그것은 모두에게 적용 가능한 객관적이고 외적인 기준에 맞는 행동이 아니라, 최대한 **이 사람에게 맞는** 행동이다. 최대한 맞는 행동을 결정하는 것은 당신이 상대하는 그 사람의 독특한 특징이나 그를 마주한 시기와 여건이다. 따라서 가정에서 배우는 역할 윤리는 어떤 성향의 습득과 강화다. 그 성향을 통해서 당신이 가족과 지역사회 너머로 역할을 확대할 때 적절한 행동을 알아내는 창조적인 능력을 더 익혀 가면서 동시에 그 행동을 자발적으로 할 수 있게 된다.

이렇게 교훈을 배우고 대인관계 기술을 습득하면서, 우리는 가족과 학교를 넘어 지역사회와 그 이상으로 나아갈 준비를 철저히 갖춘다. 우정은 또 가족을 넘어서 세계로 진입하는 기본적인 역할을 한다. 그리고 우정은 역할을 담지한 자아들에게 가장 중요한 관계 중 하나다. 초기 유학자들도 이를 강조했다. 실제로 『논어』의 첫 장에서는 이렇게 묻는다. "친구가 먼 곳에서 찾아온다면 이 또한 즐겁지 아니한가?"(『논어』 「학이學而」 1.1). 어렸을 때는 놀이동무가 있고 나중에

09. 도덕적 행위자가 없는 도덕

학교 친구도 생긴다. 그 이후에는 그저 놀이동무와 학교 친구로 남는 사람이 다수이고 그중 소수는 친구가 된다. 친구 역할은 가족의 정서적 대응과 똑같은 대응, 즉 사랑, 신뢰, 격려와 충의, 그리고 친구가 잘되는 데 기여하는 즐거움이 필요하다. 대다수 친구는 우리 또래일 것이다. 소수는 앞선 세대일 수도 있고 뒤에 오는 세대일 수도 있다.

그러나 후원자와 수혜자 개념은 거의 언제나 친구 역할을 기술하고 분석하는 데 적용 가능하다. 그러니까 친구 역할도 강압적이지는 않지만 위계는 있을 수 있다. 절대적으로 동등한 역할을 담지한 자아 사이의 상호 관계라는 것도 분명히 이상하다. 만일 내가 친구의 집에서 식사할 때는 그가 분명히 후원자이지만, 그가 내 집에서 식사를 할 때는 내가 후원자다. 길에 나앉은 내 차에 가스를 갖다주는 이웃은 내 후원자고, 이웃의 베이비시터가 아팠을 때 내가 그 집 아이를 돌봐 주면 내가 후원자가 되는 것이다.

이 모든 것이 분명하지만 분명하지 않을 수 있는 사실도 있다. 일상적인 인간관계에 대한 이런 기술에서 상호성의 원칙은 "선의에 보답하기(또는 빚 갚기)"가 아니고, "돌려주기"도 아니며, 또 "이건 당신이 나한테 빚지고 있는 겁니다"와 같이 시장 사회에서 작성하고 체결하는 자율적인 개별 자아들에게 맡겨진 사회경제적인 계약의 일종도 아니다. 역할을 담지한 자아가 이런 활동을 하는 것은 동료 인간과의 상호 관계 속에서 친구들이 (그리고 이웃들이) 하기 때문이다. 따라서 상호성은 그들 사이 못지않게 상호 관계 안에 있다고 봐야 한다. 수혜자의 역할에 적절한 일련의 행동은 감사와 순종과 주의 등을 보이는 것이고, 이와 달리 후원자의 역할에서는 돌봄과 감수성과 용기 등을 보이는 것이다.

극단적인 경우를 보면, "돌려주기"의 의미와 유가적 상호성의 의미가 어떻게 다른지 아주 분명하게 알 수 있다: 우리의 책임 중에는 저세상 사람에게 지는 책임도 있어서 "이건 당신이 나한테 빚지고 있는 겁니다"라는 것은 있을 수 없다. 슬픔도 우리가 배워야 하는 감정이다. 그리고 장례의식이나 추도회 같은 것이 앞서간 사람들과 계속 상호 관계를 하는 수단이다. 그것은 또 우리 동료 세대는 물론 후손들과도 더 긴밀한 관계를 맺는 시간이기도 하다.

그렇기 때문에 이런 태도와 행동은 가정의 테두리를 넘어서 더 많은 시간을 보내기 시작하면서 계속 계발해야 한다. 어려운 일일 수는 있는데 유가적인 자기 수양이 사실 이런 것이고 윤리적인 실천이면서도 영적인 실천이다. 비위를 맞추려 함이 없이 감사의 마음을 가지고, 정중하면서도 적절하게 거절하고, 예속됨이 없이 감사의 행동을 할 줄 아는 감각을 익히려면 노력이 필요하다. 그와 동시에 우리는 지배하지 않고 도와주고, 불평하지 않고 우리 자신을 내어 주고, 크게 인정받으려 함이 없이 우아하게 우리의 노력에 대한 감사를 받아들이는 등의 감각도 배워야 한다.

여기서 내가 하는 설명이 이타주의로 보인다면, 사회계약의 이미지를 전면에 내세우는 사람에게 그렇게 보일 것이다. 이타성은 자기가 없는 행동을 나타낸다. 이타성의 행동은 자기 부정이 필요한데, 이것은 유가적으로 역할을 담지한 자아에게는 없는 성향이다. 역할을 담지한 자아는 그와 반대다. 이들은 서로 간에 보다 완전한 자아를 성취해 나간다. 이 자아의 완성은 가정에서 시작해서 그 너머로 확대되는 상호 관계를 통해서 이루어진다.

가족

자율적인 개별 자아 개념을 유지하고자 하는 사람에게도 경제적· 사회적·정치적·환경적으로 막대한 문제를 해결하기 위해서 제도를 형성하고 개혁하기 위한 사유에서 가족을 중심에 두는 것은 아주 중요한 신호라고 믿는다. 물론 다수의 가족들이 성차별적이거나 억압적 또는 그저 기능부전이라고 할 수는 있다. 뉴스거리가 되는 가족들의 경우가 그렇다. 그러나 더 많은 수의 가족들은 잘 기능하고 있고 서로 간에 행복한 관계를 이룬다. 그런 행복한 상호 관계는 원래 미디어 광고에 수없이 반영되곤 하는데, 그것을 보면 이것이 상당한 호소력이 있다는 걸 알 수 있다. 게다가 몇몇 사람들의 바람과 관계 없이 가족이라는 제도는 사라질 것 같지도 않은 것이, 별다른 대안도 없기 때문이다. 핵무기에 의한 인종말살이나 헉슬리의 『멋진 신세계』의 도래를 금지하면, 번영은 고사하고 생존을 위해서라도 몇 년간은 아이들을 양육해야 한다. 이 점은 반복해서 강조되어야만 한다. 당장 아이들을 키워 내는 데 가족 시스템에 비할 것이 어느 사회에서나 전무하다. 결과적으로 이 제도를 유지할 것인지 여부는 사실 문제가 아니다. 문제는 가족 제도를 개선해서 가족 구성원을 잘 키워 냄과 동시에 더 나은 사회를 만들 수 있는 방법을 찾는 것이다.

"가족 가치"라는 어구가 물론 오늘날 생각 있는 많은 사람에게 반감을 사는 건 사실이다. 왜냐하면 이 어구가 초보수주의적인 사회적 · 정치적 지향을 부추기고, 가부장주의나 성차별주의, 동성애 공포증을 강화하는가 하면, 또 종교적 신조에 대한 해석 중에서도 합리적 믿음을 방해하는 것에 뿌리박은 지향들을 부추기는 데 동원되기 때문이다. 사실 독자들, 특히 여성 독자들 중에는 내 논증을 경멸할 수도 있는데, 독자 자신이나 자신의 할머니 때부터 – 소수 인종, 동성애자 등등으로 – 오랜 동안 고통 받아온 질병에 대한 치료법으로 제시되고 있기 때문이다. 그러나 폭력적인 남편이나 연인, 캠퍼스 성 폭행자, 동성애자를 공격하는 폭력배 등 비인간적인 사람에 대해서, 토대주의적인 개인주의에 기초한 도덕 이론이나 정치 이론에서 달리 어떤 치료법을 찾을 수 있겠는가? 범죄자에 대한 처벌이 태도의 변화를 좀처럼 가져오지 못하며, 범죄를 억제하는 가치도 사실상 미미하다. 그리고 희생자들이 추구하는 보복으로서 가치를 제외하면 거의 무가치하다.[6] 역할을 담지한 자아라고 해서 나쁜 행동을 하지 않으리란 보장은 있을 수 없다. 그러나 동시에 다른 사람의 복지를 위해 기여하는 데서 오는 즐거움을 어려서부터 배운다면 정의를 추구하는 방법으로 복수보다는 재활, 응보보다는 교정 쪽으로 관심을 더 많이 갖게 될 가능성은 크다.

유가적 관점에서 볼 때, 가족은 정체된 것이 아니라 역동적인 것이다. 내 아내와 나는 장모와의 관계나 우리 서로의 관계에서 상당한 변화를 겪어 왔다. 장모가 혼자 실 때 그리고 우리 집으로 들어와 살 때, 아이를 돌봐 주었다. 그러다가 나중에는 몸이 편찮아져서 우리가 돌보아 드려야 했다. 우리는 아이들과도 역할 변화를 겪었다.

아이들이 고등학교 때와 아이들이 2학년 때는 우리의 역할이 달랐다. 그들 입장에서 우리를 대할 때도 달라졌다. 가족 중에 누군가와 사별하면 가족의 역동에 크나큰 변화가 생기고, 가족으로 누가 들어올 때도 마찬가지로 큰 변화가 생긴다. 가족이란 늘 임시적이고 늘 변화 과정에 있으면서도, 지속성과 항상성과 창조성과 성장을 유지한다.

둘째, 유가적 가정의 가장 근본적인 요소라 할 만한 것은, 앞에서 힌트를 주었지만, 바로 세대 간 관계intergenerationality다. 어머니와 아버지, 어린이뿐 아니라 할아버지, 할머니, 그리고 그 외 사람들까지 포함해서 (그걸 달리 뭐하고 하든지 간에) 다세대로서, 윤리적·미적·영적으로 기능하면서 사회경제적인 기능을 한다. 이런 세대 간 관계는 인간이란 무엇인가에 대해서라든지, 그것이 어떻게 그 나름의 독자적인 윤리적·정치적·영적 특성을 갖는지에 관해서 유가적 설명을 이해하는 데 핵심 요소다. 공자는 자신이 가장 하고 싶은 것에 대해 질문을 받자 이렇게 대답한다. "노인들에게는 평안하고 만족하게 해 주고, 친구들과는 확고한 신뢰를 가지고 사귀며, 젊은이는 아끼고 지켜 주고 싶다"(『논어』「공야장公冶長」5.26).[7]

완전한 인간의 번영은 다양한 형태의 확대가족 안에서 성취될 수 있다. 그래서 이 단원은 서로 다른 사람들에게 가능한 한 여러 대안들을 확정적으로 주장한다고 읽지 말고, 하나의 제안으로 읽어야 한다. 필수 요소는 세대 간 관계다. 거기에는 후원자와 수혜자 역할이 수반된다. 이 같은 유가적 기반 외에 내가 가정하는 것은 가족 구성원 모두가 그리고 모든 가족이 토론을 통한 진정한 민주적 절차다.

여기서 말하는 진정성이란, 누구나 자신에게 직접적으로 영향을 미치는 모든 사안에서 말할 권리를 가져야 한다는 뜻이다. 이는 가족 내에서는 각자의 역할에 맞게 협조할 수도 있고 또 사회적 수준에서는 가족과 또 다른 가족, 국가와의 관계에서 협조적으로 생각할 수 있는 것이다. 몇몇 가족은 이미 이런 방식으로 가족을 재구성하기 시작했고(AARP, 2014), 또 나름대로 잘 기능하는 것으로 보인다.

더 나아가, 전통의 이 두 가지 요소, 즉 의례와 민주주의는 가족 구성원들에 의해서 수많은 가족 의사결정 상황에서 접목시켜 볼 수 있다. 할아버지의 75세 생신날에는 무엇을 할 것인가? 이번 휴가 때는 어디로 떠날 것인가? 이번 주말에는 어떤 영화를 보러 갈 것인가? 일요일 저녁 식사는 어떤 메뉴를 고를 것인가? 이런 쟁점에 대해서 의논하는 의례로 시작한다면 가족의 연대가 강화될 것이다. 물론 투표 전에 로비나 연설을 하는 기간을 둔다면 특히 좋다. 이런 사안을 결정할 때 아이들을 어른처럼 진지하게 대한다면, 아이들이 성장해서 시민의 역할 책임을 투표로 이행하려는 욕구를 상당히 증진할 것이다. 아이늘에 내한 교육은 연장자들이 투표를 진지하게 생각하는 것을 지켜봄으로써 심화된다. 그리고 가족 의사결정에서도 2단계 투표 시스템을 고려하는 것도 좋다. 1단계에서는 이 문제에서 네가 가장 원하는 것은 무엇이니? 2단계에서는 가족 전체가 가장 원하는 것이 무엇이라고 생각하니? 라고 물어보면 된다.

가족의 구성 방식도 다양하게 할 수 있나. 아이를 생물학적으로 가질 수도 있고 입양할 수도 있지만 다른 방식도 가능하다. 보통은 부모가 이성애자에 일부일처제이지만, 개방형 결혼이나 계약 결혼도 가능하다. 그러나 부모는 더 많을 수도 있지만 적어도 두 명은 필요하다. 또 부모 역할을 맡는 사람의 젠더는 같거나 다를 수 있다. 그리고 윗세대는 부모의 부모가 될 수도 있지만 배우자와 사별한 이웃 어른이 될 수도 있고 부모 중 한 사람의 손위 형제자매가 될 수도 있다. 그도 아니면 커플이 잘 아는 다른 연장자가 될 수도 있다. 하여간 함께 가족을 이루고 살기로 작정한 다음에는 누가 주로 생계를 책임지고, 누가 주로 아이를 돌볼지를 정하는 데 오랜 시간 의논이 필요하다. 이 모든 토론에서 젊은 커플의 부모와 조부모가 함께하면 도움을 받을 수 있다.

그렇지만 이 토론의 기본 바탕은 자율적 개인들이 협의를 통해 챙기는, 이른바 사회계약론의 자기 이익이 아니다. 부모, 돌보미, 배우자 등의 새로운 역할을 맡기를 원하는 사람들 자체가 바탕이다. 새롭게 관계를 맺은 사람들의 번영에 기여하기 위해서, 그리고 그렇게 함으로써, 도움을 받아서 자신의 번영도 완전하게 하고, 시간이 가면서 자신의 인간성을 실현하기 위함이다. 그런데 이것들은 자율적 개인들이 하기는 힘들다.

유가적 가족의 또 하나의 결정적 특징은 조상에 대한 존경이다. 우리가 오늘날 적절하다고 생각하는 것보다 고대 중국에서는 훨씬 더 중요한 역할을 차지했다. 지금도 조상들이 누구인지 아는 것과 때에 따라 그들을 기억하는 것에 대해 이야기할 수 있는 것이 많다. 이미 일가친척이나 친구에게 조의를 표하려고 묘지나 납골당을 방문해 본 사람이나 임종 때 했던 약속을 지키려고 부단히 노력을 해 본 사람이라면 그다지 낯설지 않은 생각이기도 하다. 존경은 가족의 효과적인 유대를 만들어 낼 뿐만 아니라 심리학적으로 중요한 기능을 한다. 그것은 우리가 누구인가에 대한 우리의 감각에 일조할 뿐 아니라 일종의 종교적인 의미도 갖는다.

다시 말하지만, 이런 의례와 전통을 따르면서 가족은 굳건해진다. 의례와 전통이라고 해서 꼭 결혼식이나 라마단, 장례식 같은 큰 이벤트에 국한된 것이 아니다. 그리고 꼭 지나치게 성대한 이벤트가 아닐 수도 있다. 북유럽 국가들의 예를 보면 전통적인 결혼식은 그에 수반되는 거창한 의식과 함께 사라졌지만 다른 의례와 전통이 발달하면서 가족의 유대는 그 어느 때보다도 단단해졌다. 정교한 복지국가가 된 이 나라들은 가족 중심적이다. 거창하지는 않지만 의미 있는 가족 전통과 의례가 될 수 있는 것에는 어머니의 생신도 있다. 함께 모여서 식사할 때도 특정한 의례를 해볼 수 있다. 이를테면, 아이들이 어려서 쓰던 말인데 안 쓰는 말을 (아기들이 쓰는 "파스케티"나 "브렉스티프" 같은 말) 쓰기로 한다든지, 게임을 한다든지, 옛날에 하던 수백 가지의 활동 중에서 지금도 함께 다정하게 할 수 있는 것들이 있다. 물론 전통과 미래는 언제라도 새로 생겨날 수 있다. 말하자면 "즉석 전통" 같은 것이 가능한데 이것은 세대 간 유대를 위해서 만든 상호 애정에 기초한 도구이지 모순어법은 아니다.

이제 전체적인 요지는 분명해졌다. 우리는 이처럼 단순한 활동을 누구나 찾을 수 있다. 공자가 우리에게 준 도움은, 그 활동들에 심오한 인간적 의미가 있다는 것을 알게 하고 이것이 우리의 생애 단계마다 서로를 결속시키고 과거와 미래와도 결속시키는 데 도움이 된다는 것을 알게 한 것이다(Rosemont, 2015, pp.149-156).

내가 이 장에서 인간이란 무엇인가에 대해 두 가지 강력한 이미지를 대조시키고 있다는 것을 기억하라. 바로 자율적 개별 자아와 역할을 담지한 자아다. 초기 유학자들은 전문직 지향도 아니었고 자본주의자가 되려고 하지도 않았고 명예와 영광을 추구하는 것은 가치가 없다고 믿었다. 공자는 이렇게 말했다. "군자는 도움이 필요한 사람을 돕는다. 부자를 더 부유하게 하지는 않는다"(『논어』「옹야」6.4).[8] 내가 앞에서 기술한 가족 활동들은 그런 활동이 아니다. 자신들을 위해, 함께 번영하기 위해 협조하고 그리하여 서로가 가능한 완전한 인간성의 실현에 다가가려는 활동이다. 이런 세대 간 상호 관계는 단순히 직업의 세계로 가기 위한 준비가 아니다. 일련의 사회계약의 이상적인 작동도 아니고, 그 외의 다른 수단적인 이유로 하는 게 아니다. 초기 유학자들에게 세대 간 상호 관계는 그 자체로 목적이 되는 활동들이었다. 유가에서 삶의 목표는 동료 인간들과 조화롭게, 즉 숙련된 자발성과 그에 수반되는 아름다움을 성취하면서 자신의 역할 수행을 더 균형 있게, 더 우아하게 그리고 더 아름답게 해나감으로써 인간성을 완전하게 실현하는 것이다. 이러한 목표를 달성하려면, 경쟁이 아니라 협조와 동료애가 필요하다. 그리고 목표 달성의 시작은 가족 내에서 우리의 역할을 개발하고, 성숙해 나가면서 이를 가족 밖으로까지 확대해 나가는 데 있다.

오늘날 도덕적·정치적·사회적·종교적 분석과 평가에서 가족이 주요 관심 대상이 된 이유는 사회 속에서 우리가 동료들과의 경쟁적 관점이 아니라 협력적 관점을 고양하는 데 중심이 된다는 것 말고도 더 많다. 현대 중국에 만연된 것으로 보이는 부패 중 많은 것의 연원은 사실상 가족의 연대로 추적해 볼 수 있다. 그러다 보니까, 가족의 연대를 축소하라는 요구가 국내외에서 점차 커지고 있다. 그러나 내 생각은 다르다. 우리가 상상할 수 있는 가장 도덕적이고 지성적이고 또 능력 있는 중국 정부라고 해도, 15억 인구에게 충분한 사회경제적인 서비스를 제공하기란 불가능하다. 필요한 서비스를 제공하기 위해서는 다른 제도들이 작동해야 한다. 사회 안전망, 의료, 교육, 운송 등이 필요하다. 확대가족 제도는, 그 억압적인 요소 또는 부패 요소를 잘 제거한다면, 이런 많은 서비스 제공의 대안으로 고려해 볼 만한 제도다. 그렇다고 내가 가족 제도의 부패나 억압의 요소를 가볍게 여기는 것은 아니다. 몰인격적인 기관에 노인들을 유폐시키는 것보다는 가정에서 노인을 부양하는 가족들을 정부가 지원하는 것이 인간적이면서도 비용이 적게 드는 방안이다. 모든 아이가 진정한 공공교육을 오전에 받고 이어서 오후에는 훌륭한 돌봄을 받지 못할 이유란 없고, 아픈 사람이 가정과 병원 양쪽에서 필요한 서비스를 받는 일이 불가능할 이유도 없다. 이런 이슈에 대해 우려할 수밖에 없는 입장인 것은 중국만의 일이 아니다. 미국을 포함해서 오늘날 대다수 국가들이 인구의 대규모, 인구의 다양성 및 인구 노령화는 물론 자연자원의 고갈, 기후변화의 영향 같은 문제에 당면해 있다.

다소 역설적인 것은 근 2천5백 년 전에 역할을 담지한 자아들 사이의 상호 의존 관계에 대해 유학자들이 고집했는데, 테크놀로지나 의료가 발달한 현대에 우리가 다른 사람에게 의존할 일이 줄어든 게 아니라 늘어났다는 사실이다. 그리고 또 그 결과로, 자유롭고 합리적이고 자율적인 개인이라는 개념에 기초한 도덕적·정치적 사유는 점점 더 비생산적인 것이 되고 있다. 개인적으로도 그렇지만, 정부의 사회 서비스 제공에 대해서도, 우리가 미래를 대비하는 과정에서 생겨난 여건을 해결하는 데 전혀 생산적이지 않다는 말이다.

생명윤리위원회 위원이었던 카스는 우리 시대의 결정적인 특징을 두고, "우리는 젊게 더 오래 살고 있고, 늙어서도 더 오래 살고 있다"(Brooks, 2005)고 말했다. 전자는 경제적인 압박 때문이고, 후자는 의료와 테크놀로지의 발전 덕분이다. 우리가 어려서나 늙어서나 다른 이의 돌봄을 받는 햇수가 늘어났고, 그 사이에는 다른 이를 돌보느라 보내는 햇수가 늘어났다("아기 기저귀에서 노인 기저귀까지"). 이건 전혀 단순한 문제가 아니다. 최근 『워싱턴포스트』의 조사에 따르면, 오늘날 18세에서 34세 연령 집단의 3분의 1에 육박하는 수가 부모와 함께 거주하고 있다(Bahrampour, 2016). 그리고 추정컨대, 현재 가정에서 노인을 돌보는 가족이 약 4천만 명인데, 이들이 무임금으로 하는 노동을 정부가 제공하려면 비용이 4천8백 억 달러가 소요된다고 한다(AARP, 2016, p.30).

그런데 자본주의 이데올로기는 다른 조건이 괜찮더라도 가족을 돌보는 역할은 하지 않도록 수많은 사람을 압박한다. 적잖은 수의 사회과학자들은 두 옵션 중 어느 하나로 치우치는 경향이 있다. 하나는 자본주의적 개인주의고, 다른 하나는 공산주의적/파시스트적 전체주의다. 이 두 개의 관점만 가지고, 우리가 누구이며 또 우리가 어떤 존재가 될 수 있는지를 설명하려고 한다. 예를 들어, 20년 전에 정치 과학자들이 만든 짧은 검사가 있는데 이것은 미국에서 "여태까지도 권위주의를 측정하는 표준 도구"로 사용되고 있다. 첫 번째 문

항은 이것이다: "당신은 아이들이 다음 중에서 어느 것을 배우는 게 중요하다고 믿습니까, 독립입니까, 어른에 대한 존중입니까?"(Taub, 2016). 권위주의자들은 과연 좋은 자원봉사자 돌보미가 될 수 있을까? 또 이런 질문도 할 수 있다. "독립은 대체 무엇으로부터 독립인가?" 또 이렇게 물어볼 수 있다. "조모와 한 집에서 살면 그 존중이라는 것이 거의 자동적으로 생기지 않을까?" 그리고 개인주의자들에게 가장 기본적인 질문을 반권위주의자 진영에서 제기할 수도 있다. "당신은 부모가 나이 들어서 거동이 불편한데, 왜 그들에게서 독립하기를 원하는가?"

역할을 담지한 자아상의 가족 옹호 이데올로기는 개인주의 이데올로기보다는 현재 우리의 상황과 문제를 해결하는 데 훨씬 도움이 된다. 두 가지 비전 모두 기본적인 인간성에 대한 설명으로서는 틀렸을 수도 있다. 그렇다면 어떤 이데올로기를 갖는 것이 더 적절한가라는 질문으로 귀결된다. 내 희망 사항은 이것이다. 이 장에서 내가 적어도, 인간을 개별 자아로 보는 입장이 본질적이진 않다는 점, 오히려 그것은 우리의 이데올로기에 기본적인 요소로 들어가 있다는 점, 또 그것은 계몽주의 시대에 지배적인 입장이었다가 그 후 자본주의의 발생 및 발전과 잘 맞물려 왔다는 점을 보여 주었기를 바란다. 그런데 안타깝게도 이 이데올로기는 자기 충족적인 예언을 하는 속성을 타고나서, 문제를 더 악화시키고 있다.

나로서는 증명이 불가능한 것도 분명히 있었다. 우리 자신과 우리와 관계 맺은 타인들을 역할을 담지한 자아, 즉 아이나 부모, 이웃,

동료, 친구, 시민으로 본다고 해서 마이클 샌델과 내가 미국 사회의 현재 모습을 만들어 낸 모든 문제를 해결할 수 있다는 것은 증명이 불가능하다. 그러나 개인적으로나 철학적으로나 자율적 개인들, 즉 간섭받지 않는 개인들, 서로 경쟁적으로 맞서는 존재들이 그보다 더 나으리란 희망도 전혀 없고 아마 더 악화시킬 것이다.

폴 담브로시오

Paul J. D'Ambrosio

10

유가적 역할 윤리에 대한
샌델의 대응

사람은 도(길)를 넓히지만, 도는 사람을 넓히지 않는다.

– 공자

    정교하면서도 실질적인 구분에 골몰하던 헨리 로즈몬트는 자신과 로저 에임스가 이해한 유가의 역할에 기반을 둔 자아 개념이 마이클 샌델의 상황 속의situated 자아 개념과 어떻게 다른지를, "양파인가 아니면 복숭아인가의 문제"라는 말로 요약했다(Rosemont, 2016). 유가적 역할 윤리는 **전적으로** 자신의 역할과 관계가 자아를 구성한다는 입장을 취한다. 여기에는 사회적 관계 이전에 존재하였거나 사회적 관계로 완전히 가려진, 복숭아 같은 "씨앗"이 없다. 대신 자아는 양파와 같이, 전적으로 여러 층위의 사회적 역할과 관계로 구성된다. 그래서 로즈몬트와 에임스는 역할을 한다고 말하는 대신, 역할을 "살고 있다"고 말하고(Rosemont, 2008), "인간 존재"라고 하지 않고 "인간되기"라고 말한다(Ames, 2008). 사실 마이클 샌델은 『자유주의와 정의의 한계』를 쓴 1982년부터 이 입장에 반박해 왔음에도,[1] 이와 유사한 견해를 견지하고 있다고 비난받는다. 샌델의 주장에 따르면, 자아는 역할들과 속성들과 사회적 환경들에 의해 일부 구성되긴 하지만, 전적으로 그것들의 집성체라고만 할 수는 없다. 샌델의 입장은 자아가 역할에 완전히 기초한다는 입장과 자아는 구체적 존재에 의해 "부담을 지지 않는(무연고적)" 고립된 원자적 개인이라는 입장(Rawls, 1971) 사이에 위치한 중간적인 입장이다. 두 극단 사이에서 샌델은 사회적 연고란 "다 합하면 부분적으로는 나의 정체성을 정의해 주는, 지속적인 애착과 책임"(p.167)이라고 하였다. "구성적 목표나 애착" 외에도 자아에 중요한 것들이 더 있다는 것이 샌델의 믿음이다(p.167). 샌델은 "상황 속의 자아 그러나 상황 속의 반성적 자아" 관념을 주장한다(Sandel, 2016b). 따라서 로즈몬트와 에임스는 자아를 구성하는 역할과 관계의 바깥에 있는 주체 혹은 자아를 전제함으로써 정확히 무슨 장점이 있는지 꼬집어 묻는다. 로즈몬트 (2016)는 "당신의 역할이나 관계를 언급하지 말고 당신 자신이 누구인지 이야기해 보시오"라고 말한다.

샌델의 오랜 친구이자 동료인 뚜웨이밍이 하나의 답변을 내놓았다. 그가 에임스와 로즈몬트의 유가적 역할 윤리에 답변을 한 것은 유가 전통에서 자아를 단순히 역할들의 총합으로만 본다는 입장의 정확성에 대한 우려 때문이었다. 『논어』에 유명한 말이 있는데, "훌륭한 군대(三軍)에게서 지휘관(師)을 체포하여 빼앗을 수는 있지만, 보통 사람(庶人)이라 해도 그 의지를 빼앗을 수는 없다"(『논어』「자한子罕」 9.26)²고 했다. 이런 말을 인용하면서 그가 주장하는 것은 유가적 자아관 속에는 유가적 역할 윤리에서 인정하는 것보다 튼튼한 핵심적 자아, 즉 그의 말로 하면 "비판적 영혼" 같은 것이 있다는 것이다 (塗維明, 2016). 자아를 사회적 역할들로 환원시켜 버리면, 이 비판적 영혼의 행위 주체성이 사라진다. 로즈몬트와 에임스는 행위 주체성이 존재한다고 주장하지만, 유가적 역할 윤리가 행위 주체성에 대한 우리의 토대주의적인 전제들을 재고하게 한다고 주장한다.

사실 여러 방법으로 비판적 반성의 발현을 설명할 수 있다. 그렇지만 유가적 역할 윤리를 샌델의 연고적 자아와 비교할 때, 자아의 형이상학적 또는 존재론적 지위보다 더 중요한 관건이 있다. 이것을 넘어서면, 이 두 가지 관점이 도덕 추론의 서로 다른 측면을 부각시키는데, 이 측면들은 상호 보완적이고 독특하기 때문에 자기 해석적인 해석에 기대지 않으면서 두 관점을 이어 주는 교량이 될 수 있다.

이 짧은 글은 주로 세 부분으로 구성되어 있다. 첫 번째는 이 책에서 로즈몬트와 에임스가 제기한 몇 가지 질문을 다듬어 가면서 샌델의 관점에서 "양파인가, 복숭아인가"라는 질문에 답할 것이다. 그다음으로, "양파인가, 복숭아인가"라는 질문에 대안적인 견해를 제시할 텐데, 그 근거는 샌델의 철학과 유가적 역할 윤리가 존재론적 전제에 차이가 있다는 것이다. 마지막으로, 두 가지 철학이 상호 보완적인 도덕적 견해를 견지한다는 점을 입증할 것이다. 나의 목표는

317

이 두 가지를 연합하는 것이 아니라, 차이점을 탐색하고 그들이 겹쳐지는 방식을 고찰하며 서로에게 어떤 도움이 될 수 있는지 부각시키는 것이다.

"양파인가, 복숭아인가?"

헨리 로즈몬트는 『개인주의에 대한 반론Against Individualism』(2015)에서 다음과 같이 적었다. 유가에서는, 적어도 그의 해석상으로는, 사람들이 "권리를 소유한 개별 자아보다도 더 분명하게 개별화되어 있고 또 타인들을 더 개별화하고 있다"(pp.104-105).[3] 이러한 개별화는 자아를 특별한 역할들과 개인적 관계들의 총합으로 이해한 결과다. "권리를 소유한 개별 자아"라는 개인주의적 관념에 반대하는 유가적 역할 윤리는 구체적인 요인을 광범위하게 고려해서, 더 정교한 자아 개념을 개발한다. 그러나 "개별화하는" 역할과 관계에 초점을 두기 때문에 더 넓은 연합의 중요성은 약화된다. 이 점은 마이클 샌델의 철학과 비교할 때 특히 그러하다.

마이클 샌델은 이웃에서 국가까지 우리가 속한 공동체가 정체성과 타인을 보는 관점에 큰 영향을 끼친다고 말한다. 『정의란 무엇인가』의 공동체의 요구 부분에서 샌델은 "우리는 스스로를 '부담을 지는(연고적) 자아'로 여기지 않는 한, 즉 내가 정하지 않은 도덕적 요구까지 받아들일 자세를 취하지 않는 한, 도덕 및 정치 경험의 이러한 측면을 이해하고 받아들이기는 어렵다"(p.325)고 말한다. 로즈몬트와 에임스처럼 샌델은 추상적인 개인 주체로서의 자아상에 반대한다. 사회 속에서 우리의 위치, 그리고 사회 자체가 우리에게 우연적이기만 하지는 않은 요구를 제시한다. "만일 당신 생각에 자아가 목적들과 역할들에 우선하고 또 그것들과 무관하다면, 나를 제한하는 책무들과 내가 도덕적으로 의무가 있는 관계들이 될 수 있는 것은 오직 내가 의지와 동의의 행위를 통해서 선택한 것들뿐이다"(Sandel, 2016b). 샌델은 자신의 저서들을 통해 줄곧 자아로서의 나의 정체성뿐만 아니라 나의 도덕들, 나의 추론까지도 충성과 책임과 연대와 같은 사회적 고려 사항들에 의해 만들어진다고 주장한다. 그러나 샌델의 대안은 "급진적으로 상황적인 자아" - 로즈몬트와 에임스가 말하는 유가적 역할 윤리의 자아관과 다소 동일한 - 가 아니다. 샌델이 우려하는 것은 "급진적으로 상황적인 자아와 연합되고, 그 환경에 의해 무한정적으로 조건 지워지며, 경험에 의해 늘 변형될 수 있는, 부정합적인 점들"이다(1982, p.100).

따라서 "양파인가, 복숭아인가"라는 물음은 구분을 예리하게 하는 데 탁월한 모델이 된다. 샌델의 자아는 부담으로 둘러싸여 있고 그 부담들이 그 사람의 정체성을 만든다. 무엇보다도, 복숭아가 복숭아씨는 아니다. 복숭아에 과육이 없으면 그것은 전혀 다른 사물이다. 유가적 역할 윤리에서 사람은 새로운 역할과 관계로 확장해 나가면서 층을 쌓아 간다. 그러나 양파에는 핵심이 없다. 층층이 다 벗겨 내고 나면 남는 것이 없다. 핵심이나 씨앗의 존재 여부는 자아에 대한 두 관념의 차이점이다. 그리고 샌델의 입장에서 핵심적 자아의 부재는 비판적 반성의 부재를 함축한다. 그렇기 때문에 샌델은 이 은유에 동의하면서도 일부러 복숭아 편에 선다.

10. 유가적 역할 윤리에 대한 샌델의 대응

샌델이 유가적 역할 윤리에 제기하는 문제는 로즈몬트가 도발적으로 이야기한, "당신의 역할이나 관계를 언급하지 말고 당신 자신이 누구인지 이야기해 보시오"라는 것과 관련이 있다(Rosemont, 2016). 샌델(2016b)은 이렇게 주장하였다.

> 내러티브에 대해, 세계 속의 자아에 대해, "인간되기"에 대해 논하고 있는 (에임스와 로즈몬트의) 설명과 몇 가지 측면에서 유사성이 있다. 그렇지만 우리가 급진적으로 상황 속의 자아라면 되어감이라든지 내러티브 같은 것이 있을 수 없다. 상충하는 내러티브들을 위한 시야도, 반성을 위한 시각도, 또 뚜웨이밍이 말하는 비판적 정신을 위한 공간도 없기 때문이다. 비판적 정신은 입법이나 의지가 아니라 비판적 반성에서 나온다. 즉, 도덕적 상상력을 발휘해서 우리가 어떻게 되어 가는지, 우리가 이 세계 속의 자아로서 어떻게 상황 지워져 있는지에 대한 내러티브들을 제공하는 도덕적 상상력을 사용함으로써 나온다. 어떤 자아인가? 어떤 세계인가? 모든 것은 그 내러티브에 달려 있다. 내가 생각하는 대안은 반성적으로 상황 속에 있는 자아다. 여기에서 아마 로저 에임스와 의견 차이가 있을 수 있다. 왜냐하면 이런 개념은 자아를 역할들의 총합으로만 바라보지 않기 때문이다. 나는 정체성을 총합 개념으로 보는 것에 반대한다. 그것은 내 비판자들이 (나를 공동체주의자라고 공격할 때 사용했던) 정체성 개념이다. 그들은 무

연고 자아에 대한 유일한 대안이 총합적인, 즉 급진적으로 상황 속의 자아라고 전제한다.

　이런 견해 차이는 적어도 부분적으로는 로즈몬트와 에임스와 샌델이 서로 별도의 담론에 참여하기 때문인 것으로 풀이된다. 유가적 역할 윤리는 서구화가 진행되는 단계에서 중국 철학을 해방시키려는 시도다. 알래스데어 매킨타이어의 『덕을 찾아서』가 출판되기 전에는 당시 유학자들이 주류 의무론자들과 견해를 같이 하면서 유학을 칸트 윤리학의 다른 버전으로 생각했다. (매킨타이어의 책이 출판된 데 크게 힘입어) 덕 윤리의 인기가 상승하자, 유학자들은 유가의 정언 명법에 의문을 제기했고, 점진적으로 그리고 놀랍지 않게도, 유가 윤리와 아리스토텔레스의 덕 개념 사이에 강한 긴밀성이 있다는 이론에 도달했다. 로즈몬트와 에임스는 유가를 서구 철학의 강력한 영향에서 풀어내려고 하고, 칸트와 아리스토텔레스의 뒷자리가 아니라 옆자리에 유가가 위치하기를 희망한다. 샌델의 프로젝트는 이와 유사한 비교철학적 도전에 직면하지 않는다.

　샌델은 롤스의 『정의론』에 대안을 제시하면서 매킨타이어의 언어와 그의 많은 논증을 포섭했다. 특히 샌델은 롤스의 토대주의적 개념인 "무지의 베일"을 공격했다. 롤스의 무지의 베일 뒤에서 모든 사람은 "부담을 지지 않는데" 이것이 뜻하는 것은 베일 뒤의 모든 사람이 구체적인 특징도 없고 내러티브의 일부가 아니라는 것이다. 샌델은 여기서 두 가지 중대한 오류를 발견한다. 첫째, 좋음보다 옳음을 우선하는 롤스의 입장이 잘못되었다는 것이고, 둘째, 우리의 내러티브 또는 "연고"에서 우리 자신을 떼어 내는 것은 가능하지도 않고 도덕적으로 바람직하지도 않다는 것이다. 그러나 샌델은 자아를 이야기나 연고로 완전히 환원시키지도 않는다. 단지 그는 자아와 도덕 추론을 더 큰 전체를 구성하는 **부분으로** 바라보는 것이 중요하다고 강조할 뿐이다.

각기 다른 담론 속에서 유가적 역할 윤리를 주장하는 학자들과 샌델, 양쪽 모두 급진적이고 혁신적인 모습으로 부각된다. 양쪽은 개인주의의 추상적 개념들에 반대한다는 점에서 공동전선을 형성하나 각기 다른 문제에 직면한다. 다른 자아 개념을 만들어 낸 방식의 차이가 거기에 있다. 그렇지만 역할 윤리의 양파와 샌델의 복숭아 사이에는 중간적 입장이 들어설 여지가 남아 있다. 서로 다른 전통에서 나왔기 때문에, 각각이 제시하는 존재론적 주장의 관계는 복잡하고, 그렇기 때문에 각각의 독특한 배경을 감안하고 이해해야 한다. 설령 양파와 복숭아 사이에 가능한 중간적 입장이 없다 할지라도, 양쪽의 차이점을 완전히 파악하기 위해서라도 고려되어야 할 유가적 역할 윤리에 대해 샌델의 관점이 던지는 수많은 도전이 엄연히 존재한다.

양파도 중심을 형성할 수 있는가?

고전적인 유학에서 사람은 태어날 때부터 완전한 "자아(person, ren, 人)"는 아니다. 자아는 도덕적으로 정의되고 자아의 발달은 계발을 필요로 한다. 자아로의 "정립(立)"은 가족 관계와 사회적 역할들을

살아감으로써 일어난다. 이 인간관계들을 적절하게 수행하면 로즈
몬트와 에임스가 말하는 "도덕적 개인화moral personing"를 통해서 완
전한 자아가 된다. 여기서 강조점은 계발에 있고, 이는 실천을 통한
인간 발달을 지칭한다. 처음에는 "자아"가 없고, 일차적인 사회적 맥
락만 있을 뿐인데 사람이 타인과 관계를 맞으면서 점진적으로 확장
된다. 이것은 본질적으로 과정에 기초한 존재론으로서 로저 에임스
와 데이비드 홀이 강하게 주장하는 바와 같이 존재보다는 되어감과
연관된다(Ames and Hall, 2003).

　샌델은 이와 동일한 존재론적 전제를 가정하지 않는다. 로즈몬트,
에임스 그리고 홀이 말하는 중국 전통과 비교할 때, 샌델의 접근은
되어감becoming보다는 존재being의 가정에 기초한다. 따라서 "양파인
가, 복숭아인가" 구분은 다른 방식으로도 나타날 수 있다. 핵심적 자
아와 유사한 것이 자아 안에서 "자랄" 수 있다. 샌델의 입장에 대응
하면서, 로즈몬트와 에임스가 제시하는 과정-기반 존재론을 유지하
려면, 적어도 두 가지 문제가 제기된다.

　첫째, 유가적 역할 윤리와 샌델의 논쟁에서 주요 논점으로 자아가
계발되는 출발점 또는 뿌리를 생각할 때, 이런 질문을 제기할 수 있
다. 계발을 위한 실질적인 출발점은 어느 정도 존재하는가? 계발되
는 것은 과연 무엇인가? 유학의 인성人性 개념과 맹자의 사단四端에
대해서도 질문할 수 있다. 인성이나 사단은 '반성적 주체' 같은 것을
포함하는 것인가?[4]

　둘째, 역할과 관계의 총합으로서 자아 개념 혹은 양파에 대해서도
질문을 제기해 볼 수 있다. 맹자의 해석에서 암시하듯이 (계발을 통해

서) 모종의 실질적 핵심에 도달할 가능성이 있는가? 뚜웨이밍이나 샌델이 반성적 주체에 필요하다고 보는 자아와 유사한 것을 과정적 관점이 산출할 수 있을까? 사실, 과정 철학에서는 이후로의 존재를 설명하기 위한 출발점으로서 자아를 가정할 필요가 없다.

로즈몬트와 에임스는 이런 질문들이 우리가 반성적이기 위해서는 자아가 필요하다는 불필요한 믿음에 기초한다고 반응했다. 그러나 이런 쟁점들은 반드시 더 검토되어야만 한다. 바로 자아의 필요성과 존재론적 구분이 로즈몬트 및 에임스와 샌델의 기본적 차이를 설명해 준다. 그리고 설령 이런 쟁점들이 유가적 역할 윤리의 양파와 샌델의 복숭아 사이의 갈등을 해결하지는 못한다고 해도, 여기서 무엇이 관건인지를 정확히 짚어 내는 데는 도움이 될 것이다. 이런 문제들이 특별히 중요한 이유는 유가적 역할 윤리와 샌델의 정의론이 도덕철학의 영역에서는 (두 철학의 자아 개념이 다르고, 두 철학 사이에 중간적 입장을 만들어 낼 수 있을지 여부와 상관없이) 동료처럼 가까워서다. 두 가지 접근 모두 도덕적인 고려 사항들 중에서 자아와 연고와 공동체의 구체적 측면을 우선시한다는 점도 그렇고, 가족과 역할과 (개별화하는) 관계와 공동체를 강조하는 정도가 서로 달라서 상호 보완적이라는 점도 그렇다.

역할, 관계 그리고 공동체

샌델의 도덕철학은 임마누엘 칸트와 존 롤스의 철학이 대표하는, "도덕적 개인주의"(2009, p.212)에 반대하는 논증을 제시한다. 칸트의 자율적 의지와 롤스의 무지의 베일은 자아와 도덕적 상상력에 관해서 비슷한 비전을 제시한다.[5] 두 철학자에게 이런 개념들은 구체적인, 유연적 특성들과는 가능한 한 완전히 떨어져 있다. 여기서 개인은 "무연고적 자아"(롤스의 용어)이고, 결과와는 무관한 합리적 법칙(칸트의 정언명법)에 따라 추론한다. 샌델의 대안은 전체를 아우르는 테마에 기초하는데, 이것은 자신의 철학 내에서 정합성을 유지하며 하나의 문장으로 잘 요약될 수 있다. "우리는 집단적인 책임과 공동체의 요구에 대한 몇 가지 어려운 문제에 대해 숙고해 볼 필요가 있다"(Sandel, 2009, p.210). 샌델은 자유주의(1982), 공공철학(2005), 유전학적 강화(2007), 정의(2009), 시장(2012)을 다룬 자신의 저서들을 통해 개인적 목표와 공동체에 대한 불가피한 연관성에 대해 좀 더 튼튼한 의미의 불가피한 연관을 포함하는 자아 개념과 도덕 추론 개념으로 "도덕적 개인주의"에 살을 붙였다. 이런 연관에는 충의, 책임, 연대 같은 것이 있고, 이것들은 우연하거나 사소한 요구들이 아니다. 그것들은 모두 자아의 의미 자체에 위치하고, 우리가 도덕적 문제에 대해 생각하는 (혹은 생각해야 하는) 방식에서 뚜렷이 나타난다.

로즈몬트와 에임스도 비슷한 문제에 골몰한다. 그들은 유가적 역할 윤리를 "도덕적 개인주의"의 대안으로 제시한다. 중국 전통에서 많은 것을 끌어다가 로즈몬트와 에임스는 "자아"를 이론화하고 도덕적 사건에서 가족 관계와 사회적 역할들의 중요성을 강조했다.[6] 사람은 가족 구성원들과의 관계를 통해서 자아가 형성된다. 이 과정은 이후에 보다 넓은 사회 영역으로 옮겨가고 결국에는 전체 정치 공동체를 향한 추진 모형이 된다.[7]

추상적인 판단을 거부하는 점과 자아와 타인의 상황 등 구체적인 요소들을 진지하게 받아들이는 점을 보면, 샌델의 반성적으로 연고적인 자아는 유가적 역할 윤리와 공통점이 많다. 그러나 유가적 역할 윤리학자는 샌델에게, "당신과 가장 긴밀한 공동체인 가족은 어떻게 되는 것인가? 당신은 우리의 정체성뿐 아니라 우리의 도덕적 지평을 형성하는 데 토대가 되는 이 중요한 연대를 어떻게 설명하겠는가?"라고 질문할 수 있다. 마찬가지로 샌델도 로즈몬트와 에임스에게 더 광범위한 공동체의 제약에 대해서 – 이를테면, 특정 대학교에 소속된 한 교수일 뿐만 아니라 캠퍼스 공동체의 구성원이자 전체 아카데미의 일원이라는 점과 연관된 제약에 대해서 – 질문하고 싶을 것이다.

샌델은 구체적인 공동체로서 가족에 관해 별로 할 말이 없다. 가족이야말로 의문의 여지가 없이 한 개인에게 가장 가깝고도 가장 영향력 있는 공동체이고 특히 젊은 시절에 그렇지만, 샌델은 가족의 중요성에 대해서는 비교적 시간을 거의 들이지 않은 편이다.[8] 예를 들면, 샌델은 "이 가족 또는 공동체, 민족의 일원으로서의 우리, 이 역사의 담지자로서 우리, 그리고 이 혁명의 아들 또는 딸로서의 우리, 이 공화국의 시민으로서의" 우리를 이야기했다(1982, p.179). 그러나 여기서 강조점은 바로 이 특정한, 이… 또는 저…에만 두고, 가족 자체에는 별다른 우선성을 두지 않았다. 마찬가지로 충의와 책임, 연대와 같은 이런 덕목은 일반적으로 더 광범위한 공동체, 즉 우리가 사는 도시, 우리의 학문이나 직업적 위치, 그리고 각자 소속한 종교적 집단 또는 각자가 시민으로 소속한 국가와 같은 공동체와 연관이 있는 것으로 여겨진다. 그리고 덕에 대해 논의할 때도 가족 구성원을 특별한 종류의 연합으로서 어떻게 다루어야 하는지 거의 주목하지 않았다. 이를테면, 자식 된 도리로서의 존경/가족에 대한 존중(효孝), 형제자매 간의 결속인 제悌. 그리고 부모가 자녀에게 쏟는 자慈를 강조하지 않았다. 만일 샌델이 유가적 역할 윤리와 공동으로 연구하고 가족 연대의 일차적 중요성과 개별화하는 관계와 사회적 역할 등을 강조한다면, 샌델의 도덕철학은 우리가 어떻게 "부모의 아들 또는 딸로서, 이 가족의 전통을 담지한 자로서, 이 사람의 남편 또는 아내로서, 이 아이들의 부모로서" 도덕적 감수성을 개발해 나가는가에 관한 좀 더 포괄적인 견해를 제시할 수 있을 것이다(Sandel, 1982, p.179).

유가적 역할 윤리에 대해 기술할 때, 에임스와 로즈몬트는 어떻게 사람들이 자신이 속한 공동체에서 도덕적 구성원이 되는지를 설명한다. 자아는 가족 구성원들과 적절한 관계를 맺음으로써 윤리적인 습관을 배우고 이 습관은 다른 영역으로도 퍼진다. "간단히 말해, 효가 가정에서 효과적으로 기능할 때, 지역사회 공동체와 정치 공동체와 더 나아가 세상에서도 모든 일이 잘될 것이다"(Rosemont and Ames, 2009, pp.22-23). 그러나 그들의 초점은 좀 더 가정에 좁혀져 있고, 이는 샌델과 비교할 때 특히 그렇다. 역할 윤리에 대한 설명에서 모든 윤리적 쟁점들과 시민적 관심들을 가족 관련 결속으로 환원하는 경향성이 있다. "가족애는 유가적 억힐 윤리에서 도덕을 위한 근거이고 - 여기에서 우리의 도덕적 감수성이 발달한다"(p.58). 덧붙여 한 사람이 맡은 역할이 아주 중요한데 이 말 뜻은, 예를 들어서,

자신을 캠퍼스 공동체의 **일원**으로 보기보다는, 그 대신 한 명의 **선생**, 한 명의 **학생**, 한 사람의 **경비원, 유지보수 팀의 일원, 행정팀의 일원**이라고 보는 것인데, 이렇게 하면 자신의 책임을 공동체 전체에 그리고 서로에게, 자신의 역할 범위 안으로 환원할 수 있다. 이러한 관점은 또한 위계 구조와 역할에 따른 의무를 촉진할 수 있고, 그에 따라 우리가 서로에게 지는 또는 더 큰 공동체에 지는, 보다 일반적인 책무에 대한 인지는 감소시킬 수 있다. 샌델이 더 큰 공동체에 집중하는 것은, 역할에 국한한 개념이 특정 역할이나 정립된 기존 관계를 넘어서서 우리가 서로에게 지는 의무가 무엇인지에 대한 관점으로 확장되고, 심지어 도덕적 책무의 범위도 우리와 관계가 잘 규정되지 않았거나 관계가 아예 없는 타인들과 대상들로까지 넓힐 수 있기 때문이다.[9]

유가적 역할 윤리와 샌델이 제시하는 자아 개념이 서로 다르지만, 그 사이에는 유사성도 있고 또 근본적인 차이점도 있다. 자아에 대한 이론화에서 그리는 궤적은 평행선을 그리면서도 살짝 겹치는 부분도 많이 있다. 두 가지 접근 사이에 공동 연구가 이루어진다면 교차하는 지점을 극대화할 수 있고, "도덕적 개인주의"의 강한 흐름에도 반대하는, 좀 더 글로벌한 철학적 논증을 제시할 수 있을 것이다.

나는 여기서 로즈몬트와 에임스의 유가적 역할 윤리에 의한 자아 개념과 샌델의 급진적으로 연고적인 자아 사이의 차이를 해소하려고 시도한 것은 아니다. 그 차이는 쉽게 해소될 수가 없다. 개인이나 자아의 성격에 대한 존재론적 또는 형이상학적인 불일치는 해소될 수도 없고 해결될 수도 없다. 한쪽에서 자기 입장을 수정하지 않으면 둘은 여전히 불화 상태일 것이다. 그럼에도 불구하고, 개인주의에 대한 비판에서 비슷한 지향점을 견지하고 있고, 그 점에서 동양과 서양의 철학적 전통들 사이의 대화를 촉구하고 있다.

우리가 만일 공동의 접근을 추구한다면, 그리고 샌델(2016b)이 비교를 위한 생산적인 대안을 제시할 수 있다면, 보다 실질적이고 생산적이면서도 심지어 실천적인 통일을 종합해 낼 수 있을 것이다. 에임스가 분명히 한 바와 같이, 자아에 대한 이론화는 윤리학적 논의를 시작하기에 좋은 출발점이다. 그리고 『역경易經』에 대한 주석에 이런 말이 있다. "출발점은 달라도 같은 곳에 도달할 수 있다"(『역경』「계사전 하繫辭傳下」5.1).[10]

로즈몬트와 에임스의 입장에서는, 자아의 구성에서 역할과 관계의 중요성에 대한 인식이 좀 더 건전하고 번영하고 윤리적인 상호 관계에 기여할 수 있다. 자아와 윤리학에 대해서 사유하고 논의하는 새로운 방식을 개발함으로써 적어도 그것의 일부는 성취할 수 있다. 에임스(2011)가 강조한 점은, 역할 윤리가 "언어"를 제공한다는 것이다. 로즈몬트(2015)도 "글로벌한 맥락에서 윤리학 하기"라는 챕터를 통해서 에임스와 비슷하게도, 우리 자신을 개별적 행위자가 아니라 역할을 담지한 자아로서 가치 서열에 미치는 중요한 효과를 강조했다(pp.21-28). 다시 말해서, 로즈몬트와 에임스는 자아가 역할과 관계에 의해 완전히 구성된다는 견해를 해명하면서, 윤리학에서 논의할 새로운 용어를 촉구하는 것이다.

자유지상주의적 개인주의에 반박하면서, 샌델 역시 새로운 언어를 사용하자고 촉구한다. 샌델은 공동체의 중요성을 이야기하면서,

10. 유가적 역할 윤리에 대한 샌델의 대응

도덕 추론에서 감정의 중요성도 강조한다.[1] 그러면서도 그는 역할 윤리의 "언어"에는 직접적으로 반대한다. 에임스에 대한 답변에서, 샌델은 "내 생각에는 총합의 언어 (순전히 '역할과 관계' 언어) 대신에 내러티브와 반성 사이에 위치하는 개념적 언어를 개발할 필요가 있다"(2016b). 그러나 이것은 비교보다는 공동 작업의 관점에서 볼 때 좋은 출발점이다.

두 견해, 즉 도덕적 행위자를 불러들이지 않고서 도덕을 생각하는 방법을 배워야 한다는 견해와 도덕적 추론은 반성적으로 연고적인 자아를 준거로 해야 한다는 견해 사이에는 중요한 중첩이 있다. 더욱이, 두 견해는 상보적인 의미론을 공유한다. 유가적 역할 윤리는 자아가 가진(혹은 담당하는) 개별적 역할과 관계를 강조하는 한편, 샌델은 개인이 속한 공동체의 중요성을 강조한다. 함께할 수 있는 언어를 개발하는 일, 즉 내러티브나 반성을 포함하는 "중간적인 개념적 언어"를 추구하는 일을 통해 행위 주체성과 자아에 관한 주류 사상에 도전할 수 있을 것이다. 언어의 전환만으로는 두 관점의 존재론적인 그리고 형이상학적인 차이를 극복하지 못할지도 모르지만, 그것들이 개별로 남든 종합이 되든 상관없이, 유가적 역할 윤리와 샌델의 철학이 개인주의에 대한 강력한 도전이라는 점에서는 변함이 없을 것이다. 이렇게 두 철학은 중국의 철학 전통과 서구의 철학 전통 사이의 공동 연구를 촉구하고, 두 전통에 대해 새롭게 사유하는 방식을 제공한다.

part 5

샌델이
답하다

마이클 샌델

Michael J. Sandel

11

중국 철학에서
배우기

　2007년 중국을 처음 방문했을 때, 나는 세 개의 짧은 텍스트를 가져가 칭화대학과 베이징대학 학생들과 토론하였다. 그 텍스트는 존 스튜어트 밀의 『자유론』에서 발췌한 문장들, 『논어』의 한 구절 (13.18), 그리고 『맹자』의 한 구절(7A.35)이었다

　밀의 저서에서 발췌한 것은 사람들은 자신을 위해 자신의 인생 설계를 선택할 수 있는 자유가 있어야 한다고 주장하는 내용이었다. 사회는 사람들이 다른 사람들에게 해를 끼치지 않게 막을 수 있지만 자신들의 선을 위해, 즉 그들의 도덕적 인격을 개선하기 위해 선택 하는 것을 방해해서는 안 된다. "어떤 사람의 행위 가운데 그가 사회 에 순응할 수 있는 유일한 부분은 타인과 관련된 행위다. 오직 자신

　　　　　　　　　　　11. 중국 철학에서 배우기

과 관련된 부분에서는 그의 독립성은 물론 절대적이다. 자신에 관해서는, 자신의 몸과 마음에 대해서는 개인은 주권적이다"(Mill, 1859, p.13).

중국 고전에서 가져온 두 구절은 두 가지 대화와 관련된 것이다. 첫째는, 섭공葉公이 공자와 나눈 말이다. "우리 마을에 행실이 곧은 사람이 있습니다. 아버지가 양을 훔치면 그 아들이 아버지를 고발합니다." 공자는 수긍하지 못하며 이렇게 말한다. "우리 마을의 행실이 곧은 사람은 이와 다릅니다. 아버지는 자식의 잘못을 숨겨 주고, 자식은 아버지의 잘못을 숨겨 줍니다. 곧음이란 그와 같이 서로를 숨겨 주는 데 있습니다"(『논어』 13.18).[1]

둘째는, 맹자와 그의 제자 가운데 한 사람이 가설적인 도덕적 딜레마에 대해 나눈 대화를 서술하고 있다. 황제의 아버지가 살인을 저지르자 관이 체포했다고 가정해 보자. 황제는 관리가 자신의 아버지에게 법을 집행하도록 그냥 두어야 할까 아니면 관리를 막고 아버지를 보호해야 할까? 맹자는 황제가 통치자의 권력을 이용하여 관리가 법을 집행하지 못하도록 해서는 안 된다고 대답한다. 그렇다면 황제는 어떻게 아버지에 대한 효를 다할 수 있겠느냐며 제자가 궁금해했다. 맹자의 대답은, 황제는 황제의 자리를 그만두고 몰래 아버지를 데리고 바다 끝까지 도망쳐서 행복하게 살면서, 자신이 포기한 권좌에 대해 조금도 괘념치 않으면 된다는 것이다(『맹자』 7A.35).[2]

첫 번째 차원에서 이 텍스트들 ─ 한 편에는 밀, 그리고 다른 한 편에는 두 개의 중국 이야기 ─ 은 서양 철학과 중국 철학 사이의 차이점을 예시하는 것으로 볼 수 있다. 밀은 개체성과 자유를 찬양하는 반면, 공자와 맹자는 가족과 효도의 도덕적 우선성을 인정한다. 밀에게 덕의 수련은 사적인 관심사일 뿐 공적 관심사는 아니다. 중국의 성인들에게 사적 도덕과 공적 도덕 사이의 경계는 덜 분명하다. 밀은 "아주 단순한 하나의 원리", 즉 사회는 다른 사람에게 해가 되는 것을 예방하는 경우가 아니고는 자유를 결코 간섭해서는 안 된다는 원리를 고집했다. 이와는 대조적으로 공자와 맹자는 추상적 원리들을 제안하지는 않지만, 이야기들과 특정한 경우들을 통해 자신의 도덕적 가르침을 전한다.

이처럼 서양 철학과 중국 철학 사이의 잘 다듬어진 대조에 어떤 진리가 존재할 수 있겠지만, 이 텍스트들을 학생들 앞에 제시했던 나의 목표는 이 두 전통을 비교하자는 것이 아니었다. 유학을 전공한 학자가 아닌 나는 중국 철학을 전체로 볼 때 서양 철학과 어떻게 다른지를 그들에게 말할 자격이 되지 못하였다. 더욱 중요한 것은, 이런 식으로 도매금으로 이루어지는 비교가 철학적 전통들을 서로 만나게 하는 아주 흥미롭거나 도움이 되는 방식이라고 나는 생각하지 않는다는 점이다.

내 목표는 이보다는 덜 거창하다. 나는 학생들이 그 텍스트들에 어떻게 반응하는지가 궁금했다. 그들은 밀의 자유주의에 끌릴까, 아니면 비판적일까? 그들은 공자와 맹자의 강력한 가족 윤리에 동의할까, 동의하지 않을까? 의견들이 나뉘는 것은 놀랄 일이 아니었다. 그리고 그런 의견 불일치로 인해 우리는 이 텍스트들을 다르게 해석한 내용을 찾아보게 되었다.

밀의 『자유론』(이 책은 학생들 대부분에게 잘 알려져 있었다)에 대한 토론

11. 중국 철학에서 배우기

은 생동감이 넘쳤지만 학문적이었고, 토론하는 내내 하버드대학교의 내 학생들이 떠올랐다. 어떤 이는 자기를 존중하는 행위와 타인을 존중하는 행위가 구분 가능한가를 물었고, 어떤 이는 사적인 것처럼 보이는 선택들조차도 공적 생활의 특질과 성격을 함의하는 것은 아닌가, 라고 물었다.

중국 고전에 대한 토론은 더욱 뜨거웠고 심지어 열정적이었다. 어떤 학생들은, 가족에 대한 충성심을 정의 혹은 진실을 말할 의무 위에 놓는 것은 잘못이라고 생각했다. 잘못된 일을 숨기거나 혹은 범인 – 심지어 자신의 아버지라 하더라도 – 이 법망을 빠져나가게 하는 것이 어떻게 옳을 수가 있는가? 양을 훔치는 것은 잘못이다. 그러나 가족 구성원이 살인죄를 피해 도망갈 수 있게 돕는 것은 경탄할 만한 일이 아닌가?

다른 이들은 이 이야기들이 실제로 정의와 충성심의 갈등을 제시하는지를 질문하면서 유학의 가르침을 옹호했다. 어떤 이는 정의로운 행위로 간주하는 것은 집단들의 관계에 의존한다고 주장했다. 또 다른 이들은 효란 아버지가 잘못을 저질러 처벌을 받을 때 보호하는 것만이 아니라, 그의 잘못된 행위를 고치도록 아버지에게 항의하는 것까지도 포함한다는 가능성을 제기했다. 그리고 아마도 그런 도덕적 설득은 대중의 눈을 피해 가족 안에서 가장 잘 조용히 이루어진다는 것이다.

지난 십여 년간 나는 여러 방식으로, 때로는 중국에서, 때로는 비디오가 설치된 교실에서 혹은 TV 스튜디오에서 국제적으로 이루어진 토론을 통해 중국 학생들과 만나는 특권을 누렸다.[3] 나는 가장 활력 넘치는 철학적 토론은 대개 전통들 사이에서보다 그 내부에서 일어나는 것을 발견했다. 우리는 문화를 가로지르는 만남을 통해 이미 확립된 전제들을 새롭게 바라보면서 종종 활기 넘치는 토론을 했다.

정의, 조화, 공동체

철학적 전통과 만나는 것은 핵심 개념을 파악하는 것만이 아니라, 그 개념들 해석 방식에 대한 내적인 불일치를 파악하는 것이기도 하다. 때때로 문화를 넘나드는 비교는 문화 사이의 불일치에 빛을 비춘다. 서양 철학과 중국 철학 사이의 일반적인 대비를 생각해 보자. 서양 철학적 전통은 개인주의적이며, 자유와 자율 그리고 선택의 자유를 강조한다. 반면 중국 철학은 공동체주의적이고, 가족과 조화, 효를 강조한다. 일반적인 대비가 잘못된 것은 아니지만, 그것은 풍부한 복합성을 숨긴다.

이런 복합성의 일부가 이 책에 게재된 논문들 가운데 나열되어 있다. 나는 이들 논문에서 많은 것을 배웠다. 나의 저작과 중국 전통 사이의 대비점에 관한 것만이 아니라 현대 중국 철학에서 작용하는 대립적인 해석들 일부에 관한 내용도 포함된다. 또한 나의 견해에 대해 익숙하지 않은 방향에서 도전을 받아 철학적 현기증도 경험하였다.

이 책에 실린 논문 몇 편은 자유주의자들과 공동체주의자들 사이에 이루어진 익숙한 논쟁에 다시 불을 시피기 위해 중국 철학을 끌어들인다. 이 논쟁의 핵심에는 정의에 대해 어떻게 생각할 것인가의

11. 중국 철학에서 배우기

문제가 놓여 있다. 정의로운 사회는 특정한 덕 관념 및 좋은 삶에 대한 관념에 대해 중립적이어야 하는가, 아니면 하나의 선 관념을 긍정하고 자신의 시민들 사이에 특정한 덕들이 함양되도록 추구해야 하는가? 그리고 이와 연관된 질문은 이렇다. 정의에 대해 생각할 때 가족과 친구, 이웃, 동포들에 대한 애정을 무시해야 하는가, 아니면 정의에 대한 이해는 그런 충성심과 애국심을 반영해야 하는가?

우리들 가운데 이 견해들의 두 번째 부분을 주장하는 사람들 - 정의를 덕과 좋은 삶, 그리고 세계에서 우리가 속한 자리에 대한 애정을 연결시키는 사람들 - 은 자유주의에 대한 공동체적 비판과 연결된다. 북미의 정치철학계 내에서는 이 논쟁의 어휘들은 이제는 완전히 익숙할 정도로 친숙해졌다. 공동체주의자들은 암묵적이건 명시적이건 좋은 삶에 대한 실질적 관념들에 의존하지 않고서 정의에 대해 정의내리는 것은 불가능하다고 주장한다. 더욱이 시민들이 옹호하는 도덕적이고 영적인 신념들에 대해 중립적인 권리의 틀을 제공하려는 자유주의자들의 주장은 자신의 도덕적 신념들이 무시되거나 배제된 사람들 사이에서는 유감을 불러일으킨다. 자유주의자들은 다원주의 사회에서 살아가는 사람들은 덕의 의미와 좋은 삶에 대해 의견을 달리한다고 주장한다. 따라서 도전받고 있는 도덕적·영적 관념에 기초를 두고 법을 정하는 것은 강요와 불관용으로, 그리고 다수 혹은 권력에 있는 이들의 가치를 모두에게 강제하는 데로 나아가는 길을 열어 놓는다는 것이다.

이 논쟁의 한 측면은 자아 및 공동체에 대해 경쟁하는 관념과 관계가 있다. 자아를 "부담을 지지 않는(무연고적) 자아"로, 즉 자신의 역할과 관계에 앞서서 독립적으로 정의함으로써 공동체를 빈곤하게 하는 관념으로 이어진다고 나는 주장해 왔다. 수많은 자유주의자들은, 선택에 앞서 도덕적 결속에 제약을 받는 존재로 자아를 인식하는 것은 자유와 모순된다고 거부한다.

내가 옹호하는 공동체관이 도덕적으로 지나치게 요구하는 바가 많다거나 혹은 철학자들이 쓰는 말로 "지나치게 두텁다thick"는 반론에 익숙했기 때문에, 나의 공동체관이 "지나치게 얇다thin"고 도전받는 것은 무척 흥미로운 일이다. 싱가포르에서 강의하는 유가철학 전공 학자인 리첸양은 나의 공동체관과 유가의 공동체관 사이의 유사점들을 확인하면서 "유학자들은 공동체가 일차적 가치라는 샌델의 공동체관을 주저 없이 지지할 것이다. 유가적 관점에서 볼 때, 개인의 정체성은 부분적으로 사회적 관계에 의해 구성되며, 또한 공동체의 조직 그 자체에 필수적이다"라고 하였다. 그리고 그는 핵심적 차이를 다음과 같이 기술하였다. "유학자라면 샌델의 자유주의 비판에 대해 상당 부분 동의한다. 그러나 유가적 관점에서 볼 때 샌델의 공동체주의는 강력한 공동체주의적 사회로 나아가기에는 너무 얇다. 유학자들은 보다 두터운 공동체 개념을 주장한다. 그것이 인간의 번영에 결정적이라고 본다."

리첸양에 따르면 나의 설명이 지나치게 얇은 것은 "유가적 공동체관의 핵심"에 있는 개념인 조화에 대한 설명이 불충분하기 때문이다. 유가적 설명에 따르면, 조화는 사회적 삶에서 너무나도 중심이 되는 더이어서 정의보다 더 고차적이다. "유가적 관점에서 예와 인은 긍정적 인간관계를 맺게 한다. 이 덕목을 통해 사람들에게 강력한 공동체 소속감을 가질 수 있다. 그러한 공동체들에서 최고의 덕은 정의보다는 조화로운 관계다."

정의가 아니라 조화가 사회 제도의 제1덕목인 이유는 무엇인가? 이 질문에 대해 생각해 보면 나의 첫 번째 저서 『자유주의와 정의의 한계』에서 많이 비판받은 구절이 떠오른다. "정의는 사회 제도의 제1덕목이다"라는 존 롤스의 주장에 정면 도전하면서 나는 어떤 사회 제도들, 특히 가족에서는 정의와는 다른 덕목이 일차적일 수 있다고 주장했다. 가족 구성원들이 사랑과 너그러움, 서로 간의 애정에 기초하여 서로 관계를 맺는 한, 정의의 문제는 크게 보이지 않을 수 있다고 주장했다(Sandel, 1982, pp.32-35). 물론 아무리 화목하다고 해도 갈등이 없는 가족은 없다. 내 주장은 단지 정의의 우선성은 좋은 가족 혹은 좋은 공동체가 함양하기로 추구하는 태도들과 성향들에 의존하고 있다는 것뿐이다.

어떤 이들은 이런 주장이 전통적인 성적 위계와 여성에 대한 억압을 무시하는 이상화된 가족적 조화를 함축한다고 비판했다(Friedman, 1989, pp.275-290). 그런 억압이 존재하고 또 정의롭지 않다는 것은 분명한 사실이다. 정의는 가족에게는 적용되지 않는다고 주장한다면 그것은 잘못일 것이다. 그런데 그렇다고 해서 가족적 삶의 덕으로서 혹은 사회적 삶의 덕으로서 일반적으로 정의와 조화의 서열을 어떻게 매길 것인가 하는 문제는 해결되지 않는다. 이 질문에 대한 대답은 이 덕목이 어떻게 이해되는가에 달려 있다.

중국 전통을 만나기 전까지 나는 조화가 사회적 삶의 제1덕목이라고 생각해 본 적이 없었다. 나는 부담을 지지 않는(무연고적) 자아에 대해 비판해왔고 사회계약론적 전통보다도 더 깊은 공동체관을 옹호해 왔는데, 그럼에도 불구하고 나는 항상 공동선에 대한 다원주의적 관념을 주장한다. 여기서 시민은 도덕적인 혹은 심지어 영적 문제들에 대해 공적이고 공개적으로 토론한다. 그런 토론은 전형적으로 조화보다는 소란을 일으킨다.

나는 통일적이며 무차별적인 장-자크 루소의 일반의지 개념을 항상 경계해 왔다. 일반의지가 지배적일 때 의회에는 침묵이 존재한다고 루소는 우리에게 말한다. 침묵의 이유는 의견 불일치가 억압되었기 때문이 아니다. 그것은 각 개인들의 의지가 일반의지와 일치했기 때문에 토론할 거리가 더 이상 남아 있지 않아서다. 루소와 마찬가지로, 또 내가 이해하는 유가의 전통과 마찬가지로, 나는 시민적 삶을 시민의 성격을 수양하는 형성적formative 기획으로 이해한다. 그러나 그런 수양이 우리의 서로 다른 삶들이 표현하는 선의 차이를 해결하기 위해 추구되어서는 안 된다고 생각한다. 지속적인 소란과 불협화음과 불일치가 반드시 이기심이 공동선에 승리한 것을 보여주는 것은 아니다. 그런 것들은 건강한 다원주의의 징표이며, 공동선의 의미에 관한 지속적인 토론을 반영한다.

다원주의는 조화로운 사회와 어울리는가? 리첸양은 조화 개념을 두 가지로 구분함으로써 이 질문에 대한 중요한 실마리를 주었다. 그 하나는 일치로서의 조화로, 여기서 불화는 불일치에 대한 억압 및 지배를 통해 극복된다. 이것을 그는 "유가적 조화에 오명을 씌워온" 반복된 오해라 하여 거부한다. 대안으로 그는 조화 개념을 정교하게 하여, 각 개인이 자신의 잠재력을 동시에 공동선을 도모하는

343

방식으로 실현하도록 만들어 주는 개인적이고 집단적인 자기-수양의 기획이라고 한다. "조화로운 공동체에서 각 개인은 자신의 정체성을 형성하고 발견할 뿐만 아니라 다른 구성원들의 정체성과 선에도 공헌한다. 다른 사람들과 조화를 이루면서 각각의 사람은 동료 공동체 구성원들의 공헌에서 이익을 얻는다. (⋯) 유가가 이해하는 공동체란 사회적 조화로서 그 구성원들이 공동선을 위해 상호 변화를 이룸으로써 실현되는 것이다." 리첸양은 실천적 사례 하나를 제공한다. 화교와 말레이시아계, 인도계와 다른 인종으로 구성된 싱가포르에서 최근에 대통령직, 즉 선출직이기는 하지만 국가 의식의 수장을 다양한 인종 공동체에서 순번제로 하자는 제안을 포함하여 사회적 조화를 도모하는 시도가 이루어졌다. 어떤 사람들은 이 순번제가 일부 열정적인 후보자들에게서 특정한 해에 관직에 출마할 권리를 박탈할 것이라는 불만을 피력할 수는 있지만, 이 권리는 조화를 고려하여 양보되어야 한다. 모든 집단들이 대표를 가질 수 있게 하는 것은 시민권과 싱가포르의 국민 정체성에 강력한 의미를 창출하게 될 것이다. 리첸양은 "그런 움직임은 유가의 조화 철학이라는 근거 위에서 정당화된다"라고 쓰고 있다.

상하이에 있는 푸단대학에서 중국 철학을 가르치는 바이통동은 공동체에 대해 다소 다른 유가적 설명을 제시한다. 그는 나의 공동체관이 너무 얇은 것이 아니라 너무 두텁다고 말한다 – 이른바 그가 말하는 "낯선 이들로 구성된 사회"에 지나치게 도덕적인 요구를 한다 – 고 주장한다. 그는 우리가 의지적 행위로부터가 아니라 가족 혹은 국민의 일원으로서 우리의 정체성에서 발생하는 특정 충성심과 의무로 인해 도덕적 요구를 받는다는 점에 동의한다. 그리고 그는 그런 충성심이 살인자를 체포해야 하는 의무와 겨룬다 하더라도 충분한 도덕적 무게를 가질 수 있다는 점에도 동의한다. 바이통동은 『정의란 무엇인가』에서 내가 했던 이야기, 즉 악명 높은 악당의 우두머리이자 사법당국으로부터 피신해 숨어 있는 살인자인 자신의 동생을 정부에서 찾고 있고, 이에 협조하기를 거부했던 유명한 매사추세츠의 공무원에 관한 이야기(Sandel, 2009, pp.237-239)를 인용했다. 그는 황제의 아버지가 살인죄를 저질렀다고 하는 맹자의 이야기와 놀랄 만큼 유사하다고 지적했다. 황제는 자신의 아버지를 보호하기 위해 개입해야 하는가, 아니면 경찰이 아버지를 체포하여 처벌하도록 허용해야 하는가? 맹자는 황제가 자신의 권좌를 포기하고 자기 아버지와 함께 숨어 살라며 도망칠 것을 제안했다.

바이통동은 가족뿐만 아니라 좀 더 넓은 공동체에 대한 충성심도 때로는 보편적·도덕적 의무보다도 더 중요할 수 있다는 데 동의하지만, 그는 자신이 해석하는 유가철학은 도덕 및 시민적 덕에 대한 나의 설명과 구분되는 두 가지 지점이 있다고 주장한다. 첫째는 오직 "소수"만이 정치에 효과적으로 참여하기에 충분한 덕을 함양하는 데까지 나아갈 수 있다는 것이다. 따라서 유학자들은 "공동체주의 내부의 강한 공화주의를 거부"하며, 학식이 있고 덕을 갖춘 소수가 나머지를 대신해서 통치하는 능력주의 정부를 선호한다. 민중을 대표하는 하원과 능력에 따라 선출된 구성원을 가진 상원이 있는 혼합 정부는 능력주의적 통치와 대중 참여를 어느 정도 결합한 방식이 될 수 있다. 그러나 바이통동에 따르면, 유학자들은 "대다수 현대 국가가 기본적으로 낯선 이들로 구성된 대규모 사회이기 때문에, 대중들은 자신들의 정치 참여는 물론 대표자 선출에서도 의미 있는 정치 참여를 할 수 있는 능력을 결코 고양시킬 수 없다"고 주장한다.

민주적 요소와 능력주의적 요소를 결합한 혼합 정부에 대한 생각은 물론 유가 사상에만 고유한 것이 아니다. 아리스토텔레스도 최고위직들은 정치적 판단력과 시민적 덕이 뛰어난 이들에게 돌아가야 한다는 혼합 정부를 선호했다. 초기 미국 공화국에서 이루어졌던 (선거인단에 의한) 대통령과 (주 의원들에 의한) 연방 상원의 간접선거는 정치적 최고위직을 조지 워싱턴과 토머스 제퍼슨과 같은 이들의 손에 맡기면서 그와 동시에 인민에게 목소리를 부여하려고 의도된 것이었다.

협치에 능력주의적 요소를 허용하는 것은 시민 공화주의적 이상과 반드시 모순되는 것은 아니다. 바이퉁둥의 지적이 아니더라도 모든 시민에게 도덕적·시민적 덕을 함양하기 위한 공화주의적 기획에는 어떤 한계를 내포하고 있다. 만일 현대 국가가 하나의 공동체라기보다는 "낯선 이들로 구성된 사회"라면, 가족은 무엇보다도 정치 공동체가 자신의 구성원들에게 함양시킬 도덕적 결속과 연대를 위한 좋은 유비가 되지 않는다. 바이퉁둥은 공화주의적 기획이 다원주의적 사회에서는 지나치게 도덕적으로 야심 차다고 결론을 맺는다. 놀랍게도 그는 롤스의 "정치적 자유주의" 개념을 지지한다. 롤스의 정치적 자유주의는 포괄적·도덕적 이상에 관한 공적 숙의를 피하고 가치들에 대한 중첩적 합의에 기초를 둔 권리의 틀을 추구한다. 내가 다른 곳에서 설명한 이유를 근거로 볼 때, 이것은 내게는 지나치게 제한된 도덕 교육관 및 정치 공동체관으로 보인다.[4] 그것이 유학의 가르침에서 어느 정도까지 지지를 얻고 있는지 내게 판단할 자격이 없다. 그러나 그것은 리첸양이 제시한 좀 더 철저한 공동체 관과는 명백히 다르다.

아리스토텔레스, 공자, 도덕 교육

홍콩중문대학의 철학자인 후앙용은 내용이 풍부하고 복잡한 논문에서, 정의의 중요성을 다른 덕들(예컨대 조화와 같은)과 연관 짓는 "덕으로서 정의"에서 분배적 정의를 설명하는 "덕에 따른 정의"로 초점을 옮긴다. 그는 아리스토텔레스에게 빚지고 있는 이런 설명에 대한 나의 공감을 정당하게 지적한다. 아리스토텔레스에 따르면, 재화를 분배하는 정의로운 방법은 그 재화가 무엇을 위한 것인가에 달려 있다. 최고의 플루트는 최고의 플루트 연주자에게로 가야 하는데, 이는 훌륭한 악기가 존재하는 이유 – 연주가 잘되는 것 – 이다. 정의로운 분배란, 적절한 덕 혹은 장점, 탁월성을 소유하고 있다는 의미에서 좋은 것을 가질 자격이 있는 자들에게 그것을 분배하는 것이다.

훌륭한 스트라디바리우스 바이올린이 경매로 나왔고 두 명의 경합자가 등장한 상황을 상상해 보면 아리스토텔레스의 사상 배후에 놓인 도덕적 통찰을 이해할 수 있다. 두 사람 중 한 사람은 세계 최고의 바이올리니스트이고, 다른 한 사람은 자신의 거실 전시대에 그 바이올린을 전시하기를 원하는 부유한 수집가이다. 만일 수집가가 바이올리니스트를 경합에서 이긴다면, 우리는 그 경매가 비록 공정하게 이루어졌다고 해도 불행한 결과를 낳았다고 생각할 것이다. 이는 단지 수집가의 사적인 전시가 가져올 수 있는 즐거움보다 바이올리니스트의 연주가 더 많은 사람에게 더 큰 기쁨을 가져다주기 때문만은 아니다. 그것은 훌륭한 바이올린이 단순한 부의 장식물은 아니기 때문이기도 하다. 그것은 연주되기 위해 만들어진 것이지 전시되기 위해서 만들어진 것이 아니기 때문이다. 스트라디바리우스 바이올린의 목적 혹은 잠재력은 위대한 바이올리니스트가 그것을 울려 소리를 만들어 낼 때 가장 완전하게 실현된다.

이런 방식의 추론은 바이올린의 텔로스telos, 즉 목적에 관한 추론을 포함하고 있다는 이유에서 목적론이라고 한다. 그러나 그런 추론은 일부가 생각하는 것처럼, 비생명체의 본질에 대한 형이상학적 탐구가 아니다. 그것은 사회적 실천의 의미와 목적 – 이 경우 음악 공연 – 에 대한 탐구다. 목적론적 추론의 이런 특징은 존중과 인정이라는 문제와 밀접하게 연결된다. 음악관, 심포니 오케스트라, 음악 비평가 등이 있는 이유 가운데 하나는 탁월한 음악을 존중하고 인정하며, 그에 대한 올바른 평가를 성숙시키고, 재능 있는 젊은 음악도들에게 위대한 바이올리니스트를 동경하도록 고무하기 위한 것이다.

아리스토텔레스에게 정의는 목적론적이면서 동시에 존중을 나타낸다. 스트라디바리우스 바이올린을 어떻게 분배할지를 결정하기 위해 우리는 음악 공연의 텔로스, 즉 목적을 철저히 생각하고 또 그것이 존중하고 함양하는 덕에 대해 생각할 필요가 있다(Sandel, 2009, pp.186-189).

아리스토텔레스는 이와 동일한 추론을 정치 공동체에서의 관직과 명예의 분배 문제에 적용한다. 최고의 관직과 명예는 부에 기초해서만 혹은 다수주의 결정에 근거해서만 분배되어서는 안 된다고 그는 주장한다. 그 이유는 정치 공동체를 적절히 이해할 때, 그것은 단지 재산을 보호하기 위한 것이거나 다수에게 원하는 것을 주기 위한 것만이 아니기 때문이다. 그보다 정치 공동체의 목적은 시민들의 인격을 수양하고 좋은 삶을 도모하기 위한 것이다. 따라서 최고의 관직과 명예는 그 역할에 가장 적합한 사람들, 시민적 덕에 탁월성을 보인 자들에게 가야만 한다.

페리클레스Perikles 같은 사람들이 최고의 관직에 올랐던 것은 그런 사람들이 오직 현명한 정책을 시행했기 때문이다. 또 다른 이유로는 존중을 보여 주기 위해서다. 시민적 덕에 탁월한 사람들에게 그에 부합하게 공적으로 인정함으로써 그들을 모범적 존재로 시민들에게 드러내고, 좋은 도시의 교육적 역할에 기여하게 한다.

후앙용은 신아리스토텔레스적인 "덕에 따른 정의"에 대한 내 설명과 유가적 접근 사이에서 유사점을 발견한다. 롤스의 이론처럼 덕과 도덕적 자격에서 정의를 분리한 이론과는 달리, 유가적 정의관은 시민적 덕의 함양을 목표로 한다. "유가는 정부의 중요한 기능은 사람들에게 덕을 함양하는 것이라는 아리스토텔레스주의자들에게 동의할 것이다."

그러나 후앙용은 정치 지도자들이 덕을 함양하기 위해 사용할 수 있는 수단과 관련하여 아리스토텔레스주의자들과 유학자들에게 중요한 차이가 있다는 것을 알았다. 그의 주장에 따르면, 아리스토텔레스에게는 정치 지도자들이 법을 활용하여 덕을 장려하고, 공자에

349

게는 그들이 개인적 모범을 통해, 예를 통해 통치함으로써 덕을 도모한다. "유가는 형벌 법규punitive laws를 입법하고 적용함으로써 사람들을 덕이 있게 만든다는 생각 자체는 이해할 수 없다"라고 후앙용은 쓰고 있다. 그는 공자를 다음과 같이 인용한다. "만약 백성을 정치적 규제와 형벌 법규로 이끌고자 한다면 백성들은 교묘히 빠져나가면서 어떤 수치심도 느끼지 못할 것이다. 만약 백성을 덕으로 이끌고 예로 다스린다면 백성은 수치심을 느끼고 법규를 따르게 될 것이다"(『논어』「위정」 2.3).

후앙용의 대비를 통해 법이 도덕규범을 다듬을 수 있거나 덕을 함양할 수 있다는 생각이 반드시 법의 형벌적 측면에 의존하지는 않는다는 정도로까지 이어질 수 있다. 공립학교를 세우는 법에 대해 생각해 보자. 자녀들을 다양한 사회적·경제적 배경의 아이들과 함께 교육받을 수 있게 학교에 보내라고 하는 것은 학생들 내면에 (그들의 부모 내면에도 마찬가지로) 이루기 어려운 연대, 상호 존중의 습관, 공동의 목적을 함양하기 위해서다. 만일 공공 교육 체계가 이런 덕목들을 도모하는 데 성공한다면, 이는 법률 (그리고 교사와 학교 행정담당자들이 이를 적용한) 덕분일 것이다. 그러나 학생들에게 처벌의 위협 속에서 이런 덕들을 획득하라고 요구하는 것은 불가능하다.

법은 처벌 없이 시민들의 성품에 영향력을 행사할 수 있다. 이것은 형법을 도덕 교육의 주요 수단으로 의존해야 한다는 말이 아니다. 사람들에게 물건을 훔쳐서는 안 된다는 것을 가르칠 때 도둑을 처벌하는 것이 최고의 방법은 아니다. 아리스토텔레스는 도덕 교육이 행동 수칙이나 원리보다는 습관과 경쟁에 의해 더 잘 이루어질 수 있다고 강조한다. 덕 있는 행동을 관찰하고 그것을 실천함으로써 우리는 덕을 배운다. 여기에 대해서 아리스토텔레스주의자들과 유학자들은 동의하는 것으로 보인다.

그러나 후앙용이 도덕 교육의 도구로 법을 사용하지 않아야 한다고 한 것은 덕을 함양하기 위해 정치가 해야 할 역할에 대해 두 전통이 이해하는 방법에서 중요한 차이점을 조명한다. "공자에게는 정부가 제정한 법이 아니라 정치적 공직을 맡은 사람들이 자신들의 행위를 통해 보여주는 모범적인 덕이 사람들을 덕이 있게 한다." 공직자는 자신이 도덕적 모범이 되어 자신의 개인적 사례가 갖는 힘을 통해 덕을 가르친다. 대비는 다음과 같이 서술될 수 있겠다. 아리스토텔레스에게 공적인 삶은 간접적으로, 즉 형성적 실천과 제도(공립학교와 같은)를 매개로 해서 도덕 교육에 기여한다. 유학자들에게는 그것은 아주 직접적으로, 즉 정치 지도자들의 예를 통해 기여한다. "윗사람이 제 부모를 공경하면 아랫사람은 더욱 효도할 것이며, (…) 윗사람이 즐겁게 베풀면 아랫사람은 더욱 관대해질 것이며, (…) 윗사람이 덕을 좋아하면 아랫사람은 더욱 도덕적인 흠을 숨기지 않을 것이며, 윗사람이 재물을 탐하는 것을 싫어하면 아랫사람은 더욱 이익을 다투는 것을 부끄러워할 것이다"(『공자가어』「왕언해王言解」3.20).

그런데 매개된 (아리스토텔레스적인) 도덕 계몽과 비매개적 (유가적) 도덕 계몽의 대비는 그 자체가 제한이 필요하다. 내가 유가적 견해에 대한 후앙용의 설명을 올바로 이해하고 있다면, 덕이 있는 정치 지도지들에 의해 이룩된 도덕 교육이 전적으로 비매개적인 것이 아니라, 법이 아닌 수치심을 통해 행동을 통제하는 예에 의한 통치 가운데 이루어지는 것이다. 그가 설명한 것처럼, "예의범절은 형벌 법규와는 다르다. 예의범절을 어겼을 때는 처벌을 받지는 않으나 시당해 따라서 수치심을 느끼게 된다."

지도자가 모범이 되어 덕과 예로 지배하는 가운데 덕의 체화가 이루어지는데, 그 사이에 상호작용이 있는 것으로 보인다. 아마도 덕 있는 지도자들은 자신의 행동으로 예의 지배가 요구하는 바를 보여 줄 것이다. 그리고 아마도 그 예는 오랜 시간에 걸쳐 형성되고 덕있는 지도자들의 전형적 행동의 관점에서 구체적인 의미가 부여될 것이다. 다른 식으로 보면 의문스러울 수 있는 점이 이를 통해 설명된다. 만일 도덕 교육이 정치 지도자들의 행위를 관찰하고 모방하는데만 의존한다면, 어떻게 인구 전체가 그런 행동을 충분히 가까이서 관찰하고 그 모범에 따라 살아갈 만큼 명료하게 이해할 수 있는지 알기란 어렵다. 도덕 교육의 확산을 위해서는 스스로 모방하기보다는 수치심이라는 사회적 (그리고 내적) 재재의 지원을 받아 예가 지배하는 가운데 덕 있는 행동을 체화하는 것이 보다 효과적인 기제인 것 같다.

만일 유가적 관점에 대한 이런 해석이 타당하다면, 법의 역할에 대한 양자의 불일치에도 불구하고, 도덕 교육에 대한 아리스토텔레스와 유학자들의 설명은 많은 점에서 공통적이다. 그럼에도 중요한 차이가 남아 있다. 아리스토텔레스에게 고위 공직과 명예를 받을 자격이 있는 자들은 시민적 도덕에서 탁월성을 보이며, 공동선을 보살피고 그것을 실현하는 방법을 숙고할 능력이 있다. 이상적으로는 정치 지도자들은 시민들을 위해 전반적으로 모범으로서 기여한다. 그들은 정의와 부정의에 대해, 그리고 좋은 삶의 의미에 대해 자신의 동료 시민들과 함께 숙고하고 또 자치를 이루는 가운데 참여함으로써 자신의 본성을 가장 완전히 실현하는 자다.

공자에게는 시민적 덕 그 자체가 아니라 좀 더 일반적인 도덕적 덕이 한 개인을 정치적 리더로 만든다. 아리스토텔레스가 시민적 덕을 강조한 것을 언급하면서 후앙용은 이렇게 묻는다. "그러나 특정 사회에서 특정한 때에 법을 제정하는 데는 오직 소수의 사람들만 필요하다는 점을 고려할 때 모든 시민이 그런 덕들을 갖추는 것이 정말로 필요한 일일까?" 한편, 유가적 모델에서는 "정치 지도자들이 갖춰야 하고 또한 보통 사람들에게 소유하게 만드는 것을 목적으로 하는 덕은 도덕적 덕이며 이런 덕은 정치 지도자이든 보통 사람이든 상관없이 건강하고 결함 없는 인간이 되기 위해서는 모든 사람이 소유해야만 하는 덕이다."

시민의 덕인가, 도덕적 덕인가?

주후이링과 천라이의 논문에서 시민의 덕과 도덕적 덕의 구분은 중요한 부분을 차지한다. 현대 서양 정치 이론을 전공한 재능 있는 젊은 중국 철학자인 주후이링은 정부가 덕을 도모한다는 명분으로 강제적이고 억압적인 도덕관을 강요할 위험에 대해 내가 주장하는 시민적 공화주의는 적절히 언급하지 못한다고 염려한다. 유가철학의 석학 천라이는 내가 주장하는 공화주의는 "충분히 두텁지 못하다"고 지적한다. 그는 자치에 필요한 덕목에 초점을 맞추면서 나의 공화주의가 개인적·도덕적 완성을 위한 수련을 무시한다고 주장한다.

주후이링은 공화주의적 덕성을 부활하려고 할 때마다 반드시 직면하게 되는 질문들을 적절히 다루지 못했다고 우려한다. 그 질문은 다음과 같다. 덕과 좋은 삶의 의미에 대해 의견의 일치를 보지 못하는 다원주의적 사회에서 공동선에 관해 우리가 어떻게 숙고할 수 있는가? 그런 숙고가 강제와 억압으로 넘어가서 다수가 자신의 가치를 전체 사회에 강요하게 되지 않는다는 것을 어떻게 보장할 수 있는가? 그리고 만일 시민적 공화주의가 충성심과 연대와 같은 덕목을 장려한다면, 국가 혹은 정치 공동체에 대한 충성심이 권리에 대한 존중심을 손상할 위험을 어떻게 피할 수 있겠는가?

이런 중요한 도전들은 비록 북미 정치 이론의 자유주의-공화주의 논쟁에서는 친숙하지만 중국의 맥락에서는 특별한 반향을 불러일으킬 수 있다. 주후이링은 이와 연관되는 또 다른 도전을 한다. 만일 내가 자유주의적 정치 이론의 특징이 되는 공적 도덕과 사적 도덕의 예리한 구분을 거부한다면, 왜 공직자들은 도덕적 덕보다는 시민적 덕을 함양하여야 한다고 고집하는가? 왜 좋은 개인이 아니라 좋은 시민을 양성해야 하는가?

이 책에 담긴 몇몇 논문들이 명백히 하는 것처럼, 유가 전통은 정치 지도자들이 좋은 개인을 양성하는 것을 목표로 한다고 주장한다. 덕이 있는 사람들을 양성한다는 관점에서 보면, 아리스토텔레스와 공화주의적 정치사상이 강조한 시민적 덕은 이차적으로 보이거나 심지어는 주변적으로 보인다. 내가 이 질문에 대해 시민의 덕은 공적인 반면 도덕적 덕은 사적이라고 대답함으로써, 그리고 자치는 오직 공공의 재화에 관한 것일 뿐이라고 대답함으로써 이 도전에 응답할 수 없다고 한 점에서 주후이링은 옳다. 그 대신 나는 몇몇 도덕적 덕은 동시에 시민의 덕이기도 하며 또한 몇몇 시민의 덕은 도덕적 덕이기도 한 방식에 대해 지금까지 한 것보다는 더 완전하게 정교히 다듬어야 할 것이다. 자유주의자들은 적어도 제한된 양의 덕목에 대해서는 동의할 것이다. 타인의 권리에 대한 관용과 존중은 정치적 덕일 뿐 아니라 사적인 덕, 훌륭한 인격의 표지이기도 하다고 그들은 주장한다.

그런데 나는 도덕 및 시민 교육을 관용과 상호 존중의 함양에만 제한하지 않는다. 만일 공적 도덕과 사적 도덕의 경계에 자유주의자들이 생각하는 것보다도 더 빈틈이 많다면, 좋은 시민을 형성하는 것과 훌륭한 개인을 양성하는 것의 차이도 마찬가지일 것이다. 토머스 제퍼슨은 대규모 공장들이 좋은 시민의 자격을 갖추는 데 필수적인 독립적 판단과 심성을 결여한 가난한 노동자라는 의존적 계급을 창출한다는 이유로 그런 대규모 공장을 반대했다. 그는 또한 (그가 소작농과 수공업자들과 연관 지은) 그런 독립성이 바람직한 인격의 한 특질, 좋은 삶의 한 측면이라고 생각했다.

여기에 현재의 사례가 있다. 외골수적인 소비주의의 추구는 시민의 덕에 해로운데, 그것이 시민들을 공동선에 대한 관심으로부터 분리시키기 때문이다. 소비주의와 물질주의는 또한 장려되지 않거나 혹은 적이도 일정 정도 제한되어야 하는 태도다. 인격에 바람직하지 않은 특질들이기 때문이다. 물질주의적 집착에 빠져 있는 사람들은

11. 중국 철학에서 배우기

일반적으로 천박한 삶을 영위한다. 또는 자신의 재능과 열심히 노력한 덕에 부자가 되었다고 가정할 때 그 부자는 성공할 자격이 있으며 또 (덜 부지런했다고 가정한) 가난한 자들은 자신이 불행할 만하다는, 능력주의 사회에 지배적인 관점을 고려해 보자. 이런 태도는 시민의 덕을 좀먹는다. 공동체, 연대, 시민들 사이의 상호적 책무감을 잠식하기 때문이다. 도덕적으로도 매력적이지 않다. 그것은 성공한 자들에게는 오만을 키운다. 그들은 다른 이들에 대해 지고 있는 빚을 과소평가하고, 자기 자신의 덕을 과대평가하며, 자신보다 운이 덜 좋은 자들을 멸시한다. 일부 자유주의자들과 달리 나는 인격의 문제를 개인적 삶으로 격하시키거나 혹은 정부가 좋은 삶에 대한 경쟁적 관점에 대해 중립적이 되기를 요구하지 않을 것이다.

나의 저서 『민주주의의 불만』에 대한 사려 깊고 유익한 해석에서 천라이는 나의 공화주의와 유학 사이에 몇 가지 유사점들뿐 아니라, 핵심적인 차이도 확인해 주었다. 그는 "유학자인 나는 샌델이 자유주의의 도덕적 중립성을 비판한 것은 물론 공동체에 대한 공화주의적 관심을 주장한 것에 대해 동의한다. 의심할 바 없이 유학은 공화주의에서 덕을 권장하는 것과 유사하다"라고 썼다. 그는 미국 국부國父들의 인격 형성에 대한 관심과 유학자들의 그와 유사한 관심에 충격을 받았다. "존 애덤스는 '국민의 인격을 만드는 것이 위대한 정치가가 해야 할 일이다'라고 했다. 이것은 최소한 형식적으로나마 유가 전통, 즉 고대의 유가 문헌 『대학』에서 량치차오의 『신민설』에까지 공유하는 이해다."

그런데 정부는 어떤 덕을 심어 주어야 하는가? 천라이가 시민적 공화주의자들과 유학자들 사이에 중요한 차이를 발견한 지점이 바로 여기다. "또한 우리는 공화주의가 자치의 개념에 근거하지 않는 성품과 덕은 어떻게 보는가, 라고 물을 수 있다." 그의 견해로는 정부는 좋은 시민을 형성하는 일뿐만 아니라 좋은 개인을 형성하는 데도 관심을 가져야 한다. "좋은 사람의 덕 혹은 유가에서 말하는 도덕적 모범인 군자의 덕은 훌륭한 시민의 덕에 비해 더 고상하고 더 넓다."

천라이는 일부 자유주의자들처럼 내가 공적 도덕과 사적 도덕에 대한 엄밀한 구분을 고집하지 않는다는 것을 인지한다. 그 대신 나는 아리스토텔레스에 빚지고 있고 또 유학자들과도 잘 어울리는 견해, 즉 정치는 인격을 함양하고 좋은 삶을 도모하려는 목표를 가져야 한다는 견해를 가지고 있다. 그러나 천라이는 내가 『민주주의의 불만』에서 강조한 공화주의적 도덕이 "개인의 도덕적 완성과 폭넓게 관련된다고는 할 수 없다는 점에서 한계가 있다. 유가의 덕 이론들은 상대적으로 더 두텁다thicker. 유가적 관점에서 공화주의가 장려하는 덕은 충분히 두텁지 않다."

천라이는 "현대 중국의 개인적 삶"이 요구한다고 믿고 있는 "더 두터운" 덕의 목록을 작성한다. 첫 번째 그룹은 인애, 효도, 화목을 포함하고, 둘째 그룹은 자강自强, 정직, 염치를 포함하며, 셋째 그룹은 애국과 준법을 포함한다.

처음 두 그룹의 덕들은 사적 및 도덕적 완전성에 관한 것이다. "고대 유가에서 도더적 모범이 되는 군지의 덕목이리 여겼다." 세 번째 그룹은 "공적인 덕"으로 분류되며 정치 공동체를 향한 개인의 적절

11. 중국 철학에서 배우기

한 태도에 관한 것이다. 천라이가 설명한 대로, 유가 전통에 따라 정부가 도모해야 하는, 공적 및 사적인 성격을 동시에 갖는 덕들이다. "중국 문화는 언제나 정부가 공동체를 대표로 여기며 백성들을 개명시키는 교육이나 도덕적으로 계발하는 책임을 져 왔다."

천라이는 실질적인 도덕 판단에서 정치의 독립을 주장하는 현대 정치철학의 경향을 "위험하다"며 거부한다. "정치가 각 사람이 단지 한 표를 행사할 뿐인 선거 게임으로 바뀌어서, 정치가 사회에 대한 헌신, 질서, 윤리, 혹은 도덕과는 아무 연관도 없는 것으로 변질될 수도 있다. 그 결과는 사회적·정치적 삶에서 도덕이 부재한 상태가 되는 것이다. 전통적인 도덕적 힘의 지원이 없다면 정치는 사회를 도덕적 혼란 상태의 나락으로 떨어뜨릴" 것이며 "정치적 정당성이 없는 상태"로 만들 것이다.

내가 『민주주의의 불만』을 쓰게 된 이유 중 하나는 미국의 공적 담론이 점차 공허하고 기술 관료적으로 되어 가고 거대한 도덕적 문제들을 제기할 수 없게 된 느낌 때문이었다. 도덕적 주장에서 정치를 떼어 놓으려는 시도는 사회적·시민적 삶에서 시장의 지배력이 점증하는 것과 연관되어 있었고, 시민들로 하여금 무력하고 혼란에 빠진 느낌이 들게 했다. 나는 자유주의적 공적 담론에 도덕적 내용이 비어 있는 것을 염려했을 뿐 아니라, 그 도덕적 진공 상태를 무엇으로 메울지에 대해서도 염려가 되었다. 도덕적으로 보다 활발한 공적 담론이 사라진 미국 정치는 "장벽을 세우고, 내부자와 외부자 사이의 차이를 공고화하며, '우리 문화를 되찾고 우리나라로 돌아갈 것'이라는 정치를 약속한 사람들에 의해 희생되고 말 것"(Sandel,

1996, p.350)이 두려웠다.

20년이 지나 그 공포는 현실이 되었다. 미국과 세계는 이제 도덕적·정치적 결과들과 씨름해야 한다. 비록 『민주주의의 불만』은 공공철학에 대한 미국의 모색에 관한 것이었지만, 중국을 포함한 다른 나라들 역시 도덕적 의미와 사회적 결속력을 추구하는 도전, 즉 시장 가치와 시장적 사고가 전례 없는 압력과 유혹을 발휘하는 이때, 가장 긴급한 도전에 직면하고 있다.

주후이링과 천라이는 현대 중국에서 철학의 역할에 관한 전망을 제공한다. 주후이링은 중국에서 일어난 내 저작에 대한 관심이 "중국 사회에 공공철학이 공허하고 불만족스럽기 때문"이라고 했다. "급성장하는 시장 경제 속에서 중국이 빠르게 발전하면서, 중국 사람들에게 정치 이론과 도덕적 담론은 시장 기반 추론이 야기하는 많은 문제를 해결하기 위해 필요하다." 천라이는 중국 정부가 유가 전통에 뿌리를 둔 공공철학을 추구하고 있다고 본다. "중국 정부는 전통 중국적 가치의 보전과 전통 중국적 덕목의 활성화를 추진하고 있다. (…) 〔이러한 추진은〕 한 문명의 자의식을 표현한다." 주창되는 덕은 "시민적 덕과 정치 참여에 한정되지 않고 더욱 포괄적으로 유가적 덕들을 향하며 또한 변화의 시대에 이들 덕의 실천을 창조적으로 발전시키려 한다."

여기에 공감한 관찰자로서 나는 중국이 놀랄 만한 경제 성장기 이후인 지금 GDP를 넘어 공공철학을 추구하며, 시장적 관계가 제공할 수 없는 의미와 행복의 원천을 찾고 있다는 인상을 받았다. 다른 많은 것과 마찬가지로 이런 탐색에서 중국의 성공 혹은 실패는

359

중국의 미래와 더불어 세계의 다른 지역에서도 매우 중요하다.

젠더, 다원주의 그리고 음양

이 책에 실린 논문을 통해 로빈 왕은 중국의 철학적 전통 내의 목소리들이 다원주의와 도덕적 불일치에 대한 ─ 생명의 불행한 사실로서가 아니라 본질적으로 사회적 존재의 가치 있는 특징으로서 ─ 원천을 제공하는지의 여부를 묻는다. 그녀는 그런 두 개의 목소리에 대해 풍부하고도 시사적인 설명을 제공한다. 하나는 그녀가 젠더 차이에 대한 전통 중국의 설명 내에서 발견하였고, 다른 하나는 그녀가 장자로 대표되는 인간의 다양성에 대한 도가적 찬미 속에서 찾아낸다.

중국에서, 최근에는 미국에서 철학을 가르치는 로빈 왕은 전통 중국의 사상 가운데 인간 경험의 다양성에 저항하기보다는 그것을 소중히 여기는 측면들을 활성화하기를 원한다. 그녀는 중국 철학의 음양 우주론이 서양의 젠더 개념보다 덜 이원론적이며 남성 지배에 덜 복종하는 젠더 관계를 이해하는 길을 제공한다고 믿는다. 전통 중국에서 젠더는 "상관적이고 음과 양, 땅과 하늘, 안과 밖을 모델로 하는 상호 의존성과 상보성의 개념 위에서 구성된다."

로빈 왕은 "음양 매트릭스의 결과로 초기 중국 사유에서는 여성의 배제나 남과 여의 분리는 거의 존재하지 않았다. 남자, 남성, 남성성이 있는 한 여자, 여성, 여성성이 늘 함께했다"고 쓴다. 분명히 『시경』에 서술된 것처럼, 역할의 차이는 존재한다. "남자는 밭을 갈고 곡식을 심으며 여성은 실을 잣고 직물을 짠다(남경여직男耕女織)”말이다. 그러나 로빈 왕은 이런 노동에서의 젠더 구분은 “종속이 아니라 상보성의 관계”를 드러낸다고 주장한다. 상보성은 우연적인 것이 아니라 우주적 필연성이다. “여성의 일은 인간의 삶에서 필요하고 없어서는 안 될 부분”이며 여성은 “우주적인 음의 힘을, 남성은 우주적인 양의 힘을 대변한다.”

공동선에 대한 여성의 기여의 중요성은 학자 유향이 쓴 고대 문헌인 『열녀전』에서 확인된다. 『열녀전』은 중국 초기 문명기에서 한 왕조에 이르기까지의 여성들에 대한 125편의 전기로 구성되어 있는데, 이 여성들은 도덕적 딜레마에 직면하여 다양한 덕을 삶으로 보여 주었다. 종종 자기희생의 이야기를 포함한다. 로빈 왕은 이 이야기들에서, “왕자가 그들을 깨우러 오기 전까지는 (…) 그 어떤 도덕적 행위도 결여”한 주인공이 등장하는 『백설공주』나 『잠자는 숲속의 미녀』, 『신데렐라』 같은 서양의 동화에 나오는 여성들의 도덕적 주체성을 위한 좀 더 견고한 토대를 발견한다. 그녀는 중국 여성들의 도덕적 주체성은 공동체적 명예와 인정에 기초한 덕분으로 여긴다. “『열녀전』에 등장하는 여성들이 자존을 획득하는 것은, 바로 타인에 의해서 존중되고 인정받기 때문이며, 도덕적 행위자로서 정체성은 그들이 거주하는 공동체와 관련이 깊다.” 그녀는 이러한 “페미니스트적인 자기 존중 개념”과 도덕적 행위 주체성이 연대와 구성원 자격의 형식과 연관이 있다는 부담을 지는(연고적) 자아를 강조하는 내 주장 사이에서 유사점을 발견한다.

로빈 왕에 따르면 유향의 고전 문헌은 중국 역사에 걸쳐 여성의

11. 중국 철학에서 배우기

삶에 대한 이해를 형성해 왔고, 지속적인 열녀(모범적 여성)의 전통을 창조했다. 그것은 또한 "여성의 권력과 동일시되는 음과 남성의 권력과 동일시되는 양의 교차가 모든 사물과 사건을 산출한다"는 믿음도 지지한다. 그녀는 여성의 우주적 힘에 대한 이런 비전을 "여성이 하늘의 절반을 쥐고 있다"는 마오쩌둥의 유명한 명제에서 듣는다.

음양 우주론에서 시작해 일상에서 표현되는 남성과 여성의 역할 상보성은 인간의 다양성을 긍정하는 중국 전통의 한 원천을 제공한다. 그런데 도덕적 불일치가 찬미할 가치가 있다는 견해에 대한 지지는 존재하는가? 로빈 왕은, 내가 다원주의 사회는 활발한 도덕적 토론에 개입할 필요가 있다고 강조하면서도 정의로운 사회에 왜 도덕적 불일치가 필요한지를 적절하게 설명하지 않는다고 보았다. 이런 필요가 서양에서는 자명한 것으로 보일 수 있겠지만, 근대에 도덕적 불일치가 "어렵기도 하고 또 장려되지도 않아 보이"는 중국의 맥락에서는 덜 명확하다. 이 질문에 대답하기 위해 그녀는 도가 전통과 사상가 장자에게로 돌아간다.

로빈 왕은 세계와 그의 만물의 생성(生)에 대한 도가적 설명을 제시하면서 시작한다. 그리고 그녀는 장자의 지식에 대한 설명을 제시한다. 장자에 따르면 우리는 다양하고 독특한 관점에 따라 세상의 만물을 인식한다. 그 어떤 관점도 다른 관점에 대해 특권적이지 않다. 완전한 이해를 위해서는 우리의 판단을 제약하는 조건들에 대해 깨달아야 한다. 이는 또한 우리의 것과는 다른 관점들을 인정하고 잘 평가해야 가능하다. 로빈 왕은 이렇게 설명한다. "도에 기초(도추)한 삶의 전망은 개인적이고 일방적인 관점들을 폐기하고 (…) 실제

를 바라보는 다양한 관점을 제대로 평가하고 또 나아가 축하해 준
다. 도의 관점에서 만물을 바라보는 일은 (…) 다양한 관점을 인식하
는 능력과 함께, 세계의 더 크고 파노라마적인 패턴을 볼 수 있는 능
력도 요구"한다.

(왕이 인용하는) 장자의 주장을 리비아 콘이 요약한 바에 따르면 "진
인은 관찰하되, 자신의 독특한 관점에서 사물을 보고, 자신의 독특
한 관점이 무엇인지를 이해하면서 관찰한다. 그는 증언하되, 초연한
관점에서 실재의 흐름을 지켜보면서 증언한다. 그는 검토하되, 사물
들 사이를 바라보고, 그것들 사이에 숨겨진 관련성을 보면서 검토한
다. 그는 이해하되, 전체를 아우르는 지식의 완전한 명료함과 밝음
으로 자신을 열어 놓으며 이해한다."

어떤 점에서는 스피노자와 흡사해 보이는 이 관점에는 강력하고
매력적인 점이 많다. 로빈 왕에게 장자의 입장은 도덕적 불일치를
단순히 관용하는 것이 아니라 긍정하는 장점이 있다. "장자는 다양
성의 내적 가치와 고유한 기능을 인정했다. 그는 우리가 공통으로
지닌 고정된 개념적 범주와 가치를 흔들게 될 대안적 관점에 열려
있어야 한다는 점을 잘 설명하고 있다. (…) 다양한 관점을 허용함으
로써 인간의 정신은 고양되고 더 높은 지평(도추)에 도달할 수 있다."

도가, 자만심 그리고 제약

상하이에서 강의를 하는 중국 철학 전공 미국인 학자인 폴 담브
로시오는 도가 사상의 다른 측면을 도입하여 나의 저서 『완벽에 대

한 반론: 유전공학 시대의 윤리』에서 제기한 생각들을 살펴본다. 그 책에서 나는 유전공학이 치료 목적 – 병을 치료하거나 부상을 고치는 목적 – 을 위해서 사용되어야지 유전적 강화를 위해서 사용되어서는 안 된다고 주장한다. 우리의 자녀들(혹은 우리 자신들)을 더 크고 더 강하고 더 영리하게 하기 위해 유전공학을 사용해서는 안 되며, 또 우리 자녀들의 성별 혹은 성적 지향을 선택하기 위해서 유전자 기술을 사용해서는 안 된다. 나는 유전적 강화를 위한 충동이 "일종의 과도한 행위 주체성을, 다시 말해 우리의 목적과 욕구를 충족시키기 위해 인간 본성을 비롯한 자연을 개조하려는 프로메테우스적 열망을" 대표하는 것으로 본다. 지배에 대한 이러한 충동은 "인간의 능력과 성취가 (…) 주어진 선물의 성격"(『완벽에 대한 반론』, p.45)을 가지고 있다는 점을 제대로 이해하지 못하는 것이다.

자신의 자녀에게서 유전적 특징을 집어내고 선택하기를 추구하는 것은 자녀들을 마치 소비 상품처럼 여기는 것이다. 그런데 이런 태도는 무조건적 사랑이라는 규범과 상충한다. "자녀를 선물로 인정하는 것은 그들을 설계 대상이나 부모 의지의 결과물 또는 부모의 야망을 이루는 수단으로 여기지 않고 자녀의 모습을 있는 그대로 받아들이는 것이다. 부모의 사랑은 자식이 가진 재능과 특성을 조건으로 하지 않는다." 이것이 바로 부모 된다는 것이 윌리엄 F. 메이가 "선택하지 않은 것을 열린 마음으로 받아들이는 태도"(pp.67-68)라고 한 것을 가르치는 이유다.

담브로시오가 지적한 것처럼, 일부 유가 철학자들은 유전적 강화를 반대하는 내 입장과 그것이 주장하는 "선물로 받음의 윤리"가 유학과 정합적인지의 여부에 대해 논쟁을 펼쳤다. 판루이펑은, 만일 아이의 IQ나 운동 기량을 유전학적으로 강화하는 것이 "가족에 기초를 두고 예를 따르는 덕 있는 삶의 방식"을 영위하는 아이의 능력에 해를 끼치지 않는다면 공자는 반대하지 않을 것이라고 주장했다 (Ruiping Fan, 2010, p.68). 조지프 챈(2010)은 그 입장에 반대한다. 그이유는 "유전공학에 대한 이러한 유학의 관점 이해는 너무 협소하다"는 것이다. 그는 유교적 가족관계가 "하늘과 땅, 자연과 인간, 그리고 사회 질서와 정치 질서가 상호 의존적이며 서로 연결되어 있는 더 큰 사회적·우주적 맥락에 둘러싸여 있다"(p.83)고 주장했다. 따라서 유학자들은 내가 "자연의 도덕적 질서에 대해, 그리고 주어진 세계를 향한 인간의 적절한 입장에"[5] 관해 제기하는 질문을 중요시한다. 만일 유전적 기술이 "그들 자신 및 만물의 자연을 자기가 바라는 대로 결정하거나 바꾸기 위해" 인간을 강화한다면, 이러한 것은 유학자들에게는 환영할 만한 것이라기보다는 우려할 만한 것이라고 챈은 썼다. "왜냐하면 하늘(天)과 땅(地)과 인간(人) 사이 삼중의 균형이 근본적으로 흔들리기 때문이다"(p.84).

담브로시오는 도가적 사유가 유전적 강화에 반대하는 나의 주장을 지지하거나 적어도 철학적 공감의 원천을 제공한다고 주장한다. 그는 도가 사상의 세 개념을 지목한다. 『장자』에 나오는 "기계적 사유", 즉 "기심機心", "족함을 하는 것"이라는 이상, 즉 "지족知足", 그리고 "참사람"인 "진인眞人"이 그것이다. 담브로시오는 이를 하이데거가 현대의 기술 지향성에 체화되어 있는 것으로 보았던 계산적 사유에 대한 비판과 비교한다. 『장자』는 오늘날 공학자, 경제학자, 공리주의자들 사이에 익숙한 경향인, 순수한 계산적 용어로 사유하는 기계에 빠진 사람들의 경향성에 대해 경고한다. 『장자』는 기심에 대해 도가 적인 노인과 공자의 제자인 자공과 만나 나눈 대화를 통해 설명한 다. 밭일을 하는 노인은 물통을 나르며 밭에 물을 주는데, 자공이 다 가와 백 이랑이나 되는 넓은 땅을 단 하루에 물을 줄 수 있을 정도로 많은 물을 나를 수 있는 기계를 추천했다. 이 충고에 대해 노인은 비 웃으며, 자신은 목적에 맞는 충분한 물을 주고 있으며 물을 많이 주 어 더 많이 수확할 필요가 없다고 말한다. 그는 농사를 사업으로 하 는 데 관심이 없고, 여하튼 기계적인 일은 기계적인 마음으로 이끌 뿐이라고 한다.

이 이야기는 또한 『장자』만이 아니라 『노자』에도 나오는 개념인 "족함을 아는 것", 즉 "지족"이라는 주제도 설명한다. 만족함을 완전 히 이룬 사람은 영원히 확장되는 탐욕을 충족시킬 새로운 수단 – 기 술적 접근 – 을 고안함으로써가 아니라 자신의 탐욕과 욕망을 제어 하는 법을 배움으로써 만족을 이룬다는 것이다.

물 펌프에 대한 노인의 조롱에 찬 거부는 순진한 제안에 신랄하 게 반응한 것처럼 보이기도 한다. 그런데 이것은 우리가 자신의 활 동과 목표를 이해하는 방식과 기술과의 복잡한 관계에 빛을 비춘다. 우리는 때때로 기술에 대해 우리의 목적을 보다 효율적으로 추구하 는 가치중립적 수단으로 본다. 만일 새롭게 고안된 물 펌프와 물대 기 도구가 밭에 물을 주는 수고를 덜어 줄 수 있다면, 그것은 내게 한 가지 선택지를 준다. 내가 동일한 보통 정도의 일을 보다 적은 수 고를 통해 완수할 수 있거나 그 도구 덕에 같은 노력을 확장해서 더 많이 수확하여 시장에 내다 팔 수 있다. 기술은 나의 선택을 결정하는 것이 아니라, 단지 내 선택지, 곧 나의 자유를 확장한다.

그런데 도가적인 노인은 좀 더 중요한 무엇인가 – 우리가 행동으로 나아갈 때 갖게 되는 태도에 관한 무엇인가 – 를 포착한다. 기술은 목적과 목표에 대한 우리의 관계를 변화시킬 수 있다는 것이다. 관개 시스템의 발명은 전통적 농사일의 의미를 바꾸어, 이제는 이윤을 위해 판매할 수 있는 잉여를 창출하기보다는 생존을 위해 충분할 정도로만 수확물을 생산하는 퇴보적이고 비효율적인 양태의 농업으로 만들어 버린다. 이 활동에 대한 재묘사는 도가적 노인에게 자기 직업을 버리고 농업 비즈니스로 나아가라고 하지 않을 수도 있지만 어떤 압력을 발휘한다. 물 펌프에 대한 자공의 충고는 밭일이라는 활동에 대한 함축적 태도 – 밭일은 주로 작물 생산을 위한 것이며, 더 많은 작물을 생산하는 것은 적게 생산하는 것보다 더 낫다 – 를 그 충고와 함께 전달한 것이다. 이런 태도는 도구적 이성 혹은 기계적 심성을 예시로 보여 준다. 그것은 또한 필요와 욕망의 확산, 즉 "만족을 완전히 이룬다"는 도가적 이상과는 상충하는 태도를 가정하고 장려하는 것이다

담브로시오가 주장한 것처럼, 이러한 도가적 감수성은 맞춤형 아기와 유전적으로 강화된 아이를 만들어 내기 위해 생명공학을 사용하는 데 대한 나의 염려와 맥을 같이 한다. 농사일과 육아에 있어서 기술에 의존하는 것은 도구적 및 계산적 규범들을 장려함으로써 활동의 의미를 변화시킬 수 있다. 야심 있는 부모라면 자녀의 *성공*을 돕기 위해 이미 노력을 아끼지 않는다. 아이가 깨어 있는 시간을 과

외 학습, 대입을 위한 예비학교, 음악 레슨, 건강 조건 유지 등등으로 채우면서 말이다. 이런 기술적으로는 낮은 수준이지만 높은 압박 가운데 이루어지는 자녀 양육 기술조차도 희생자를 만들어 내고 있으며, 부모가 자식을 개선시켜야 할 상품으로서가 아니라 아껴야 할 선물로 받아들이는 능력을 퇴락시키고 있다. 조바심 내는 부유한 부모들이 자신의 아이에게 강화가 이루어지지 않은 친구들보다 경쟁력을 더 가져 이길 수 있도록 유전적 기술들을 갖도록 하는 것은 이런 좀먹는 태도를 더욱 깊이 자리 잡게 한다.

자녀를 선물로 여기다고 해서 부모에게 병이나 질병에 수동적이어야 한다고 주장하는 것은 아니다. 진보적인 생명의료 기술의 도움을 받아서라도 병들거나 부상당한 자녀를 치료하는 것은 자녀가 가진 자연적 역량을 무시하고 기술을 덧씌우는 것이 아니라, 오히려 자연적 역량을 꽃피우게 하는 것이다. 비록 의학적 치료가 자연에 개입한다고 해도 그렇게 하는 것은 건강을 위한 것이며, 따라서 정복과 지배를 위한 무한한 경매 입찰을 하는 것은 아니다. 왜냐하면 의료는 건강을 구성하는 자연적인 인간적 기능들을 회복시키거나 보존한다는 규범에 의해 통제, 혹은 적어도 지도를 받기 때문이다.[6]

도가 사상가들이 동의할지는 모르겠다. 만일 물 펌프(또는 물 호스일 수도 있겠다)가 기계적 마음의 약탈을 촉발하는 것이라면, 관상동맥 바이패스 수술도 그와 유사한 거리낌을 유발할 수 있다. 또는 문제는 의료적 개입이 허용 가능한가의 여부가 아니라 아마도 외과의사가 자신의 수술 칼을 자연에 맞추어 사용하는지의 여부에 달린 것이라 할 수도 있겠다. 아마도 "자연의 질서에 따르는" 의학적 처치와 지배에 대한 입찰과 같은 개입 사이에 차이가 있는 것이라 할 수 있겠다. 후자는 주어진 것에 대한 모욕이다.

이와 연관하여 나는 소를 해체할 때 칼을 능숙하게 사용하는 (『장자』에 나오는) 백정 포정의 이야기에 깊은 인상을 받았다. 자신의 칼을 너무나 능숙하게 사용하여 소의 자연적인 결에 따라 칼을 잘 들이댐으로써, 그의 칼날은 19년을 사용해도 조금도 무디어지지 않았다. 만일 능숙한 도축자가 소를 해체하면서도 자연에 대해 존경을 표한다면, 유능한 외과의사도 그와 같은 정신으로 심장이나 뇌를 치료할 수 있을 것이다. 담브로시오는 이렇게 쓴다. "이런 견지에서 세상에 접근하면 우리는 어떤 의미에서는 세상에 대해 신비롭게 여기며 상당한 존경심을 유지할 수 있을 뿐만 아니라 세상을 정복하려는 유혹에 자연스럽게 저항할 수 있다. (…) 이와 같이 도가는 신에게 호소하지 않으면서도 선물로 받음의 윤리가 어떤 모습인지 더 구체적으로 설명해 준다."

유전공학에 대한 나의 비판과 관련하여 담브로시오가 가져온 세 번째 도가적 개념은 장자가 말하는 진인의 "사회적 규범과 역할을 수행할 때 그로부터 비판적인 거리를 유지할 줄 아는 능력"이다. 담브로시오는 예술적인 말재간을 활용하여 "참사람"처럼 자발성과 부동심 imperturbability을 보여 주는 모범적 인물을 다음과 같이 묘사한다. "사회적 역할과 인격적인 관계를 통해 자아를 계발하고 수양하고자 하는 공자의 성인, 즉 군자에 대한 직접적인 반응으로서 진인은 사회적 영향력에 휘둘리는 것을 주의한다."

자신이 속해 있는 사회적 역할과 비판적 거리 유지를 배우는 것은 자만심, 즉 자신의 성공은 자신이 이룬 일이며 따라서 사회가 그에게 부여한 상을 받을 자격이 있다고 성공한 자들이 생각하는 경향에 대해 가치 있는 교정책이 될 수 있다. 우리의 능력과 재능은 우연성을 바탕으로 한다는 생생한 감각은 겸손을 불러일으킨다. 유전적 강화 충동에 관해 내가 염려하는 부분은, 그것이 우연과 행운의 역할을 쇠퇴시키는 가운데 성공한 자들이 갖는, 자기 자신은 행운에 의존하기보다는 전적으로 스스로가 만든 것이며 자신만으로 충분한 것이라고 하는 확신을 강화할 수 있다는 점이다. 이는 겸손과 자신들보다 운이 덜 좋은 이들에 대한 책임감을 줄일 것이다.

자신의 경력에 지나치게 자부심을 갖지 말라는 장자의 강조는 이런 사고방식에 대한 교정책이다. 담브로시오에 따르면, 특정한 타입 혹은 지적인 능력은 "이런저런 직업에서 성공적으로 일할 수 있게 해 준다. (…) 따라서 사람들은 자신의 역할, 신분, 지위 때문에 자신만이 유독 위대하다거나 유독 끔찍한 처지에 있다는 생각에 휩쓸려서는 안 된다."

담브로시오는 내가 유전적 강화와 더불어 말했던 정복을 위한 프로젝트 제한을 옹호하는 내 주장과 이런 도가적 감수성 사이에서 아주 흥미로운 연관성을 확인한다. 그러나 그는 내가 "도가의 정적주의적 경향이 갖는 폭넓은 함축"에는 동의하지 않는다는 점을 적절히 지적한다. 사회 문제를 생명공학적으로 처치하려는 데 내가 반대하는 것은 우리에게 현존하는 사태를 비판적으로 반성하지 못하게 하고, 어떻게 보다 정의로운 사회를 가져올 수 있는지를 묻지 못하게 하는 점 때문이다.[7]

유가적 인간관

우리의 사회적 역할을 어떻게 이해할 것인가 - 그리고 그것을 얼마나 가볍게 혹은 깊게 짊어질 것인가 - 는 자아가 무엇인가라는 물음에 깊은 질문을 제기한다. 이 질문들은 저명한 북미 유학 전공 학자인 로저 에임스와 헨리 로즈몬트 주니어가 쓴 논문의 핵심이다. 그들이 쓴 많은 저작들에 더해 그들은 공동으로 『논어』를 번역했다. 서양의 철학자들이 유학 사상을 서양 철학의 범주에 맞추기 위해 뒤틀지 않고 그 자체의 언어로 이해할 수 있게 한 주목할 만한 사건이었다.

에임스와 로즈몬트는 서양 철학에 친숙한 "자유롭고 합리적이고 자율적인 개인으로서 자아 개념"에 몹시 비판적이다. 그들은 이런 개념이 철학적으로 오류가 있고, 로즈몬트가 부르는 "자본주의 시장 경제 안에서 지속적으로 일어나는 이데올로기적 장난질"에 대해 책임이 있다고 본다. 그들은 유가 전통에서 대안적 자아 개념을 확인하는데, 그들은 이것이 도덕적으로 매력적이며 우리가 실제로 살고 있는 인간의 삶에 적합하다고 생각한다. 그들은 이 개념이 "토대주의적 개인주의에 대한 적절한 대안을 지속적으로 모색하는 우리에게 한 자리를"(에임스) 차지할 만하다고 생각한다.

서양 철학의 개인주의적 윤리에 대한 유가적 대안을 어떻게 성격 규정할 것인가는 유학자들 사이에 논란이 되는 주제다. 많은 사람은 유가의 윤리를 아리스토텔레스의 덕 윤리와 비슷한, 일종의 덕 윤리로 서술한다. 아리스토텔레스의 덕 윤리에 따르면, 좋은 삶은 특정한 태도와 덕목, 그리고 인격적 특성들을 수양하는 데 있다. 에임스와 로즈몬트는 그 대신 유가 윤리를 역할 윤리로 서술하는데, 역할 윤리에 따르면 우리는 독립적으로 이해된 일련의 덕목에 따라 살아감으로써가 아니라, 가족에서 시작하여 우리를 규정하는 역할과 관계에 따라 살아감으로써 인간적이 된다. 에임스의 설명에 따르면 개인들은 "돈독하고 본래적인 관계들을 가꿈으로써" 인간이 된다. "이 관계는 우리의 초기 조건을 구성하며 또한 가족과 공동체와 우주 안에서 우리 삶의 내러티브 궤적을 잡아 주는 것이다." 유가 윤리에 대한 이러한 해석들 사이의 논쟁을 해결하는 것은 그것이 의존하는 자아 개념에 대한 검토에 달려 있다.

여기서 그들은 내 작업과 유가 전통 사이의 접점을 발견한다. 자신의 목표와 선호에 앞서서 또 그것과 독립해서 정의되는, 자유롭게 선택하는 개별적 자아 개념에 대해서는 나도 역시 비판적이었다. 나는 이런 자아 개념, 즉 부담을 지지 않는(무연고적) 자아 개념은 임마누엘 칸트에서 존 롤스로 이어지는 자유주의 도덕 및 정치철학에서 형성된 것이며 잘못된 것이라고 주장해 왔다. 이런 자아관은, 정의로운 사회란 개인이 자신의 목표를 스스로 선택할 수 있는 중립적인 권리의 틀이 되어야만 한다는 생각을 지지한다. 만일 자아가 자신의 목표보다 앞서서 주어진 것이라면, 권리는 선보다 우선되어야 한다. 만일 우리가 자유롭게 선택하는 독립적 자아라면, 우리의 자유를 존중하는 것은 여러 목표들 사이에서 중립적인 권리의 틀을 요구하는 것이지, 좋은 삶에 대한 특정한 관념을 긍정하거나 시민의 덕을 함양하기를 추구하는 정치 공동체를 요구하는 것은 아니다.

에임스와 로즈몬트는 부담을 지지 않는(무연고적) 자아에 대한 나의 비판을 받아들이며, 정의와 권리가 좋은 삶에 대한 개념을 참조하지 않고서 정의될 수 없다는 나의 주장에 동의한다. 그러나 그들은 내 주장이 충분히 진행되었다고는 생각하지 않는다. "로저와 나는 샌델이 했던 작업에서 진일보해서, 우선 부담을 지지 않는(무연고적) 자아 개념뿐만 아니라 (…) 자아의 존재 자체를 문제 삼고 싶다"라고 로즈몬트는 쓴다. 자아의 자리에 우리는 "완전히 서로 연결된 역할을 담지한 자아"의 그림을 채택해야 한다. 그는 자신들이 주장하는 바에 대한 에임스의 요약을 이렇게 인용한다. "공자의 사상 속에는 우리가 **실제로** 어떤 존재인지를 알려 주는 자리와 같은, 그리고 일단 가족과 지역사회 속 관계들의 특수한 층들을 벗겨 내면 남게 되는 어떤 핵심적인 인간 **존재**에 대한 준거 같은 것은 없다. (…) 그래서 삶의 목표는, 우리를 독특한 존재로 만들어 주는 그런 역할과 관계 속에서 최적화된 방식으로 적절히 처신함으로써, 자신을 위해서 그리고 타인을 위해서 조화와 향유를 달성하는 것이다."[8]

일단 우리의 모든 역할이 확정되고 그것들 간의 상호 관계가 명확해지면, 거기에는 지아라고 부를 수 있는 "어떤 것도 남아 있지 않게 된다"라고 로즈몬트는 덧붙인다. 그는 이러한 자아상이 한 삶의 일생에 걸친 자아 정체성의 연속성 혹은 통일성에 대해 그 어떤 설명도 제공하지 않는다는 함의 때문에 움츠러들지 않는다. "그런 식으로 내가 살고 있는 역할들을 다 더한다면, 나이가 들면서 내 역할도 변할 것이고, 결과적으로 나는 문자 그대로 아주 나른 사람이 된다는 결론이 도출된다." 그에 따르면 이런 설명은 "우리가 **실제로** 그런 존재라고, 우리가 그런 존재성을 가졌다고 생각하고 느끼도록 배운 자아, 우리 인생의 우여곡절에도 변하지 않는 자아인 그 **본질적** 자아에 어긋난다. 유가적 관점에서는, 그런 본질적 자아를 추구하는 것은 불가능을 좇는 일이다. 왜냐하면 타인들 사이에서 우리가 사는 역할에 의해서 우리가 **구성되기** 때문이다."

역할 윤리가 덕 윤리보다 더 올바로 유가 문헌들을 읽고 있는지는 내가 말할 문제가 아니다. 그러나 에임스와 로즈몬트는 문헌적 해석을 제시할 뿐만 아니라 역할 담지자라는 관점이 윤리와 자아상을 이해하는 최상의 길을 제공한다고 주장한다. 그들은 옳은가? 전적으로 역할과 관계로 구성된 역할을 담지한 자아를 선호하는 가운데 자아의 존재를 전적으로 거부하는 도덕성 개념은 얼마나 타당한가? 에임스와 로즈몬트가 관찰한 것처럼 내 견해는 유가의 사유 방식과 많은 공통점이 있지만 그럼에도 불구하고 그 두 사람의 것과는 다르다. 그들과 함께 나도 도덕성이 자율적이고 개별적인 자아들의 선택에서 발생한다는 생각을 거부한다. 하지만 나는 우리가 "도덕적 행위자 없이 도덕에 대해 생각"할 수 있다는 데는 동의하지 않는다.

그 이유는 다음과 같다. 우리의 정체성이 일생에 걸쳐서 갖는 연속성이 삶의 우여곡절에도 영향을 받지 않고 그 윤곽이 영원히 고정되어 있는, 우리 존재의 핵심에 있는 "본질적" 자아에 의해서 주어진 것이라고는 나는 생각하지 않는다. 그리고 한 개인이 그의 역할과 상황의 "총체적 종합"이라고도 생각하지 않는다. 순수한 종합이라는 그림이 놓치고 있는 것은 내러티브와 반성(비판적 반성을 포함)의 역할이다. 사회적 역할과 관계뿐만 아니라 그 역할과 관계에 대한 해석도 역시 자아상을 구성한다. 그러나 내러티브와 해석은 내러티브를 만드는 자와 해석자를 전제한다. 자신들이 처한 상황을 이해하려고 하며, 자신들에게 요구되는 목표와 애착을 평가하고 가치를 따져보기를 바라는, 이야기하는 자아 말이다. 그리고 이러한 해석적 활동, 이러한 이해하기가 도덕적 행위자를 구성한다.

에임스-로즈몬트의 자아관과 나의 자아관 사이를 매개하려는 논문에서 폴 담브로시오는『개인주의에 반대하며Against Individualism』(2015)라는 책에서 로즈몬트가 소개한 비유에 대해 논의한다. 본질적이고 지속적인 자아의 존재를 믿는 이들은 개인을 마치 씨를 가지고 있는 복숭아와 같다고 생각한다. 비록 피부와 과실 부분은 변화하더라도 씨는 지속한다. 이런 자아 정체성 개념에 대해 "이러한 다양한 사회적 역할을 하는 (진짜) 자아는 누구인가?"라는 질문은 이해할 만하다. 그러나 사회적 역할과 관계가 정체성을 구성한다고 믿는 이들은 자아가 마치 양파와 같다고 생각한다. 역할들 - 아들이나 딸, 남편이나 아내, 부모, 조부모, 친구, 선생, 이웃 등등 - 을 벗겨 내면 아무것도 남지 않는다. 로즈몬트는 자아에 대한 반본질주의적, 역할 담지적 개념을 설명하기 위하여 양파에 비유한다.

나는 이 두 식물만을 선택지로 삼는 것에 불편함을 느낀다. 나는 복숭아씨의 본질주의적 함의를 받아들이지 않는다. 만일 우리의 정체성이 부분적으로 우리의 목표와 애착으로 구성된다면, 그것들이 변화하는 삶의 상황에 따라 변형될 수 없다고 생각하는 것은 오류다. 그러나 양파의 비유도 받아들이기 힘들다. 혹은 적어도 나는 누가 그 다양한 층을 벗겨 내며, 왜 그렇게 하는지를 묻고 싶다. 이것이 중요한 이유는 우리의 정체성이 자신에 대한 해석으로 다듬어지기 때문이다. 우리의 역할과 관계에서의 변화는 우리에게 단순히 일어나기만 하는 것이 아니다. 변화는 우리가 삶을 이해하는 방식인 내러티브들 가운데 이루어지는 변화에 반성을 통해 영향을 주고 기여를 한다.

30여 년 전, 중국 철학을 만나 도움을 받기 전에 나는 이런 내러티브적 자아관을 세밀하게 다듬어 보려 했다. 당시 내 공격 목표는 칸트와 롤스 식의 자유주의에서 말하는 부담을 지지 않는(무연고적) 자아 개념이었다. 이제 동양을 바라보면서 나는 내가 했던 설명이 비록 몇 가지 점에서는 차이가 있다손 치더라도 상당한 측면에서 유가 전통과 동조를 이루는 것을 알았다.

> 이와 같은 구성적 애착을 느끼지 못하는 개인을 상상하는 것은 이상적으로 자유롭고 이성적인 행위자를 이해하는 것이 아니라, 인격이 완전히 결여된 개인, 도덕적 깊이가 완전히 결여된 개인을 상상하는 것이다. 왜냐하면 인격을 갖는다는 것은, 내가 일으키지도 명령하지도 않은 역사, 그럼에도 불구하고 내 선택이나 행동에 대해 중요성이 있는 역사 속에서 내가 움직이고 있다는 것을 이해하는 것이기 때문이다. 그것은 나를 어떤 것으로는 더 가깝게 다른 것으로는 더 멀게 만든다. 그것은 어떤 목표를 더 적절하게, 다른 것은 덜 적절한 것으로 만든다. 자기-해석적 존재로서 나는 나의 역사에 대해 반성할 수 있고 어떤 의

미에서는 그것으로부터 나로 하여금 거리를 두게 할 수도 있지만, 그 거리는 항상 불안하고 임시적이며 반성의 초점은 결코 역사 그 자체의 밖에서는 최종적으로 안정되지 않는다. 따라서 인격을 가진 개인은 스스로 반성할 때조차도 다양한 방식으로 복합적인 존재라는 것을 알고 있으며, 자신이 아는 것의 도덕적 무게를 느낀다(Sandel, 1982, p.179).

문화를 넘나드는 대화

중국 철학을 전공한 학자들과 나의 저작에 대해 대화를 나누는 일은 내게는 여러 수준에서 학습의 기회가 되었다. 이는 나에게 익숙하지 않은 방향에서 이루어진 내 관점에 대한 도전들을 깊이 생각하게 했고, 중국 철학 내부에서 이루어지는 경쟁력 있는 관점들 일부를 보게 해 주었으며, 문화적 전통과 철학적 전통을 넘나들면서 대화가 어떻게 잘 진행될 수 있는지에 대해 놀라움을 주었다.

문화적 전통과 철학석 선동을 넘나드는 디회에 다가가는 두 가지 길을 생각할 수 있다. 하나는 일반화의 높은 수준에서 사유의 전통들을 비교하여, 그들 사이의 유사점과 차이점을 확인하는 것이다. 이런 접근은 두 전통에 통달한 학자들, 즉 자신이 발견한 바에 기대어 보고하는 학자에 의존한다. 이런 방식으로 이해된 비교철학은 사유의 자기 폐쇄적 전통에 중요한 도전을 할 수 있다. 서양 사상와 접촉한 유가 및 도가의 철학적 전통은 대부분 서양(그리고 특히 북미) 철학과 정치 이론을 괴롭히는 편협성에 많이 필요했던 해독제를 제공한다. 그것은 또한 예컨대 헤겔과 같은 서양 철학의 위대한 저술들 몇몇에도 나타나는 동양 사상에 대한 풍자화적 설명에 교정책을 제공하기도 한다.

이처럼 비교철학에 대한 아주 일반화된 접근법은 지적 지평들을 확장하는 데 기여할 수 있다. 하지만 그것은 문화를 넘나드는 상호 학습을 장려하기보다는 부주의하게도 방해할 수 있다. 전통 사상 간의 유사점과 차이점을 확인하는 기획은 학자들에게 한편으로는 중국 사상을, 다른 한편으로는 서양 사상을 도매금으로 특징을 설명하게 만들어 버린다. 이런 일반화의 충동은 어떤 점에서 반철학적이다. 이는 풍부한 섬세성과 내적 긴장과 해석적 논쟁을 가진 전통에서, 철학을 흥미롭게 하는 바로 그 불일치점들을 제거할 위험을 감수하기 때문이다.

만일 도매금으로 이루어지는 비교가 아니라면, 철학은 과연 어떻게 문화를 넘나들 수 있는가? 하나의 가능성은 보다 구체적으로, 즉 해석과 관련된 논란이나 도덕적 딜레마를 공통의 반성, 주장, 그리고 숙고의 출발점으로 삼는 것이다. 내가 중국과 서양에서 온 학생들과 함께 참여했던 교차-문화적 대화의 자리에서, 나는 참가자들에게 그들 각각의 철학적 전통을 대신해서 말하거나 혹은 자신의 견해가 어떤 문화에서 나온 것인지 스스로 의식하면서 말하지 못하게 했다. 그 대신 나는 그들에게 간단하고 구체적인 질문들에 응답해 달라고 요청했다. 예를 들면 이런 질문들이다. 자연재해를 당해서 병에 담아 파는 생수의 수요가 높아지고 공급은 달리는 상황에서 가게 주인이 생수의 가격을 높게 파는 것은 잘못된 것인가? 한 청년이 자신의 콩팥 하나를 팔아서 아이폰을 사는 것에 대해서 어떻게 생각하는가? 범죄를 저지른 자기 아버지를 처벌받지 않도록 보호하기 위해 고위직 공무원이 경찰의 조사에 개입해도 되는가?

토론이 진행되는 동안, 참가자들이 정의와 의무, 공동선 등에 대한 경쟁적 개념들을 놓고 토론을 벌이는 동안, 문화적 차이를 반영하는 반응의 패턴들을 때때로 어림잡을 수 있었다. 그러나 그런 차이점들을 확인하는 것은 그 연습의 초점이 아니었다. 그보다는 참가자들이 어려운 철학적 질문에 대해 비판적으로 생각하고, 그래서 자신들과 의견이 다른 이들과 함께 추론할 수 있도록 초대하는 데 초점을 두었다. 많은 경우에, 동일한 국가 출신 및 철학적 전통들 내부에서 발생하는 불일치가 다른 국가 및 철학적 전통들 사이의 차이들만큼이나 열정적이고 흥미로웠다.

문화를 넘나드는 학습에 대한 이와 유사한 구체적인 대화적 접근은 철학자들 사이에도 역시 적절할 수 있다. 학생들이나 대중들을 철학으로 이끌고 가는 윤리적 딜레마에서 시작하는 대신, 중국 철학 및 서양 철학을 전공한 학자들은 그들 각각의 전통에 속하는 핵심적 문헌들에 대해 연구하고 해석하고 토론하는 일정한 시간을 함께 보낼 수 있을 것이다. 그런 프로젝트는 의심의 여지없이 폭넓은 비교 철학적 질문들에 빛을 던져 줄 것이다. 하지만 최고의 목표는 핵심 문헌들 — 예컨대 『논어』, 『맹자』, 『장자』, 그리고 아마도 아리스토텔레스와 스피노자와 칸트(이 리스트는 하나의 예에 불과하며, 다른 사람들은 다른 문헌들을 제안할 수 있다) — 을 조명하고 탐구하는 복수의 관점들을 효율적으로 사용하는 것이다.

철학적 전통을 넘나드는 문헌 중심의 대화 형식은 "협동적 해석학"이라고 서술될 수 있다. 물론 어떤 특정한 문헌에 대해 일부의 협업자들이 다른 사람들보다 더 많은 지식을 갖고 있을 수 있다. 그러나 이러저러한 문헌에 대해 경험이 더 많은 학자라 하더라도 한 철학적 전통에 깊이 빠져 있는 동료들이 다른 전통에 대해 질문을 던지고 의견을 말할 때 예상치 못했던 무엇인가를 배울 수도 있다.

최종 생각은 이렇다. 중국 철학과 서양 철학 사이의 상호 학습을 위한 어떤 프로젝트든 어떤 비대칭성을 인정하는 데서 시작해야 한다. 내 친구이자 하버드대학교의 전 동료였던 뚜웨이밍은 언젠가 중국은 학습하는 문명이고, 서양은 가르치는 문명이라고 말한 적이 있었다. 그는 이것을 서양을 칭찬하는 뜻으로 말한 것이 아니었다. 그가 말하고자 한 것은, 세계의 다른 곳에 교훈을 주고 있다고 여기는 사회는 어떤 오만에 빠져 있다는 사실이었다. 그들의 가르침은 설교로 나아간다. 가르침과 설교에 열중하는 문명은 세계를 만나고 그에 경청하며 그로부터 배우는 능력을 상실한다. 나는 이 책에 참여한 나의 대화자들께 그들의 관대한 정신과 비판적 참여라는 선물에 대해 진심으로 감사를 드린다.

감사의 말

2016년 국제 콘퍼런스 '마이클 샌델과 중국 철학'을 개최한 화둥사범대학의 철학과와 중국현대사상문화연구소 그리고 통시쥔, 양구오롱, 양하이얀, 유젠후아에게도 감사를 표하고 싶다. 그 행사 덕분에 이 책을 쓰겠다는 생각을 하게 되었다. 화둥사범대학의 장펑키안, 류샹메이 그리고 교수진과 학생들의 도움이 없었다면 성공적인 콘퍼런스가 될 수 없었을 것이다. 이 책에 기고해 준 분들 외에도 뚜웨이밍, 양구오롱, 칼-하인츠 폴, 완준런, 지미 주, 요제프 그레고리 등이 참석해 주었다. 우리는 또한 이 학회에 참석해 준 100여 명의 교수와 대학원생 들에게도 감사를 드리고 싶다.

하버드대학교의 탁월한 편집자인 이안 말콤에게도 깊이 감사한다. 그는 이 책의 기획에서 출간까지 특유의 기민함과 부드러움을 발휘해서 방향을 잡아 주었다.

마이클 샌델은 지난 10여 년 동안 저서에 대한 강연회를 열어서 환영해 주고, 철학적 쟁점에 대한 토론회에 학생들을 참여시켜 준 아래 대학교와 연구소에 깊은 감사를 표하고 싶어 했다. 칭화대학, 베이징대학, 중국인민대학, 중국사회과학원, 대외경제무역대학, 중국정법대학, 푸단대학, 상해교통대학, 화둥사범대학, 중산대학, 협서사범대학, 샤먼대학, 홍콩대학, 홍콩중문대학, 국립대만대학이다. 그는 또 강연회를 개최하고 일반 대중과 공개 토론을 섭외해 준 다음 조직과 연구소에도 감사의 뜻을 전했다. 상해논단, 북경논단, 상해상성극원, 심천서점몰, 개봉기금회, 창세기북경, 중신출판사이다.

대학교와 공공기관에서 개최한 이 모든 행사에 참석해 준 분들이 샌델과 중국과의 만남을 더없이 풍성하게 해 주었다.

마이클 샌델,
폴 담브로시오

주

01. 조화 없는 공동체?

1   (역주) 'Confucianism'은 통상 '유교儒教', '유가儒家', '유학儒學'으로 번역하는데, 고
대 유가의 창시자인 공자의 라틴어 명칭 'Confucius'에서 연원한 말이다. 따라서
'Confucianism'은 공자의 가르침과 학문을 뜻하는 '유교' 혹은 '유학'으로, 또는 공
자와 그의 가르침을 따르는 집단 혹은 학파로서 '유가'라는 의미로 다양하게 번역
되어 왔다. 또한 형용사형인 'Confucian'도 '유교적', '유학적', '유가적' 혹은 '유학
자a Confucian' 등으로 다양하게 번역될 수 있다. 다만 이 책에서는 저자들이 주로 종
교와 구분되는 (정치)철학과 윤리로서 유학을 가리키는 경우가 많으며, 스스로를
공자와 맹자孟子, 순자荀子로부터 이어지는 철학 전통에 속하면서 서구의 자유주의,
공동체주의에 상응하는 입장을 의도하고 있기에 기본적으로는 '유가' 혹은 '유가
적'으로 통일하되, 매락상 필요할 경우에만 '유학', '유교'란 말로 번역하였다.

2   '조화로운/화목한harmonious'라는 말은 그의 책에서 오직 한 번 나온다. "이제 어느

날 화목했던 harminious 가족이 불화하게 되었다고 상상해 보자"(Sandel, 1998, p.33). 여기서 이 말은 어떤 적극적 의미로 사용되었다기보다 특별히 함축하는 바 없이 사용되었음이 분명하다. 샌델은 어떻게 해야 가족이 화목한지(조화로운지) 또는 왜 화목이 가족의 중요한 특성인지에 대해 중요한 논의를 제공하지 않는다.

3   물론 샌델 스스로는 자신이 다수결주의적 의미에서 공동체주의자가 아니라는 점에 유의해 달라고 말한다. 다수결주의자는 다수가 언제나 옳다고 보거나, "옳음은, 특정한 시대 특정한 공동체에서 우세한 가치에 의존한다"(x)는 의미에서 다수가 옳다고 본다.

4   (역주) '고전 유가Classical Confucian'란 통상적으로 고대 중국의 유가 혹은 유학을 가리킨다. 때때로 한漢나라 이전 공자孔子, 맹자孟子, 순자荀子의 선진先秦 유학을 가리키기도 하고 오경五經이 성립하는 한 왕조까지 유학을 포괄하기도 한다.

5   '인'은 유가 윤리학의 핵심 개념이다. 이 용어는 고전 사상가들이 이상적 덕성을 갖춘 인물의 근본적인 자질을 묘사할 때 사용되었다. 넓게 말해서 그것은 동료 인간과 그 너머까지 돌보아 주는 성향으로 이해할 수 있다. Li(2007)를 보라.

6   (역주) 『논어論語』「위정爲政」 2.3: 子曰: 道之以政, 齊之以刑, 民免而無恥; 道之以德, 齊之以禮, 有恥且格. (번역) 공자가 말했다. "정치로 인도하고 형벌로 다스리면 백성이 형벌은 면하겠지만 부끄러움을 모르게 된다. 덕으로 인도하고 예로 다스려야 부끄러움을 알고 또한 잘못을 바로잡게 될 것이다."

7   알려진 바에 따르면 공자는, '옛날'(유학자들이 이상적으로 여기는 요순堯舜과 같은 성왕聖王이 다스리던 시대를 가리킨다)에는 백성들의 행동을 예의로 다스렸기 때문에 형법이 거의 사용되지 않았다. 그러나 공자의 시대에는 예의가 타락하여 형법을 많이 사용하지 않을 수 없었다고 한다. 이에 대해서는 『공총자孔叢子』「형륜刑論」을 참조하라.

8   (역주) '대사구'란 오늘날의 법무장관 또는 검찰총장에 해당하는 직책으로, 형벌을 관장하던 고위직이었다. 하지만 실제 공자가 이 직위에 있었는지에 대해서는 논의가 분분하다.

9   『공자가어孔子家語』「상노相魯」를 참조하라.

10   샌델의 자아 관념에 대한 논의는 이 책의 제10장 폴 담브로시오의 글을 보라.

11   이에 대해서는 Li, Chenyang, *The Confucian Philosophy of Harmony*(London:

Routledge, 2014), 제10장을 참조하라.

12 『중용中庸』 10. "君子和而不流." 풀이하면, "군자는 조화를 이루지만 시세에 편승하지 않는다."

13 (역주) 『논어』 「자로子路」 13.23: 子曰: 和而不同. (번역) 공자가 말했다. "조화를 이루면서도 똑같아지지 않는다."

14 (역주) 여기에 소개된 이야기는 『춘추좌씨전春秋左氏傳』에서 제齊나라의 제후 경공景公과 명재상으로 유명한 안영晏嬰, 곧 안자晏子와의 대화다. 글의 전반부에 '국 끓이기' 비유가 나온다.

15 "以水濟水, 誰能食之." (역주) 이 표현은 앞의 역주(14번)에서 인용했던 문장에 이어지는 부분에서 나온다. 출전은 『춘추좌씨전』 소공 12년 조.

16 (역주) 『국어國語』 「정어鄭語」: "聲一無聽, 物一無文, 味一無果, 物一不講."

17 반대 측 당(노동자당)이 2011년에 GRC를 처음으로 승리하였다. 최근의 연구를 보면, 집단 대표성 선거구 구성이 증가하면서 여성의 정치 참여를 증진시켰다(Tan, 2014).

18 싱가포르의 체제는 이웃인 말레이시아와 대조되는데, 말레이시아의 몇몇 다수 정치 정당은 인종에 배타적으로 기반하고 소수민족을 회원 자격에서 명시적으로 배제한다.

19 http://www.straitstimes.com/singapore/singaporeans-respect-people-from-all-races-but-quite-a-number-find-racism-still-an-issue.

20 http://www.straitstimes.com/singapore/constitutional-commission-report-released-key-changes-proposed-to-elected-presidency.

21 이 글이 인쇄되어 나올 때 싱가포르 의회는 헌법 수정안을 채택하였고, 2017년 대통령 선거에서 말레이 인종 출신에게 적용되었다.

02. 개인, 가족, 공동체 그리고 그 너머

1 Sandel, 2009, p.222에서 재인용.

2   『맹자』의 많은 문장은 이와 같은 인간 존재에 대한 이해를 보여 준다. 예를 들어 3A4를 보라. 『맹자』의 문장들에 대한 모든 영역판 인용은 Lau(2003)를 참조하라. 더 자세한 논의를 보려면, Bai, 2012, pp.32-33을 보라. (역주) 이 부분에 해당하는 것은 『맹자』 「등문공 상滕文公上」 4이며 그 내용은 다음과 같다. "후직이 백성들에게 농사짓는 법을 가르쳐, 곡식을 심어 가꾸도록 하였다. 곡식이 익자 백성들이 스스로 기를 수 있게 되었다. 그런데 사람이 살아가는 방식은 배불리 먹고 따뜻하게 입어 사는 것이 편해져도 교육받지 않으면 짐승에 가깝다고 할 수 있다. 성인이 이를 근심하여 설에게 사도의 벼슬을 내려 인간의 도리를 가르치게 하였으니 다음과 같다: 아버지와 아들은 친해야 하고, 군주와 신하 간에는 의리가 있어야 하고, 부부 간에는 구별이 있고, 어른과 아이는 순서가 있고, 친구 사이에는 신의가 있어야 한다."

3   『순자』의 관련 문장에 대한 참조와 자세한 설명은 다음을 보라. Fung, 1966, pp.145-147.

4   (역주) 『논어』 「옹야雍也」 6.30: 夫仁者, 己欲立而立人, 己欲達而達人. 能近取譬, 可謂仁之方也已. (번역) "무릇 어진 사람은 자신이 서고자 하면 남을 세워 주고, 자신이 통달하고자 하면 남을 통달하게 해 준다. 가까운 데서 취하여 비유할 수 있다면 가히 인을 행하는 방법이라 말할 수 있다."

5   (역주) 여기서의 '자연스럽다'는 말은 '본성적'으로도 번역한 'natural'에 해당한다.

6   (역주) 『논어』 「자로」 13.18의 내용으로 다음과 같다. "섭공이 공자에게 말했다. '우리 고장에 행실이 곧은 사람이 있습니다. 그의 아버지가 양을 훔치면 아들이 (그 사실을) 관리에게 고발합니다.' 공자가 말했다. '우리 고장의 곧은 사람은 이와 다릅니다. 아버지는 아들을 위해 숨겨 주고, 아들은 아버지를 위해 숨겨 줍니다. 곧음이란 그 가운데에 있습니다.'"

7   (역주) 『맹자』 「만장 상」 3의 내용으로 다음과 같다. "제자 만장이 물었다. '(순의 동생) 상象이 날마다 순을 일 삼듯이 죽이려고만 했는데, 순은 천자가 되자 그를 추방만 했으니 어찌된 일인가요?' 맹자가 말했다. '영지에 봉해 준 것인데 어떤 사람은 '추방했다'고 말하기도 한다. (…) 자신은 천자가 되었는데, 아우는 평범한 사내가 되게 한다면 (순이 동생인) 그를 아끼고 사랑했다고 할 수 있겠느냐?'"

8   (역주) 『맹자』 「진심 상」 35의 내용으로 다음과 같다. "제자 도응이 물었다. '순이 천자가 되고 고요皐陶는 사법을 담당하는 관리가 되었을 때 (순의 아버지) 고수가 사람을 죽였다면 어떻게 처리할까요?' 맹자가 말했다. '그냥 집행하였을 것이다.' '그렇다면 순은 말리지 않았을까요?' '순이 어떻게 말릴 수 있었겠느냐! 고요에게는 그

가 받은 권한이 있기 때문이다.' '그렇다면 순은 어떻게 해야 합니까?' '순은 천하를 내팽개치듯 버리고서, (그의 아버지를) 몰래 업고 도망쳐 바닷가로 가서 살았을 것이다. 죽을 때까지 즐겁게 살면서 천하의 일은 다 잊었을 것이다.'"

9   예를 들어 Bai(2008a)를 보라.

10   (역주) 여기서 저자는 '그'를 '경찰청장the police chief'으로 쓰고, 주를 달아 "오늘날 우리가 이해하는 역할로서의 경찰청장은 아니다. 그러나 이야기를 세세하게 해서 복잡하게 만들지 않으려고 나는 경찰청장이란 용어를 사용하여 그가 맡은 관직을 서술하고자 한다"고 설명하였다. 원전의 내용에 따르면 해당 인물은 고요로서 순舜 임금 때의 명신名臣이고 벼슬 명칭은 단순히 '사士'로 나오기 때문에, 역자는 여기서 '사법을 담당한 관리'라고 번역하였고, 번거로움을 피하기 위해 원주의 번역을 생략하였다.

11   이에 대한 더 자세한 논의는 다음을 보라. Bai, 2008b, 2012(chap. 3), 2013.

12   이에 대한 더 자세한 논의는 Bai(2011)를 보라.

03. 덕으로서의 정의, 덕에 따른 정의 그리고 덕의 정의

1   나는 2016년 3월 상하이의 화둥사범대학에서 개최된 "마이클 샌델과 중국 철학 국제학술회의the International Conference on Michael Sandel and Chinese Philosophy"에서 이 글의 초고를 발표했다. 당시 샌델의 도전적 질문과 논평에서 많은 도움을 받았다. 나는 또한 그 후에 있던 학술회의에서 여러 가지 질문을 통해 더욱 개선된 글로 완성할 수 있게 해 준 줄리아 드라이버Julia Driver에게 감사한다. 유익한 내화를 나눈 마이클 슬로트Michael Slote에게서도 많은 도움을 받았고, 리첸양의 논평에도 감사한다.

2   (역주) Sandel, Michael J., *Public Philosophy: Essays on Morality in Politics* (Cambridge, MA: Harvard University Press, 2005). 번역문과 쪽수 표시는 국내 번역본을 따랐다. 김선욱 해제·안진환, 김선욱 옮김, 『정치와 도덕을 말하다: 좋은 삶을 향한 공공철학 논쟁』(와이즈베리, 2016).

3   (역주) Sandel, Michael J., *Justice: What's the Right Thing to Do?*(New York: Farrar, Straus and Giroux, 2009). 번역문과 쪽수 표시는 국내 번역본을 따랐다. 김선욱 감

수·김명철 옮김, 『정의란 무엇인가』(와이즈베리, 2014).

4 이 둘은 서로 다른 의미의 목적론이지만, 그 둘을 적절한 방식으로 연관 짓는 것 또한 중요하다. 특정 사회 제도와 관련되는 목적론은 인간의 목적human purpose에 관련되는 목적론에 종속된다. 왜냐하면 특정 사회 제도가 먼저 존재하는지를 결정하는 것은 후자이기 때문이다. 그렇지 않다면 예를 들어 도적 떼의 리더십도 분배하려 할 것이다. 그런데 도적 떼의 리더십은 그 목적이 훔치는 것이므로 이 목적에 관련되는 특성을 포상하고 영예롭게 하며 인정하는 것이다. 이 문제와 관련해 리처드 크라우트Richard Kraut는 아주 중요한 논평을 한 바 있다. "아리스토텔레스가 취하는 입장은 (…) 비록 성과merit가 독특한 물음들이 해결되는 토대라 할지라도 마땅히 고려되어야 할 성과의 유형은 전체 공동체의 공동선에 기대어 결정되어야 할 문제다. (…) 재화를 분배하는 제도의 정의는 이중성을 띠고 있다. 첫째로 그 제도가 공동선에 기여해야 하며, 둘째로 분배가 달성되어야 할 공동선에 비추어 적절한 성과의 기준에 부합해야 한다는 점이다. 만약 어떤 제도가 공동체의 안녕을 해친다면, 성과의 기준에 따른 재화의 분배에는 성공한다 해도 그 제도는 정의의 목표에 부응할 수 없게 된다"(Richard Kraut, 2002, p.147).

5 샌델이 제시한 대부분 사례가 덕스러운 사람들에게는 포상하고 악덕한 사람들은 처벌하지 않는 것들에 대한 것이긴 해도, 샌델은 "다른 사람의 불행한 처지를 이용하는 탐욕에 대해서는 포상이 아니라 벌을 줘야 마땅하다고 생각한다"(『정의란 무엇인가』, p.27)라고 말한다.

6 샌델의 견해에서 볼 때, 어쩌면 정부의 구제 금융 기금은 기업 경영자들의 탐욕이 아니라 기업을 망하게 한 것에 대한 포상일 수 있다.

7 마이클 파칼룩Michael Pakaluk은 이런 의미에서 다음과 같이 지적한다. "영어 단어 'justice'는 ① 정의로운 사태, 즉 정의로운 처리arrangement 또는 상황, ② 어떤 행위가 이루어진 의도, 또는 ③ 누군가를 정의로운 의도로 정의로운 사태를 향해 이끌어 가도록 품성이나 또는 미덕상의 자질the state of character, or virtue 등을 의미할 수 있다. 그리스어에서는 이러한 의미들 각각을 표현하는 단어가 구분되어 있다"(Michael Pakaluk, 2005, p.200).

8 (역주) 존 롤스 지음, 황경식 옮김, 『정의론』(이학사, 2003).

9 "정의로운 사회에 도달하기 위해 좋은 삶의 의미를 토론해야reason together 하고 나아가 불가피하게 일어날 수밖에 없는 견해 차이에 관대한 공적 문화를 창조해야 한다"(Sandel, 2011, p.1310)라고 주장하는 것을 보면 샌델은 이에 대해 동의하는 것

처럼 보인다.

10 물론 롤스의 정의의 원칙들이 그 사람에 의해 이해된 정의의 덕을 반영하거나 표현한다고 말할 수도 있지만, 이 경우에 롤스는 원초적 입장을 정의의 원칙들이 유래하는 절차로 설정한다. 그러나 분명히 롤스는 자신의 논지를 이러한 토대에 의존하지 않는다.

11 (역주) 『맹자』「이루 상」5: "天下之本在國, 國之本在家, 家之本在身."

12 (역주) 『예기』「대학」42.1: "欲修其身者, 先正其心. 欲正其心者, 先誠其意. 欲誠其意者, 先致其知. 致知在格物."

13 (역주) 『맹자』「공손추 상」6: "先王有不忍人之心, 斯有不忍人之政矣. 以不忍人之心, 行不忍人之政, 治天下, 可運之掌上." 이에 대한 일반적인 번역은 다음과 같다. "선왕에게는 남에게 차마 하지 못하는 마음이 있기에 남에게 차마 하지 못하는 정치가 있다. 남에게 차마 하지 못하는 마음으로 남에게 차마 하지 못하는 정치를 하면 천하를 다스리기란 손바닥 위에서 놀리듯 될 것이다." 여기서 필자는 '政'을 'government', 즉 정부의 의미를 강조하여 이해한다.

14 (역주) 저자는 Aristotle, *Nicomachean Ethics*, Translated by W. D. Ross. In *The Works of Aristotle*, vol.9(Oxford: Oxford University Press, 1963)에 따라 인용했는데, 여기서는 번역서에 따른다. 다만 인용 쪽수 표시는 전통적인 스테파누스 인용 체계 그대로 둔다. 아리스토텔레스, 이창우·김재홍·강상진 옮김, 『니코마코스 윤리학』(이제이북스, 2006).

15 (역주) 『맹자』「이루 하」19: "由仁義行, 非行仁義也." 통상적으로 이 문장은 "인과 의에 따라 행한 것이지 인과 의를 억지로 행한 것은 아니다"라고 풀이된다.

16 다음을 보라. Cohen, 2002, chap.8.

17 이 절의 내 논지는 법과 개인의 행위 사이의 유비를 해명코자 했던 것이다. 마치 정의로운 행위가 행위자의 정의로운 덕을 표현하고 반영하듯, 정의로운 법도 입법자의 정의로운 덕을 표현하고 반영한다는 것이다. 그러나 일치하지 않는 점도 있다. 정의로운 행위가 정의로운 사람에게서 나오는 반면 법은 한 집단의 사람들, 즉 입법자들에게서 나온다는 점이다. 이것은, 말하자면 한 집단의 사람들의 덕 이른바 제도적 덕 혹은 집단적 덕을 말할 수 있는가 하는 문제를 제기하게 한다. 이 논제에 대한 재미있는 몇 가지 논의들은 다음을 보라. Byerly and Byerly, 2016; Gregory, 2015; Fricker, 2010; Sandin, 2007; Ziv, 2012.

18 예를 들어 덕에 따른 정의가 오직 명예에는 적용되지만 번영의 산물에는 적용되지 않는가 하는 물음을 제기한 후에, 샌델은 "경제적 배분의 옳고 그름에 관한 주장은 어떤 사람들이 어떤 이유로 도덕적 자격을 갖추었는지 따지는 아리스토텔레스의 질문으로 흔히 다시 돌아가게 된다"(『정의란 무엇인가』, p.31)라고 말한다. 그런 다음 그는 곧바로 앞에서 언급했던 정부의 구제 금융 문제에 대한 논의로 이어간다.

19 데이비드 키트David Keyt도 비슷한 견해를 표현하면서 이렇게 말한다. "아리스토텔레스에게 분배적 정의는 일차적으로 정치적 권위political authority의 분배와 관련되며, (…) 오직 이차적으로만 부의 분배와 관련될 뿐이다"(David Keyt, 1985, p.24). 리처드 크라우트 또한 이렇게 말한다. "정의와 관련된 주된 물음에 대해 아리스토텔레스의 생각은 이것이다. '누가 권력을 가져야 하는가?'"(Richard Kraut, 2002, p.147). 그리고 이와 같은 이유로 인해 아리스토텔레스는 "때때로 분배가 능력merit이 아닌 다른 기준에 근거한다는 논점을 무시한다. 만약 음식과 자원이 필요에 따른 분배가 가능하다면, 정의는 더 많이 필요한 사람들에게 더 많은 양이 주어져야 한다고 요구할 것이다"(p.146).

20 아리스토텔레스가 그의 『니코마코스 윤리학』에서 두 종류의 구체적 정의, 즉 분배적 정의와 교정적 정의를 논했다는 일반적 견해와 달리, 주디스 스완슨Judith A. Swanson은 아리스토텔레스가 "세 가지 종류, 즉 분배적 정의, 경제적 정의, 징벌적 punitive 정의로 구분한다. 이때 정부는 공직과 영예, 권리와 특권을 분배하기 때문에 분배적 정의와 관련된다"(Swanson, 2011, p.1377)고 보았다. 특히 샌델과 키트에 대해 반론하면서 아리스토텔레스의 주된 관심은 경제적 정의라고 주장하면서도 스완슨은 아리스토텔레스의 경제적 정의의 원리가 분배적 정의와 징벌적 정의의 원리들과는 다르다고 주장한다.

21 샌델의 덕에 따른 정의에 대한 대안을 뜻하는 것이기에 유가의 덕의 정의는 마찬가지로 경제적 이익의 분배에는 관심을 두지 않는다.

22 (역주) 『맹자』「공손추 상」6: "由是觀之, 無惻隱之心, 非人也; 無羞惡之心, 非人也; 無辭讓之心, 非人也; 無是非之心, 非人也. 惻隱之心, 仁之端也; 羞惡之心, 義之端也; 辭讓之心, 禮之端也; 是非之心, 智之端也. 人之有是四端也, 猶其有四體也."

23 (역주) 『맹자』「고자 상」14: "體有貴賤, 有小大. 無以小害大, 無以賤害貴. 養其小者爲小人, 養其大者爲大人. (…) 養其一指而失其肩背, 而不知也, 則爲狼疾人也."

24 Aristotle, 1963, 1105b. 제4장의 끝부분을 보라. 번역서 『니코마코스 윤리학』의 제

2권 제4장 「품성 상태와 행위」, pp.59-61에 해당한다.

25 (역주) 저자는 출처를 "『王陽明全集』 1992, 2:68"라고 밝히고 있는데, 『王陽明全集』, 吳光·錢明·董平·姚延福 編校, 上海古籍出版社, 1992. 2권, p.68을 가리킨다. 국내에서 인용할 때에는 주로 저서의 명칭을 사용하기에 저서명(『傳習錄』)과 글 제목(「答陸原靜書」)으로 인용하였다. 원문은 다음과 같다. 『王陽明全集』 卷二 語錄二(『傳習錄』 中卷, 「答陸原靜書」): 良知本來自明. 氣質不美者, 渣滓多, 障蔽厚, 不易開明. 質美者渣滓原少, 無多障蔽, 略加致知之功, 此良知便自瑩徹, 些少渣滓 如湯中浮雪, 如何能作障蔽?

26 (역주) 이 문장은 왕양명이 인용한 문장으로, 옛사람의 말이라고만 표현하고 있는데 본래의 출전은 『荀子』 「勸學」이다. 출전은 다음과 같다. 『王陽明全集』 卷十七 別錄九 「南贛鄉約」(『王陽明全集』, 吳光·錢明·董平·姚延福 編校, 上海古籍出版社, 1992. p.599)

27 (역주) 출전과 원문은 다음과 같다. 『王陽明全集』 卷十七 別錄九 「南贛鄉約」: 往者新民蓋常棄其宗族, 畔其鄉里, 四出而爲暴, 豈獨其性之異, 其人之罪哉? 亦由我有司治之無道, 教之無方(『王陽明全集』, 吳光·錢明·董平·姚延福 編校, 上海古籍出版社, 1992. p.599).

28 이 두 가지 측면, 즉 자기 수양과 다른 사람에 대한 도덕 교육은 보통 유학에서는 함께 이루어지며 분리될 수 없다. 이런 의미에서 슬로트의 견해, 즉 자기 수양만으로는 불충분하다는 것은 맞지만, 그의 유학에 대한 이해는 오직 배타적으로 자기 수양만을 강조한다. 이는 도덕적 자기 수양이 유학의 중심이라 여기는 뚜웨이밍Tu Weiming과 아이반호P. J. Ivanhoe의 이해에 근거한 것으로 맞지 않다. Slote(2016)를 보라. (역주) 여기서 저자가 말하는 자기 수양과 도덕 교육은 전통 유학의 '수기치인修己治人'을 가리키는데, 이 두 가지는 별개의 과정이 아닌 하나로 여겨져 왔다. 저자의 논의는 이를 설명한 것이다.

29 (역주) 『논어』 「옹야」 6.30: "子貢曰: '如有博施於民而能濟衆, 何如? 可謂仁乎?' 子曰: '何事於仁, 必也聖乎! 堯舜其猶病諸! 夫仁者, 己欲立而立人, 己欲達而達人. 能近取譬, 可謂仁之方也已.'"

30 (역주) 『논어』 「위정」 2.4: "子曰: '吾十有五而志于學, 三十而立, 四十而不惑, 五十而知天命, 六十而耳順, 七十而從心所欲, 不踰矩.'"

31 (역주) 『논어』 「顔淵」 12.20: "子曰: '夫達也者, 質直而好義, 察言而觀色, 慮以下人.'"

32 (역주) 다음의 두 문장을 가리킨다.『도덕경道德經』49장: "좋은 사람에게 나는 좋게
대할 것이고, 좋지 않은 사람도 나는 좋게 대할 것이다. 이것이 덕의 선함(좋음)이
다 善者吾善之, 不善者吾亦善之, 德善." 63장: "크건 작건 많건 적건 원한을 은혜로 갚는다 大小
多少, 報怨以德."

33 (역주)『논어』「헌문」14.35: "或曰: '以德報怨, 何如?' 子曰: '何以報德? 以直報怨,
以德報德.'"

34 예를 들어 다음을 보라. Li, 2007, p.262.

35 예를 들어 다음을 보라. Li, 1999, p.339.

36 (역주)『논어』「안연」12.22: "子曰: '擧直錯諸枉, 能使枉者直.'"

37 다른 문헌에는 공자가 다음과 같이 말했다고 기록하였다. "옛날에는 임금에게 강력
하게 간하는 자가 여럿 있어도 죽고 나면 그들의 노력도 다 그치기 마련이었다. 그
런데 사어는 그렇지 않았으니, 죽어서 시체가 되어서도 간하기를 멈추지 않았다.
그의 충성심이 군주를 변화시켰으니, 어찌 그가 곧다고 여기지 않을 수 있겠는가?"
(역주)『공자가어』「곤서困誓」22.145: "孔子聞之日: '古之列諫之者, 死則已矣, 未有
若史魚死而屍諫, 忠感其君者也, 不可謂直乎.'"『논어』「위령공衛靈公」15.7: "子曰:
'直哉史魚! 邦有道, 如矢; 邦無道, 如矢. 君子哉蘧伯玉! 邦有道, 則仕; 邦無道, 則可
卷而懷之.'"

38 (역주) 저자는 출처를 밝히고 있지 않다.『논어정의論語正義』: "正人之曲曰直."

39 (역주)『맹자』「등문공 하滕文公下」3a1: "枉己者, 未有能直人者也." 저자는 원문 표기
를 3a1이라 했는데 3b1이 맞다.

40 (역주)『맹자』「등문공 상滕文公上」3a4: 저자가 인용한 부분이 어디인지 찾을 수 없
다. 문장을 보면 아마도 「진심 상」19를 가리키는 듯하다. "有大人者, 正己而物正者
也."

41 (역주)『춘추좌씨전』. "襄公 七年條: '正曲為直.'"

42 (역주)『논어』「자로」13.18: "葉公語孔子曰: '吾黨有直躬者, 其父攘羊, 而子證之.'
孔子曰: '吾黨之直者異於是. 父爲子隱, 子爲父隱, 直在其中矣.'"

43 이에 대해서는 다음을 보라. Huang, 2013, pp.139-143.

44 (역주)『논어』「이인」4.18: 子曰: '事父母幾諫. 見志不從, 又敬不違, 勞而不怨. (번

역) 공자가 말했다. "부모를 모실 때는 (부모에게 잘못이 있어도) 부드럽게 반대 의견을 내비친다. 부모가 자신의 생각에 따르지 않으려는 뜻을 보여도 더욱 존중하면서 부모의 뜻을 어겨서는 안 되며, 아무리 힘이 들어도 부모를 원망해서는 안 된다."

45 (역주)『공자가어』「삼서三恕」 9.57: "子貢問於孔子曰: '子從父命孝, 臣從君命貞乎? 奚疑焉.' 孔子曰: '鄙哉賜, 汝不識也. 昔者明王萬乘之國, 有爭臣七人, 則主無過擧; 千乘之國, 有爭臣五人, 則社稷不危也; 百乘之家, 有爭臣三人, 則祿位不替; 父有爭子, 不陷無禮; 士有爭友, 不行不義. 故子從父命, 奚詎爲孝? 臣從君命, 奚詎爲貞? 夫能審其所從, 當詳審所宜從與不之謂孝, 之謂貞矣.'"

46 논평을 통해 이 문제를 살피게 자극을 준 줄리아 드라이버에게 감사한다.

47 바로 이런 맥락에서 우리는『논어』의 다음과 같은 문장들을 제대로 이해할 수 있다. "스스로에게는 엄격하고 남에게는 관대하게 하라"(「위령공」 15.15), "군자는 자신에게서 찾고 소인은 남에게서 찾는다"(「위령공」 15,21), "자신의 나쁜 점을 비판하면서도 다른 사람의 나쁜 점을 비판하지 않는다"(「안연」 12,21). 이와 달리 "다른 사람의 장점을 말하는 것을 즐긴다"(「계씨季氏」 16,5), "군자는 다른 사람의 나쁜 점을 말하는 사람을 미워한다"(「양화陽貨」 17,24 인데 12,21로 잘못 표기되어 바로잡음). 이 모든 문장에서 공자가 말하고자 한 뜻은, 다른 사람을 덕이 있게 만드는 어떤 것도 해서는 안 되고 우리가 덕이 있게 되는 것으로 충분하다는 것이 아니다. 공자가 말하려는 뜻은 다른 사람이 유덕하지 못한 것은 자신을 비난해야 한다는 것이다. 주周 무왕武王이 남긴 격언으로 추정되는 말을 공자가 인용했을 때 이 점은 분명하게 드러난다. "온 세상 사람들에게 죄가 있다면 그 죄의 책임은 오로지 나 하나에 있다萬方有罪, 罪在朕躬"(「요왈堯日」 20.01인데 15,21로 잘못 표기되어 바로잡음).

48 덕의 정의는 이런 의미에서 보면 아리스토텔레스에게도 전혀 낯설지 않은데, 적어도 마르코 징가노Marco Zingano의 그럴듯한 해석에 의하면 그렇다. 아리스토텔레스에게 정의는 평등이기 때문에 징가노(2013)는 주장하기를, "무엇을 평등하게 해야 하는가?"라는 질문에 대한 아리스토텔레스의 답이 덕이라고 했는데 여기서 "도덕적 덕은 올바른 헌법에서 정의의 척도다. 덕이 폴리스 전역에 퍼지게 하려면 도시는 시민들에게 여가와 그 외의 선결조건을 제공해야만 한다"(Zingano, 2013, pp.209-210). 자신의 주장을 지지하기 위해 징가노는 아리스토텔레스의 다음 문장을 인용한다. "각자에게서 개별적인 최선의 삶과 폴리스들에서 집합적인 최선의 삶은 더에 따른 활동들에 참여할 수 있을 믿름 (외직인 좋음을) 충분히 구비한 넉을 갖춘 삶이다"(Politics Ⅶ 1, 1323b40-24a2; in Zingano 2013, p.209). (역주) 인용된

문장의 마지막이 조금 다르다. 『정의란 무엇인가』에서는 "그 계약은 폴리스의 구성원들을 선하고 공정하게 만드는 것과 같이, 마땅히 그래야 하는 삶의 규칙이 아니라 '서로에게 반대할 권리를 보장'하는 계약이다"라 하였는데, 저자는 "'서로에게 반대할 권리'를 보장하는 계약이다"라는 문구를 제외하고 인용한다. 아리스토텔레스 『정치학』의 번역은 다음을 따랐다. 아리스토텔레스 지음, 김재홍 옮김, 『정치학』 (길, 2018), p.486.

49 다른 경우들에 대해서 샌델이 한 주장은 훨씬 포괄적이다. 예를 들어 그는 이렇게 말한다. 유덕한 사람들이 "최고 공직과 영예를 누려야 하는 이유는 단순히 이들이 현명한 정책을 실행해 모든 사람을 잘살게 하기 때문만은 아니다. 정치적 공동체의 존재 의미는 최소한 어느 정도는 시민의 덕에 영예와 포상을 안겨 주기 위함이기 때문이다"(『정의란 무엇인가』, 번역서, pp.289-290). (역주) 본문의 인용문에 삽입된 "이것은 공리주의적 이유에 해당한다"라는 부분은 번역서에는 없다.

50 유가가 최선의 결과를 목표로 한다는 뜻에서 공리주의적이기보다는 결과주의적이라고 보는 것이 아마 더 제대로 보는 것일 텐데, 이는 공자가 최선의 결과, 즉 최대 다수를 덕이 있게 만드는 것을 목적으로 했기 때문이다. 따라서 분명히 전체적으로 유가는 덕 윤리이고 결과주의는 덕 윤리의 전체적인 틀 안에서만 그 역할을 한다. 그렇기 때문에 덕 윤리는 목적론적이긴 하지만 결과주의는 아니다.

51 (역주) 『논어』「위정」 2.3: "子曰: '道之以政, 齊之以刑, 民免而無恥; 道之以德, 齊之以禮, 有恥且格.'"

52 물론 이것들이 유가의 유일한 두 가지 도덕 교육 방식은 아니다. 다른 곳에서 공자는 다른 기준을 언급한다. 예를 들어 그는 또한 도덕 발달은 "시詩를 통해 일어나고, 예禮를 통해 확립되고, 음악에서 완성된다"(『논어』「태백泰伯」 8.8)라고 말한다. 여기서 예의범절에 더해 공자는 시와 음악을 언급하는데, 이 둘은 모두 감성 교육에 속한다. 게다가 공자는 형벌 법규에 전적으로 반대하지는 않는데, 때로 그것이 필요할 때가 있음을 알았기 때문이다. 그러나 형벌 법규는 이상적 상황에서 존재할 뿐, 적용되는 것은 아니다. 설령 그것을 실제로 사용할 필요가 발생할 때는 보충적으로만 그리고 임시적으로만 사용될 뿐이다. 그것들은 다른 방식의 도덕 교육을 선행해야 할 뿐만 아니라 후속해야만 한다.

53 (역주) 『논어』「자로」 13.33: "子曰: '苟正其身矣, 於從政乎何有? 不能正其身, 如正人何?'"

54 (역주) 『논어』「안연」 12.17: "季康子問政於孔子. 孔子對曰: '政者, 正也. 子帥以

正 , 孰敢不正？'""계강자가 공자에게 정사政事에 대해 물었다. 공자가 대답하여 말했다. '정사라는 것은 바로잡는 것입니다. 대부께서 올바르게 이끈다면 누가 감히 바르지 않겠습니까?'"

55 (역주)『논어』「안연」12.18: "季康子患盜, 問於孔子. 孔子對曰: '苟子之不欲, 雖賞之不竊.'""계강자가 도적 떼가 (창궐하지 않을까) 근심하여 공자에게 (대책)을 물었다. 공자가 (얼굴을 바로 쳐다보며) 말했다. '만일 당신이 (값비싼 재물에) 욕심내지 않으면 (백성들에게) 상을 준다고 해도 (백성들은) 도둑질하지 않을 것입니다.'"

56 (역주)『논어』「안연」12.19: 季康子問政於孔子曰: "如殺無道, 以就有道, 何如?"孔子對曰: "子爲政, 焉用殺? 子欲善而民善矣. 君子之德風, 小人之德草. 草上之風, 必偃." 계강자가 공자에게 정치(政)에 대해 물었다. "만약 (명령을 어기는) 무도한 사람은 죽여 버리고, (당신처럼 인격을 갖춘) 훌륭한 사람과 가깝게 지낸다면 어떻겠습니까?" 공자가 (얼굴을 똑바로 쳐다보며) 대답했다. "당신은 정치를 하면서 어찌 사람 죽이는 방법을 쓰려고 합니까? 당신이 선한 것을 원하면 백성들이 선해질 것입니다. 군자의 덕은 바람이고 소인의 덕은 풀입니다. 풀 위로 바람이 불면 (풀은 바람에 휩쓸려) 고개를 숙이며 (복종하게) 됩니다."

57 (역주)『논어』「자로」13.6: 子曰: "其身正, 不令而行; 其不正, 雖令不從."

58 (역주)『논어』「위정」2.1: 子曰: "爲政以德, 譬如北辰, 居其所而衆星共之." 공자가 말했다. "덕으로써 정치하는 것은 예를 들면 북극성이 제자리에 있으면 뭇 별이 그것을 향해 예를 갖추어 절을 하는 것과 같다"(1:091). 신정근의 풀이에 따르면, "흡인력(카리스마)을 가지고 정치를 펼쳐 나가라. 비유하자면 북극성이 움직이지 않고 제자리를 지키면 뭇 별들이 그것을 중심으로 도는 것과 같다."

59 (역주)『공자가어』「왕언해」3.20: "孔子曰: '上敬老則下益孝, 上尊齒則下益悌, 上樂施則下益寬, 上親賢則下擇友, 上好德則下不隱, 上惡貪則下恥爭, 上廉讓則下恥節, 此之謂七教. 七教者, 治民之本也. 政教定, 則本正也. 凡上者, 民之表也, 表正則何物不正.'"

60 물론 이것이, 도덕적 덕은 유가에서 정치 지도자가 갖추어야 하는 유일한 것이라는 뜻은 아니다. 사람들을 덕이 있게 만드는 것에 더해 정부는 또한 사회를 정의롭게 만드는 것, 특히 경제적 이익을 정의로운 방식으로 분배하는 것을 목표로 하는데, 이를 위해 정치 지도자는 그와 관련된 전문적 소양을 갖출 것이 요구된다. 또한 유가에서 도덕적 덕은 정치 지도자에게 필요하고 가장 중요한 것일뿐더러 그런 도덕적 덕은 자연스럽게 정치 지도자들로 하여금 사회를 정의롭고도 효율적으로 다스

리는 데 관련된 전문적 소양을 추구하게 이끌 것이다.

61 나는 이 문제를 고찰하도록 논평을 통해 자극을 준 줄리아 드라이버에게 감사한다.

62 아리스토텔레스는 다음과 같이 말한다. "사람들은 나쁜 것을 나쁜 것으로 갚으려 하고 – 만약 이렇게 하지 않는다면 노예 신세처럼 보일 것이다 – 좋은 것은 좋은 것으로 갚으려 하기 때문이다. 만약 이렇지 않다면 서로 주고받는 일은 일어나지 않는다. 사람들은 이 주고받는 일에 의해 유지된다"(『니코마코스 윤리학』, 1132b34 – 1123a2).

63 여기서 '치료적'이란 말의 의미는 샌델의 형벌적 정의에 대한 심리치료 이론과는 다른 어떤 것이다. 샌델의 경우 심리치료 절차는 "처벌을 희생자가 느낄 위로의 근원이며 카타르시스적인 표현이고 모든 일을 마무리하는 순간이라고 여긴다. 처벌이 피해자에게 이로움을 제공한다면 피해자는 그 처벌의 종류를 결정하는 데 영향을 미칠 수 있어야 한다는 것이다"(『정치와 도덕을 말하다』, p.161). 샌델의 경우 치료를 받는 사람은 피해자이지만, 반면에 공자의 경우 치료를 받는 사람은 부도덕한 행위자다.

64 샌델이 종종 비슷한 주장을 하듯이 이것은 전적으로 가능하다. 예를 들어 인기 있는 응원 단원이었던 캘리 스마트Callie Smartt의 사례를 논하면서 샌델은 다음과 같이 말한다. "고등학교는 응원단원을 선발할 때 (…) 학생들이 **칭송하고 따르고 싶어 하는** 자질도 고려한다"(『정의란 무엇인가』, p.278; 강조는 필자). 또한 샌델은 정의에 대한 아리스토텔레스의 접근법을 "덕을 포상하고 **장려하는** 방향으로 재화를 배분하는 것"(『정의란 무엇인가』, p.164; 강조는 필자)이라 설명한다. 이런 맥락에서 샌델이 정치적 공직이 관련된 덕을 영예롭게 하고 포상하며 인정하기 위해 분배되어야 한다고 말할 때, 우리는 관련된 덕을 갖춘 사람들을 영예롭게 하고 인정하고 포상하기 위해 분배를 통해 다른 사람들이 따르게 한다고 말한 것으로 보는 것이 더 잘 이해한 것이다. 만약 그렇다면 샌델의 견해는 공자의 견해와 같다고 말할 수 있다. 그러나 그게 설령 사실이라고 하더라도 그리고 그게 사실일 수 있는 것처럼 보이더라도 둘 사이에는 놓쳐서는 안 되는 두 가지 차이점이 있다. 한편으로, 샌델의 입장에서는 다른 사람들이 유덕자를 따를 것인데 그 까닭은 유덕자들이 정치적 공직을 차지하기 때문이다. 만약 그들이 그런 정치적 공직에 관심이 없다면 사람들은 유덕자를 따를 만한 동기가 없어진다. 유가의 모델에서 유덕자가 정치적 공직을 차지하는 것은 오직 그들의 모범적 행동이 보통 사람들에게 더 많이, 더 널리 따를 만하기 때문이다. 다른 한편으로, 우리는 정치 지도자들이 소유해야 하는 관련된 덕이 무

엇인지에 대한 질문을 다시 물어야 한다. 샌델의 아리스토텔레스적인 모델에서 정치적 공직이 포상하고 인정하고 영예롭게 하려는 덕들은 우리가 보았듯이 입법과 관련된 것들이며, 따라서 정부가 사람들에게 장려하고 따르게 하려는 덕들이어야만 한다. 그러나 특정 사회에서 특정한 때에 법을 제정하는 데는 오직 소수의 사람들만 필요하다는 점을 고려할 때 모든 시민이 그런 덕들을 갖추는 것이 정말로 필요한 일일까? 이와 대조적으로 유가적 모델에서는 우리가 보았듯이 정치 지도자들이 갖추어야 하고 또한 보통 사람들에게 소유하게 만드는 것을 목적으로 하는 덕은 도덕적 덕이며 이런 덕은 정치 지도자이든 보통 사람이든 상관없이 건강하고 결함이 없는 인간이 되기 위해서는 모든 사람이 소유해야만 하는 덕이다.

04. 시민의 덕에 관한 샌델의 관점

1   Li Yitian and Zhu Huiling 2014; Zhu Huiling, 2014a, 2014b.

05. 유가적 관점에서 본 샌델의 『민주주의의 불만』

1   이 글의 영어본은 카를로 3세R. A. Carleo Ⅲ 와 폴 담브로시오가 영어로 번역한 것이다.

2   (역주) 마이너스빌 교육청 대 고비티스 사건으로 불리며, 여호와의 증인 신자였던 두 초등학생이 국기에 대한 맹세를 거부했다는 이유로 퇴학당한 사건에 대한 판결문이다.

3   (역주) 여기서 '사람답게'라는 말의 영어인 'human'은 단순히 '인간'이라는 의미와 '인간다움'이라는 이중적 의미를 가지며 맥락에 따라 달리 쓰이지만, 여기서는 그 둘을 모두 포함하여 사용된다. 유가 최고의 덕인 '인'은 최근에는 'humaness'라고 옮기는 것이 일반적인데, 저자는 여기서 'human'을 '사람다운'이란 뜻만이 아니라 유가에서 말하는 '인을 가진'이라는 의미까지도 포함하여 사용한다.

4   (역주) 메이지 시대란 메이지 일왕이 즉위한 다음 해인 1868년에서 1912년까지 44년을 가리키는데, 본문은 그 가운데 두 번째와 세 번째 각 10년 기간인 1888년부

터 1908년까지의 20년을 가리킨다.

5   (역주) '백일유신'이란 캉유웨이康有爲 등이 주도한 개혁 운동으로 이 운동이 일어난 1898년이 무술년戊戌年이기에 무술변법운동戊戌變法運動이라 불리기도 한다. 1898년 당시 황제 광서제光緒帝가 개혁안을 받아들여 6월 11일 조서를 반포한 날로부터, 서태후西太后가 돌아와 9월 21일 무술정변으로 광서제를 구금하기까지 103일간의 개혁 운동이기에 '백일유신'이라 불리기도 한다. 량치차오의 유명한 저술 『신민설新民說』은 일본 망명기에 쓴 책이다.

6   Chen Rai, 2013 참조. (역주) 여기서 '중국 민족의 구원'은 중국 학계에서 19세기 말에서 20세기 중반까지 근대의 중국 사상을 이해하는 두 가지 틀 가운데 하나다. 이두 가지 틀이란 '계몽'과 '구국救國' 또는 구망救亡으로, 후자의 의미는 '망해 가는 조국의 구원'이란 뜻이다. 필자의 '중국 민족의 구원'은 후자를 가리킨다.

7   Sandel, 1998, p.372 참조.

8   Chen Rai, 2014, p.467 참조.

9   (역주) 전통 유가에서는 이를 '사문斯文'이라 부르는데, 『논어』에서 공자는 광匡 지역에서 죽음의 위기에 처한 상황에서 하늘이 '이 문화(斯文)'를 없애려 하지 않는 한 광 지역 사람들이 자신을 어쩔 수 없을 것이라 말한다. 이 언급이 이른바 '사문 전통'으로서 유학자들 특히 학자-관리로 지칭되는 사대부 전통의 연원이다. 이 부분에 대한 저자의 논의는 이러한 사문 전통의 계승자이자 담지자로서의 의식을 말한다.

10 Wing-Tsit Chan, 1963, p.86 참조. 번역은 일부 수정됨. (역주) 『대학』: "大學之道, 在明明德, 在親民, 在止於之善." 여기서 둘째 구절을 저자는 "백성을 사랑하다"로 풀이하는데, 이는 양명학의 이해 방식이다. 주자학의 영향이 큰 한국의 경우 "백성을 새롭게 하다"라고 풀이하는 경향이 강하다.

11 Wan Junren, 2008, pp.152-153 참조.

06. 젠더, 도덕적 불일치 그리고 자유

1   샌델은 "도덕적 개인주의"는 "사람을 이기적 존재"로 보지는 않는다고 설명한다.

"그보다는 자유의 의미에 초점을 맞춘다. 도덕적 개인주의자들에게 자유란 내가 자발적으로 초래한 의무에만 구속되는 것이다. 내가 다른 사람에게 빚을 졌다면, 그것은 합의라는 덕(암묵적으로든 가시적으로든)의 결과이다"(2009, p.213, 번역서 p.315).

2   중국 문헌의 영어 번역은 달리 명시하지 않는 한, 모두 내가 한 것임을 밝혀 둔다.

3   이리가레는 동일성에 기반한 서구 문화에서 **여성**은 사라진다고 주장한다. "세계는 그녀로부터 나고, 내가 그녀와 맺는 관계에서 나온다고 말하는 대신에 서구 철학은 존재가 있고 존재자들이 있다 혹은 준 자가 없이 주어져 있다고 말한다. 어떤 식으로든 태어남이 없이, 그 어떤 기원도 없이, 존재가 있고 존재들이 있는 것이다. 거기에 신비롭게 존재가 있고 존재들이 있다. 자신의 존재나 우주의 전체를 중성화하면서, 소크라테스 이전 철학자들은 우리의 허무주의 전통을 어떤 면에서는 예비하고 있는 것이다"(Irigaray, 2012, p.4). 이리가레에 따르면, 서구 문화에서 남성은 타자를 배제한다. 남성이 자신의 기원, 자연과 분리함으로써, 사물을 통제하고 주인이 되기 위하여 자신의 로고스에 속하게 된다. 이 문제를 해결하기 위해서 이리가레는 성별에 의한 차이를 존중할 것을 요청한다. 남성과 여성 사이에 자연적 차이를 인정하고 이런 계보학을 넘어서 관계적 세계로 나아가는 것이다.

4   숀펠드(2008)는 계몽주의 시대인 1680~1780년 사이에 자연에 대해 두 가지 유럽적 관점이 있었다고 한다. "뉴턴과 스코틀랜드 계몽사상을 통해서 영국인들의 자연을 시계와 닮은 것으로, 하나의 기계로, 그 재료는 수동적이고 그 운동은 기계적인 것으로 보았다. 라이프니츠와 유라시아 계몽주의를 통해서 유럽인들은 자연을 그 물망과도 같은 것으로, 하나의 유기체로, 그 재료는 능동적이고 그 운동은 역동적으로 보는 경향이 있었다"(p.208).

5   (역주) 한자 '生'을 저자는 주로 'generation'으로 옮기는데, 뒤에서 설명하듯이 '生'에 대한 일반적인 우리말 번역은 '낳다'다. 여기서 역자는 서양의 창조creation와 달리 음양의 상호작용이라는 자연 과정에 의해 만물이 '발생'한다는 뜻을 살리기 위해 주로 명사로 쓰일 때는 '발생'이라 번역하였다. 이 말이 등장할 때 식물이나 동물이 태어나고 성장하며 변화하며 살아가는 과정 전체를 뜻한다는 점을 염두에 둔다.

6   Michael, 2015, pp.251-252. 번역을 다소 수정하였다. (역주) 원문은 다음과 같다. "道生一, 一生二, 二生三, 三生萬物. 萬物負陰而抱陽, 沖氣以爲和." 마지막 구절에 대해서는 "충기沖氣로써 조화를 이룬다"고 번역할 때가 더 많은데, 저자는 여기서 음양의 상호작용을 '기의 혼융'이라 표현하고자 한 것으로 보인다.

7   (역주) 노자의 『도덕경』과 직접 비교는 어렵지만 서양 철학사에서 플로티누스의 신플라톤주의 철학에 등장하는 개념과 비교된다. 플로티누스는 가지可知적인 것들을 세 가지 영역, One, Intelligence(nous), Soul로 구분한다. 그의 가장 특징적인 이론은 One이 흘러넘쳐서 Intelligence가 생기고, 또 이것이 흘러넘쳐서 Soul의 세계가 만들어진다는 것이다[Dictionary of Philosophy(Oxford University Press, 2005)].

8   (역주) 원문은 다음과 같다. 『장자』「제물론」: "旁日月, 挾宇宙, 爲其吻合, 置其滑涽, 以隷相尊. 衆人役役, 聖人愚芚, 參萬歲而一成純." 이 부분에 대한 영역이 독특하여 비교적 쉽게 번역된 오강남 풀이 『장자』(현암사, 1999)를 비교 삼아 소개한다. "(성인은) 해와 달과 어깨동무, 우주를 끼어 차고, 모두와 하나된다. 모든 것 혼잡한 대로 그냥 두고, 낮은 자리 높은 자리 무관하다. 사람들 빠릇빠릇, 성인은 어리숙, 만년 세월 온갖 일. 오로지 완벽한 순박함 그대로, 모든 것들이 그러함 그대로, 그리하여 서로가 감싸 안는다"(pp.118-119).

9   필자 자신의 번역이다.

10   더 심도 있는 논의는 D'Ambrosio(2012, 2014)를 참고할 것. (역주) 원문은 다음과 같은데, 「천하」 편 안의 여러 곳의 문장을 발췌한 것이다. 순서대로 보면, "今墨子獨生不歌", "澹然獨與神明居", "己獨取後, 曰受天下之垢; 人皆取實, 己獨取虛 (…) 人皆求福, 己獨曲全." "獨與天地精神往來"이다.

11   (역주) 「인간세人間世」 편에 나오는 사社에 심어진 상수리나무[樹] 이야기다. 이 나무는 엄청나게 컸지만 재목으로 쓸모가 없어 베어지지 않았다. 장석이라는 장인의 꿈에 나타나 이 나무는 그 어떤 것에도 비교되는 것을 거부하였는데, 장석은 그의 제자에게 "저 상수리나무는 그 마음으로 지키는 것이 세상 사람들과 다른데 세상의 기준으로 비교하려 한다면 크게 어긋날 것이다且也彼其所保與衆異, 而以義喩之, 不亦遠乎"라고 말한다.

12   이것은 말 타기의 음양 전략으로 모델링할 수 있다. 이 은유는 『회남자淮南子』에 나오는 것인데, Wang, 2012, p.124와 비교해 보기 바란다.

07. 만족, 진정한 가장 그리고 완벽

*나는 이 글의 초고에 대해 비평, 제안, 수정을 해 준 한스-게오르그 뮐러Hans-Georg

Moeller, 세스 크로노버Seth Crownover, 그리고 로버트 카를레오Robert Carleo에게 감사를 표하고 싶다. 별도의 언급이 없다면 중국어 고전 번역은 모두 내가 한 번역이다.

1 『완벽에 대한 반론』을 위한 연구는 2001년에 시작되었는데, 그때 마이클 샌델은 대통령 생명윤리위원회 the President's Council on Bioethics에 초빙되어 일했다. 2004년에 샌델은 『애틀랜틱 The Atlantic』에 「완벽에 대한 반론 The Case against Perfection」이란 제목의 논문을 발표했는데, 이 글을 확장한 것이 지금의 소책자인 『완벽에 대한 반론』이다(2007a). (역주) 이 책의 우리말 번역은 다음과 같으며, 본문에서 인용된 쪽수는 모두 이 번역서에 의거한다. 마이클 샌델, 김선욱 감수·이수경 옮김, 『완벽에 대한 반론』(와이즈베리, 2016).

2 후쿠야마와 샌델은 함께 2002년에서 2005년까지 '대통령 생명윤리위원회'에서 활동했다.

3 판루이핑(2010) 같은 다른 사람들은 샌델이 이 문제를 너무 단도직입적으로 결론 짓는다고 논했다(p.68). 판은 "샌델이 비록 직설적으로 말하지는 않았지만, 그의 결론이 인간은 어떤 유전적 강화도 행해서는 안 된다는 것은 분명하다"(p.64)고 했다. 샌델이 논의의 범위를 확실하게 제한했지만, 그의 토론은 분명 최종 해답을 제시하려 한 게 아니라 관련된 문제를 좁힘으로써 대화의 기준을 세우고자 한 것이다.

4 이 책의 아이디어를 제공한 콘퍼런스의 마무리 발언에서 샌델은 이런 말을 했다. "내 생각에는 유전공학을 이용해서 표준적인 공리주의나 원자론적 개인주의만으로는, 아이 또는 자신을 개선하거나 맞춤 아기를 만들거나 선별하는 일이 왜 잘못된 건지 설명하기 쉽지 않아 보인다. (…) 그에 대한 반대 의견에 들어 있는 핵심적인 도덕은 아이에게 정복과 지배를 행사하려는 부모의 오만과 관련이 있다고 생각한다. 그건 지나치다고 할 수 있다. (…) 인간 본성에 대해서 내가 충분한 설명을 해냈다고 말할 수는 없다. (…) 그렇지만 내 생각에 네 번째 주제인 '유전저 강화'는 인간 본성과 인간성에 대한 중국의 전통적 사유와 토론하기에 의미 있는 가교 역할을 할 것 같다"(Sandel, 2016).

5 여기서 '완성mastering'이란 용어는 내가 묄러Hans-Georg Moeller의 것을 차용하였다. 이 문제에 대한 보다 자세한 논의는 Moeller(2006, 2007)를 보라. (역주) 여기서 묄러를 원용하면서 저자가 사용하는 'master'에 해당하는 적절한 고전어는 '득得'에 해당한다. 흔히 이 '得'은 일차적으로 '얻다'라는 뜻으로 풀이하지만, '체득하다', '완벽하게 익히다'를 의미하며, 이렇게 해서 획득된 힘이자 능력을 『노자』에서는 '덕德'이라 한다. 묄러와 담브로시오의 'master'를 이해할 때 이 맥락을 염두에 두면 더 좋을

듯하다.

6 여기서 '진인眞人'의 번역어로 쓴 '참사람zhenuine person'이란 말은 묄러와 내가 사용
   했고(Moeller and D'Ambrosio, 2017) 로버트 카를레오Robert Carleo도 제안한 바가
   있는데, 말장난이 아니다. "Zhenuine"과 "genuine"은 거의 발음이 같고 실제로 진인
   의 번역어로 자주 사용되는 것은 "genuine person"이지만, "zhenuine"을 사용하면
   "genuine person"과 "zhen person"이 구분된다. 간단히 말해 '진인'은 '진짜genuine'
   뿌리 자아로 되돌아간 사람을 말하는 것이 아니다. 이에 대한 자세한 논의는 이 글
   의 뒤에서 분명해질 것이다. 그리고 Moeller and D'Ambrosio(2017)를 참조할 수 있
   다. Moeller and D'Ambrosio, 2017. (역주) 여기서 '眞'은 '참된'으로 풀이되기에
   'zhenuine person'을 '참사람'이라 옮겼다. 『장자』에 나오는 '眞人'이 영어 'genuine'
   을 이용해 번역될 때 진짜와 가짜, 가식, 가장과 대립되는 어떤 실체적 자아를 연상
   할 수 있기에 저자는 '眞'의 발음 'zhen'에서 빌어 와 'zhenuine'이란 말을 조합하였
   다. 이 글의 제목인 '진정한 가장genuine pretending'은 자신의 본래 모습이 있는데 가
   장으로 어떤 척을 한다는 의미가 아니라 그때그때의 역할, 의무, 관계에서 '진정으
   로〔眞〕' 혹은 '참되게〔眞〕' 그렇게 행동한다는 의미를 전하려 한 듯하다. 따라서 '진
   정한 가장'은 어떤 척을 하지만 그것은 진짜라는 뜻이다.

7 『정의란 무엇인가』에서 샌델은 지체 없이, '분노'란 부당한 것을 보았을 때, 인간의
   자연적 반응이라고 밝힌다〔마이클 샌델 지음, 김선욱 감수·김명철 옮김, 『정의란
   무엇인가』(와이즈베리, 2014), p.25〕. 『완벽에 대한 반론』에서 샌델이 강화를 위해
   생명공학 기술을 사용하는 문제점을 개관하면서 지적하는 것은 '도덕적 망설임'과
   '불편함'이라는 감정이다(pp.22-23).

8 도덕 감정에 대한 철학적 고찰은 중국 사상 고유의 특징이자 중국 철학과 마이클
   샌델의 접점이기도 하다. 이에 대해서는 D'Ambrosio(2016)를 보라.

9 (역주) 2005년에 인터넷상에 설립된 포럼으로서 폭넓은 분야에 대한 인터뷰, 프레
   젠테이션, 토의가 이루어진다.

10 사실 중국 철학의 중심 문제 가운데 하나가 인간과 자연의 관계〔天人之際〕와 관련
   되는데, 이 문제에 관한 논쟁은 종교 사상과 무관하게 이루어졌다. 이 문제에 대한
   논의는 흔히 "인간과 자연의 합일〔天人合一〕"이라 하는데, 샌델과 비교해 볼 만한
   재미있는 논점이자 그의 논지를 도울 잠재적 원천이기도 하다.

11 여기서 "스스로 그러한Self-so"이라 번역한 자연은 때로 '자연적natural' 또는 '자발적

spontaneous'이라는 뜻으로 이해되어 "함이 없음non-doing" 또는 "간섭 없음non-interference"이라는, 즉 무위의 의미로 번역되어 왔다.

12 중국 고전 문헌을 인용한 문장을 가리킬 때에는 장과 절을 나타내는 숫자로 표시하였는데, 이 숫자는 중국 철학서 전자화 계획中國哲學書電子化計劃(the Chinese Text Project) 웹사이트(www.ctext.org)의 온라인 판에 의거했다.

13 나는 다음의 글에서 이 이야기와 환경론과의 관계에 대해 논의한 바 있다. 자세한 것은 D'Ambrosio(2013)를 보라.

14 (역주)『莊子』「양왕讓王」28.11: "만족할 줄 아는 자는 이익 때문에 스스로를 얽매이게 하지 않는다知足者不以利自累也."

15 이 사례는 내가 묄러에게서 차용한 것이다. Moeller, 2006, pp.92-93.

16 유가의 자아관에 대한 철저한 기술은 이 책의 제4부에 실린 글들을 보라.

17 번역은 D'Ambrosio(2014)에 의거하였다. D'Ambrosio, 2014.

18 (역주)『장자』「大宗師」6.1: "不以人助天, 是之謂眞人."

19 여기서 "지인(至人, Utmost person)", "신인(神人, mystical person)", "성인聖人"은 모두 장자가 이상적인 도가적 인물을 묘사하려고 사용한 용어다. 세 가지 모두 서로 유사어이며 진인도 그러하다.

20 이 논지를 확장한 논의는 D'Ambrosio(2014)를 보라.

21 (역주)『장자』「천운天運」14.5: "古之至人, 假道於仁, 託宿於義."

22 이 책의 8장과 9장을 보라.

23 『장자』에는 이런 유형의 인물이 (대부분 유가적 관점에서) 가장자pretender로 비판받는 몇 가지 가공의imaginary 이야기들이 포함되어 있다(Zhuangzi, 4.5, 6.7).

24 (역주) '전수본『노자』'(the received Laozi)는 오늘날 일반적으로 읽히는『노자』판본을 뜻한다. 이 판본은 1973년 마왕뚜이馬王堆에서 발굴된 백서본帛書本『노자』와 1993년 꾸어디엔郭店 죽간본竹簡本『노자』와 비교해 글자 수와 체제가 다르다. 저자는 이 두 판본과 구분하기 위해 이렇게 표현했다. 따라서 오늘날 가장 널리 읽히는 판본을 말한다.

25 (역주)『노자』1: "道可道, 非常道; 名可名, 非常名. (…) 玄之又玄, 衆妙之門."

403

26 『맹자』는 유가 문헌이지만, 도가와 유가의 주제 중에 중첩되는 부분이 많다. 특히 서양 철학과 대조될 때 그러하다.

27 중국에서 비슷한 사례로 남아선호가 있다. 중국에 초음파검사가 도입된 이후 수많은 여자 태아가 낙태로 희생되었는데, 그 결과 5,500만에 달하는 남성이 배우자를 찾지 못할 것으로 추정된다.

28 중국 전통에서 "단순하게" 되기의 인정을 잘 보여 주는 사례가 정판차오鄭板橋라는 유명한 서예가다. 그가 남긴 유명한 말인 "난득호도難得糊塗"를 풀이하면 "총명한 사람이 흐리멍덩해 보이기는 더욱 어렵다"는 뜻인데, 실상은 총명한 사람이 그 총명함을 숨기기가 쉽지 않은데도 어리석어 보이도록 행동한다면 그는 진정한 인품의 소유자이면서 진정으로 총명한 사람이라는 뜻이다. 저자는 이런 취지를 염두에 두고 소개한 것이다.

29 이 문장의 번역문은 지포린Ziporyn이 한 것인데, 내가 약간 수정했다.

30 이 문장과 그것이 '진정한 가장'의 철학을 어떻게 표현하는지에 대한 자세한 논의는 D'Ambrosio(2012)를 보라.

31 에임스와 리쩌허우는 '하나의 세계 이론과 두 세계 이론'에 대해 비슷한 논의를 한 바 있지만, 둘은 서로의 논의를 모른 채 각자 주장을 전개했다. 그런데 이런 식으로 서양 철학과 중국 철학의 주된 차이를 묘사하는 것은 확실히 일반화로서 어느 한 전통에 속하는 모든 철학자에게 적용되지는 않는다. 물론 에임스와 리쩌허우도 그렇게 생각했다. 그러나 몇몇 문헌의 경우 예컨대 플라톤의 『국가』를 『논어』나 『장자』와 비교해 보면 하나의 세계 이론과 두 세계 이론은 그럴듯해 보인다.

32 샌델이 이해하는 완벽은 (화이트헤드의) 과정 철학과 비슷해 보인다. 샌델은 『완벽에 대한 반론』의 헌정사에서 다음과 같이 썼다. "나는 이 책을, 있는 그대로 완벽한 나의 두 아들 아담과 아론에게 바친다."

33 생명공학 기술에 대한 샌델의 비판과 도가 사상 사이에는 더 많은 비교 연구거리가 있다. 예를 들어 하늘天 또는 도道로서의 자연nature에 대한 도가적 인정은 보다 정교한 논의가 가능하며, 그 외에도 운명 또는 우연으로서의 명命, '쓸모없음의 쓸모無用之用', 장애인에 얽힌 유명한 이야기 등 모두가 완벽에 대한 도가적 반론으로 확장할 수 있는 것들이면서 동시에 샌델의 반론과 비교해 볼 만한 것들이다.

08.유가 윤리에서 '자아'의 이론화

1   (역주) 근대 독일 철학자 헤겔의 저술로 본 제목은 『철학강요Encyclopaedia』(1830)
    로서 I권 논리학, II권 자연철학, III권 정신철학으로 구성되어 있다.

2   (역주) 저자 에임스는 이 글의 핵심 개념으로 'person'을 사용하는데, 이 개념은 맥
    락에 따라 '자아', '개인', '인격' 등으로 번역될 수 있다. 샌델은 롤스의 자유주의적
    자아관을 비판하며 자신의 독특한 자아관을 제시하는데, 이때의 자아는 'self'다. 에
    임스는 'person'을 사용하면서 샌델의 자아 개념에 빗대어 논의를 전개하지만, 이와
    동시에 에임스는 여러 학자 및 유학에서 자아 개념의 내용을 규명할 때도 이 개념
    을 일관되게 사용한다. 주지하다시피 유학의 윤리학에서 'person'은 '인격'을 의미
    할 수도 있다. 이 번역서에서는 번역의 일관성을 기하기 위해 'person'을 '자아'로 번
    역하지만, 유학의 윤리학과 연관하면 '인격'이란 함의도 함께 지녔다고 이해해 주
    기 바란다.

3   유가 윤리를 영어식으로 "Confucian role ethics"라고 표현할 때, 역할role이라는 단
    어가 필요하다. 그렇지만, 중국어를 쓴다면 역할이라는 단어가 필요치 않다. 역할
    이라는 의미가 "유학윤리학儒學倫理學"이라는 말에 이미 들어 있는데, 이는 '윤倫'이
    라는 용어 자체가 "인간의 역할과 관계"라는 뜻을 갖고 있기 때문이다. 영어로
    "ethics"인 "윤리학"의 중국어 표현은 근대적 용어이지만, "윤리"라는 말은 그 기원이
    한 왕조의 문헌으로까지 거슬러 올라간다. 이와 같은 글자 "윤"은 범주나 계층을 의
    미하기도 하는데, 이러한 사실이 의미하는 것은 "범주들"로 차별을 구성한다는 것
    은 추정된 본질보다는 상관관계의 함수와 유비임을 의미한다.

4   (역주) 알래스데어 매킨타이어의 저서로 '덕德 윤리virtue ethics'의 회복을 요청한 유
    명한 저서다. 국내에는 『덕의 상실』(문예출판사, 1997)이라 번역되어 있지만 제목
    의 'after'에는 '~을 찾아서' 혹은 '~을 추구하여'와 같은 뜻이 있으며, 책의 내용에
    비추어 볼 때 『덕을 찾아서』라 번역하는 것이 더 옳을 수 있다.

5   (역주) 가족 유사성이란 비트겐슈타인이 후기 저서에서 강조한 현상을 이르는 말
    인데, 하나의 언어로 지칭하는 대상들이 공통 특질로 연관된다기보다는 여러 가지
    비슷한 점들이 하나의 네트워크를 이룸으로써 연관이 되는 현상을 뜻한다
    (Dictionary of Philosophy(Oxford University Press, 2005)).

6   그러한 무비판적 추정을 막기 위해서 샌델이 제안한 것은 자아나 인격 같은 개념을

405

분석할 때, 우리가 자기의식적이어야 한다는 점이다. 그는 심지어 우리가 속한 학문 분과에서 정식화된 그대로 다양한 철학적 입장들 사이에서 움직일 때도 그래야 한다고 했다.

7 동사는 분명코 명사보다 낫다. 그러나 동사형 명사로서의 포괄적 동명사인 "person-ing"이 그레이엄에게는 아마도 더 나은 선택이 아닐까 한다.

8 언어 자체에서 드러나는 대로, 우리 인간 세계世界는 통시적이다. 세世는 세대 간 시간에서 연속선상의 세상이고, 계界는 공간적 경계를 넘나드는 세상이다. 그리고 우주宇宙에서 우宇는 공간적으로 펼쳐진 것으로서의 우주이고, 주宙는 지속하는 것으로서의 우주다.

9 예를 들면, 『논어』15.29, 1.12와 『중용』 25편과 1편을 볼 것.

10 『논어』12.1을 보라: "자기 수양을 하고 의례를 따름으로써 자신의 행위를 완벽하게 할 수 있다克己復禮爲仁." 번역은 모두 Ames and Rosemont(1998)에서 인용했다. (역주) 같은 부분인 『논어』 「안연顏淵」 12.1장의 내용은 다음과 같다. "顏淵問仁. 子曰: '克己復禮爲仁. 一日克己復禮, 天下歸仁焉. 爲仁由己, 而由人乎哉?'" 풀이하면, "안연이 인에 대해 물었다. 선생님이 말했다. '자기를 이기고 예를 회복하는 것이 인이다. 일단 자기를 이기고 예를 회복하면, 세상 사람이 모두 인에 귀의할 것이다. 인의 실천이 자기로 말미암은 것이지 다른 사람으로 말미암은 것이겠느냐?'"

11 "공자의 말에도, 적어도 두 사람이 있지 않다면, 인간이 있을 수가 없다"(Fingarette, 1983, p.217).

12 (역주) 『논어』 「술이述而」 7.1: "子曰: '述而不作, 信而好古, 竊比於我老彭.'" 풀이하면, "공자가 말했다. '(나는) 옛것을 전술할 뿐 (없던 것을) 새로 만들지 않았으며, 옛것을 믿고 좋아할 뿐이니, 남몰래 나를 노팽老彭에 견주곤 한다.'"

13 (역주) 『논어』 「선진先進」 11.26: "曰: '莫春者, 春服旣成. 冠者五六人, 童子六七人, 浴乎沂, 風乎舞雩, 詠而歸.'" "夫子喟然歎曰: '吾與點也!'" 풀이하면, "증점이 말했다. '늦은 봄에 봄옷이 완성되면, 관을 쓴 어른 대여섯과 어린아이 예닐곱을 데리고, 기수에서 목욕하고, 무우에서 바람 쐬다가 노랫가락 읊조리면서 돌아오는 것입니다.'" "스승님께서는 아! 하고 감탄하시고 말씀하셨다. '나는 증점과 함께하겠다.'"

14 이 책의 9장, 로즈몬트의 글을 참고할 것.

15 물론 인仁은 상 왕조의 갑골이나 청동제기에 나올 정도로 오래된 것이다. 물론 갑골에 쓰인 의미가 아직도 불확실하지만, 청동제기에 쓰인 글자의 의미는 사랑이나 친

절이 분명하다. 우리가 말하려는 요지는 설령 인이 일찍 그러나 빈번치 않게 보이지만, 이 개념에는 『논어』의 특별 개념으로서 발전하는 과정에서 상당히 철학적 의미를 축적한다는 점이다.

16 (역주) 『논어』「안연」12.1: "顏淵問仁. 子曰: '克己復禮爲仁. 一日克己復禮, 天下歸仁焉. 爲仁由己, 而由人乎哉?' 顏淵曰: '請問其目.' 子曰: '非禮勿視, 非禮勿聽, 非禮勿言, 非禮勿動.' 顏淵曰: '回雖不敏, 請事斯語矣.'" 풀이하면, "안연이 인에 대해 물었다. 선생님이 말했다. '자기를 이기고 예를 회복하는 것이 인이다. 일단 자기를 이기고 예를 회복하면, 세상 사람이 모두 인에 귀의할 것이다. 인의 실천이 자기로 말미암은 것이지 다른 사람으로 말미암은 것이겠느냐?' 안연이 다시 물었다. '세부적인 항목은 무엇입니까?' 선생님이 말했다. '예가 아니면 보지 말고, 예가 아니면 듣지 말고, 예가 아니면 말하지 말고, 예가 아니면 움직이지 말아라.' 안연이 말했다. '제가 비록 명민하지는 못하지만, 그 말씀을 받들겠습니다.'"

17 (역주) 『논어』「안연」2: "仲弓問仁. 子曰: '出門如見大賓, 使民如承大祭. 己所不欲, 勿施於人. 在邦無怨, 在家無怨.' 仲弓曰: '雍雖不敏, 請事斯語矣.'" 풀이하면, "중궁이 인에 대해 물었다. 공자가 말했다. '문을 나가서는 큰 손님을 맞이하듯 하고, 백성을 부릴 때는 큰 제사를 지내듯이 해라. 자기가 원하지 않는 것을 남에게 시키지 말라. 그러면 나라 안에 원망이 없고, 집안에도 원망이 없을 것이다.' 중궁이 말했다. '제가 비록 불민하지만, 그 말씀을 받들겠습니다.'"

18 (역주) 『논어』「안연」3: "司馬牛問仁. 子曰: '仁者, 其言也訒.' 曰: '其言也訒, 斯謂之仁已乎?' 子曰: '爲之難, 言之得無訒乎?'" 풀이하면, "사마우가 인에 대해 묻자 공자가 말했다. '어진 자는 말을 할 때 입이 무겁다.' (사마우가 물었다.) '말할 때 입을 무겁게 하는 것, 그것만 가지고 인이라고 합니까?' (공자가 말했다.) '실천하기가 어렵다. 그러나 말할 때 입을 무겁게 하지 않아서야 되겠느냐?'"; 「안연」, 4: "司馬牛問君子. 子曰: '君子不憂不懼.' 曰: '不憂不懼, 斯謂之君子已乎?' 子曰: '內省不疚, 夫何憂何懼?'" 풀이하면, "사마우가 군자에 대해 묻자 공자가 말했다. '군자는 근심하지 않으며 두려워하지 않는다.' 사마우가 말했다. '근심하지 않고 두려워하지 않으면 곧 군자라고 말할 수 있습니까?' 공자가 말했다. '안으로 반성하여 허물이 없으니, 무엇을 근심하며 무엇을 두려워하겠느냐?'"

19 (역주) 『논어』「안연」22: "樊遲問仁. 子曰: '愛人.' 問知. 子曰: '知人.' 樊遲未達. 子曰: '擧直錯諸枉, 能使枉者直.' 樊遲退, 見子夏. 曰: '鄕也吾見於夫子而問知, 子曰, '擧直錯諸枉, 能使枉者直', 何謂也?' 子夏曰: '富哉言乎! 舜有天下, 選於衆, 擧皐陶, 不仁者遠矣. 湯有天下, 選於衆, 擧伊尹, 不仁者遠矣.'" 풀이하면, "번지가 인에 대해

물었다. 공자가 말했다. '다른 사람을 아껴 주면 된다.' (번지가 다시) '앎'(知)에 대해 물었다. 공자가 말했다. '사람을 알아야 한다.' 번지가 아직 충분하게 이해하지 못했다. 공자가 말했다. '올바른 사람을 뽑아 비뚤어진 사람 위에 두면 비뚤어진 사람을 올바르게 할 수 있다.' 번지가 물러 나와 자하子夏를 만나 말했다. '아까 제가 우리 선생님을 뵙고 '앎'에 대해 물었더니, 선생님이 '올바른 사람을 뽑아 비뚤어진 사람 위에 두면 비뚤어진 사람을 올바르게 할 수 있다'(라고 하시는데) 무슨 말인가요?' 자하가 말했다. '(뜻이) 풍부한 말씀이다. 순舜 임금이 천하를 차지하고 나서 수많은 사람 중에 고요皐陶를 뽑아 (재상으로 삼으니) 어질지 못한 사람들이 멀어졌다. 탕湯 임금이 천하를 차지하고 나서 수많은 사람 중에 이윤伊尹을 뽑아 (재상으로 삼으니) 어질지 못한 사람이 멀어졌다.'"

20 (역주)『논어』「위령공衛靈公」15.10: "子貢問爲仁. 子曰: '工欲善其事, 必先利其器. 居是邦也, 事其大夫之賢者, 友其士之仁者.'" 풀이하면, "자공이 인을 행하는 일에 대해 (선생님께) 물었다. 공자가 말했다. '장인은 자신의 일을 잘하려 할 때에는 먼저 그 도구들을 날카롭게 한다. (마찬가지로) 이 나라에 살 때는 대부들 가운데 뛰어난 사람을 섬기고, 선비들 가운데 어진 사람을 친구로 삼아야 한다.'"

21 (역주)『논어』「선진」11.22: "子路問: '聞斯行諸?' 子曰: '有父兄在, 如之何其聞斯行之?' 冉有問: '聞斯行諸?' 子曰: '聞斯行之.' 公西華曰: '由也問聞斯行諸, 子曰: '有父兄在'; 求也問聞斯行諸, 子曰: '聞斯行之.' 赤也惑, 敢問.' 子曰: '求也退, 故進之; 由也兼人, 故退之.'" 풀이하면, "자로가 물었다. '(훌륭한 가르침을) 들으면 그것을 바로 실행해야 합니까?' 공자가 말했다. '아버지와 형이 살아 계신데 어찌 들은 것을 바로 실행해야 하겠느냐?' (이번에는) 염구冉有가 물었다. '(훌륭한 가르침을) 들으면 그것을 바로 실행해야 합니까?' 공자가 말했다. '들은 것은 바로 실행해야 한다.' 공서화가 말했다. '자로가 들으면 바로 실행해야 하느냐고 물었을 때는 선생님께서 아버지와 형님이 계신데 (어찌 그럴 수 있느냐)고 하셨는데, 염구가 물었을 때는 선생님께서 들은 것은 바로 실행해야 한다고 했습니다. 저는 (어느 게 맞는 것인지) 당혹스럽습니다.' 공자가 말했다. '염구는 뒤로 물러서기에 앞으로 나아갈 줄도 (알아야 한다고) 한 것이고, 자로는 다른 사람 몫까지 하려고 들기에 뒤로 물러설 줄도 (알아야 한다고) 한 것이다.'"

22 로즈몬트(1991b)는 처음부터 일관되게 이 두 번째 단계를 예상했다. "초기 유가 저작들은 내가 제기한 여러 문제에 대한 해결책을 찾는 데 가장 중요하고 최종적인 부분이기도 하다는 뜻으로 읽지는 말기를 바란다. (…) 서구 철학의 몇 가지 개념은 우리에게 남아야 하고 또 남을 것이다. 그리고 그 외 개념들 중에는 늘리거나 구부

리거나 해야 할 것이 있다. 그리고 또 그게 아니라면 상당 부분 확대해서 비서구적 개념이나 개념군을 대별할 수 있게 해야 할 것이다"(p.92, p.94). 그리고 우선적으로 내가 원했던 것은 유가적 역할 윤리에 속하는 어휘들이 자명해지는 것이었는데, 그뿐만이 아니라 이 도전에 대해서도 명백히 말했었다. "윤리적 삶에 대한 새롭고도 설득력 있는 비전으로서의 역할 윤리를 제대로 풀어내기 위한 노력의 다음 단계는 지속적인 대화다. 유가철학과 기존의 서구 윤리 이론이 대화함으로써 인간 행위의 정련과 평가에 대한 서로 다른 이 사유 방식들에 대해서 창조적인 생각을 끌어낼 수 있을 것이다"(Ames, 2011, xvii).

23 역할을 규정할 때, 일반적인 "의무"에 호소함으로써 발생하는 한 가지 문제점은 역할보다는 개인에 초점을 맞추게 된다는 것이다. 역할은 신뢰trust와 신뢰성credibility, 이 두 가지에 입각해서 정의해야 하듯이, 역할을 정할 때에는 특권과 의무 사이에서 적절하게 균형을 잡아야 한다.

24 화이트헤드(1979)는 "개인의 독립성에 대한 이런 전제는 내가 다른 데서 '단순 정위의 오류'라고 불렀던 것이다"라고 말한다(p.137).

25 Ames(2011) 참조. 3장에서 나는 체體와 예禮라는 두 용어를, 초기 중국 전통에서 자아 정체성을 달성하는 과정을 설명하기 위한 발생학으로 사용했다.

09.도덕적 행위자가 없는 도덕

1 Sandel, 1984, p.171의 예를 참고할 것.

2 『논어』의 모든 인용은 Ames and Rosemont(1998)에서 기저왔다. 괄호 안의 숫자는 전통적인 장과 편의 숫자를 가리킨다. (역주) 번역에서는 관례대로 편명을 앞에 삽입하였다. 『논어』 「위정爲政」 2.5: "子曰: '生, 事之以禮; 死, 葬之以禮, 祭之以禮.'"

3 (역주) 『논어』 「헌문」 14.22: "子路問事君. 子曰: '勿欺也, 而犯之.'" 저자는 얼굴을 마주할 때 표리부동하게 행동해서는 안 된다고 번역하는데, 원문 그대로 풀이하면 "속이지 말고 덤비듯이 행동하라"는 뜻이다. 즉 군주 앞에서 마음을 속이지 말고, 표정에 신경 쓰지 않고 직언直言하라는 뜻이다

4 (역주) 『논어』 「위정」 2.24: "見義不爲, 無勇也." 저자가 '적절한 행동'이라 옮긴 원문은 '義'다. 즉 마땅히 해야 할 행동이 무엇인지 빤히 알 수 있는데 하지 않는 것을 하

지 않는 것이 용기가 없다고 한다는 뜻이다.

5   니비전Nivison(1980)은 맹자의 사유에서 동기의 중요성을 처음 논의할 때 역할을
    고려하지 않았다. 그리고 그 논의가 있은 후로, 1990년대 초에는 『중국 철학 저널
    Journal of Chinese Philosophy』과 『동서양 철학Philosophy East and West』에 다른 몇 명의
    비교철학자들의 논의가 이어졌다.

6   "가족 가치"를 근거로 입법을 억압하거나 보이콧을 한다고 하지만 정작 표적으로
    삼는 것은 대개 가족 구조를 전혀 위협하는 게 아니라는 점은 여기서 밝혀 두는 것
    이 좋겠다. 그 예로, 미국가족협회American Family Association 웹사이트에서는 트랜스
    젠더 소비자들에게 남녀 화장실 중에서 선택해서 사용할 수 있도록 허가한다는 이
    유로 대형마트인 타겟Target의 지점들을 상대로 불매운동을 촉구하는 것을 볼 수 있
    다. 적어도 내가 아는 바로는 AFA가 가족들을 거의 기아에 허덕이게 하는 수준으
    로 임금을 책정하거나 노조에 반대한다는 이유로 월마트Walmart 등 무수한 기업을
    상대로 불매운동을 벌인 적은 한 번도 없었다. 생계를 책임지는 가장들에게 빵 한
    개를 살 기회를 주지 않는 것이야말로 실로 그들 가족들의 복지에 위협이 되는 것
    이 아닌가.

7   (역주) 『논어』 「공야장公冶長」 5.26: 子曰: "老者安之, 朋友信之, 少者懷之." 통상적으
    로 풀이하면 "나이든 사람에게는 집안에서 편안하게 해 드리고, 친구 간에는 신의
    를 가지고 사귀며, 나이 어린 사람에게는 (나이 많은 사람답게) 포용해 주고 싶구
    나."

8   (역주) 이 부분은 인용 표시가 잘못된 듯하다. 저자는 8.6이라 표시하였으나 이에
    해당하는 문장은 「옹야」 6.4: "吾聞之也, 君子周急不繼富"에 해당한다. 풀이하면
    "내가 듣기에 '군자는 다급한 사람은 도와주지만 부유한 사람에게 보태 주지는 않
    는다'고 했다"는 뜻이다.

10. 유가적 역할 윤리에 대한 샌델의 대응

* 이 챕터의 일부 단락은 필자의 논문 "Against Individualism and Comparing the
Philosophies of Rosemont and Sandel"(D'Ambrosio, 2016a)에서 제시한 비슷한 논증을
수정한 것들이다.

1 예를 들면, 샌델(1982)은 "근본적으로 연고적인 자아와 연관된 부정합성이 있는데, 이 자아는 그를 둘러싼 환경에 의해서 불확정적으로 조건화되고, 경험에 의해서도 계속적으로 변화를 겪도록 되어 있다는 점이 그렇다"고 적고 있다.

2 『논어』와 같은 중국 문헌의 편과 장의 수는 Chinese Text Project 웹사이트(www. ctext.org)의 온라인 버전을 따랐다.

3 로즈몬트(2015)는 누군가는 자신의 유가 해석에 문제 제기를 할 수 있다고 인정했다. "그러나 우리가 (로즈몬트와 로저 에임스가) 초기 유학자들에게 역할 윤리를 귀속시키는 것이 해석의 오류라 할지라도, 개인주의에 반대하고 역할의 윤리를 개진하는 것이 중요하다는 내 기본 입장에는 변함이 없을 것이다. 왜냐하면 내가 제목을 'Role Ethics: A Different Approach to Moral Philosophy Based on a Creative Misreading of Early Confucian Writings'로 바꾸면 그만이기 때문이다"(p.9).

4 공자가 "인이 무엇입니까?"라는 질문에 대해 때에 따라 다르게 답한 일은 유명하다 (『논어』). 일반적인 해석에 따르면, 스승 공자는 제자들이 각기 어떤 성격이고 상황이 어떤지에 따라 다른 답을 했다고 한다. 그러나 이런 개별화의 정도는, 적어도 어느 정도는, 이미 유아기 또는 초기 아동기에 존재할 수 있지 않은가?

5 샌델(2005)은 칸트에 관한 롤스의 해석을 "초월적 주체에서 무연고적 자아"로의 이동이라고 요약했다(p.161).

6 세부 사항에 대해서는 이 책의 8장과 9장을 참고할 것.

7 유가 사상의 정치적 측면에 대한 세부 사항에 대해서는 이 책에서 특히 2장과 5장을 참고할 것.

8 예를 들면, 샌델(1982)은 가족이 사회 제도의 예라고 하면서 "구성원들의 가치와 목표가 너무나 일치하기 때문에 정의의 여건은 비교적 최소한으로만 나타난다"고 했다(p.31).

9 이 문제들은, 내가 다른 데서 논의한 대로(D'Ambrosio, 2016a), 중국 전통에서 자원을 가져다가 다루어 볼 수도 있다. 그러나 샌델의 철학은 결정적으로 공동체에 뚜렷하게 주안점을 두었고, 이 때문에 더 균형 잡힌 접근을 제공하는 데 도움이 된다.

10 (역주) 저자가 표기한 인용부호는 『주역』 「계사 하」 2.5를 말하는데 이에 해당하는 문장이 없다. 아마도 저자는 『주역』 「계사 하」 5.1: "子曰: '天下何思何慮? 天下同歸

而殊塗, 一致而百慮, 天下何思何慮?'"에서 '同歸而殊塗'를 언급하는 듯하다. 전체를 풀이하면 다음과 같다. "공자가 말했다. '천하가 무엇을 생각하고 무엇을 근심하는가? 천하 사람들의 생각은 같은 곳으로 모이지만 길은 수없이 다르고, 천하 사람들의 근심은 하나로 일치하지만 걱정하는 방식은 수없이 다르다. 천하가 무엇을 생각하고 무엇을 근심하는가?'"

11 유학과 샌델의 감정에 대한 설명 사이의 유사성에 대한 자세한 내용은 D'Ambrosio (2016b)를 참고할 것.

11. 중국 철학에서 배우기

1 (역주) 『논어』 「자로」 13.18장의 내용이다. 원문은 다음과 같다. "葉公語孔子曰: '吾黨有直躬者, 其父攘羊, 而子證之.' 孔子曰: '吾黨之直者異於是. 父爲子隱, 子爲父隱, 直在其中矣.'"

2 (역주) 『맹자』 「진심 상」 35의 내용이다.

3 예컨대 다음의 사이트들을 참조하라. http://news.harvard.edu/gazette/story/2012/12/a-class-open-to-the-world/, https://www.youtube.com/watch?프=-W1-vN9Ucx0, https://www.youtube.com/watch?v=6bqelXSRRMI.

4 롤스의 『정치적 자유주의』(동명사, 2016)에 대한 샌델의 반응을 참조할 것(Sandel, 1998, pp.184-218).

5 Sandel, 2009, p.9; Chan, 2010, p.83에서 인용.

6 Sandel, 2007, pp.46-47 참조.

7 Sandel, 2007, p.97 참조.

8 Ames, 2011, p.122; Rosemont, 2015, p.94에서 인용.

01. 조화 없는 공동체?

Dworkin, Ronald(1984). "Rights as Trumps." In *Theories of Rights*, edited by Jeremy Waldron, pp.153-167(Oxford: Oxford University Press).

Li, Chenyang(2014). *The Confucian Philosophy of Harmony*(London, Routledge.)

_____(2007). "Li, as Cultral Grammar: On the Relation between Li and Ren in Confucius' Analects." *Philosophy East and West* 57(3): pp.311-329.

Popper, Karl(1971). *The Open Society and Its Enemies*(Princeton, NJ: Princeton University Press).

Rawls, John(1971). *A Theory of Justice*(Cambridge, MA: Harvard University Press).

Sandel, Michael, J.(1998). *Liberalism and the Limits of Justice*, 2ed ed.(Cambridge: Cambridge University Press).

Tan, Netina(2014). "Ethnic Quotas and Unintended Effects on Women's Political Representation in Singapore." *International Science Review* 35(1): pp.27-40.

02. 개인, 가족, 공동체 그리고 그 너머

Bai, Tongdong(2008a). "Back to Confucius: A Comment on the Debate on the Confucian Idea of Consanguineous Affection." *Dao: A Journal of Comparative Philosophy* 7(March): pp.27-33.

_____(2008b). "A Mencian Version of Limited Democracy." *Res Publica* 14(March): pp.19-34.

_____(2011). "Preliminary Remarks: Han Fei Zi—First Modern Political Philosopher?" *Journal of Chinese Philosophy* 38(March): pp.4-13.

_____(2012). *China: The Political Philosophy of the Middle Kingdom*(London: Zed Books).

_____(2013). "A Confucian Version of Hybrid Regime: How Does It Work, and Why Is It Superior?" In *The East Asian Challenge to Democracy: Meritocracy in Comparative Perspective*, edited by Daniel A. Bell and Chenyang Li, pp.55-87(Cambridge: Cambridge University Press).

Bell, Daniel(2006). *Beyond Liberal Democracy*(Princeton, NJ: Princeton University Press).

Fung, Yu-lan(1966). *A Short History of Chinese Philosophy*(New York: The Free Press).

Lau, D. C.(劉殿爵) trans.(1979). *Confucius: The Analects*(New York: Penguin).

_____(2003). *Mencius*, rev. bilingual ed.(Hong Kong: Chinese University Press).

MacIntyre, Alasdair(1981). *After Virtue*(Notre Dame, IN: University of Notre Dame Press).

Sandel, Michael(2009). *Justice: What's the Right Thing to Do?*(New York: Farrar, Straus and Giroux).

03. 덕으로서의 정의, 덕에 따른 정의 그리고 덕의 정의

Analects. In 『論語譯注(The Analects Annotated and Translated)』, by Yang Bojun(楊伯峻) (Beijing: Zhonghua Shuju).

Aristotle(1963). *Nicomachean Ethics*. Translated by W. D. Ross. In *The Works of Aristotle*, vol.9(Oxford: Oxford University Press).

Byerly, T. Ryan, and Meghan Byerly(2016). "Collective Virtue." *Journal of Value Inquiry* 50: pp.33-50.

Cohen, G. A.(2002). *If You're an Egalitarian, How Come You're So Rich?*(Cambridge, MA: Harvard University Press). *Daodejing*. In 『老子校釋(Annotations and Interpretations of Laozi)』(Beijing: Zhonghua Shuju).

Fricker, Miranda(2010). "Can There Be Institutional Virtues?" *Oxford Studies in Epistemology* 3: pp.235-252.

Gregory, James(2015). "Engineering Compassion: The Institutional Structure of Virtue." *Journal of Social Philosophy* 44: pp.339-356.

Huang, Yong(2010). "The Self-Centeredness Objection to Virtue Ethics: Zhu Xi's Neo-Confucian Response." *American Catholic Philosophical Quarterly* 84: pp.651-692.

_____(2013). *Confucius: A Guide for the Perplexed*(London: Bloomsbury).

Keyt, David(1985). "Distributive Justice in Aristotle's Ethics and Politics." *Topoi* 4: pp.23-45.

Kongzi Jiayu 『孔子家語(Confucius's Family Sayings)』(2009)(Beijing: Beijing Yanshan Chubanshe).

Kraut, Richard(2002). *Aristotle: Political Philosophy*(Oxford: Oxford University Press).

LeBar, Mark(2014). "The Virtue of Justice Revisited." In *The Handbook of Virtue Ethics*, edited by Stan van Hooft(Bristol, CT: Acumen).

Li, Ling(李零)(2007). 『喪家狗: 我讀論語(A Homeless Dog: My Reading of the Analects)』(Taiyuan: Shanxi Renmin Chubanshe).

Li, Zehou(李澤厚)(1999). 『論語今讀(A Contemporary Reading of the Analects)』(Hong Kong: Tiandi Tushu).

Liji, 『禮記(The Book of Rites)』(2004). In 『禮記譯注(The Book of Rites Annotated and Translated)』, by Yang Tianyu(楊天宇)(Shanghai: Shanghai Guji Chubanshe).

Mencius(2005). In 『孟子譯註(The Mencius Annotated and Translated)』, by Yang Bojun(楊伯峻)(Beijing: Zhonghua Shuju).

Pakaluk, Michael(2005). *Nicomachean Ethics: An Introduction*(Cambridge: Cambridge University Press).

Rawls, John(1999). *A Theory of Justice*, rev. ed.(Cambridge, MA: Harvard University Press).

Sandel, Michael J.(1982). *Liberalism and the Limits of Justice*(Cambridge: Cambridge University Press).

_____(1996). *Democracy and Its Discontents: America in Search of a Public Philosophy*(Cambridge, MA: Harvard University Press).

_____(2005). *Public Philosophy: Essays on Morality in Politics*(Cambridge, MA: Harvard University Press).

_____(2009). *Justice: What's the Right Thing to Do?*(New York: Farrar, Straus and Giroux).

_____(2011). "[Distinguished Lecture on] Justice: What's the Right Thing to Do?" *Boston University Law Review* 91: pp.1303-1310.

Sandin, Per.(2007). "Collective Military Virtues." *Journal of Military Ethics* 6: pp.303-314.

Slote, Michael(2009). *Moral Sentimentalism*(Oxford: Oxford University Press).

_____(2016). "Moral Self-Cultivation East and West: A Critique." *Journal of Moral Education* 45(2): pp.192-206.

Swanson, Judith A.(2011). "Michael J. Sandel's Justice: What's the Right Thing to Do?: A Response of Moral Reasoning in Kind, with Analysis of Aristotle's Examples." *Boston*

University Law Review 91: pp.1375-1403.

Wang, Yangming(王陽明)(1992). 『王陽明全集(The Complete Works of Wang Yangming)』(Shanghai(上海): Shanghai Guji Chubanshe(上海古籍出版社)).

Zingano, Marco(2013). "Natural, Ethical, and Political Justice." In *The Cambridge Companion to Aristotle's Politics*, edited by Marguerite Deslauriers and Pierre Destree(Cambridge: Cambridge University Press).

Ziv, Anita Konzelmann(2012). "Institutional Virtue: How Consensus Matters." *Philosophical Studies* 161: pp.87-96.

Zuozhuan(左傳)(1900). In 『春秋左傳注(Annotations to the Zuo Commentary on the Spring and Autumn Annals)』, by Yang Bojun(楊伯峻)(Beijing: Zhonghua Shuju(中華書局)).

04.시민의 덕에 관한 샌델의 관점

Honohan, Iseult(2002). *Civic Republicanism*(London: Routledge).

Li Yitian and Zhu Huiling(2014). "Freedom, Rights and Virtues: The Core Ideas of Sandel's Civic Republicanism and its Problem." *Jilin University Journal Social Sciences*(Edition 4).

Rawls, John(1988). "The Priority of Right and Ideas of the Good." *Philosophy and Public Affairs* 17(4): pp.251-276.

Rosenblum, Nancy(1998). "Fusion Republicanism." In *Debating Democracy's Discontent*, editied by Regan Allen, pp.273-288(Oxford: Oxford University Press).

Sandel, Michael J.(1984). *Liberalism and Its Critics*(New York: NYU Press).

_____(1996). "Easy Virtue." *New Republic* 2: pp.23-28.

_____(1998). *Democracy's Content: America in Search of a Public Philosophy* (Cambridge, MA; Belknap Press of Harvard University Press).

_____(2005). *Public Philosophy: Essays on Morality in Politics*(Cambridge, MA: Harvard University Press).

_____(2009). *Justice: What's the Right Thing to Do?*(New York: Farrar, Straus and Giroux).

Skinner, Quentin(1985). "The Paradoxes of Political Liberty." In *The Tanner Lectures on Human Values*, vol.6, edited by Sterling M. McMurrin(Cambridge: Cambridge University Press).

Zhu Huiling(2014a). "The Dilemma of Contemporary Republicanism and Sandel's Approach." *Philosophical Trends* 12.

_____(2014b). "Sandel's Standpoint of Republicanism and Its Characteristic of Combination." *World Philsophy* 1.

05.유가적 관점에서 본 샌델의 『민주주의의 불만』

Aristotle(2000). *Politics*. Translated by Benjamin Jowett(New York: Dover Publications).

Chen Lai(2013). "Liang Qichao de Side Shuo." 梁啟超的私德說(Liang Qichao's position on private virtue). *Journal of Tsing hua University* 28(1): pp.1-21.

_____(2014). "The Inheritance and Transformation of Confucian Virtue."(Rujia Meide de Chuancheng yu Zhuanhua 儒家美德的傳承與轉化). In *Renxue Bentilun* 仁學本體論(An Ontology of Humaneness)(Beijing: SDJ Joint Publishing).

Mill, John Stuart(2003). *On Liberty*(1859). In *Utilitarianism and On Liberty*, edited by Mary Warnock. Malden(MA: Blackwell).

Sandel, Michael(1996). *Democracy's Discontent*(Cambridge, MA: Belknap Press of Harvard University Press).

_____(1998). "Reply to Critics." In *Debating Democracy's Discontent: Essay's on American Politics, Law, and Public Philosophy*(Oxford: Oxford University Press).

Wan Junren(万俊人)(2008). *Zhengzhi Zhexue de Shiye* 政治哲學的視野(Horizons of political philosophy)(Zhengzhou: Zhengzhou Daxue Chubanshe).

Wing-Tsit Chan, trans.(1963). *A Source Book in Chinese Philosophy*(Princeton, NJ: Princeton University Press).

06. 젠더, 도덕적 불일치 그리고 자유

Bianch, Emanuela(2014). *The Feminine Symptom: Aleatory Matter in the Aristotelian Cosmos*(New York: Fordham University Press).

Chenyang Li(2014). *The Confucian Philosophy of Harmony*(New York: Routledge).

Corning, Peter A.(2002). "The Re-Emergence of Emergence: A Venerable Concept in Search of a Theory." *Complexity* 7(6): pp.18-30.

D'Ambrosio, Paul(2012). "The Role of a Pretending Tree: Hermits, Social Constructs and 'Self' in the Zhuangzi." In *Identity in Eastern and Western Philosophies*, edited by Jason Dockstader, Hans-Georg Moeller, and Gunter Wohlfart(Freiburg: Karl Alber).

_____(2014). "Going Along: A Daoist Alternative to Role Ethics." In *Landscape and Travelling East and West: A Philosophical Journey*, edited by Hans-Georg moeller and Andrew Whitehead(London: Bloomsbury Academic).

Dillon, Robin S.(1995). *Dignity, Character and Self-Respect*(New York: Routledge).

Hall, David L., and Roger T. Ames(2001). "Sexism, with Chinese Characteristics." In *The Sage and the Second Sex*, edited by Chenyang Li(Chicago: Open Court).

Irigaray, Luce(2012). *In the Beginning She Was*(London: Bloomsbury).

Kinney, Anne Behnke, trans. and ed.(2014). *Exemplary Women of Early China: The Lienu Zhuan of Liu Xiang*(New York: Columbia University Press).

Kohn, Livia(2014). *Zhuangzi: Text and Context*(St. Petersburg, FL: Three Pines Press).

Laughlin, Robert(2005). *A Different Universe: Reinventing Physics from the Bottom*

Down(New York: Basic Books).

Michael, Thomas(2015). *In the Shadows of the Dao; Laozi, the Sage, and the Daodejing*(Albany: SUNY Press).

Sandel, Michael J.(2009). *Justice: What's the Right Thing to Do?*(New York: Farrar, Strus, and Giroux).

Schonfeld, Martin(2008). "The Kantian Blueprint of Climate Control." In *Global Warming and Climate Change: Ten Years after Kyoto*, edited by Velma Grover(Enfield, NH: Science Publishers).

Wang, Robin R.(2006). "Virtue, Talent, and Beauty: Authoring a Full-Fledged Womanhood in Lienuzhuan (Biographies of Women)." In *Confucian Cultures of Authority*, edited by Peter Hershock and Roger Ames(Albany: SUNY Press).

_____(2012). *Yinyang: The Way of Heaven and Earth in Chinese Thought and Culture*(Cambridge: Cambridge University Press).

Zipoyan, Brook, trans.(2009). *Zhuangzi: The Essential Writings with Selections from Traditional Commentaries*(Indianapolis: Hackett).

07. 만족, 진정한 가장 그리고 완벽

Ames, Roger, and David Hall(2003). *Dao De Jing: "Making This Life Significant"; A Philosophical Translation*(New York: Ballantine Books).

Chan, Joseph(2010). "Concerns beyond the Family." *American Journal of Bioethics* 10(4): pp.82-84.

Chen Guying(陳鼓應)(2008). 『老莊新論Lao-Zhuang Xin Lun(New theories on Laozi and Zhuangzi)』(Revised edition)(Beijing: Commercial Press).

D'Ambrosio, Paul(2012). "The Role of a Pretending Tree: Hermits, Social Constructs and 'Self' in the Zhuangzi." In *Identity in Eastern and Western Philosophies*, edited by Jason Dockstader, Hans-Georg Moeller, and Günter Wohlfart(Freiburg: Karl Alber).

_____(2013) "Rethinking Environmental Issues in a Daoist Context: Why Daoism Is and Is Not Environmentalism." *Environmental Ethics* 35(Winter): pp.401-417.

_____(2014) "Going Along: A Daoist Alternative to Role Ethics." In *Landscape and Travelling East and West: A Philosophical Journey*, edited by Hans-Georg Moeller and Andrew Whitehead(London: Bloomsbury Academic).

_____(2016). "Approaches to Global Ethics: Michael Sandel's Justice and Li Zehou's Harmony." *Philosophy East and West* 66(3): pp.720-738.

Fan, Ruiping(2010). "A Confucian Reflection on Genetic Enhancement." *American Journal of Bioethics* 10(4): pp.62-70.

Fukuyama, Francis(2002). *Our Posthuman Future: Consequences of the Biotechnological Revolution*(New York: Farrar, Straus and Giroux).

Heidegger, Martin(1966). *Discourse on Thinking*. Translated by John M. Anderson and E. Hans Freund(New York: Harper & Row Publishers).

Heijine, Bas, and Michael Sandel(2016). "The Perfect Human Being." YouTube video, 13:17(https://www.youtube.com/watch?v=tK3GyjnA3Yc).

Li Zehou(李澤厚)(2014). 『回應桑德爾及其他Huiying Sangdeer ji Qita(A response to Michael Sandel and other matters)』(Beijing: Sanlian Shudian).

Moeller, Hans-Georg(2006). *The Philosophy of the Daodejing*(New York: Columbia University Press).

_____(2007). *Daodejing(Laozi): A Complete Translation and Commentary*(Chicago: Open Court).

Moeller, Hans-Georg, and Paul J. D'Ambrosio(2017). *Genuine Pretending: On the Philosophy of the Zhuangzi*(New York: Columbia University Press).

Sandel, Michael(2007a). *The Case against Perfection*(Cambridge, MA: Belknap Press of Harvard University Press).

_____(2007b). "Michael Sandel Frames the Stem Cell Debate." Big Think video, 3:57. June 6, 2007(http://bigthink.com/videos/michael-sandel-frames-the-stem-cell-debate).

_____(2009a). "Episode 01: The Moral Side of Murder." 〈Justice: What's the Right Thing to Do?〉 YouTube video, 54:56(https://www.youtube.com/watch?v=kBdfcR-8hEY).

_____(2009b). *Justice: What's the Right Thing to Do?*(New York: Farrar, Straus and Giroux).

_____(2016). "Closing Remarks." Presented at the International Conference on Michael Sandel and Chinese Philosophy, East China Normal University, Shanghai, March 10.

Ziporyn, Brook(2009). *Zhuangzi: The Essential Writings with Selections from Traditional Commentaries*(Indianapolis: Hackett).

08. 유가 윤리에서 '자아'의 이론화

Ames, Roger T.(2011). *Confucian Role Ethics: A Vocabulary*(Hong Kong: Chinese University Press, and Honolulu: University of Hawaii Press).

Ames, Roger T., and Henry Rosemont, Jr.(1998). *The Analects of Confucius: A Philosophical Translation*(New York: Random House / Ballantine Books).

Angle, Steve(2014). "The Analects and Moral Theory." In *Dao Companion to the Analects*, edited by Amy Olberding(Dordrecht: Springer).

Anscombe, G. E. M.(1958). "Modern Moral Philosophy." *Philosophy* 33.

Aristotle(1984). *The Complete Works of Aristotle: The Revised Oxford Translation*. Edited by Jonathan Barnes(Princeton, NJ: Princeton University Press).

Dewey, John(1962). *Individualism Old and New*(New York: Capricorn Books).

_____(1998). *The Essential Dewey*. Volume 1. Edited by Larry Hickman and Thomas Alexander(Bloomington, IN: Indiana University Press).

Fingarette, Herbert(1983). "The Music of Humanity in the Conversations of Confucius." *Journal of Chinese Philosophy* 10(4).

Graham, A. C.(1990). *Studies in Chinese Philosophy and Philosophical Literature*(Albany: SUNY Press).

_____(1991). "Replies." In *Chinese Texts and Philosophical Contexts: Essays Dedicated to Angus C. Graham*, edited by Henry Rosemont Jr.(La Salle, IL: Open Court).

Hartshorne, Charles(1950). *A History of Philosophical Systems*(New York: Philosophical Library).

Hershock, Peter(2006). *Buddhism in the Public Sphere: Reorienting Global Interdependence*(New York: Rutledge).

James, William(2000). *Pragmatism and Other Writings*(New York: Penguin).

Lai, Karyn(2014). "Ren 仁: Exemplary Life." In *Dao Companion to the Analects*, edited by Amy Olberding(Dordrecht: Springer).

MacIntyre, Alasdair(1981). *After Virtue*(Noter Dame, IN: University of Notre Dame Press).

Nietzsche, Friedrich(1966). *Beyond Good and Evil*. Translated by W. Kaufmann(New York: Vintage).

Putnam, Hilary(1987). *The Many Faces of Realism*(La Salle, IL: Open Court).

_____(1990). *Realism with a Human Face*(Cambridge, MA: Harvard University Press).

Rosemont, Henry Jr., ed.(1991a). *Chinese Texts and Philosophical Contexts: Essays Dedicated to Angus C. Graham*(La Salle, IL: Open Court).

_____(1991b) "Rights-Bearing and Role-Bearing Persons." In *Rules, Rituals, and Responsibility: Essays Dedicated to Hervert Fingarette*, edited by Mary Bockover(La Salle, IL: Open Court).

_____(2015). *Against Individualism: A Confucian Rethinking of the Foundations of Morality, Politics, Family, and Religion*(Idaho Falls, ID: Lexington Books).

_____ and Roger T. Ames(2016). *Confucian Role Ethics: A Vision for the Twenty-First Century?*(Taipei: National Taiwan University Press and V&R Unipress).

Sadel, Michael(1982). *Liberalism and the Limits of Justice*(Cambridge: Cambridge

423

University Press).

Shun, Kwong-loi(2009). *Confucian Democracy: A Deweyan Reconstruction*(Albany: SUNY Press).

Whitehead, Alfred North(1938). *Modes of Thought*(New York: Free Press).

_____(1979). *Process and Reality: An Essay in Cosmology*(Corrected edition), edited by Donald Sherbourne(New York: Free Press).

Williams, Bernard(1981). *Moral Luck: Philosophical Papers, 1973-1980*(New York: Cambridge University Press).

Wong, David B(2004). "Relational and Autonomous Selves." *Journal of Chinese Philosophy* 34(4).

_____(2008). "If We Are Not by Ourselves, If We Are Not Strangers." In *Polishing the Chinese Mirror: Essays in Honor of Henry Rosemont, Jr.*, edited by Marthe Chandler and Ronnie Littlejohn(New York: Global Scholarly).

_____(2014). "Cultivating the Self in the Concert with Others." In *Dao Companion to the Analects*, edited by Amy Olberding(Dordrecht: Springer).

09.도덕적 행위자가 없는 도덕

American Association of Retired Persons(AARP)(2014). "The New American Family." *AARP Bulletin*, June/July 2014.

_____(2016). "Caregiving in America: The Invisible 40 Million Heroes That Devote Their Lives to Loved Ones." *AARP Bulletin*, May, 30; first printed in the November 2015 issue at 6.

Ames, Roger T.(2011). *Confucian Role Ethics: A Vocabulary*(Hong Kong: Chinese University Press).

_____ and Henry Rosemont Jr.(1998). *The Analects of Confucius: A Philosophical*

Translation(New York: Random House/Ballantine Books).

Bahrampour, Tara(2016). "Young People Now More Likely to Live with Parents than Partners." *Washington Post*, May 24, accessed at https://www.washingtonpost.com/local/social-issues/young-people-more-likely-to-live-with-parents-now-than-any-time-in-modern-history/2016/05/24/9ad6f564-2117-11e6-9e7f-57890b612299_story.html.

Brooks, David(2005). "Longer Lives Reveal the Ties That Bind Us." *New York Times*, Op-ed page, October 2005.

James, William(2007). *On Some of Life's Ideals*(New York: Maugham Press).

Mill, John Stuart(2000). *Dissertations and Discussions*(Boston: Adamant Media).

Nivison, David S.(1980). "Mencius and Motivation." *Journal of the American Academy of Religion, Thematic Issue S*, supplement to 47(3) (September): pp.417-432.

Rawls, John(1971). *A Theory of Justice*(Cambridge, MA: Harvard University Press) (Revised editions published in 1975 and 1999).

Rosemont, Henry, Jr.(2002). *Rationality and Religious Experience*(Chicago: Open Court).

_____(2015). *Against Individualism: A Confucian Rethinking of the Foundations of Morality, Politics, Family, and Religion*(Lanham, MD: Lexington Books).

_____ and Roger T. Ames(2009). *The Chinese Classic of Family Reverence*(Honolulu: University of Hawaii Press).

Sandel, Michael J., ed.(1984). *Liberalism and Its Critics*(New York: NYU Press).

_____(2005). *Public Philosophy: Essays on Morality in Politics*(Cambridge, MA: Harvard University Press).

_____(2009). *Justice: What's the Right Thing to Do?*(New York: Farrar, Straus and Giroux).

_____(2012). *What Money Can't Buy: The Moral Limits of Markets*(New York: Farrar, Straus and Giroux).

Taub, Manda(2016). "The Rise of American Authoritarianism." Accessed at http://www. vox.com/2016/3/1/1112724/trump-authoritarianism.

10. 유가적 역할 윤리에 대한 샌델의 대응

Ames, Roger(2008). "What Ever Happened to 'Wisdom'? Confucian Philosophy of Process and 'Human Becomings.'" *Asia Major*, 3rd series, 21(1): pp.45-68.

_____(2011). *Confucian Role Ethics: A Vocabulary*(Honolulu: University of Hawaii' Press).

_____ and David Hall(2003). *Daodejing: "Making This Life Significant"; A Philosophical Translation*(New York: Ballantine Books).

D'Ambrosio, Paul(2016a). "Against Individualism and Comapring the Philosophies of Rosemont and Sandel." *Comparative and Continental Philosophy* 8(July): pp.224-235.

_____(2016b). "Approaches to Global Ethics: Michael Sandel's Justice and Li Zehou's Harmony." *Philosophy East and West* 66(3): pp.720-738.

Lee, Haiyan(2014). *The Stranger and the Chinese Moral Imagination*(Stanford, CA: Stanford University Press).

MacIntyre, Alasdair(1981). *After Virtue*(Notre Dame, IN: Notre Dame University Press).

Moeller, Hans-Georg, and Paul J. D'Ambrosio(2017). *Genuine Pretending: On the Philosophy of the Zhuanzi*(New York: Columbia University Press).

Rawls, John(1971). *A Theory of Justice*(Cambridge, MA: Harvard University Press).

Rosemont, Henry(1991). "Rights-Bearing Individuals and Role-Bearing Persons." In *Rules, Rituals and Responsibility: Essays Dedicated to Herbert Fingarette*, edited by Mary Bockover(Chicago: open Court).

_____(2015). *Against Individualism: A Confucian Rethinking of the Foundation of Morality, Politics, Family, and Religion*(Lanham, MD: Lexington Books).

_____(2016). *Personal Communication*, August 16.

_____ and Roger Ames(2009). *The Chinese Classic of Family Reverence: A Philosophical Translation*(Honolulu: University of Hawaii Press).

Sandel, Michael(1982). *Liberalism and Limits of Justice*(Cambridge: Cambridge University Press).

_____(2005). *Public Philosophy: Essays on Morality in Politics*(Cambridge, MA: Harvard University Press).

_____(2007). *The Case Against Perfection*(Cambridge, MA: Belknap Press of Harvard University Press).

_____(2009). *Justice: What's the Right Thing to Do?*(New York: Farrar, Straus and Giroux).

_____(2012). *What Money Can't Buy: The Moral Limits of Markets*(New York: Farrar, Straus and Giroux).

_____(2016a). "Closing Remarks." Paper presented at the International Conference on the International Conference on Michael Sandel and Chinese Philosophy, East China Normal university, Shanghai, March 10.

_____(2016b). Response to papers presented by Roger Ames and Paul D'Ambrosio at the International Conference on the International Conference on Michael Sandel and Chinese Philosophy, East China Normal university, Shanghai, March 8.

Tu Weiming(2016). "Self from the Perspective of Spiritual Humanism." Paper presented at the International Conference on the International Conference on Michael Sandel and Chinese Philosophy, East China Normal University, Shanghai, March 8.

11.중국 철학에서 배우기

Ames, Roger T.(2011). *Confucian Role Ethics: A Vocabulary*(Hong Kong: Chinese University Press).

Chan, Joseph(2010). "Concerns beyond the Family." *American Journal of Bioethics* 10(April): p.83.

Friedman, Marilyn(1989). "Feminism and Modern Friendship: Dislocating the Community." *Ethics* 99(2): pp.275–290.

Mill, John Stuart(1859)(1989). *On Liberty.* Edited by Stefan Collini(Cambridge: Cambridge University Press).

Rosemont, Henry, Jr.(2015). *Against Individualism: A Confucian Rethinking of the Foundation of Morality, Politics, Family, and Religion*(Lanham, MD: Lexington Books).

Ruiping Fan(2010). "A Confucian Reflection on Genetic Enhancement." *American Journal of Bioethics* 10(April).

Sandel, Michael(1982). *Liberalism and the Limits of Justice*(Cambridge: Cambridge University Press).

_____(1996). *Democracy' Discontent: America in Search of a Public Philosophy* (Cambridge, MA: Harvard University Press).

_____(1998). *Liberalism and the Limits of Justice*(2nd edition)(Cambridge: Cambridge University Press).

_____(2007). *The Case against Perfection*(Cambridge, MA: Belknap Press of Harvard University Press).

_____(2009). *Justice: What' the Right Thing to Do?*(New York: Farrar, Straus and Giroux).

샌델을 만나는 중국, 중국을 만나는 샌델

김선욱

『마이클 샌델, 중국을 만나다』는 우리 한국인들에게는 무척 도전적이고 또 문제적인 저술이다. 그간의 샌델의 저술들이 한국 사회에 있어 시민교육적 의미를 가져왔다면, 이 책은 오늘날의 동아시아 안에서 우리 한국이 선 자리를 생각하게 한다. 물론 이 책의 어떤 부분도 한국을 말하고 있지는 않다. 그러나 중국이 샌델을 만나고 샌델이 중국을 만나는 이 만남의 기록에서 우리는 중국인 개개인의 변화와 중국 전통 사상의 현재적 활용의 모습을 볼 수 있다. 그래서 이 책을 통해 우리도 오늘의 중국을 새롭게 만나게 된다.

샌델과 중국의 만남은 두 층위에서 이루어진다. 첫 번째는 지난 10여 년 동안 중국을 드나들며 이루어진 샌델과 중국 젊은이들의 삶과의 만남이다. 샌델의 〈정의란 무엇인가〉 강의 영상은 젊은 중국인 자원봉사자들에 의해 번역 자막이 달려 대중적으로 시청되었고, 그의 저서들 또한 번역되어 읽혔다. 이를 접한 청년들은 『차이나 데일리』의 기사에서 표현한 것처럼 미국 할리우드 영화배우나 프로농구 선수들에게 보내는 것과 같은 관심과 인기를 그에게 보냈다. 그들은 자기 삶을 바꾸는 '형성적formative' 영향력을 샌델에게서 받은 것이다.

오스노스의 「서문」에 나오는 '쉬예'라는 여성은 샌델의 강의로 인해 영혼의 "구원"을 받았다고 했다. 농민이었던 부모에게서 태어나 경영을 공부해 출세와 부를 얻겠다는 생각을 가졌던 그녀는 샌델을 만난 뒤 자기 주위에서 일어나는 현상들에 대해 질문을 던지기 시작했다. 설 귀성 차량의 암표를 살 것인지에 대한 질문에서 시작하여 어머니와 함께 절에 불공을 드리는 일에 대한 의문까지, 그녀는 남들이 보기에 어리석다고 생각할 수 있는 질문을 던졌다. 이제 그녀는 자신의 방향을 바꿔 사회를 위해 할 수 있는 일을 고민하고 있다. 오스노스가 전하는 이야기는 비록 단 한 명의 삶에 대한 것이지만, 그녀 같은 이는 적지 않을 것이다. 14억 명을 넘는 중국 인구에 비하면 그의 강의를 듣기 위해 넓은 공간을 꽉 채우는 사람의 수가 보잘것없겠지만, 원래 큰 불은 작은 불꽃에서 시작하는 법이다.

샌델과 중국의 두 번째 만남은 이 책의 근간이기도 한 학문적 만남이다. 이 만남에서 다양한 연령과 활동 반경을 지닌 중국학 전공 학자들은 중국 고전 유가 및 도가의 핵심 저술을 통해 샌델의 주요 저작들을 분석하고 그의 사상적 핵심들을 비판적으로 다룬다. 그들이 샌델에게 던지는 질문은 고전에 대해 현대적 문제의식으로 해석한 논점을 중심으로 한다. 그들은 과거 자유주의 대 공동체주의 논쟁과 흡사하게, 그러나 다른 각도에서 정치철학과 존재론적·인간학적 질문들을 치밀하게 던진다.

그런데 층위가 다른 이 두 만남은 어떤 연관을 가지고 있는가? 샌델과 청년 대중들 간의 만남이 질문의 힘을 매개로 한다면 학자들과의 학문적 만남은 사상을 매개로 한다. 이런 엇박자의 각도는 11편의 본문 글에서 이루어지는 학문적 만남의 성격을 정확히 이해할 때 맞춰진다. 예컨대, 우리가 전통 사상과 조우한다면 우리는 전통에 대해 현대적 관점에서 비판적 만남을 시도할 것이다. 샌델의 사상이 중국 사상과 만날 때, 중국 사상에 대한 샌델적 비판이 핵심이 될 것을 기대하게 된다. 하지만 이 책에서 이루어지는 만남은 그런 예상을 벗어난다. 대화에 참여한 학자들은 스스로 전통과의 비판적 만남을 이룬 뒤, 오늘날 중국에 필요한 개념과 주장을 그 전통 속에서 가져온다. 샌델이 만나는 중국 전통 사상은 중국 철학사에 나오는 이론들이 아니라, 해석된 전통의 현대적 목소리다. 이런 방식으로 중국인의 삶과 오늘의 사상과 샌델 간의 삼각관계가 형성되면서 긴장 어린 만남이 성사된다. 이 책 1~5장의 도덕과 정치에 관한 논의의 배경에는 이러한 삼각관계가 있다. 언뜻 점잖아 보이는 이 논의의 행간에서 강렬한 충돌이 느껴진다.

샌델은 흔히 공동체주의 사상가로 알려져 있나. 그가 처음 한국을 방문했던 2005년, 기자회견장에서 어떤 기자가 "공동체주의자로서 당신의 견해는 무엇입니까?"라는 말로 맺는 질문을 하자, 샌델은 "저는 공동체주의자가 아닙니다. 저는 차라리 자유주의자라고 할 수 있습니다"라고 답해서 질문자와 참석한 많은 사람들을 당황시켰다. 잠시 조용한 소란이 있은 뒤 샌델은 "물론 저는 자유주의자인 존 롤스를 비판하고 있어서 많은 사람들이 저를 공동체주의자로 알고 있지만, 저는 자유주의의 주된 주장들, 예컨대 인권의 중요성 같은 것을 그대로 존중하고 받아들입니다. 그런 점에서 저는 자유적 공동체주의자 혹은 공동체주의적 자유주의자라고 할 수 있습니다"라고 덧붙였다.

샌델은 공동체주의의 핵심 주장인, 공동체가 전통적으로 소중히 여겨 온 가치를 인류가 보편적이라고 여기는 인권보다도 우선시해야 한다는 점을 거부한다. 공동체주의는 공동체 사람들이 소중히 여겨 온 가치들이 비록 정의롭지 못하다 하더라도 그것을 무시하고 인권을 요구하는 것은 옳지 못하다고 주장한다. 반면 샌델은 인간이 가진 반성적 사유의 힘을 중요시하며 반성을 통해 전통에 개입하는 것이 필요하다고 주장한다. 물론 샌델이 일반적으로 말하는 자유주의자인 것은 아니다. 다음은 당시 샌델이 필자와의 인터뷰에서 했던 말이다.

저(샌델)는 찰스 테일러나 마이클 월처와 마찬가지로 제 자신을 공동체주의자라고 부르는 것을 꺼려합니다. 일반적으로 공동체주의는 오직 자기 나라나 민족만을 중심으로 생각하는 방식이라고 정의를 내립니다. 그래서 다른 공동체가 가진 도덕적·정치적 주장에 대해 무시하는 경향이 있습니다. 저는 이런 입장에 대해서는 반대합니다. 이런 점에서 저는 공동체주의자가 아닙니다. 관습과 전통의 가치는 시험의 대상이 되어야 합니다. 다른 한편으로, 민족주의적 공동체주의의 협소함 때문에 순수보편주의가 대안으로 제시되기도 합니다. 이 입장에 따르면 특정한 정체성이나 전통을 전적으로 무시하고 지구적 관점에서 세계시민적 태도를 가질 것을 요구합니다. 이것은 적절한 대안이 될 수가 없다고 봅니다. 저는 자유주의가 많은 점에서 오류에 빠져 있다고 생각합니다. 물론 지구적 관점에서의 윤리 교육은 필요합니다. 그러나 그와 동시에 자신이 속한 특정 정체성의 발현과 존중이 함께 이루어져야 합니다.

자유주의와 샌델의 결정적 차이는 인간관 혹은 자아관의 차이로 나타나는데, 8~10장에서 인간관과 자아의 문제에 초점을 맞추는 이유가 된다. 자유주의적 인간관은 존 롤스의 『정의론』에서 설명하는 것처럼, '무지의 베일' 안으로 들어서서 개인의 우연적 속성을 모두 유예한 뒤 철저하게 중립적인 이성적 사유가 가능한 존재로서 이해된 자아를 상정한다. 이런 자아는 가족이나 사회로부터 져야 하는 아무런 부담도 없고, 또 젠더로서 여성 혹은 여성의 입장에 서야 할 필요도 없으며, 자신을 둘러싼 빈부 혹은 계급적 한계에 대한 부담에서도 완전히 벗어나 생각할 수 있는 능력을 가진 자아다. 이런

433

자아를 "부담을 지지 않는 자아(혹은 무연고적 자아)"라고 부른다. 자유주의는 이런 자아관을 토대로 하는 이론이며, 이런 입장을 "토대주의적 개인주의the foundational individualism"라고 한다.

샌델은 자아가 이런 존재일 수 없다고 한다. 자아는 이미 어떤 관계 속에 있고 거기서 나오는 어떤 역할을 하는 존재로, 완전히 중립적이거나 독립적인 존재가 아니라는 것이다. 이런 근본적인 인간관의 차이는 "인간이란 무엇인가"라는 질문에 대한 다른 대답에서 나온다. 자유주의적 인간관의 대표 주자는 임마누엘 칸트이며, 샌델은 아리스토텔레스와 헤겔 그리고 찰스 테일러에게 근접한다. 이와 관련하여 8~10장의 저자들은 자유주의자들과 정반대의 방향에 서서 샌델을 유학의 인간관으로 끌어당기고 있다.

서구에서의 '자유주의 대 공동체주의 논쟁'은 샌델 및 그의 스승인 찰스 테일러, 그리고 알래스데어 매킨타이어 등이 만든 진영과 존 롤스 및 그의 사상적 제자들 간의 논쟁이다. 이 논쟁에서는 샌델이 거부한 공동체주의는 그다지 고려 대상이 아니었다. 샌델은 (자유적) 공동체주의의 입장에서 한 걸음 더 나아가 정치 공동체를 이루는 시민의 문제 및 정부의 역할, 법과 도덕의 관계 등의 문제를 폭넓게 다룬다. 이는 공동체주의의 틀을 벗어나 시민적 공화주의civic Republicanism의 입장으로 나아가는 길목이다. 샌델의 최근 논의는 이런 근본 입장의 연장선상에서 시장이 사회를 지배함으로써 발생하는 문제, 유전공학을 통해 인간의 힘을 강화하여 프로메테우스적 방식으로 인간의 지배적 욕망을 추구하는 입장 등을 비판하는 데까지 나아간다. 이 책의 6~7장은 이런 샌델의 노력에 대해 도가의 입장에서 응답한 것이다.

샌델이 만나는 중국의 전통 사상은 샌델 자신이 비판한 공동체주의의 입장과 유사하다. 자유주의와의 싸움을 벌이던 샌델이 자신의 등 뒤에 포진한 학자들을 만난 것이다. 이들 모두 샌델에게 싸움을 거는 것은 아니다. 주제에 따라 어떤 이는 샌델을 공격하고, 어떤 이는 샌델을 지원하겠다고 하고, 어떤 이는 샌델에 대해 방어진지를 구축한다. 샌델은 『정치와 도덕을 말하다』에서 강압적 공화주의를 경계한다.

> 두 번째 반론은 공화주의적 이상을 부활시키는 것이 설사
> 가능하다 할지라도 그것은 바람직하지 않다는 것이다. 시
> 민적 덕성을 주입하는 것은 매우 어려운 일이고, 따라서
> 공화주의 정치는 언제나 강압적이 될 수 있다는 위험 부
> 담을 안고 있다(『정치와 도덕을 말하다』, p.49).

여기서 말하는 공화주의는 정치 공동체 내에서 정부의 역할이 커져서 개개인의 개별적인 의지가 사라지게 되는 데까지 나아가는, 국가의 강압에 의해 개인의 마음이 통제당하는 정치 형태다. 샌델은 이런 공화주의 혹은 공동체주의 국가를 주장하는 데 따르는 위험성을 충분히 의식하고 있다. 그는 공화주의가 시민들 사이의 의견의 불일치를 불필요한 것으로 여겨 억압하지 않으며, 대신 그 불일치를 정치적 논쟁을 통해 다루는 방법을 제공하기 때문에 강압이 될 수 없다고 주장한다. 그는 시민들이 다양한 공동체 활동에 참여함으로

써 공적인 일에 관심을 갖게 되며 이를 통해 시민들이 획일적인 전체 안으로 녹아들어 가지 않는, 시민의 자유를 억누르지 않는 공화주의를 주장한다. 따라서 샌델은 중국 전통 사상이 내포한 공동체주의에 대해 일정한 선을 그을 수밖에 없다. 하지만 중국에 대한 그의 응답은 간단할 수 없다. 미국을 비롯한 민주주의 체제의 국가들과 현격하게 다른 중국의 모습을 고려할 때 "공동체주의자" 샌델은 조심스럽게 응답할 수밖에 없다. 그 조심스러움이 11장의 샌델의 응답에서 잘 나타난다.

이 책의 각 장에서 다룬 핵심 문제와 유의점을 간략히 살펴보자. 샌델 교수는 10편의 글에서 제기된 문제들에 대해 비교적 온건하고 겸손한 방식으로 간명하게 대답하고 있지만, 자신의 입장을 결코 흐리지는 않는다. 따라서 각 장의 중심 주제와 샌델의 답변을 다시 정리할 필요는 없다. 다만 독자들에게 도움이 될 수 있도록 각 장의 주제 및 관련 철학적 문제들을 간략히 다루어 보겠다.

1장은 싱가포르에서 강의하는 리첸양의 글로, 샌델의 공동체 개념의 핵심 덕목에 대해 이의를 제기한다. 즉 유가적 관점에 입각하여 샌델이 강력한 공동체주의적 사회로 나아가기에 불충분하지 않다고 말한다. 자유주의자들은 정의로운 사회가 되려면 특정한 덕 관념 혹은 선 관념에 대해 중립적이어야 한다고 주장한다. 선 관념이란 무엇이 좋은가에 대한 생각을 말한다. 자유주의자들은 개인마다 선 관념이 다를 수 있으므로 정부가 특정 선 관점을 중시해서는 안 된다는 말이다. 그리고 덕은 어떤 공동체에서 바람직하다고 여기는 태도 혹은 어떤 사회에서 정의롭다고 여기는 개인의 삶의 태도를 가리킨다.

샌델에 따르면 국가는 여기에 대해 중립적이어서는 안 되는데, 리첸양은 샌델의 입장에 전적으로 동의하지만 그보다는 한 걸음 더 나아가야 한다고 생각한다. 핵심은 '조화'에 있다. 가정에서의 조화는 '화목'이며, 국가적으로는 전체의 균형을 위한 국가의 개입을 의미할 수 있다. 정치적 사례로 싱가포르의 대통령 선출 방식을 제시한다. 다양한 인종 구성을 고려하여 적절한 순번에 따라 특정 인종 출신자를 대통령으로 선출하는 제도는 유가에서 중시하는 조화 사상을 현실화한 결과라는 것이다. 리첸양은 이런 조화라는 덕이 샌델의 공동체주의 사상의 중심이 되어야 한다고 주장한다. 샌델은 중국 철학을 만나기 전까지 조화가 삶의 제1덕목이 될 수 있다는 생각을 해본 적이 없다고 한다. 가족에 있어서 또 국가에 있어서 조화를 가장 중요한 덕목으로 수용할 수 있을지 여부가 관건이다.

2장은 중국 상하이에서 강의하고 있는 바이통동의 글로, 리첸양과는 다른 관점에서 유가를 해석한다. 리첸양은 샌델의 공동체관이 얇다고 비판했지만 바이통동은 오히려 두텁다고 비판한다. 바이통동은 오히려 자유주의적 입장으로 나아가 샌델을 비판한다. 유가 사상이 자유주의적이기보다는 공동체주의적이라는 점에서는 동의하지만, 공동체적인 덕으로서 사회를 보다 낫게 만들 수는 없다고 본다. 그의 관점에서는 능력의 차별화를 보이는 다양한 사람들이 존재하는 곳에서는 능력주의적 관점이 중요하다. 유가에서도 모든 사람이 군자가 될 능력이 있지만 실제로 군자가 되는 사람은 소수에 불과

437

해제

하다고 보는 것처럼, 1인 1표제와 같은 민주정치는 중국과 같은 "낯선 이들로 구성된 대규모 사회"에서는 적용할 수 없다고 한다. 오늘날의 중국은 이런 점에서 민주국가는 아니다. 그리고 바이퉁둥은 중국 정치의 이런 비민주성에 대해 롤스의 정치적 자유주의적 관점에서 옹호하는 논리를 편다. 샌델은 이 주장에 대해 회의적이다.

3장은 홍콩에서 강의하고 있는 후앙용의 글로, 샌델의 공화주의가 함축하는 덕 윤리의 다양한 층위를 정교하게 분석한다. 자세하게 쓰인 이 긴 글은 샌델이 아리스토텔레스에게서 영향을 받은, 정의가 덕으로서의 정의라는 주장을 분석하는 데서 시작한다. 정의가 그저 한 집단이 가진 이익을 분배하는 문제라면 도둑들이 노획물을 나누는 정의로도 충분히 정의를 말할 수 있어야 한다. 그러나 그것은 충분한 정의일 수 없고 사회에 도움이 되는 것이어야만 한다. 따라서 정의는 덕이어야 한다는 것이다. 그런데 사회의 덕을 이루려면 개인의 덕을 이루어야 한다는 아리스토텔레스의 논의는 개인의 도덕적인 덕과 사회에 유익이 되는 시민적 덕이 어떤 연관을 가져야만 하는가에 대해 적절한 대답을 주지 못한다.

후앙용의 논의는 시민의 덕과 (개인의 차원에서 중요한) 도덕적 덕의 구분 및 관계의 문제를 중심으로 전개된다. 샌델의 덕에 대한 접근은 유가의 것과 흡사하지만 자신의 논의에서 시민적 덕과 도덕적 덕의 구분과 연관성을 충분히 명료하게 제시하지 못한다고 비판한다. 그리고 샌델이 입각한 아리스토텔레스의 덕 개념에 비해 유가의 덕 개념이 국가에 덕을 수립하는 데 있어서 얼마나 더 바람직한가를 상세한 설명을 통해 주장한다. 유덕한 사람이 공직을 맡아야 하는데,

그 이유는 유익을 위해서가 아니라 다른 사람들에게 덕을 끼칠 수 있기 때문이다. 시민을 덕 있게 만드는 것은 법과 처벌이 아니라 예와 덕을 통해 수치심을 느끼게 함으로써 가능하다. 사람들을 덕 있게 만드는 것은 정부가 제정한 법이 아니라 공직자가 보여 주는 모범적인 덕이다. 정치 지도자가 갖추어야 할 덕은 그들의 백성이 갖추기를 바라는 덕과 정확히 일치한다. 후앙용의 이런 논리는 샌델이 말하는 공화주의적 모델의 정부 역할 및 시민의 덕의 함양 과제를 정치 담론에서 배제할 수 있게 한다. 샌델은 자신의 응답이 효과적일 수 있도록 후앙용이 펼친 논리의 각 단계에 대해 코멘트를 제공한다.

4장은 중국에서 활동하는 젊은 학자인 주후이링의 글로, 샌델의 공화주의에 초점을 맞춘다. 주후이링은 샌델의 공동선 개념이 실제의 공동체의 전통과 긴장 관계를 형성할 수 있으며, 해당 공동체의 가치에 비판적 관점을 제공할 수 있다고 정당하게 지적한다. 여기서 한 걸음 더 나아가, 정치와 도덕의 통합과 시민이 공동선과 시민의 덕에 관심을 가져야 한다고 주장한 점으로 인해 샌델의 입장은 공동체주의를 너머 공화주의로 나아가게 된다고 주후이링은 지적힌다. 그러나 그는 샌델이 시민의 덕을 충분히 설명하지 못하며, 시민의 덕과 도덕적 덕 사이의 모호한 부분을 남겨 놓는 등 미해결 상태인 남긴 부분들이 있다고 비판한다. 샌델은 이런 모호성에도 불구하고 시민의 덕을 강조한다. 두 덕 사이의 긴장 관계에서 어디에 무게 중심을 두는가에 따라 공화주의의 그림이 무척 달라질 수 있음을 이 글을 통해 알 수 있다.

5장은 베이징에 있는 칭화대학에서 강의하는 천라이의 글이다. 샌델은 천라이를 "유가 철학의 석학"이라고 특별히 칭한다. 이 장의 내용은 4장과 이어지는데, 천라이는 샌델의 『민주주의의 불만』에 불만을 표한다. 그의 질문은 과연 "자치를 핵심 가치로 받아들이지 않는 공화주의는 불가능한가?"라는 것이다. 천라이는 샌델이 현대 중국 사회의 특이점을 충분히 고려한다면 자신의 주장 가운데 많은 부분이 오직 제한적으로만 타당하다고 말할 것이라고 주장한다. 천라이가 말하는 특이점이란 중국은 오랫동안 전통적 가치를 유지해 온 사회라는 점, 하나의 국민국가가 결코 아니며 문명국가로 보아야 타당하다는 점, 수십 개의 민족 집단이 결합해 이루어진 복합적 국가라는 점, 그리고 제국주의에 맞선 투쟁의 역사를 지니고 있다는 점 등이다.

　천라이는 중국의 이 같은 특이점들을 고려할 때 중국에서 필요한 공화주의는 공동의 사회적 선, 사회적 책임, 공익에 이로운 덕목이 강조되는 것이어야 하며, 또한 이는 권리와 개인에는 우선권을 둘 수 없다고 주장한다. 서구의 인권 의식이 종교 박해와 계급 갈등, 해방 투쟁 등과 같은 서구의 역사와 밀접하게 연결되어 있지만 이는 중국과는 무관하므로 인권을 특별히 중요시하는 관점을 중국 사회에 적용할 수 없다는 주장이다. 나아가 정치가 중립적일 수 없고 도덕과 무관할 수 없으므로, 사회에 대한 헌신과 질서, 윤리, 도덕 등이 중요한 역할을 해야 하는 정치 공동체의 활동이 중국 사회의 맥락에서 1인 1표제의 정치 게임으로 바꾸어져서는 안 된다고 주장한다. 그는 현대 중국 사회에서 개인의 삶에 필요한 덕의 목록을 제시하기까지 한다. 이에 대한 샌델의 대답은 조심스럽다. 그는 이렇게 말한다. "여기에 공감한 관찰자로서 나는 중국이 놀랄 만한 경제 성장기 이후인 지금 GDP를 넘어 공공철학을 추구하며, 시장적 관계가 제공할 수 없는 의미와 행복의 원천을 찾고 있다는 인상을 받았다. 다른 많은 것과 마찬가지로 이런 탐색에서 중국의 성공 혹은 실패는 중국의 미래와 더불어 세계의 다른 지역에서도 매우 중요하다."

6장은 미국에서 강의하는 로빈 왕의 글로, 중국 고전의 텍스트는 남녀평등 사상의 중요한 형이상학적 근거를 제시할 수 있다는 주장을 담고 있다. 음과 양의 매트릭스로 세상을 설명하는 중국 전통의 형이상학은 남녀의 차별적 구분을 허용치 않으며 상호 의존성과 상보성에 따른 관계를 설명한다는 것이다. 특히 로빈 왕은 『열녀전』에 나오는 여성들이 공동선에 기여하는 이야기들에 주목한다. 이 책이 남편에 대한 헌신과 사별한 남편에 대한 충절을 찬양하는 조선 시대의 열녀烈女 이야기가 아니라는 점에 유의하자. 『열녀전』은 개인과 가족, 국가의 형성에 있어 여성이 얼마나 중요한 역할을 하고 있는지를 이야기한다. 통상 유가 전통은 여성들의 삶에 족쇄로 작용했다는 우리의 생각과는 완전히 반대되는 주장이다. 뿐만 아니라 이 논문은 도가 사상과 연관하여 의견의 불일치의 문제를 다루기도 한다. 샌델은 이런 시도들을 긍정적으로 본다. 과거의 텍스트에 대한 이러한 새로운 재해석은 샌델의 관점에서는 사회 문제를 공동체 내적 방식으로 해결해 나가는 좋은 시도다.

7장은 상하이 화둥사범대학에서 중국 철학을 강의하는 폴 남브로시오의 글로, 샌델의 『완벽에 대한 반론』의 중심 비판, 즉 유전적

441

강화를 통해 추구되는 인간의 욕망에 대한 비판에 도가적으로 공명한 글이다. 그는 중국의 전통 도가 사상이 샌델의 논리를 강화해 주며 새로운 조명을 할 수 있다고 믿는다. 도가는 공리주의적 사고를 거부하고, 만족을 강조하는 가운데 탐욕을 경계하며, 계산적 사고를 바탕으로 과도한 행위로 나아가는 것에 대해 비판적 사고를 통해 자연스러움을 따르게 하기 때문이라는 것이다. 샌델이 도가 사상의 이러한 은둔적이고 신비적인 삶의 태도에 대해 오히려 인간의 일상적 욕구를 긍정하는 관점에서 거리를 취하는 점은 무척 흥미롭다.

8~10장은 인간관에 집중한 서로 연관이 되는 글로, 저자 모두 중국학을 전공하는 서양인들이다. 앞서 언급했던 것처럼, 샌델의 공동체주의적 철학이 롤스의 자유주의 철학과 구분되는 가장 중요한 근거는 인간관의 차이다. 이 세 편은 모두 인간관 혹은 자아관에 집중한다. 역자들은 이 책을 번역하면서 'person'이라는 개념의 번역에 어려움을 겪었다. 저자들에 따라 이 단어는 '인간', '자아', '인격' 등의 의미가 중첩되게 함축된 채 사용됐기 때문이다. 역자들은 논의의 초점을 맞추기 위해 주로 '자아'로 번역했음을 이해해 주길 바란다.

8장은 하와이에서 오랫동안 연구하고 활동한 로저 에임스의 글로, 샌델의 자아관을 역할 중심으로 구성한다. 그는 유가가 현대 윤리학에 기여하는 방법은 독자적인 역할 윤리를 제공하는 데 있다고 생각하며, 존재론과 본질론에서 벗어나는, 생생한 관계 중심의 자아관을 제안한다. 덕 윤리는 개별적 인간 존재에서 출발하는데, 이는 흥미롭게도 자유주의적 자아관과 오히려 흡사하다. 에임스는 유가가 독자적인 성격의 토대주의적 개인주의를 비판하면서 전체론적 시각에서 자아를 바라보고 이해하려 한다고 주장한다. 자아는 원래부터 독립적으로 존재하는 것이 아니라, 관계에 들어가면서 자아가 되기 때문이라는 것이다.

9장은 역시 미국에서 활동하는 헨리 로즈몬트 주니어의 글로, 역할을 담지하는 자아 개념이 샌델 식의 공공철학의 중심 개념으로 자리 잡을 수 있는지 점검한다. 그는 자아 개념을 다루는 것이 현실 문제와 더불어 어떤 중요성을 갖는지를 웅변하면서 자신의 논의의 취지를 다음과 같이 설명한다. "(자아가 철학적으로 문제가 되는 이유는) 미국 사회에서 보이는 엄청난 부와 기회의 불평등을 정당화하는 데 사용되고 있기 때문이다. 그래서 우리는 주관성이나 객관성, 선택, 자유, 성격 특징, 자기의식, 덕 등 개인주의적인 도덕 및 정치 담론에서, 으레 사용하는 용어는 전혀 사용하지 않으면서도 인간이란 무엇인가라는 문제에 대해 하나의 대안을 제시하고, 도덕 및 정치 문제들을 논의하고자 한다."

10장은 8장을 썼던 폴 담브로시오의 글로, 역할 윤리를 중심으로 봤을 때 도덕적 행위 주체가 존재할 수 있는가에 대해 질문한다. 그리고 양파와 복숭아에 비유하면서 이 질문을 전개한다. 양파 자체는 하나의 물체이지만 껍질을 까 들어가면 결국 아무런 핵심도 나오지 않는다. 이처럼 양파의 비유는 자아는 있어도 주체는 없다는 주장을 위해 사용된다. 과육 안에 딱딱한 씨를 가지고 있는 복숭아는 자아에게 주체는 존재한다는 토대주의적 개인주의의 주장에 대한 비유가 된다. 담브로시오는 샌델에게 이 대립적 주장 가운데 어떤 편에 설 것인지를 묻는다.

443

자아관에 대한 샌델의 설명은 그동안 자유주의와의 논쟁을 통해 자세히 이루어져 왔기 때문에 새로운 도전의 여지가 없을 것 같았다. 그런데 8~10장의 저자들은 유가를 통해 구성할 수 있는 역할 윤리가 함축하는 인간관으로서 샌델의 입장을 구체화하고 보충할 수 있다는 우호적 입장과 더불어 새로운 비판적 도전을 시도한다. 샌델은 해석하는 자아로서의 인간이라는 본래의 입장을 고수한다. 인간의 자아는 이야기를 통해 자신의 삶을 말하고, 그 삶의 이야기를 반성하며, 또한 반성된 내용을 다시 삶에 적용하여 자신의 이야기를 만들어 내는 자아라는 말이다. 문제는 더 공동체주의적인 도전에 대해 어떤 새로운 설명을 내놓을 것인가에 있다. 샌델은 이런 도전에 대해 오히려 자신의 철학과 유가 전통과 동조를 이루는 부분이 여기라고 말한다. 하지만 이런 자아는 반성적 작용과 활동성을 지녀야 하므로 활동의 주체를 온전히 버릴 수는 없는 일이다. 따라서 양파와 복숭아 가운데 어떤 것이냐는 질문에 대해, 왜 두 개의 식물만이 선택지로 제시되는지를 반문하여 질문 자체를 거부한다. 해석하는 자아의 이미지는 그 비유로는 담을 수 없기 때문이다.

이제 다시 이 글의 앞부분에서 잠시 언급한 내용으로 돌아가 보자. 샌델과 중국은 두 층위에서 만나고 있는데, 이 두 만남 사이의 강한 긴장을 천라이의 글과 샌델의 응답에서 느낄 수 있다. 그런 까닭에서 우리는 5장 마지막 절인 "덕과 권리"에 주목할 필요가 있다.

이 책이 처음 미국에서 출판된 지 얼마 되지 않은 2018년 2월에 하버드대학교 부설 옌칭연구소에서 4명의 학자들과 샌델이 함께하는 토론의 장을 마련하였다(이 토론회의 영상은 유튜브에 공개되어 있다).
이 토론회에 참여한 아산정책연구원 함재봉 원장은 공자 사상이 국
가주의를 위해 활용되는 점을 비판적으로 언급한다. 그는 유가 철학
이 국가주의와 본질적인 연관성을 가지고 있다고 말할 수는 없지만,
현재 중국이 국가주의를 위해 유가 철학을 전용하는 것이 아닌지를
의심스러워했다. 천라이는 2018년 6월에 한국을 방문한 적이 있었
다. 천라이와의 토론 자리에서 그에게 비판적으로 접근한 한 일본 학
자는 유가 사상을 국민도덕으로 확립하려는 노력은 일본이 제국주
의적 침략기에 만들어 낸 〈교육칙어〉나 한국의 독재 치하에서 만들
어진 〈국민교육헌장〉을 떠올리게 한다며 그를 비판하기도 했다.

그런데 샌델이 이런 비판적 조우를 통해 늘 추구한 것은 다른 개
념과 가치를 가진 사람들이 만나 서로 깊은 이해를 갖는 데 있다. 샌
델은 이 책의 「한국어판 서문」에서 2014년에 일본 NHK사 프로그
램으로 만든, 한중일 삼국의 대학 및 대학원생들 간의 토론회를 언
급하고 있다. 이 토론회에는 각국마다 8명씩 나와 샌델의 사회로 한
중일 삼국의 과거사에 대한 민감한 사안들을 다루었는데, 나중에 일
본에서 TV로 방영되었나(이 토론회의 영상은 그 일부만 유튜브에 공개되어
있다). 샌델은 이 토론회의 마무리 발언으로 "휘발성이 높은 문제들
을 토론하면서 대화를 나누고 서로 경청하는 가운데, 비록 합의를
이루지는 못했지만 (합의에 도달할 수도 없는 내용이지만) 서로 배울 수 있
었고 또 상호 간의 더 깊은 이해에 도달할 수 있었다"고 밝혔다. 이
책 『마이클 샌델, 중국을 만나다』의 취지도 결국 그런 것이 아닐까
싶다.

445

앞서 언급한 옌칭연구소 주최의 토론회 말미에 샌델은 이 책의 마지막 부분에 나오는 자신의 글 끝부분을 읽으며 마무리했다. 그가 읽은 내용은 다음과 같다.

중국 철학과 서양 철학 사이의 상호 학습을 위한 어떤 프로젝트든 어떤 비대칭성을 인정하는 데서 시작해야 한다. 내 친구이자 하버드대학교의 전 동료였던 뚜웨이밍은 언젠가 중국은 학습하는 문명이고, 서양은 가르치는 문명이라고 말한 적이 있었다. 그는 이것을 서양을 칭찬하는 뜻으로 말한 것이 아니었다. 그가 말하고자 한 것은, 세계의 다른 곳에 교훈을 주고 있다고 여기는 사회는 어떤 오만에 빠져 있다는 사실이었다. 그들의 가르침은 설교로 나아간다. 가르침과 설교에 열중하는 문명은 세계를 만나고 그에 경청하며 그로부터 배우는 능력을 상실한다.

샌델은 자신이 쓴 11장의 제목을 "중국 철학에서 배우기"라고 했다. 우리는 이 책에서 무엇을 배울 수 있을 것인가.

330, 371

에피쿠로스 261

엘리자베스 앤스콤 228

여성의 도덕 교육 151, 152

역할 윤리 227, 246-248, 256, 269, 273,
299, 327, 329, 330, 372, 374, 442-444

역할(관계) 287, 288, 304, 315

연고 274, 285, 322, 324

연대 119, 120, 124, 125, 178, 186-188, 203,
204, 305, 309, 319, 325-327, 346, 350, 354,
356, 361

열자 200, 201

예(禮) 294, 295

『예기』 70

오만 186, 204, 208, 356, 380, 446

왕양명 77, 79, 80

왕후이 13, 14, 18

우연성 188, 240

우주론 160, 239, 267

원초적 입장 33, 67

위계 292, 300

윌리엄 제임스 259, 260, 266, 298

유가 28, 30, 31, 34, 36, 38, 44, 53, 54, 76,
77, 79, 81-84, 90-92, 94, 95, 101-103, 128,
132, 135-138, 173, 217, 249, 250, 294, 308,
315, 318, 321, 341, 343, 344, 349, 350, 357,
437, 438, 442, 444

유교 383

유교적 개념 38, 41

유학 27, 31, 34, 37, 55, 64, 69, 126, 137,
138, 154, 242, 245, 247, 249, 289, 290, 321-
323, 337, 338, 347, 356, 365, 434

유학자 27, 28, 31, 32, 35, 40, 53-58, 69, 70,
288, 291, 299, 308, 309, 321, 341, 345, 349,
351, 352, 356, 357, 365, 371

유향 147, 151, 152, 157, 175, 361

윤리 108, 139, 179, 193, 227, 358, 374, 440

윤리학 228, 295, 329

음악 36, 41, 92, 115, 167, 348

음양 147, 149, 166, 170, 172, 174, 231

음양 매트릭스 149, 150, 159-161, 164,
168-170, 173, 174, 360, 441

의무 7, 48, 52, 53, 66, 114, 124, 125, 130,
132-134, 137, 153, 187, 254, 262, 284, 292,
319, 328, 338, 345, 379

이데올로기 93, 228, 229, 243, 276, 277,
280, 282, 286, 311

이슐트 호노한 111, 112, 118

이윤(伊尹) 86, 407

인간 18, 27, 31, 48-51, 56, 61-65, 68, 78-
80, 118, 124, 134, 147, 148, 150, 151, 161,
163-166, 169, 177-179, 182-190, 200, 207,
208, 216, 225, 229-233, 236, 238-240, 242,
243, 252, 256, 258, 260, 263, 264, 275, 276,
281, 283, 284, 287, 298, 300, 304, 308, 311,
341, 353, 360-365, 371, 372, 432, 434, 442-

저자 소개

마이클 샌델 Michael J. Sandel

하버드대학교에서 정치철학을 가르치며 정의, 윤리학, 민주주의, 시장을 주제로 책을 펴냈다. 이 책들은 전 세계 27개 언어로 번역 출간되었다. 베이징과 상하이, 시안, 광저우, 시아먼, 선천 및 홍콩 등지의 대학교와 공공기관에서 많은 강연을 펼쳤다. 중국 본토에는 샌델의 저서 여섯 권이 번역 출판되었다. 저서로 『정의란 무엇인가』, 『돈으로 살 수 없는 것들』, 『완벽에 대한 반론』, 『민주주의의 불만』, 『자유주의와 정의의 한계』 등이 있다.

폴 담브로시오 Paul J. D'Ambrosio

중국 상하이의 화둥사범대학에서 중국 철학을 가르치고 있다. ECNU의 영어 석사 및 박사 과정의 코디네이터이자 다문화센터의 책임자다. 유가와 도가, 현학玄學, 현대 비교철학에 대한 논문을 많이 썼고, 근대 중국어로 된 몇 권의 책을 영어로 번역하기도 했다.

Genuine Pretending: On the Philosophy of the Zhuangzi(Columbia University Press, 2017)를 한스-게오르크 묄러와 공동 저술했다. 『中國古代哲學中的虛僞, 撒謊和假裝(Hypocrisy, Lying, and Pretence in Early Chinese)'』의 원고 집필을 완료했다.

로저 에임스 Roger T. Ames

베이징대학北京大學 철학과 교수로서 인문학과장이자 베르그루엔Berggruen 펠로다. 에임스는 중국 철학과 문화에 대한 해석을 담은 저서들을 출간해 왔다. 최근 저서는 *Confucian Role Ethics: A Vocabulary*이다. 다른 학자와 공동으로 고전 문헌에 대한 철학적 번역 작업도 하고 있는데, *Analects, Daodejing, Classic of Family Reverence* 등을 출간했다. 지금은 유가적 역할 윤리를 독자적인 하나의 철학 전통으로 주창하고 있다.

바이통동 白彤東

중국 상하이 푸단대학上海復旦大學의 교수로 철학과장을 맡고 있다. 2016년에서 2017년까지 하버드대학교의 사프라 윤리센터Edmond J. Safra Center for Ethics에서 베르그루엔 펠로였다. 주요 연구 분야는 중국 철학과 정치철학이고, 이 주제와 관련해서 두 권의 저서를 냈는데, *A New Mission of an Old State: The Comparative and Contemporary Relevance of Classical Confucian Political Philosophy*(중국어판, 베이징대학 출판부, 2009), *China: The Political Philosophy of the Middle Kingdom*(영문판, Zed Books, 2012)이다. 이 중 첫 번째 책을 광범위하게 개정해서 영문판을 내는 작업을 현재 진행 중이다. 푸단대학에서 중국 철학 영어 전공 MA 과정과 방문 프로그램의 과장도 맡고 있다.

후앙용 黃勇

중국 상하이 푸단대학에서 철학 박사 학위를 받고 하버드대학교에서 종교학으로 신학 바사 학위를 받았다. 홍콩중문대학香港中文大學 철학과 교수로 재직 중이다. 중국어와 영어로 몇 권의 저서와 백 편 이상의 논문을 썼다. 2005년에는 학문 출판 업적의 양과 질을 인정받아서 Chambliss Research Award를 수상했다.

459

천라이陳來

칭화대학淸華大學 철학과 교수이며 칭화국학연구원淸華國學硏究院의 원장이다. 천 교수는 송명대의 유학 분야를 중심으로 중국 철학 연구에 크게 기여해 왔다. 잘 알려진 저서로 『朱熹哲學硏究』(中國社會科學出版社, 1988), 『朱子書信編年考證』(上海人民出版社, 1989), 『有無之境─王陽明哲學的精神』(人民出版社, 1991), 『宋明理學』(遼寧敎育出版社, 1992) 등이 있고, 그 외에도 많은 수필과 논문을 썼다.

리첸양李晨陽

싱가포르의 난양이공대학南洋理工大學의 철학 교수로서 철학 프로그램을 창설하였다. 저서로 The Confucian Philosophy of Harmony(2014), The Tao Encounters the West: Explorations in Comparative Philosophy(1999), Confucianism in a Pluralist World(중국어판, 2005) 등이 있고, 그 외 수백 편의 논문과 공저를 냈는데, The Sage and the Second Sex(2000), The East Asian Challenge for Democracy: Political Meritocracy in Comparative Perspective(대니얼 벨Daniel Bell과 공저, 2013), Moral Cultivation and Confucian Character: Engaging Joel J. Kupperman (니 페이민倪培民과 공저, 2014), Chinese Metaphysics and Its Problems(프랭클린 퍼킨스Franklin Perkins와 공저, 2015)가 있다. 또, 중국유미철학학회(中國留美哲學學會, Association of Chinese Philosophers in North America)를 창립하고 초대 회장(1996~1997), 홍콩시립대학City University의 선임연구원(2005~2006), ACE 펠로(2008~2009), 스탠포드대학교의 Center for Advanced Study in the Behavioral Sciences에서 베르그루엔 초대 펠로를 지냈다(2015-2016). 그는 현재 국제중국철학회(國際中國哲學會, International Society for Chinese Philosophy)의 회장이며 20여 편의 학술지와 기관에서 편집/학술위원회 위원으로 활동하고 있다.

에반 오스노스Evan Osnos

『뉴요커』의 전임 기자로 브루킹스연구소의 연구원이기도 하다. 워싱턴 DC에 거주하면서 국제관계와 정치에 관한 글을 기고하고 있다. 저서로 Age of Ambition: Chasing Fortune, Truth, and Faith in the New China가 있는데, 이 책으로 2014년 National Book Award를 수상했다. 베이징에 8년간 거주한 바 있고, 2008년부터 2013년까지는 『뉴요

커』의 중국 통신원으로 일했다. 그 전에는 『시카고 트리뷴』의 베이징 지국장을 역임하기도 했는데 재직 당시 기고한 시리즈물로 탐사보도 부문에서 2008년 퓰리처상을 수상했다.

헨리 로즈몬트 Henry Rosemont Jr.

메릴랜드주 세인트메리칼리지 St. Mary's College 인문학부의 George B. & Willma Reeves Distinguished Professor로 재직 중이다. 2002년 이후로 브라운대학교의 종교학부 외래교수로 있다. 상하이 푸단대학에서 풀브라이트 수석 강사로 3년을 보냈다. 저서로는 *A Chinese Mirror, Rationality and Religious Experience, Is There a Universal Grammar of Religion?*(휴스턴 스미스 Huston Smith 와 공저), *A Reader's Companion to the Confucian Analects* 등이 있다. 편저 및 역서로 10권이 있는데 그중에는 *Leibniz: Writings on China*(대니얼 쿡 Daniel Cook 과 공저), *The Analects of Confucius: A Philosophical Translation*이 있다.

로빈 왕 Robin R. Wang

스탠포드대학교의 행동과학고등연구센터 Center for Advanced Study in the Behavioral Sciences 에서 베르그루엔 펠로를 지냈고(2016~2017), 로욜라메리마운트대학교 Loyola Marymount University 철학과 교수로 재직 중이다. 현재 그녀는 아시아 철학 및 비교철학회 Society for Asian and Comparative Philosophy (2016~2018) 회장을 맡고 있다. 저서로 *Yinyang: The Way of Heaven and Earth in Chinese Thought and Culture*(Cambridge University Press, 2012)가 있고 편저로 *Chinese Philosophy in an Era of Globalization* (SUNY Press, 2004), *Images of Women in Chinese Thought and Culture: Writings from the Pre-Qin Period to the Song Dynasty*(Hackett, 2003)이 있다. 학계에서 활동하면서 많은 논문을 집필했으며, 중국을 중심으로 여성 도가 사상가들에 대한 현장 연구도 진행했다. 북미와 유럽, 아시아에서 강연도 정기적으로 하고, 언론과 법률회사, 박물관, 초등학교에서 고등학교에 이르는 교사들, 보건의료 전문직을 대상으로 자문도 하고 있다. 2010년 영화 〈가라데 키드 Karate Kid〉에서 문화 자문역을 맡기도 했다.

주후이링 朱慧玲

중국 베이징의 수도사범대학首都師範大學에서 부교수로 재직 중이다. 칭화대학 철학과에서 박사 학위를 받았고 하버드대학교 방문교수를 지냈다(2009~2010). 정치철학과 윤리학을 강의하고 있다. 많은 논문을 집필했고, 영문으로 된 정치철학서를 중국어로 번역하는 작업도 하는데, 그중에는 마이클 샌델의『정의란 무엇인가』,『정치와 도덕을 말하다』도 있다. 그녀는 또 토머스 스캔런의『도덕의 차원들』(서광사, 2012), 마르타 누스바움의 *Frontiers of Justice*를 중국어로 번역했다.

ENCOUNTERING CHINA

마이클 샌델, 중국을 만나다

초판 1쇄 인쇄 2018년 9월 6일 | 초판 1쇄 발행 2018년 9월 14일

엮은이 마이클 샌델·폴 담브로시오
옮긴이 김선욱·강명신·김시천
펴낸이 김영진

사업총괄 나경수 | 본부장 박현미 | 사업실장 백주현
개발팀장 차재호 | 책임편집 신주식
디자인팀장 박남희 | 디자인 김가민
마케팅팀장 이용복 | 마케팅 우광일, 김선영, 정유, 박세화
출판지원팀장 이주연 | 출판지원 이형배, 양동욱, 강보라, 손성아, 전효정, 이우성
해외콘텐츠전략팀장 김무현 | 해외콘텐츠전략 강선아, 이아람

펴낸곳 (주)미래엔 | 등록 1950년 11월 1일(제16-67호)
주소 06532 서울시 서초구 신반포로 321
미래엔 고객센터 1800-8890
팩스 (02)541-8249 | 이메일 bookfolio@mirae-n.com
홈페이지 www.mirae-n.com

ISBN 979-11-6233-814-8 03300

와이즈베리는 참신한 시각, 독창적인 아이디어를 환영합니다.
기획 취지와 개요, 연락처를 bookfolio@mirae-n.com으로 보내주십시오.
와이즈베리와 함께 새로운 문화를 창조할 여러분의 많은 투고를 기다립니다.

「이 도서의 국립중앙도서관 출판시도서목록(CIP)은 서지정보유통지원시스템 홈페이지(http://seoji.nl.go.kr)와
국가자료공동목록시스템(http://www.nl.go.kr/kolisnet)에서 이용하실 수 있습니다.
(CIP제어번호: CIP2018026504)」